皇道無間第二部

——歷史深處

（一）

第 六 門 著

文　學　叢　刊
文史哲出版社印行

國家圖書館出版品預行編目資料

皇道無間第二部：歷史深處 / 第六門著.
-- 初版. -- 臺北市：文史哲, 民 108.11
頁： 公分（文學叢刊；413）
ISBN 978-986-314-493-9（全套：平裝）

863.57 108018551

文學叢刊 413

皇道無間第二部

── 歷史深處 （全四冊）

著　者：第　六　門
出版者：文史哲出版社
http://www.lapen.com.tw
登記證字號：行政院新聞局版臺業字五三三七號
發行人：彭　正　雄
發行所：文史哲出版社
印刷者：文史哲出版社
臺北市羅斯福路一段七十二巷四號
郵政劃撥帳號：一六一八〇一七五
電話886-2-23511028 · 傳真886-2-23965656

實價新臺幣二四〇〇元

二〇一九年（民一〇八）十一月初版

ISBN 978-986-314-493-9 10413

皇道無間第二部——歷史深處

目錄

第一冊

第二冊

第三冊

第四冊

前 言

前著《皇道無間》起源於對一張照片當中，一個人的眼神讓我感到的疑念，作出了一個歷史假設，逐漸在歷史檔案中證實這個假設的真實性，堪稱有生以來最大發現之一。而完成了《皇道無間》之後，又出一個疑念，從而又有了更多的假設，所以有了皇道無間第二部。

我的著作與理論，有太多顛覆性的見解，俗人難以理解，甚至無法相信。但對我而言一切都無所謂，甚至著作可以只有我一個讀者。因為整部著作，藏著人類史上最大的一個未解之謎，或稱未解之願。中國鬼局，他能解答。故在第二部中，當然以中國鬼局為核心，看鬼局的眼神，他看見了什麼？

皇道無間第二部：歷史深處　2

序章 萬里長城

※※※※※ 中軸線訊息 ※※※※※

母=1／本，當本=0，則系統瓦解 本→0 【→趨近於】 群〉7

∵ 異〈本，故先，本↑↓異 【↑↓二元對立】，∴ 1／異〉1／本

令母=1／（異+本）……得 異=異1+異2+……+本外1+本外2+……+

本外末

本=本1+本2+……　（本外1+本外2+……+本外末）得，異〉本，又本↑↓異，則1/本〉1/異　當群=1時，異=異1+異2+……+本外1+本外2+……末+ 本外1+本外2+……

母=1/異=1，1=1

※※※※※　※※※※※　※※※※※

就在前著序章主角，謎。在東渡的瀛洲島中，對徐福等人提出萬世一系秘訣之時，在中華大地上也發生了一件事情。

西元前二零二年。洛陽。

一個很老的老頭子，叫作王雲。被侍從帶入宮殿。漢高帝劉邦剛登基為皇帝，聽聞了在洛陽有一個老頭子，管理過前東周的王家圖書室，在秦朝時候鑽研圖書，非常有學問，於是命人帶他前來。

視茫茫，髮蒼蒼，他已經老眼昏花，看不清楚劉邦的長相，只慢慢行禮叉手並長揖平伏：「拜見皇帝陛下。老朽不知陛下有何敕令？」

劉邦賜座。

笑著說：「寡人也是老朽了，今年才剛登皇帝位，還來不及學秦皇嬴政，專獨自稱為朕，以至於現在我的自稱都很混亂。聽聞叟見識廣博，子孫滿堂，仍埋首書堆，寡人特來問學而已。」

王雲（白眼眶）抖著老邁之聲，緩緩說：「陛下原來是楚人，但秦國官話說得真流利。朕這個自稱，我年輕的時候，大家都可以這麼用，有很多人都自稱朕。後來始皇帝一天下，指定這個稱呼為皇帝自稱的專用，就少聽人如此自稱。不過陛下以漢代秦，以平地崛起而成皇帝，應當自稱朕。」

劉邦（綠眼眶）笑說：「言及這個自稱的改變，變化最大者，莫過我劉邦。年少時所有人都可以自稱朕，後來碰上了秦始皇帝滅六國統一諸夏，專斷自稱朕，當時畏懼秦法，就改稱我了，後來起兵稱王，被人建議改自稱寡人，有一陣子也自稱孤，很快又滅楚，繼承秦制為皇帝，又繞回來改自稱朕！可這次只剩我一人自稱朕！哈哈哈，真是有趣！不提這個了，朕想問，叟在雒邑主管周王的圖書這麼多年，可有什麼特別的學問，值得推荐給朕，以利將來大漢天下永固的？」

劉邦（綠眼眶）顯得有點鬼祟，走上前低聲在王雲耳邊，小聲說：「最好是有始皇帝得不到的長生秘訣，不然退而求其次，我們劉家江山永固也可以。」說罷笑容顯得有點詭異。

王雲（白眼眶）聽了，緩緩問：「長生秘訣肯定沒有，目前天下人尚未有人能得到，看看遙遠的未來有沒有人能試一試。退而求其次的問題，還是有些不明。陛下要的可是大漢天下永固？還是長治久安，多一些年歲而已？這兩者可是有天大差別。」

長生得不到，劉邦心頭先是一涼。

接著瞪大眼繼續低聲在他耳旁說：「是永固！就像秦皇嬴政說的，傳諸萬世不滅！可有什麼方法或什麼書，可以幫寡人辦到的？」

王雲（白眼眶）摸摸快禿光的白髮，搖搖頭後說：「老朽不想騙陛下，傳諸萬世？這也沒有。」

劉邦愣了一下。

王雲（白眼眶）補充：「老朽看過很多書，沒有一本能辦到，說能辦到的人，肯定胡言亂語。而且老朽也敢說，這世界上沒有任何一本書，也沒有任何人，能幫助陛下做到這件事情。」

劉邦（綠眼眶）冷冷說：「這麼多書，真的一本都沒有？平常一堆老儒生，不知道推薦多少書給寡人。你的書是被秦皇當年焚書燒了嗎？」

王雲（白眼眶）說：「這倒不是，因為陛下要的是，大漢天下永固，傳諸萬世不滅，這就沒有任何人，或任何書可以幫上忙。」

劉邦（綠眼眶）喃喃低聲說：「老叟你真是讓人失望！」

王雲（白眼眶）雖然有些耳聾，卻還聽得出來，聳了一下肩膀，呵呵冷笑說：「呵呵，陛下先別失望，老朽倒可以說一個『古怪』的故事，也許可以讓陛下解心。陛下就知道，我剛才為何堅持說沒有，又為何說有的人肯定騙人？不，應該說這世界上，肯定有萬世不滅之法，但被這個故事當中的那個力量給搞砸了！長生秘訣，那可能也類似這樣，被搞砸的！」

劉邦（綠眼眶）抖起精神，命兩旁仕女移座墊與桌案，與王雲緊密對座，並遣退身邊所有人，說：「被搞砸？古怪的故事？好！有意思！時間多得是，洗耳恭聽。」

王雲（白眼眶）說：「我年輕的時候，經歷過長平之戰，陛下知道這場戰爭嗎？」

劉邦（綠眼眶）聚精會神地點頭說：「知道，這場戰爭很有名。」

王雲（白眼眶）說：「當時沒想到我能活這麼多歲數，當年老朽除了見到那場大戰爆發，還親眼見過幾個名人，有馮亭太守、平原君趙勝、趙國名將廉頗、秦武安君白起。間接接觸了應侯范雎、縱橫家蘇代、秦昭襄王。當時整個經過是這樣……」

於是王雲開始對劉邦說故事：

時間退回到六十年前。

東周赧王五十三年，西元前二百六十二年。韓國上黨郡。

一匹快馬奔到了上黨郡守宅，郡守馮亭似乎早知道有緊急要事，急等著信使的來到，他站在了郡守官邸前。

信使下馬遞上了竹簡，立即跪倒在前，似乎有勞累的成份，說：「郡翁，秦軍已經開始動作，據細作消息，邊境已經開始集結大批糧草，不日必有大量秦軍越境而來。」

馮亭拿起竹簡，他身邊有一個約二十多歲的年輕侍者，氣質不凡，頗似周遊列國的百家學子。馮亭對信使說：「下去休息吧。」

拿著竹簡跟著身邊侍者一同回到宅邸。兩人相對跪坐，他攤開竹簡在案上，長嘆一口氣，一時說不出話。

沉靜片刻，反而年輕的侍者先開口：「郡翁，事情真的發生了，您的判斷果然精準。大王先前命您替換前任郡守，主持交割一事，請速下決斷，到底上黨是否該真的歸秦？亦或是大王能從中央調派援軍，借道魏國？」

馮亭說：「還指望什麼中央的援軍？即便野王沒有淪陷，以秦軍之盛，武安君白起攻必勝戰必取的聲勢，中央的援軍也不是對手。我真不明白，山東各國也是在大亂之世，靠著兼併而茁壯的強者，怎麼偏偏面對西戎起家的秦國，只能成為魚肉？真的是不明白」

苦著臉拍案，接著又說：「這些年來，許多各國名士通力合作，思考如何抵禦強秦，大家用盡方法，卻都沒有成功啊！難道真是天意？秦國真有鬼神相助嗎？」

說到鬼神，這年輕侍者一愣。

又長嘆一口氣說：「倘若當年的晉國沒有分裂成韓、趙、魏三家，必成天下之大國，如今必不懼怕秦國了。」

年輕侍者說：「郡翁所言甚是。不少三晉的有識之士，反復對三晉之君強調，即便不能令三國統一重歸為晉，至少也得精誠團結，可以共禦有吞併天下之心的虎狼強秦，三國國君也都大致認同。但奇怪的是，三國的內部，偏偏會出現一些人，會替秦國篡弄是非，惑亂國政，使得三晉團結都不可得，更何況合縱楚、燕、齊？甚至還用各種方法，逼使各國無數的各類人才，紛紛西向投秦，替其出謀劃策，從公孫鞅到今天的范雎都是如此。」

馮亭說：「商君之法，一切都是商君之法，使秦國強大如此。」

年輕侍者搖頭說：「我認為沒有這麼簡單！起初我也認為是商君之法扭轉了乾坤，但自從遊歷三晉與秦國，並從各國遊子口中，聽聞各國法令與風俗後，我感覺這另有原因。商君之法，不過是毀本濟木的巧法，各國為了生存亦有變法之士。但各國即便跟從，內部總有一些人，讓事情變樣，最後巧法也成了拙法。這些人基於各自的理由，就像是刻意要幫助秦國一樣。難不成秦國人人都是賢人？不會有人在內部搗亂？實在是不理解啊。」

馮亭說：「王雲，難道你是認為秦國的間諜細作，真的如此神通廣大，能滲透各國，保防自我，到如此程度？」

原來這年輕侍者，就是王雲，他自幼便跟著各國遊學的知識份子，學習諸子百家之說，所以雖然年輕，但深受馮亭重用。

王雲搖頭說：「不，秦國人也是人，秦王也不是鬼神，他們能做的事情，其他各國難道都不能做？我總感覺，有一種說不上來的力量，不斷分散各國的根基，讓秦國能有今天的強勢。」

望著窗外，又低聲說：「真的，總感覺是一種說不上來的力量啊。」

話題已經扯遠，馮亭說：「先別談你的感覺，說說眼前該怎麼辦？秦軍不久就將攻打這裡，你是本郡最富才學的年輕士子，我想聽聽你的意見。」

王雲說：「方法有，但郡翁未必肯用。」

馮亭說：「你且說，言者無罪。」

王雲說：「郡翁剛才提到，倘若當年的晉國沒有分裂成韓、趙、魏三家，必能抵擋秦國。而韓、楚、魏三國近些年來，被秦國連翻打擊，逐步蠶食之下，已無國力可與秦國一拼。只剩趙國還有一搏的可能。先前趙國的名將趙奢，在閼與之戰破秦軍，便足夠證明。雖然他已經過世，但趙國胡服騎射的戰力，仍然是山東各國中，戰力首屈一指者。倘若今天能拉趙國下水，迫使趙國出兵，或許上黨可保。即便不可保，也能使三晉與楚國，共同合縱抗秦。」

馮亭微微一笑問：「趙國先前才與秦國謀和，他們真願意出兵替韓國擋禍？」

王雲說：「當然沒這麼簡單，要釣大魚必佈香餌。只是這個餌，就是上黨郡。所以郡翁未必肯接受，除非郡翁剛才說的三晉一家的想法，是說真話。」

馮亭繼續笑說：「你的意思是上黨投趙？這我有想過，你的意見與我相同。甚至你可能不知道，我們大王也是這個意見……」

王雲驚愕問：「大王不是在野王淪陷後，命令您主持交割本郡予秦？」

馮亭笑著搖頭說：「事情沒有這麼簡單，大王深知臣民不樂屬秦，大王更不願意已經弱小的韓國，一半疆土還要平白無故割讓給秦國，明明同屬三晉的趙、魏，卻袖手旁觀而不顧。魏國也曾連年被秦所攻，國力衰竭就罷了，最可恨者為胡服騎射，曾在閼與破秦的趙國，也坐壁上觀。既然上黨已然不保，不如偽作示弱投降之態，暗中將秦國欲得之物交予趙國，如此趙國不與秦作戰也不行。韓國則可以視最後戰況而周旋，或許能討回一些城池也未可知。從新鄭來此之前，大王就已經與我密謀，但此事你絕對不能洩漏。」

王雲微微點頭笑說：「郡翁放心，首先我絕對不會說出去。即便把趙國拖下水的圖謀擺明說出來，趙國也必受上黨。因為上黨對趙國而言，是攸關生死的戰略要地，上黨在韓，趙國可安，若上黨入秦，則趙國必危。只是大王與您的密謀這一段，堅決不能承認，必須暫時將秦國的打擊目光往北移。」

馮亭說：「派使者去邯鄲，宣佈『上黨投趙』已是必然。只是即便知道上黨對趙國非常重要，我們還得謀劃一種方法，讓趙國君臣明知是陷阱，對上黨不接受也不行。原因是這天下的事情，往往都有萬一，造成陰錯陽差！」

王雲說：「這我倒有一法，讓萬一絕對不會出現……」

侍女端上來兩杯泉水，兩人對飲，侍女退下。

兩人繼續在羊皮地圖上，分析當前局勢，研究如何拖趙國下水的策略。

趙國，邯鄲王廷。『上黨投趙』的消息，還沒等趙國君臣做出決定，就已經不逕而走，原因是馮亭的使者來趙國途中，就把消息放到沿途各城市的大街小巷當中，要把『上黨投趙』弄到各國皆知。所以趙國民眾比趙王還要早知道，『上黨投趙』。

此時的邯鄲大雪紛飛，這場雪比往年還要早來，天氣也比以往同個歲令時節，更加寒冷。這場雪是所有故事的伏筆，一切所有的問題，或許可以從這場雪說起，正是一葉知秋。但任誰也絕對無法看出這個暗示，別說當時的人，即便兩千三百年後的人也無法看出來。因為這正是本書全篇之眼。這壓下等本著作最後慢表。

回歸正文。

朝會，被催促趕來議政的各王公貴人，裹著羊皮胡服群聚其中，對『上黨投趙』議論紛紛。

趙王名丹，後世史稱趙孝成王，意志昂揚地走入王廷。之所以昂揚，是因他以為『上黨投趙』是他第一個知道，也是他才能做決定者。殊不知大半個趙國都已經知道這件事情，甚至潛伏在趙國的各國間諜，都已經快馬傳訊回各自的國家去。

「我王萬年無戚！」

司儀高喊「諸卿免禮」，各王公大臣起身，王廷恢復沈靜。

趙王說：「今天寡人要宣佈一件喜事，秦軍攻拔韓國野王，上黨郡遭受孤立，上黨太守馮亭派使者來告知寡人，他們不願坐以待斃，仰慕寡人之德，希望以上黨十七座城池投趙。各位以為如何？」

各臣工又一陣議論紛紛，顯得嘈雜。

有人贊成，認為這便宜不佔白不佔。有人反對，認為秦國不好惹，不要被韓國拖下水跟秦國打。

趙王再次命司儀喊聲，令眾人安靜。

趙王問平陽君趙豹：「王叔，您以為如何？」

趙豹說：「朕身聽聞古代的聖人，甚禍無故之利。上黨無故投趙，必定是要引趙國跟秦國碰撞，大王明鑑。」

趙王甚為不悅，皺眉頭說：「上黨人樂吾德，盼望眷顧，怎麼會是無故？」

趙豹說：「秦國蠶食韓國土地，市井皆知，攻野王就是為了絕上黨與新鄭的連絡，最後必定佔有上黨。上黨人自知無力抗秦，轉面投趙是要嫁禍給我趙國。秦國服其勞，趙國受其利，就算是強大也不能得之於弱小，何況弱小要得之於強大？這怎麼不是無故得之？」

趙王一直搖頭，表示不認同。

轉面看著另外一個叔父平原君趙勝，微笑問：「王叔您以為呢？」

趙勝自然看出趙王的意見，於是點頭說：「應該要接受上黨郡人的要求。我們動兵十萬，經年累月也未必攻得一城，如今不費一兵一卒可得上黨十七城，這是大利。況且這才是拯救趙國的唯一機會。」

平原君趙勝在趙國的威望甚高，門客眾多，他的意見若跟趙王相同，那幾乎就是拍板定案。趙勝此語一出，頓如乍雷，在場反對的大臣立刻議論紛紛，陷入一片聒噪，趙豹也立刻當場大聲反駁說：「你倒是說說，為何這才是拯救趙國？」

趙勝轉面對眾臣說：「全部安靜！朝會不可喧鬧！」

群臣立刻停止議論。

趙勝說：「秦國這些年來，對山東各國不斷出兵打擊，蠶食鯨吞土地，天下人皆知，秦國有兼併天下之心。倘若我們趙國不受上黨，秦國最終也會佔有上黨，遲早據上黨為基，進攻趙國。這如同鄰居被強盜搶奪，我們卻關門不支援，認為只要關上了門，強盜就只會看到鄰居，永遠不會看到我們，永遠不會闖門來搶奪，這不是天大的笑話？要遏制強盜繼續搶略，只能拿起武器，開門迎戰。」

此語一出，底下許多人紛紛點頭，甚至原本反對上黨投趙的趙豹，也無言反駁。

趙王哈哈一笑，對所有臣工說：「還是平原君所言為是，無論為利為義，都該受上黨。各位還有誰有異議者？」

忽然底下剛從魏國來趙國任職的客卿，魏豐佔了出來問：「請大王容我問平原君一言。」

趙王點頭示意。

魏豐問：「平原君所言的確在理，要遏制強盜，只能開門迎戰，沒有閉門無視的道理。但今日上黨投趙是因秦軍所逼。先前秦攻韓，同為三晉的趙國不出兵去救，一聽到上黨歸趙，立刻出兵。若將來秦軍被擊退，是否趙國就佔著韓國的土地不還？將來還有誰會慕大王之德前來投靠？」

被說中要害，趙勝先是滿面羞慚，勉強轉而說：「魏卿所言甚是。三晉本屬一家，也曾經有許多城池土地，相互交換。天下土地有德者居之，人民要投靠誰，誰就可居該地。而今韓不能守，民望歸趙，自然趙該居其地。待退秦軍之後，我王自然會對韓王有一個交代。」

魏豐一時無語，但內心頗不以為然。

趙王哈哈一笑說：「上黨之事已定，寡人即日命平原君趕赴上黨，以安其民。」

趙勝風風火火地，駕著車，帶著門客，來到上黨。並且帶著趙王的喻令，宣佈上黨太守馮亭封為華陽君，上黨的大小官吏都晉爵位三級，百姓全家還在者，一戶賞六金，趙國可謂撒下血本要收上黨郡了。

然而馮亭不見使者，直到趙勝親自拜見，馮亭見了趙勝哭說：「上黨投趙是不得已之舉，不忍心賣主之地以求榮。不能守土死節一不義，不聽王命二不義，若如今再賣主之地求榮則三不義。」

趙勝先稱讚了馮亭，但緊接著說：「眾人皆知，上黨入趙，秦國必然舉兵來攻。相信韓王也必知此理，所以閣下二不義可以休矣。倘若趙國因此受兵，兵連禍結，傷亡慘重，則閣下將被稱嫁禍鄰邦，是否也算是不義？所以三不義可以休矣。至於能否死節，則看閣下在秦兵來時，是共同抗秦還是逃回韓國，尚可議論。倘若與我趙國共同抗秦保住上黨，替各國合縱抗秦建立榜樣，則一不義將成為大義。」

平原君果然還是見多識廣，一下識破馮亭的隱私，此語一出，馮亭冷汗直流，馬上起身下拜說：「願受趙封，並執干戈率上黨韓人，歸於趙軍旗下，共同抗秦。」

王雲在窗外聽到了平原君此語，不得不佩服平原君的見識。

趙勝走出了馮亭住所之外，見到了在門外當侍者的王雲。他列位於眾官吏之中，相貌平平，本來不會引起注意。但趙勝不愧是養士名公子，發現此人目光炯炯有神，立刻回頭注意了王雲，走到他的面前。

王雲行禮如儀。

趙勝說：「尊下如何稱呼？」

王雲聽不懂趙勝的趙國官話，微笑回應。

趙勝轉用韓國的官話：「尊下如何稱呼？」

王雲說：「郡守侍從，王雲。」

趙勝問：「尊下讀過禮與詩嗎？」

王雲笑說：「年幼時候讀過，現在不讀了。」

又問：「為何不讀了？那現在讀些什麼？」

王雲笑說：「因為現在權術兵戈當道，為求生存，那些東西得暫時放一邊。諸子百家讀過之後，就自己思索道理，期望自創一家之言。」

趙勝行禮說：「可否請先生與我同行？我想知道一些上黨的民風。」

答道：「這是在下的榮幸。」

於是兩人聊得甚愉快，從上黨民風，到各國法令，到諸子百家。走在夯土城牆上，邊走邊聊。

趙勝問：「你認為我們趙國能抵擋這次秦國的進攻嗎？」

王雲說：「怕我說了，公子你不高興。」

趙勝果然板起面孔說：「你認為不能？」

王雲說：「能不能已經不重要。公子應該比我更見多識廣，難道沒看出，天下大勢正在往一邊傾斜？即便是偶有逆轉，也不能持久，最終只可能會出現一種結果。」

趙勝默然了一會兒，摸著城牆，小聲問：「你認為根本的原因在哪裡？難道真如眾人所言，一個商君之法，就真足以顛覆天下平衡？」

王雲說：「各國有識之士都知道，天下平衡被打破，絕對不是靠一個商君之法，就可以辦到的。倘若商君之法能辦到，法令就在那邊，各國為了生存，自然也可以排除一切障礙，變法圖強！所以這跟法無關，甚至跟政治無關。我認為真正的原因，是一個趨向。」

趙勝問：「什麼趨向？」

王雲說：「公子養士千人，也知道士有優劣。天下各國之間人才相互流動，已有兩百餘年，秦國與各國都不例外。但為什麼這一百年來，不論優劣士人，投奔秦國都能發揮出關鍵效果？其餘各國重視人才，絕對不亞於秦國，從齊國稷下盛況就可見一般。反而對外國人才，向來有壓制排擠的秦國，卻能發揮人的效果？至於商君被車裂，張儀被貶斥，最為排外的秦國，照理說各國人才，應當厭棄入秦，為何仍然各種原因投秦求利？乃至公孫衍、張儀因小事與秦王有隙，被排擠出秦國，轉替他國效力，但為何合縱連橫之術，不斷反覆，乃至相互顛倒支持，最終在各國運行的結果，還是秦國得利？」

趙勝搖頭說：「朕身不知道，請先生教之。」

王雲說：「根本原因我也不知道。但我看見了一般人沒看到的一件事情。肯定有一種力量，驅動著天下人，共同用各自的方法，把天下大勢往一方傾斜，最終去達到一個結果。這個結果可能不是公子與我樂見的，而是那股力量要的。但這股力量，敢我肯定，不是鬼神，而是我們尚不知道的一種力量，一種能驅動天下人分工合作而不自知的力量。」

趙勝笑著說：「諸子各家說法的奇談怪論聽多了，今天頭一次聽到這種說法。不是鬼神的鬼神之術？哈哈。」

王雲說：「在下絕不是以奇談怪論來譁眾取寵之徒，而是在下真的看到這股力量，一種說不上來的力量。一種大家不約而同交集，所產生的力量。只是目前尚未證實它是否存在？」

兩人慢慢走下城牆，趙勝說：「你還沒正面回答朕身，就論眼前之事，我們能否抵擋秦軍攻佔？」

王雲說：「公子莫怪，倘若趙國君臣同心，並且合縱各國，同心協力，可以暫時抵擋一下，這個天下傾斜的態勢，長遠來說就不能。」

趙勝笑說：「先生的奇談怪論，說出了天下人都不知，卻都能認同的真理。趙國君臣同心或許可以，但合縱大事，恐怕就只能期待大王了。」

趙勝聽了這怪論，非常高興，送給王雲兩匹馬拉的馬車。

只可惜，趙國可以撿便宜，所以願意淌渾水，但其他各國沒有便宜，所以不願意淌渾水。即便各國有識之士，也提醒了各國國君，團結抗秦的重要，但總有人在唱反調。千萬別責怪各國國君，不願意共同結聯盟抵抗強秦，各國國君要保住自己，自然知道合縱結盟抗秦，是最快最有效的自保方法。但為何這麼簡單有效，無論什麼民族？無論什麼人種文化？只要是人就會想得到的抵禦方法，最簡單也有效。為何當時世界上屬於一流文明之列的華夏民族，最後仍然無法作到？

原因也很簡單：結盟本身沒問題，但用來『規範』結盟用的工具，『合縱』，這裡頭卻有鬼。而且彷彿事先就已經預備好似的，在秦攻略東方之前，就將這工具先鋪墊下去。

各國國君也都不是傻子，這麼多年來，從犀首、張儀、公孫衍再到蘇秦等等諸公，讓山東各國國君吃過合縱同盟的虧太多了，發現共同盟約到最後，都是各國國君出血本，游離各國的說客政客得利。今天魏國暢議合縱其他國就被玩吃虧，明天換楚國主張合縱，其他國就最後被玩吃虧。好不容易各國國君忍住吃虧，搞出聯合軍攻秦，甚至逼近函谷關示威，就有些沒因合縱獲利的怨望游離政客，或是其他國因吃虧而生怨的將領，帶著軍事機密，中途叛盟投秦，改口喊連橫，大玩『叛縱投橫』。讓各國聯軍相互猜疑，最終相互拆台。竟然『合縱』與『連橫』是相互對倒支援用的，各國國君自然最後會看出，這些游離政客的旁門左道，從而大感厭惡，遷怒結盟。

甚至合縱玩到最後，還會玩到反向火燒，變成攻齊或打楚……

如此合縱輪轉好幾圈，秦國趁隙逐漸強大，不斷攻城掠地，各國還是被打得悽慘，都沒得到原先想要的真正安全，反而被耍得團團轉，各國國君相互猜疑謾罵，氣力與意志都消磨殆盡，還不如靠自己的力量去做。

把合縱放在結盟之中攪和，經年累月出現江湖騙子來玩，整個『合縱加結盟』就逐步被汙染，最終堵住了最根本的結盟自保之路。把人類社會為求自保，必然會發生的事情，弄到寧願滅亡也必然不會發生，這種遊戲，就不是世界上其他民族能玩到的。

終於知道，戰國時代的合縱與連橫，這個陰陽相互輪轉，人員跑來跑去，不斷互相改口支持的政治活寶術，最後的真正功用了！一切似有個古怪的背景在操作！

既然共同合縱同盟的意志被消磨，沒有國君願意再當傻子，那秦國就可以大膽出兵統一諸夏。

東周赧王五十五年，西元前兩百六十年。

秦國左庶長王齕，帶軍進攻上黨。上黨前鋒與秦軍一接戰就潰敗逃走，後軍只能不斷利用城池，拖延秦軍的進攻速度，讓上黨主要地區的民眾投向趙國境內。不過秦國攻勢凌厲，數個上黨的城池都已經被秦軍攻破。

趙國也不負民望，派老將廉頗領趙軍二十萬主力抵達上黨地區，穩定還能控制的上黨郡城池。一時千軍萬馬雲集，廉頗帶著眾將領觀察地形。

廉頗知道此戰秦軍動用主力，難以速勝，決定利用上黨地區地形多山特點，在一山嶺上建立百里石長城，作為主要的防禦陣地，並派前軍進擊到山區，建立空嵢嶺建立前沿陣地。同時出動前鋒五千人向西搜索秦軍的蹤跡，整個區域就實質被趙國的防禦作戰所鞏固。

上黨民眾在一片混亂中，往趙國方向走去，王雲跟著一大群基層的官民一同徒步，相互之間已無尊卑之分。大家在道路上走著，夜晚就靠在一起睡眠，一些壯丁擔任維護治安的警衛，輪班在外防範盜賊與野獸，婦孺在其中，治安大致良好，只是風餐露宿，非常狼狽。因為體力不支，倒斃在路邊的人，也無人理會，偶有好心人將其推入草堆掩埋而已。

王雲拉著馬車，馬車上裝載食物與飲水，身上帶著防身的鋒利寶劍，緩慢地跟著人群在路上走著，一個女子的聲音：「王侍從，幫幫我們，我們快走不動了。」

王雲轉面一看，原來是馮亭養的年輕婢女李蘭，身邊還有其他五個年輕婢女，最小的只有十五歲。

王雲問：「原來是妳們，妳們怎麼在這？去年沒有跟馮郡守去趙國嗎？」

李蘭說：「主人命我們陪小主人與老管家，守上黨的老宅，但小主人害怕最終被秦人所殺，帶著上黨郡地圖，跟朋友投降了秦軍，管家阻止不了。我們幾個跟著管家去趙國，通知老主人這個消息，但是管家中途就病死，所以只剩下我們跟著人群一起走。」

王雲嘆氣說：「小馮投降秦軍了？也好，也好，人各有志，至少戰爭跟他已經無關了。妳們怎麼如此疲累？」

另一個婢女虞香說：「我們一天沒吃，半天沒喝，已經走不動。」

李蘭說：「是啊，求你幫助我們幾個，不然我們可能會死在路邊，屍體任人蹂躪。」

王雲說：「都上馬車吧，由我來當護駕，但現在道路擁擠，我只能拉著馬車跟人群，緩緩前行。車上的飲水與食物要節省，不然我們都到不了長平關。」六個女子喜出望外，紛紛擠上了馬車。好在這平原君送的馬車闊氣，六個人可以坐得下，還有多餘空間可以擺食物飲水。

但為了防止有人趁亂搶劫，王雲還是持武器牽著馬車前行，保護這些女子，不敢跟這些女子擠在馬車上，必要時還得分食物給同行路人。

上黨軍民終於到了長平關。廉頗收攏他們之後，分配住所與飲食，並請他們援助共同構築工事。

王雲是平原君的朋友，又熟知上黨之事，於是見到了廉頗。

廉頗（銀眼眶）問：「聽平原君說，先生見識不凡。以你從上黨一路前來的觀察，我們能否戰勝秦軍？還請先生指教。」

王雲說：「我一個年輕庶人，豈能指教沙場老將軍？只能提供一點淺薄意見。」

廉頗（銀眼眶）說：「不要多禮，直說無妨。」

王雲說：「我只簡單說一個道理。除了已經去世的趙奢將軍之外，最富盛名的趙國將軍，就是老將軍您，且趙國此戰幾乎精銳盡出。而秦國方面，只派了左庶長王齕，最富盛名的武安君白起卻還沒聽聞消息。但趙軍已經開始築壘防禦，旦夕害怕秦軍發動攻擊，聲勢上已經落了下風。當初的趙奢不就說『二鼠鬥之於穴，勇者得勝』？若秦軍加碼派出白起與精銳主力，恐趙軍將更難以相敵。」

廉頗（銀眼眶）沉吟半刻，緩緩說：「言之有理，我將派部將一挫秦軍銳氣，但仍然要有守備的打算。」

王雲說：「我願跟著前鋒迎戰秦軍。」

廉頗（銀眼眶）吃驚說：「先生願意上戰場？你不還有家人要照顧？」

王雲哈哈一笑說：「你說那六個美女？哈，她們不是我的家人，只是以前上黨郡守馮亭的婢女，但現在離開其主，得以自由，跟著我逃難來的。我家人很多年前就已經離散。請將軍安置她們去邯鄲，而我要上戰場，看看秦軍作戰的真面目，說不定能給將軍更多意見。」

廉頗（銀眼眶）笑說：「好！年輕人有勇氣！除了安排她們去邯鄲，我還會安排三個伍的銳士當你的護衛，保護你在戰場上的安全，你也領軍符，有自由進退與離開戰場之權。但戰爭畢竟兇險，也未必誰顧得了誰，有個萬一，先生可別怨我沒有提醒。」

王雲鼓起勇氣點頭答應。

他首次見到了秦軍佈陣，長平之戰終於開打。從先鋒的偵察部隊先行交鋒，一直打到主力部隊出現。秦軍首先進入玉溪河谷，趙軍首先發動攻勢，兩軍開場混戰。先相互弓矢交射，王林躲在盾牌兵後面，緊張膽寒，頗有些後悔逞匹夫之勇。趙軍幾個騎兵將尉，忍耐不住相互的對射，率先擊鼓，幾支騎射隊伍沖殺側擊，秦軍知道趙軍胡服騎射之猛，不急著短兵相接，利用河谷險要地形，用強弩應付，騎射隊雖然機動作戰，也不斷弓弩回擊，但始終討不了便宜，反而因裝甲薄弱，傷亡慘重。

就在趙軍戰術受挫，猶豫混亂，秦軍忽然擊鼓，步卒全面衝殺，趙軍幾支騎射隊大敗潰走，竟然騎射敗於步卒。秦軍銳士一鼓衝來，迫使趙軍步兵短兵相接，刀兵相斫，殺聲震天。

一秦軍隊伍持長矛衝撞到王林的這一支部隊，雙方先是長矛互刺，鮮血噴灑漫天，趙軍前隊將士大批陣亡仆倒在地，後隊持短劍與盾牌一擁而上，秦軍短兵部隊從左右側殺而來，王雲用趙國語言大喊：「勇士們！甩撞！甩撞！棄盾！棄盾啊！」

甩撞，意思是長矛桿子太長，趙軍長矛隊要靠刺擊對方，現實上很難刺中，即便刺中敵人身體，自己也就無法再靈活操作武器，也會被敵人刺殺。大多熟練的長矛兵，都是用矛間上下甩擊對方，打到趴下讓後面較短的戈兵，啄擊刺殺倒地的敵人。而棄盾，則是在長矛隊後與左右的輕裝短戈步兵，或是劍兵，丟掉已經無用的盾牌，用近距離斫殺對方。

因為秦軍短兵步戰熟練，輕裝靈活，趙軍步軍太仰賴裝備，顯得笨拙。倘若秦軍不是訓練有素，趙軍依靠裝備優勢可以獲勝，但這批秦軍步卒是久戰銳士，似乎已經熟悉，如何突破長矛重裝步兵的衝刺，竟然先行用短兵格開重裝兵，不斷突入趙軍隊伍中間，殺得趙軍東倒西歪。

戰場上喊叫廝殺一片，王雲就算喊破嗓也沒用。

王雲在亂軍中，帶著護衛後退，兵器碰撞聲，士卒吶喊聲，甚至慘叫聲交錯，陣亡好幾名將尉。趙軍前鋒主將戰死，副將見情況不利，於是鳴金收兵。河谷之戰趙軍先敗了一陣。

王雲跟著部隊逃往空嶋嶺陣地，回頭見秦軍沒有來追，緩了一口氣。

實際上年輕的王齕，面對空嶋嶺險地早有對策，分兵繞過先前佔領韓國野王之處北上，經太行道南方的山間道路，忽然猛擊通往上黨的兩道河谷地形中的險要城池，東鄗城與西鄗城，趙軍且戰且走接連後撤。

東西兩鄗城都被攻破，空嵢嶺東邊的退路被截斷，以至於空嵢嶺陣地的趙軍陷入混亂，王齕趁此親率大軍全面攻殺而來。趙軍且戰且走，王雲跟著部隊後退，彷若羔羊遇猛虎，只能奪路而逃。

眾人也從山間小路，繞過早已被秦軍攻占的東西二鄗城，退到更東邊的光狼城死守。

此時廉頗知道空嵢嶺與東西鄗城都失守，趙軍敗陣，急忙率軍增援光狼城。光狼城是上黨最重要的戰略城池，集中了大量的民生與軍需物資，王雲在光狼城中，沖洗了難得的熱水澡，換上新衣服，然後前來見廉頗。

廉頗在城池中心對眾將領訓話後，才接見王雲。

廉頗（銀眼眶）此時已經面帶微怒，對王雲冷落了一些，但還是問：「先生見此戰若何？」

王雲知道廉頗不開心了，不說對趙軍有意義的建議，就不會再被善待，只好直言：「我認為趙軍戰力絕對不在秦軍之下，倘若兩軍公平沖殺交戰，趙軍肯定大勝。但之所以初戰即敗，原因在於騎兵只知自己的長處，不知道秦軍的長處。步卒則太過仰賴裝備，臨陣戰術不精。而秦軍卻能知己知彼，抓住趙軍騎兵自恃胡服騎射的特點，先用弱弓弩，引誘我趙軍將領，急著發揮機動突擊的優勢而出動，再依靠地形以強弓弩後發制人。以至於能用步卒大破騎射。更以步戰銳士，短兵相接，戰法精練，擊破我軍重裝步卒。年輕的王齕尚且如此知兵，要是秦國換了武安君白起，將不知道如何厲害了。」

廉頗（銀眼眶）聽了長嘆一氣，點頭說：「先生一語中的啊！抓到了他們作戰的節奏！你認為我軍該如何應對？」

王雲說：「請恕我先前不明所以，以致於贊成老將軍學趙奢之勇。而今見之，秦趙兩軍的優劣短長已經明矣，而今地勢已經不需要學趙奢搶奪險要突擊，趙軍只有倚靠百里長城，先深溝高壘，堅決防禦抵擋，拖住秦軍銳氣，然後請趙王動員國內軍民運輸，充足長平糧草。秦軍遠來而我趙軍近發，補充可以比秦軍快速。同時上書大王，請向各國求援，將戰場延長到外交作戰去。倘若合縱能成，即使只是短暫的合縱，趙國都可以彌補戰場上不足的態勢，在長期拖耗當中，逼退秦軍，收復被攻破的上黨城池。至少保住，還在控制之下的上黨土地。」

再補充說：「戰場不一定要有刀兵。刀兵戰場打不過對手，可以延長戰線到其他方面，以全面整體作戰的方式，讓自己立於不敗之地，讓秦國不得不分力在其他方面應對。」

廉頗聽了微微一笑，點頭說：「善。我立刻上書我王，依照先生之言，把戰場延長到其他地方。」

次日，王雲於是帶著文書出發。

王雲才走，秦軍再次發動強攻，趙軍的前沿陣地紛紛潰敗失陷，連最重要的據點光狼城也被攻破，全軍退守到河岸東側，秦軍又跨河猛擊，趙軍再次失利，廉頗率本陣部隊退往百里石長城一線。依據險要地形，無論秦軍如何突擊，都以強弓勁弩擊退，無論秦軍怎樣叫陣罵陣，趙軍拒不出戰，秦軍也打不下堅固的防線，雙方就在此拖耗了起來。

但整個上黨地區，第一陣地空嵢嶺被攻破、第二陣地河谷險要處的東西二鄣城被拿下、第三陣地也就是進入平原最後必經之路的光狼城，也被占領、第四陣地丹河防線全部失守，超過半個上黨地區被秦軍攻佔，險要之處只剩百里石長城一線，突破長平關北上的話就是一馬平川的趙國腹地，整個上黨無險可守，可以直往邯鄲。以致趙王看著地圖發愁。

廉頗只能先拖耗，等著外交戰的契機，可惜外交戰，趙國也莫名其妙被搞敗。眼看秦國對上黨卯足了勁玩真的，也併吞了大部分上黨郡，趙王丹的投機心理才醒了大半，遂有議和的想法。加上廉頗上書建議外交解決，遂同意議和。但到底是派使節與秦國議和，還是派使節到楚、魏請求援助，兩派人馬激烈辯論。樓昌等人主張直接跟秦國議和，虞卿主張用重金請楚、魏支援建立合縱。一提到跟楚魏合縱，趙王又想到以前『合縱』政客的鬼戲法騙術，那些串聯政治投機者的嘴臉，令人作嘔，最後心態上偏向於直接向秦國求和，派了使節鄭朱到秦國，秦國果然善待使節。

邯鄲王廷。

再次的廷議中，趙王開心地對虞卿說：「你先前說秦國必要破我趙軍，獨吞上黨，但而今看來，他們也有意願要議和。共分上黨的談判，還是有希望的。」

虞卿直接了當說：「秦國善待我趙使，才是最糟糕的狀況。大王必定得不到議和，而且我軍敗矣。現在各國都派了賀使前往秦廷，祝賀攻佔半個上黨的勝利，而鄭朱是貴人，秦王善待他給各國人知道。各國人一看到連趙國都有媾和的想法，那麼他們必定說，果然秦趙兩國的王族，不愧同宗，最後以犧牲他國，瓜分上黨利益為尚，趙王不會堅定合縱，他們響應合縱的可能性就更低了。一但合縱不能成，秦國將更不會議和，必定要破趙才肯罷休。」

趙王冷笑說：「卿多慮矣。我趙國若被擊敗，各國只有壞處沒有好處，一旦情勢危急，他們還是有可能支援我們。」

虞卿受不了趙王的天真，於是說：「大王也知道，各國對合縱有著打從內心的反感，只是面對強秦的威脅，又不得不表態支持。大王您自己也曾經評論，合縱只能是各國臨機應變下的反應。那麼這種合縱，就變成投機應急的結盟，而不是互信自救的堅定結盟。情勢危急時，又怎麼能號召得起力量出來？即便號召得起來，那也是到了局面非常不利的狀況下，我們真要走到那一步？」

趙王不以為然地說：「不會到那一步的，長平那邊秦軍也討不到便宜！你怎麼老認為我趙軍一定會失敗？別忘了我趙國胡服騎射，軍力強大，足以跟秦國一戰！」

虞卿語塞。

戰場把話題轉移到政治外交，繞了一圈，政治外交又把話題換回到戰場，思維成了一個循環打結，應變能力已經在這當中，被下降到最低。

百里石長城外。

王齕知道秦軍糧草已經不多，於是動員全部主力，調來大量弓弩與攻城器具，發動一次猛烈攻擊。廉頗親自在百里石長城上指揮作戰，矢石用盡。秦軍持盾牌肉搏衝殺，趙軍也全軍作戰。山坡上、城牆上、山底下一團混戰。秦趙兩軍步兵喋血交戰，從早晨打到黃昏，秦軍已經有些不支，王齕見趙軍防線仍然堅固，為防秦軍崩潰，不得不命令鳴金收兵。

廉頗令趙軍全軍舉火把，夜晚仍然把戰場照亮。交戰的趙軍退回後方營壘休息，後續補充的趙軍打草戰場掩埋死者。

「真是一場惡戰。」廉頗對身邊的將領這麼說。

「是啊，上將軍。好幾個將軍都陣亡了。」一個年輕將校這麼回答。

「你來自哪裡？叫什麼名字？」廉頗（銀眼眶）問。

「來自戍城，叫姬雲，我本來是韓國人，隨馮亭太守投趙。」

廉頗（銀眼眶）微微點頭說：「姓姬？很高貴的姓氏。」

姬雲笑說：「祖上是晉國國君，再往前追溯是周武王，現在我也只是個平頭了。」

廉頗（銀眼眶）拍他的肩說：「這回我們真的損失巨大，勉強才擊退秦軍，進入相持。再堅守下去，秦國也受不了這種損失，只能和談。」

姬雲說：「是，但不知道我們趙國的大王，是否能領悟這個問題？」

廉頗（銀眼眶）說：「大王年輕氣盛，可能沉不住氣。這是令人最擔心的。」

姬雲說：「恐怕跟大王無關，將軍是天下名將，卻只能在數次敗績之後，勉強抵擋秦軍一個年輕左庶長王齕的進攻。並非將軍不知兵，也並非士卒不善戰，而是秦國軍力與國力都在趙國之上所致。長期相持，沉不住氣的恐怕不是大王，而是整個趙國。」

廉頗（銀眼眶）沉默許久，才低聲回答：「年輕人你說的對啊。沒想到老朽這把年紀，先是吃了秦軍年輕將領王齕的虧，之後受一個年輕侍者王雲的教導，現在又受你一個年輕人的提醒。」又忽然哈哈大笑說：「英雄出少年，這場戰亂之世，年輕人的見解超越我等前人，後來的英傑打敗前面的英傑，這就是戰爭有趣之處。」

的確，沉不住氣的不是趙王，而是整個趙國。

趙王非常不滿意廉頗耗費巨大，堅守不出，於是的秦國間諜的流言攻勢忽然冒了出來，邯鄲流傳只有趙奢的兒子趙括，才能讓秦國恐懼。趙王遂決定走馬換將。藺相如乃至趙括的母親都堅決反對，但趙王卻堅持要趙括上任。

問題來了，趙王真的那麼愚蠢，看不出臨陣換將，此舉有風險？

在廷議時，負責糧草與軍械的官吏，送來一份報告，因為經過三年的長期對峙消耗，若原本從事生產的壯丁不復員，繼續長久消耗作戰下去，來年包括邯鄲在內的大城鄉，都會糧食匱乏。原本依附於趙國的胡戎各族，發現趙國糧食鐵器等資源都被抽調到戰場，也放話將要北返牧馬，取消馬匹與糧食交易，趙國國力將深受打擊。

所有趙國大臣因此議論紛紛，趙國已經不堪消耗下去，秦國國力明顯比趙國強。以至於朝堂上不斷有人議論要換掉廉頗，以至於趙王也不得不猶豫。

趙王在密室，把這一些竹簡丟給虞卿看。然後說：「寡人怎麼不知道，趙括沒有廉頗穩重？不然寡人不會一開戰就先派廉頗去。但事情很明顯，各國局勢這方面，已經不會再有進展，廉頗作戰屢敗而無功，反而將趙國拖入跟秦國長期消耗的死局，這正是我趙國之短而秦國所長，再這樣耗損下去，我們支撐不住，所得的上黨好處，恐怕還彌補不了眼前的損失。眼下只有著眼戰場，快速與秦軍拼出個勝負！」

虞卿看完報告之後說：「即便知道眾人推荐的趙括，可能是秦國的計謀，也只能忍著上這個道。」

趙王說：「不上這個道，你有辦法嗎？趙括前兩年就警告過，趁秦軍入上黨未穩，我軍先發制人！當時大家都認為還是廉頗穩重，結果到了這種敗局！現在反而證明趙括先前主攻是對的！守是守不下去，只剩下攻可以解決。今天的廷議再次議論紛紛，沒有人能拿出更好的對策，除了戰場上的積極作為，整個趙國都下不了台。當初馬服君趙奢不也是險中求勝？所有能戰將領，除了趙括之外，沒有人主張積極進攻，派其他人去不也跟老將軍廉頗一樣？我實在不懂，胡服騎射的堅強戰鬥力，怎麼一碰到步卒車戰為主的秦軍，就一片潰敗，大家都作失敗設想。」

虞卿點頭說：「王上英明。看來胡服騎射只是表象的強大，一但糾纏上以守勢長期對耗，糧食與各項戰爭資源不足，被敵人抓到要害，就不是這麼一回事。局面已經演變成騎射不如耕戰。而今只有先讓趙括積極作戰，同時派使節前往齊、楚、魏三國，打點他們的權貴，至少請求增援糧草。」

趙王說：「即便如此也很困難，他們只會感覺，這又是一場『合縱』。最好的是韓國與魏國就近支援，尤其是韓國，他們才被秦國所攻，喪失大半國土，最應該來支援我們。」

虞卿搖頭說：「魏王目前已經被秦王嚇破膽，不可能來援。至於最應該支援我們的韓國，現在卻是最恨我們的。」

趙王說：「韓王恨寡人？為何？」

虞卿苦笑說：「大王何必明知故問？立場易位思考便知。臣曾經對韓國使臣說三晉一家，韓國使臣就在邯鄲公然質問我，先前秦軍攻野王時，為何我們趙國不救韓？一聽到上黨要歸趙，坐收韓國領土，就立刻大舉出兵。若現在韓國支持我們，秦國轉而攻韓，我們趙國又會去救韓嗎？他大聲罵我說，肯定不會，最後大罵趙國無義，有什麼臉面說三晉一家？當時臣下就張口結舌答不出話。所以韓王現在寧願支援秦國打我們，也不會支援我們抗秦。臣以為，平原君對上黨的大利益之說，讓韓國恨趙入骨。除非我趙國大敗，也損失慘重，韓王才能解恨。早知有今天局面，當初就該無條件救韓上黨，公然聲明事後歸韓。若如此不止韓國會拚死來援，魏國也會認為趙國可信，出兵助戰，至少三晉團結是做得到的。那麼齊楚燕三國，要他們救援就不難了！」

趙王聽了滿面羞慚，知道自己為了利益，走錯關鍵一步！兩百多年前的道義，已經被人所拋棄遺忘，天下見利忘義，成理所當然，萬萬沒想到最後能救自己的其實還是道義。但是利益可以事後洽談，道義這種東西，事先不做，事後無法追悔，追悔別人也不相信。趙王對韓王無義，如今趙國危在旦夕，自然其他人也都考慮自己眼前利益，說什麼也無人來救。這才是一切問題的關鍵！

搖搖頭說：「事已至此，言之無益。現在秦國已經囊括上黨一半以上的城池，秦軍全軍壓境，上黨所剩一部份也已為戰場，甚至還可能波及我趙境。寡人想反水歸還韓國，韓王也不相信矣，還是議論一下到底該不該讓趙括為將作戰吧！」

沉默片刻，虞卿忽然醒神，說：「知子莫若父母，趙括雖然善於指揮進攻作戰，但沒有經驗也是臣民共知。臣倒還有另外一個人選，大王是否願意考慮？」

趙王問：「你說何人？」

虞卿說：「曾擊敗北狄、匈奴，如今還在雁門郡坐鎮的，大將李牧！」

趙王聽了愣了一會兒，往返走動，口中喃喃自語：「李牧……李牧……」然後又問：「假設你是秦王，面對這場戰爭，趙國將加碼增兵，並換將對決，你會做何處置？」

虞卿：「同樣加碼增兵，換將對決。」

趙王問：「將換何人？又為何要換他？」

虞卿說：「戰必克、攻必取、威震各國的武安君白起。因為白起顯然比王齕能戰，必然能趁勢一舉突破眼前僵局。」

趙王又問：「那李牧與廉頗相比又如何？」

虞卿說：「臣與他們相識不深，但聽藺相如說，廉頗比李牧知戰，而李牧卻往往能出奇計，廉頗所不及。」

趙王說：「李牧先前與匈奴戰，同樣抗拒王命，堅守不出。他之所以能勝利，是因為匈奴不像強秦，有長久對峙的消耗能力，相較匈奴，我們更消耗得起。而如今對付強秦則不然，他到長平，肯定也是跟廉頗的結論一樣，繼續相持對耗。廉頗尚且不如王齕，李牧能勝過白起乎？如今趙弱秦強，只有出奇方能制勝，這也是不得已的選擇。至於糧草資源等戰爭資源方面，只能仰賴卿等，加速合縱求助各國。雖然大家都討厭合縱這個話題……」

虞卿嘆氣，低頭遵令。

李牧因之失去了，對陣白起的巔峰對決機會。然趙王說的也不錯，以李牧先前的作戰方式，至長平陣前，也許可能跟廉頗一樣，只是事情沒這麼安排，誰也不知道結果如何？

虞卿雖然支持合縱，但深知這個議題，已經被玩到，各國國君都一陣作嘔，除了面臨生死關鍵，沒有國家願意真切響應。兩人同時氣沮，看來只有利用胡服騎射的短暫優勢，冒險主攻一搏，不然趙國真的會從內部開始解體。此時王雲，跟著先前的使者鄭朱，前往咸陽。任務是探查秦國內部的動向，並且向趙國提供作戰意見。

王雲原本以為，山東各國國政，被弄到離心離德，是因為秦國間諜的耳語細作厲害，但來到秦國之後發現，其實秦國也一樣，咸陽市場上充斥著各國的耳語。其實秦國間諜並沒有特別厲害……

一日早晨，他坐在市集二樓的棋院中，手上拿著漆器製的圍棋子，獨自一人沉思。外頭秦國市集嘈雜，各種叫賣聲音此起彼落，但他的內心卻非常沈靜。

「這真的怪了……秦國國政也同樣被市場耳語混淆，秦國人也對此無可奈何，應侯范雎更是當中典範，以此搬弄是非，甚至掀風作浪，如先前所想……難道天下所有明智之人分析的條條道理都是錯的，只有我遐想亂猜的原因才是對的？古怪啊……沒有道理啊……」

他拿著棋子，邊丟在棋盤上，邊思索。

「肯定有古怪…是古怪…古怪之事啊…」

過了一會兒。

忽然幾個軍士護送著一個貴人，來到的棋院，王雲起座返身一看，來了一個頭髮花白的中老年人，身著黑色貴族服裝，尖頭小面矮個子，雙目圓大。

軍士用趙國的語言說：「這位是武安君，趙國使者行禮。」

一時王雲還聽不懂，白起（藍眼眶）似乎看出端倪，用韓國官話說：「趙使是韓國人嗎？會不會秦腔？」王雲於是行禮。

回答道：「聽得懂秦國官話，所以才被派來此協助趙國使節團。」

白起（藍眼眶）放下配劍說：「秦國語言朕身也不懂全部，但至少現在可以用官話溝通，不需要譯者。」

兩人對座，白起遣退左右軍士到樓下。

王雲問：「請問如何尊稱？」

白起（藍眼睢）面色冷肅，低沉地說：「秦武安君白起。」

王雲趕緊低頭示意，表示尊敬，一字一句謹慎說：「武安君乃貴人，怎麼會來市集，找小小的趙國副使者？」

白起（藍眼睢）說：「聽聞閣下曾經點破了我軍的作戰節奏，還建議廉頗，戰場刀兵不勝，則要擴大戰局到外圍，伐兵改為伐交，親自奔走於邯鄲與長平之間，最後跟著來秦國出使。所以來看看，是什麼飽學之士，有此見解。」

白起想用這句話去震懾王雲，讓他知道秦國耳目眾多，連他先前在廉頗面前說的話，讓廉頗傳了出去之後，最後都能被秦國的耳目知道。

還以為王雲會吃驚，結果王雲不以為意，反而露出笑容，因為他就正在思考，各國都有不尋常之耳語政治的問題，耳語偏向於哪一國，哪一國勝算就高……

微笑答：「朕身其實就一個年輕小人，沒什麼特別，況且提出這些，也是很多人都知道的，沒甚麼大不了，武安君別太抬舉朕身這種小人物。」

白起（藍眼睢）看了看桌面上的棋，微笑說：「你會下棋？」

王雲點頭。白起說：「要不要跟朕殺一盤？」

王雲忽然若有所想，直言：「武安君將要去長平作戰了嗎？」

白起（藍眼睢）自己反被這句話震懾住，手慢慢握住配劍，然後微笑說：「年輕人，你怎麼知道？」

王雲說：「武安君迂尊降貴，專門跑到市集找我，不是為了作戰之前，先親自探察消息，是什麼？況且長平戰局事關天下大勢走向，曠日費時，秦國不派最善戰的統帥上場打破僵局，如何可能？是以猜出你將接替換王齕作戰。」

白起（藍眼眶）手在案下，大姆指慢慢推出寶劍出鞘，冷冷說：「沒有這種事情，我閒居咸陽，年輕人不要亂猜。」

王雲沒注意到白起的推劍動作，但感覺到白起變臉，才想到自己太衝動，說了些禁忌的話題，改口說：「是，亂猜的……武安君莫要介意。哈哈，秦國市集也跟其他國家一樣，市井小民，耳語流傳…哈哈，千萬別怪罪朕這種小人物。」

白起（藍眼眶）盯著王林看，冷冷說：「聽驛館侍者說，你天剛亮就來到這裡，這麼長時間，你跟誰下棋？」

王雲說：「就朕身一人，看著棋盤思索事情，沒有跟人下棋。」

白起（藍眼眶）微微點頭說：「你既然是韓國人，所以想問問，你對秦趙之戰的勝負看法。最好你以第三者的角度來看。回答得好，謝以重金，不然的話，你就不能離開秦國。」

兩人都沈靜一陣，相互盯著看。

王雲嚴肅地說：「朕身的看法，秦國會勝利。天下大勢將更加傾斜於秦，甚至都歸秦國。秦一天下的局勢，隱隱若現。」

白起（藍眼眶）冷冷道：「說明理由。」

王雲說：「回到剛才說的伐兵改為伐交。趙國的伐交已經輸了，合縱暫時組織不起來，長平又得不到進展。而趙國國力強大是拓展胡地，收編騎射而得，騎射利於速戰，國內若沒有充足的糧草資源不斷供應，難以對陣消耗。大戰前期，我也到過前線，親眼見秦兵已有克服騎射的戰法。倘若短期之內打不贏，勢必更難以，與秦國耕戰步卒爭奪長期。如此趙國必定改變目前長久拖耗，若又要轉變為速戰速決，則這是秦國最佳時機。」

白起（藍眼眶）問：「倘若趙軍充份發揮其優勢呢？能說不會重演閼與故事？」

王雲說：「那就看秦國人有沒有這麼遲鈍，會看不出趙軍被迫決戰的弱點。我想秦國人攻略東方這麼多年，不會看不出來這麼簡單的問題。更何況武安君不也可能，要去長平了嗎？代表秦國已經看出了這個弱點。」

白起（藍眼眶）點頭拿起棋子說：「尊下果然見解獨到。若朕身真的將赴長平前線，趙軍生死可就捏在朕手上了。」

王雲點頭：「那武安君生死，又捏在誰手上呢？」

白起（藍眼眶）聽了變臉，真的亮出配劍，但沒有出鞘，頓在木製地板問：「你認為呢？立刻回答！」

王雲吞了一口水，真的開始害怕發抖，說：「不是應侯，也不是秦王，而是天下人心。若我胡言亂語，武安君莫怪。」

白起（藍眼眶）站起來冷冷說：「天下人心？哼！小子，爾仍然不過一個俗人！」

看他要走，王雲急說：「武安君莫急，剛才您還有問朕身一句話，那就是為何一個人在這下棋？我在這思考的不是棋局，而是影響這次秦趙之戰的人事之局！我認為這局中有鬼，這鬼藏得極深，影響我們，卻又不是我們眼中可見，武安君此去雖可能大勝，但對您或對秦國而言，卻未必大吉！因為此鬼，未必是一直是助秦的！」

白起（藍眼眶）又哼了一聲，然後掀開竹簾，準備走出棋室，離開前冷冷說：「一下人心一下又是鬼！已經派人告知咸陽令，在秦趙之戰沒有結果之前，趙國副使王雲不可以離開咸陽。所以請你在本國多留些歲月，朕身命人安排尊下的住處，不要對別人說秦武安君，將前往前線作戰。否則你會沒命！」

王雲全身一抖，知道自己被軟禁了，白起離開之後，被軍士帶往咸陽鬧區旁的一所住宅。

推開門，李蘭等六個婢女竟然在裏面等候。

王雲吃驚問：「妳們怎麼來咸陽了？」

李蘭說：「我們不想被轉賣在趙國當奴婢，所以花了積蓄，跟著趙國使節來咸陽找你。來到咸陽後，被一個叫武安君的人扣留為奴婢，我們知道你在咸陽，我們以死相脅，一定要服侍你。他理解我們心意已決，就安排我們在這等你，說把我們幾個還給你。」

王雲說：「感謝妳們如此看我，妳們恢復自由身，可以回家去了。」

李蘭說：「我們要是有家可回，何必花光積蓄，跟著趙國使節來找你？」

王雲苦惱說：「我養不起妳們幾個。而且老實說，我目前對女人沒有興趣，甚至娶妻都沒想過。妳們可各奔他方。」

虞香推出一個箱子，裏面裝有大批金塊，說：「秦武安君，剛才派人拿來了這些。說要交給你。那請問我們可否拿著這些，各奔他方？」

王雲看了金塊，變了臉色，改口說：「如果是這樣，妳們暫時留下來。若遇到適當的人，我再安排妳們找其他歸宿。」眾女子一陣嗤笑。

原來白起這麼守信諾，真的送重金。

秦趙兩國真的各自換將。趙括率領另一支趙軍二十萬人，趕到長平前線。秦國也立刻從國內各地調動大軍，補充前線，白起也到了戰場上觀察敵我態勢，預謀一場大決戰。

趙軍百里石長城營壘中。

趙括非常氣憤原有趙軍的消極，下達撤換千人尉官以上的大批將校。然後令全軍都尉以上將校，重新再次會議。

「依據這個名單，立刻收縮所有部隊，把六軍騎射隊伍放在最前沿，依新編制由北而南列隊，步軍與弓軍放在後衛混編，依此建制十二個突擊大隊，各位看沙盤上的編制。」

眾將領圍著沙盤觀看。果然編制有序，把趙軍現有的戰鬥方略組織得最好，趙軍拋棄笨重的戰車，把騎射隊伍擴增到最大。

「以騎射為先鋒機動，交戰之後分散突擊，後續步卒攜帶突破營壘的重裝武器，跟著十二個突擊大隊的前衛，漸次發動突擊，把所有兵工類別的作戰性能發揮到最高極致，消滅最多的敵人。」

趙括拿著長仗，指著沙盤上的棋盤，將自己的進攻佈置解釋清楚。眾將領紛紛點頭，認為主帥這樣的安排，合理且有順序，兵種之間搭配合作無間，正是當今最善用兵者。

「先前跟隨廉頗來此的隊伍，經過長期與秦軍對峙消耗，多已屬疲兵。將此隊伍列於陣後防備休養，以茲後備，從邯鄲跟我來的主力，全部列入先頭突擊隊伍當中。」

眾將領紛紛點頭。

趙括在大營內往返走動，眾將領跪坐席上報名，旁邊記事官一一記錄。

忽然一將領站起道：「下佐喚兌慶，代地紅旗騎射隊第三部，五千人都尉，有一事請問上將軍！」

趙括傲慢地說：「問吧！」

兌慶說：「上將軍佈置切理，然而有一天大漏洞，將疲憊之師列於後方，秦軍若趁我軍進攻，以精銳之師迂迴兩側斷我後路，後方被破，屆時應當如何？」

趙括瞪眼，這人言之有理，但整個佈置已經妥當，不可能因此改變，卻又不能不回答。

趙括說：「秦軍以步卒、車戰、弓弩為主，騎兵為輔。我軍以騎射、步戰並重。迂迴兩側的突擊速度，必然不能與我軍相比。」

接著握拳頭說：「既然是進攻決戰，惟快惟力。我方若集中力量先破敵中軍，他們迂迴兩側又能如何？即便迂迴兩側，我軍人數眾多，集中一處全力突擊，也能破之。」

所言有理，兌慶只有退下，但他內心仍頗有不安。

此時整個事件的關鍵人物馮亭站了出來，他也披甲冑，率領原本上黨的韓軍來支援大本營。

「上將軍，兌慶質疑的有道理，若後方疲憊無力，極可能被敵人趁虛而入。況且在下聽說，秦國已經換將。」

趙括大驚失色，急問：「華陽君，我怎沒聽到這消息？」

馮亭說：「這我也是，昨日從韓國潛伏在秦軍運糧車隊中的鄉間，收買內部知情人士所知。」

趙括問：「秦軍換了誰？」

馮亭說：「據稱換了武安君白起。」

趙括聽了白起二字，雖然謹慎了起來，然後說：「我派出的間諜怎麼沒回報？」

馮亭說：「據說秦王下令，敢洩漏武安君為將者斬。所以幾乎整個秦軍部隊，連都尉級別都不知道武安君白起已經指揮作戰。還好百密一疏，總有透風之處，秦國善用間諜流言，在此處也反而最好擊潰他們。」

趙括抓著算籌，來回在軍帳走動，沉默許久之後說說：「不管秦軍換誰，我的布置，是現有狀況下最合乎兵法的安排，即便秦將換成白起，也得戰！不然我軍二十餘萬長期相持，就已經拖耗國力，糧食難以供應，如今大軍增兵集結近四十萬，不可能再長久固守消耗下去。」

馮亭與其他趙將只能面面相覷。

趙括的一切先期安排，怎麼看都是沒有錯的。後方有百里長城當作倚靠，秦軍要迂迴後側突擊包圍，也必然陷入苦戰。趙軍騎射隊伍精銳，雖然穿插在山間活動並非有利，但觀察敵軍任何動作，回頭作戰也是極快速的事情。在速戰速決的先訣條件下，只有利用現有軍隊的分工合作，發揮最高效率，就是致勝之道。

乍看之下，趙括真的沒有錯誤……

但只有一件事情他忘記了！那就是無論任何攻擊搏殺，除了作戰合理與勇猛果決之外，用兵還有更關鍵的一個要素，就是必須欺敵，若沒有騙過別人，你聰明敵人也必定聰明！當初他父親趙奢也是用盡心機，犧牲掉一切戰機，爭取完成欺敵作戰，最再後放手一搏，激烈的戰鬥之中，反敗為勝。

其實只差這個要素而已⋯⋯欺敵要是做成，白起也未必是對手⋯⋯⋯

但當時令人恐懼的老將，軍神白起，卻沒有忘記最重要的元素，欺敵，這件事情⋯⋯

秦軍本營，夜晚，眾將雲集。

白起（藍眼眶）坐於帥座，案前放置一塊圍棋棋盤，黑白子分布，依照一旁將校在地圖上標示的秦趙兩軍分布，依照白起的言語，在圖上做出類比性的擺設。這種系統化格義理解，能讓白起更方便地，對整個複雜戰局，做簡化性的統籌思慮。他竟然天才般地，把以往在棋院的道具，轉用在戰場佈陣上，看到了一番化繁為簡的系統性格義思索法，白起自己也訝異自己的天才突破。

磕擦⋯磕擦⋯白起一個人看著地圖，依照他自己的理解，慢慢地擺放著棋子。現場彷彿被殺氣罷罩住一陣沉靜，棋子碰撞棋盤聲，清晰地聽得如震雷一般響。

眾將領正面跪坐席上，面對白起思考著戰局，一聲不發，就等白起做最後的軍事分布。只見代表趙軍的黑子群，集中於中央一列，代表秦軍的白子列在兩側與後列一側，乃至棋盤外。

「趙國不堪消耗轉守為攻、趙括躁動一意主攻、趙軍騎兵善於機動、戰場地域多山陵有河卻又有平原道路交錯……我軍步戰強弩為主、遠入客地、不利相持、然後續增援源源不絕…」磕擦…磕擦…

擺滿棋盤之後。

白起（藍眼眶）雙目瞪大，全神貫注看著棋盤，但語意對眾將領說：「決斷在即，眾將聽令…」語氣低沉冷漠，彷彿氣若游絲。然眾將領立刻由跪坐而同時長跪。

「王陵、王錚。」

兩人由長跪站起。白起兩眼仍然盯著圍棋沒有移開。

「明晨率自身所部人馬，至趙軍正面構築簡易營壘，交替迎戰，只許敗不許勝，引誘趙軍繼續向前突擊，直到營壘之前。」說到此拿白子增添在底側呈三角形。

兩人同喊：「得令。」於是跪坐回去。

「司馬靳。」

他站起。

「在趙軍主力抵近大營後，帶上白旗、黑旗、紅旗各壘輕軍銳士與所屬將校，走山陵斜道，分兩翼穿插至趙軍百里長城之後與本國的聯繫，依山傍水紮下大營，截斷糧道。務必以犄角之勢互援，無論趙軍如何攻擾，不計死傷，堅決截斷。本營後備銳士各旗營，會沿山道源源不絕增援。具體的行動方針，相信你可以自行決斷。」說到此拿出三個白子卡在黑子最後面。

「得令。」

無論將領有任何動作，他仍然跪坐著，眼光盯著棋盤一點都沒移開。

「胡陽、司馬梗。」

兩人站起。

「趙軍主力出動之後，出現與趙營壘分散兩股之勢。你二人帶所屬十六營壘重裝精兵與戰車隊伍，全軍成為陷隊之士，從東西兩方全力攻入趙軍兩股之間，讓被引出的趙軍主力與大糧山壘營切成兩股，你們很快就會腹背受敵。但無論如何死傷，必須堅決截斷，追著趙軍主力移動，不准他們後撤回大糧山。」說到此兩手六個手指頭，共推六個白子卡在兩股黑子中間。

「得令。」

「蒙驁、王翦。」

兩人站起。

「在王陵、王錚引趙軍退回到本營後，你二人率主營騎兵，分三股全力迎擊趙軍主力。趙軍騎射部隊勇猛機動，數量很多，若趙軍騎兵攻壘不破，必定後撤留步卒墊後，待其騎兵因移動速度與步卒分散之時，全力穿插兵種之間交戰。屆時我將令王陵與王錚返回廝殺，你們之間傳令互通，相互支援。但此舉旨在牽制趙軍移動速度，倘若趙軍回援，你等就放鬆進攻與之相持。」說到此，把白子列在黑子群當中呈現犬牙交錯。

「得令。」

「王齕。」王齕聽聞立刻站起。

「大王派遣的後續二十五萬增援，即將到達，由你全權指揮，將其拆成一線編制，從戰場外圍活動，漸次投入與地形相結合，形成讓趙軍無法移動的整體包圍圈，配合各軍，將趙軍主力壓縮在丹河河谷附近。當中還有兩個重點，主力必須攻下百里石長城，重兵必須屯駐在長平關，在趙軍主力與大糧山被分開後，全力把大糧山營壘也攻破，讓趙軍徹底絕糧。」說到此，白子列放在外側散亂在外圍形成獨立的氣勢。

「得令。」

這時白起（藍眼眶）才抬頭看正面的諸將領，站起來之後冷冷地說：「這一階段的戰局，最為關鍵，只要各將依令達成指定目標，趙軍就整個進入死地，全部下去各自準備行動。」

眾將領全部站起，行揖退出。

白起（藍眼眶）再次跪坐，又盯著棋盤看，喃喃自語：「戰局如棋，乾坤莫測，天下局勢將在此傾斜。」

臉色陰冷，迸發出一道殺機。

咸陽，王雲住所，也是個夜晚。

就在白起用圍棋理解著戰局時，王雲也在用圍棋做同樣的格義理解，他理解的是更大的一個局。

磕擦……磕擦……王雲一個人看著一堆竹簡，也是依照自己的理解，擺放著棋子。

王雲的這盤棋，跟白起的擺法完全不是同類思路。但初始階段跟白起一樣，口中唸唸有詞，設定正確的整體形勢。

「周末以來相互兼併、戎狄與諸侯並列為國、然九鼎諸夏的概念延續、禮制崩潰以至於極點、各國變法強秦為最、各家學說相互激盪、陳陳相因出現迷局，無人能識，結束……合縱連橫迷亂各國、弱者放棄結盟禦強的鐵律、戰爭頻仍、貴族沒落平民崛起、奴隸制度淡化瓦解、各國流言蜚語、秦則更甚之，結束……弱者相因蟄伏、流言相通、說客滿路相望、君王相持、又因之互為溝通、乃至陷沒其中，結束……至少有三結束……不止！還有其他的結束……」

婢女們送來竹簡與茶水，看著王雲像發瘋似地不斷看著竹簡，推敲思考著，棋盤該怎樣依照他的『思維結束』來擺放。婢女們相互竊竊私語。

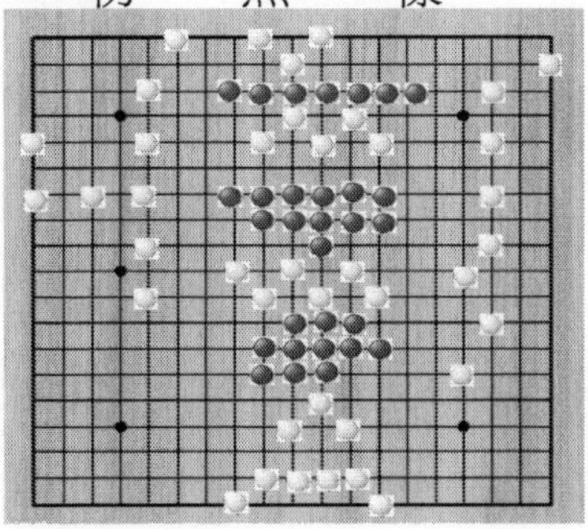

忽然王雲說：「妳們全部下去休息，不要煩擾我。」

「是。」六婢平伏低頭，遂擺好燈火，離開房間

磕擦……磕擦……

依照其規範出來天下人深層的意識對比，最後擺出的棋盤形勢，白子四條線共同聯到一中新一個空白，黑子則跟著白子延續，將白子團團包圍，白子只剩下一氣。整個是有機走勢，像是意識有目的一般。

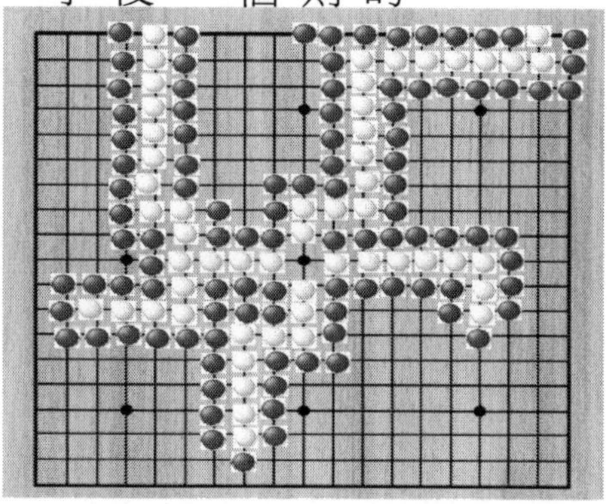

王雲像是被自己擺出來的棋局嚇到一般，從跪坐向後蹶爬，忽然站起來，嘴歪眼斜，看著正面的窗外，彷彿小丑一般，右手食指往下指著棋盤，對外頭的夜景大喊道：「難道這真有古怪？」

【此時王雲出現白眼眶】

回到長平前線戰場。

趙括於是集中所有突擊隊，全軍向秦軍陣地猛攻，秦軍前鋒假裝戰敗，不斷往後撤退。趙括勇猛，親領大軍追擊，忽然大軍碰到秦軍預設的長壘，用強弓箭雨抵擋趙軍。趙軍改換重裝甲部隊沖殺，攻破一道長壘，後面又有一道，而且長壘之間

伏兵四起，變成了步戰相殺。

殺！鏗將！鏗將！戰場上一片嘶喊相斫，雙方刀兵相接，秦軍善於步戰，逐漸壓過趙軍。

趙括見步戰不利，站在戰車上大喊：「騎射隊！」

左右高台揮動旗子，前方白刃交戰的步兵鳴金逐漸收攏，後方由夾雜胡人士兵的騎射隊在擊鼓之中應聲而出，弓弩交叉亂射，圍繞左右，秦軍銳士大批中箭倒地，傷亡慘重，戰車部隊也被擊垮，秦軍不得不全面架起盾牌，緩緩後撤。趙軍步卒又大舉衝殺而來，大破盾牌部隊，秦軍不得不全面後撤，再次退到下一個防禦陣地當中。連續突破數道陣地，秦軍屢敗而不潰散，仍然不斷組織攔截，這讓趙括忽然產生疑惑。

趙括算是了解兵法之人，知道秦軍擺出這麼一道又一道防禦陣型，最後是沿著山陵峭壁建立的秦軍壁壘，這必是誘敵深入之計，肯定山陵背後連環築壘。即忙鳴金收兵，收攏放出去的各攻堅部隊。

忽然探馬回報，秦軍在兩翼佈下重兵，後側穿插出現秦國部隊與機動騎兵迂迴，截斷趙軍與本壘之間的連繫。百里長城與大糧山兩處主要營壘，都已經是疲憊之師，面對秦軍騎兵如此逼近，都緊閉關門不敢出戰。

另一支兩萬五千步卒，突襲攻佔趙軍繞過的一座山嶺，穿插至百里長城之後，扎下營壘截斷通往邯鄲之糧道，可據此截住趙軍東北面退路。

趙括知道先前白起攻楚，就是使用這穿插迂迴的作戰方式，擊敗數倍於己的楚軍，最後攻佔立都五百年的鄢郢。肯定這次對付自己的攻擊，白起又是重施大膽穿插的作戰兵法。

趙括尚知白起這招的厲害，立刻率兵返回衝殺，雙方騎兵混戰成一團，趙軍倚人多，騎射精良，似乎佔據優勢。正當趙括認為可以突破秦軍的遮攔，忽然又探馬來報，趙軍的左右與後方，出現秦軍輕裝長槍步卒，返回沖殺。後軍重裝步卒陷入被包圍的苦戰，請求統帥出兵救援。

原來是白起留的後手，牽制趙軍撤退的移動速度。

此時才是關鍵點，倘若撇下後軍不管，全力衝回本壘，那麼還可能躲過一劫，反回去打通糧道。倘若回頭救援，秦軍極有可能在這時間差，不斷增兵在本壘與突擊部隊之間。

但是這麼做也有很大的敗筆，身邊的將領不斷請求趙括回軍，拯救重裝部隊。趙括倘若拒絕回軍救援，就會被眾將領鄙視怨恨，軍隊就無法繼續指揮下去。況且即便跑回本壘，也等於大敗了一陣，後續情況就比廉頗好不到哪裡去。形勢逼趙括回頭救援自己的部隊，保住寶貴的兵力，等待在本壘部隊支援。於是率軍返回救援……眼看著回去的道路，仍然被秦軍逐漸遮斷。

戰場上一片廝殺吶喊，秦軍暫時無法得手……

總算連番激戰，救回了重裝部隊，正要整軍再殺回本壘，忽然秦軍又分批次輪流出輕兵攻殺，晝夜不息。迫使趙軍精銳疲弊相持，無法回去，為了防止連主力部隊都被分割殲滅，不得不就地築壘抵擋，休息自保，整頓戰力，等待後援。

整個機動力被限制住。白起此時才敢有笑容，趙軍就在這一休息，秦軍抓住這時間，利用有利的地形，佔據山巔隘口，同時控制重要山頭，全面合圍，決定了戰爭命運。

白起收攏主力部隊後，才頓然發現，為了耗掉趙軍的機動突擊力，秦軍的傷亡其實不亞於趙軍的損傷。急忙把所有後備力量投入，堅決截斷趙軍為兩部份，並切先前安排的各軍，完成切斷糧草通道，使趙軍缺糧。

面對險惡戰局，趙括只有派輕騎兵做為信使求救，本壘部隊疲憊且不斷被秦軍攻擊挑戰，已經無法救援。只有少數信使，摸黑走小道，回到邯鄲求援，趙王知道各國已經不可能來援，且此戰干系重大，只有加派護衛邯鄲與王城周圍，最後部隊前往前線。並遣使趁夜突入包圍圈通知趙括，往晉陽方向突圍出來與外圍軍隊接應。

同一時間，秦王聽聞消息，親自前往河內郡，動員更多部隊，也源源不絕增援。

秦軍後援一到，立刻出兵攻打百里石長城，以及大糧山的趙軍要地，一場激戰，兩處本壘後衛的趙軍覆沒，本壘的援軍無法指望了。更後面的道路，也逐步被秦軍阻擋，邯鄲的聯繫都被切斷。原本趙軍的百里石長城與韓王山、大糧山，都成了白起包圍圈的重要堡壘。

趙軍整個部隊已經開始軍心不穩，趙括斬了不服號令的幾個都尉，穩定軍令系統，並且冷靜應對，重新編制突圍隊伍。於是準備向北面的長平關集中兵力突圍出去。

秦軍則早已經設好戰術機關，運用旗語互相溝通，只要趙軍突圍部隊前來，騎射則舉黑旗，盾牌與戈矛步卒則舉紅旗，徒步弓弩則舉黃旗，輕兵銳士則舉白旗，出現攻城重器具則舉綠旗。到了夜間則以火把繞圈的次數，相應告知對方的夜襲兵種。

第一波騎射部隊衝殺上來，與秦軍佔據關卡的弓弩手交相對射，秦軍的步射使用機弩，站地健穩，而騎射使用手弓，立足浮動，交射之下秦軍佔據了上風，騎射隊傷亡慘重潰敗下來。第二波接著盾牌兵與臨時組裝的簡陋衝車，抵擋箭雨，往長平關攻來，也使用機弩反擊秦軍，秦軍見狀立刻放棄射擊，集中盾牌步卒直接開關門迎戰，連番血戰又把趙軍擊退。連續第三波第四波，盾牌兵與長戈兵突擊，以不同的方式，採取最有效率的作戰突圍，秦軍則立刻調換兵種，以輕兵銳士不顧死傷，擊破趙軍重裝部隊的突擊，秦軍以兵種相剋的快速輪替交戰之法，硬是堵住缺口。

無怪乎趙軍人多，戰鬥力強，仍然被數量並不多於己的秦軍擊退，因為突圍的兵種在狹隘的地方，很容易就被觀察到，秦軍則可以立刻調換相剋的兵種輪番抵擋，此時主動突圍反而成了被動遭打擊。

趙括在幾次突圍失敗下，此時才想到欺敵，不得不分疑兵，改變方向分散突圍，但全部被擊退。他才赫然發現白起組織部隊的方式，不輸給自己。自己聰明的發明，其實早就有人想到過。

趙括屢次突擊，都大敗而回，糧食匱乏，開始殺戰馬當糧食。趙括知道事情到了最後關頭，才大為後悔自己過於衝動，但一初陣就碰到『人屠將軍』，真是時運不濟。但他果然不愧為熟讀兵法者，學習能力也很快。

立刻學白起，調換兵種，輪流不間斷突擊的用兵方法，也組織分兵，混合兵種，輪流不停替換上來，組織突擊，白起兵種相剋的戰法開始混淆，但缺乏糧食的情況下，大大限制趙軍突擊力。

戰場上晝夜廝殺聲不絕，秦軍在鐵血軍令下，不顧死傷死死頂住趙軍突擊的缺口。

秦軍大營。

「報上將軍，趙軍以兵種相混分組，輪流衝殺突圍，殺了一陣又來一陣。各隊伍回報的傷亡數字很大。三名前鋒營副將陣亡。」秦軍校尉如此回報白起。

白起（藍眼眶）喃喃地說：「趙括這小子，學習能力還真強，很快就把我的招數學了過去，如此兵種相剋法就對付不了他。倘若再給他一些年歲學習，還真有可能追趕上我。」來回踱步後，冷笑說：「只可惜，不會讓你有成長的機會了。」

冷面對校尉說：「把所有後備軍全部投入，依照先前紅，黃，藍，白四個混合分隊伍，同樣輪流休息與迎戰，決不讓趙軍突圍。他們缺糧，就算找到了突圍的戰法，也已經堅持不了多久！」

於是秦軍也輪番阻擊，趙軍每一次衝殺突圍都大敗而歸。趙軍士氣開始潰散。

其實趙軍好不容易找到突圍的戰法，秦軍也屍山血海損傷慘重，只要趙軍再堅持朝一處，混合兵種佯攻突圍，等待萬里無雲，星辰密布，順風之夜時，對險要的關隘，採用濃煙火攻焚關，猛嗆秦軍，或讓兩軍在大火與濃煙之中閉眼打混戰，而後以輕兵瀑布，持戈低蹲行動作戰，裏面開道，掩護重裝步兵夜襲，突破關卡之後，繼續擴大火勢，使戰場多處困住趙軍的山陵，整個陷入大火，從戰略性就打亂白起的佈陣，再組織騎兵往東北邯鄲方向猛衝縱深，擴大潰圍口，秦軍包圍圈是會被突破的。甚至還可以分兵擴大火勢，讓大火連綿山丘數百里，直焚秦軍壁壘與秦軍供應糧草處。

數百年後的陸遜夷陵之戰，就是善用戰略性的突擊大火，以逆轉戰局，一切都是缺乏欺敵的料想，事情就是差那最後一截。

思維陷入書籍文字的趙括，經驗不足不是太嚴重的問題，重點是不懂汲取自然力量，玩一套豬羊變色來自救，趙軍被困時間一久，士氣浮動，逐漸無力突圍，如此被圍困四十餘日，除了拉動主帥戰車的披重甲戰馬之外，其餘戰馬都被吃光，甚至出現人吃人情況，趙括知道事情已經到最後關頭。

為了安定軍心，趙括對全軍宣佈，自己也編入突擊隊伍，搭上指揮戰車身先士卒，往長平關衝殺。同時率領原先韓軍歸建趙軍的馮亭，也全副武裝率領殘餘部眾一同衝殺。秦軍已經知道趙軍陷入瘋狂，於是集中所有弓箭部隊射擊，趙軍此時弓弩也用盡，拉戰車披甲衝鋒的主帥戰馬也死亡，趙括只有在盾牌的掩護下，繼續徒步衝鋒，就在一場混戰當中，趙括被集中弓弩射擊的箭雨當中，身中多箭陣亡，死前仍大喊向前衝鋒。馮亭部隊則殺到秦軍陣中，經過慘烈白刃交兵之後，也在激戰中陣亡。

趙軍至此陷入群龍無首也無糧食，於是集體投降。粗略清點人數，趙軍與秦軍都各自傷亡近二十多萬人。白起為了節省糧食，更不願釋放俘虜，而少了後續戰果，詐而坑殺所剩的趙軍降卒二十萬人，只釋放年輕二百多人回趙國告知消息，散播恐慌。

史載，趙國包括韓國上黨郡歸降兵力，總計投入四十五萬人，除了與被放回的少年兵，或者有少數逃兵，其餘全數或戰死或被殺，舉國哀慟震動。這就是史上著名的長平之戰……

咸陽，王雲宅。

李蘭等六個婢女聚在庭院閒聊，王雲在屋內自言自語。

婢女雲美，對著李蘭說：「他真的好奇怪喔，每天對著圍棋與骨牌，唸唸有詞。說什麼要跟『古怪』對話。他會不會瘋了？」

李蘭說：「王侍從真的有點不正常，可能真的瘋了。不過看他死守著錢財，對我們說話正常，又不像瘋。」

虞香說：「管他瘋不瘋，重要的是，不少貴人都會跟他交往，而他對我們也都很照顧，吃的用的都不缺乏，何必在意他這個？」

忽然一陣敲門聲傳來，李蘭打開門，是一個中年男人。她們都認識這個男人，正是答應帶他們來秦國的趙國使者之一，叫樓育。

樓育直接登入房間，對王林哭喊道：「趙軍敗了，趙國危矣。」

「到底怎麼一回事？」

「趙軍長平大敗，統帥陣亡，前後四十萬精銳陣亡與投降。秦武安君白起將降卒悉數殺盡，只剩下兩百多個少年人被放回，趙國震動。上黨郡與趙國西部險要屏障，全歸秦國所有，武安君繼續進兵攻打趙地，可能要進攻邯鄲啦……」

「這是真的？」

他丟出竹簡與信符：「這是邯鄲派人偷偷傳來的，求援信……趙王請求我們快想辦法議和，假不了……」說完縱聲大哭。

王雲（白眼眶）看完竹簡，頓然說：「容我想想…」

樓育跪坐哭到失聲，哽咽地說：「還能有什麼辦法?沒有國家肯出兵相救了，邯鄲完了！我們如何議和？」淚流滿面，已經難以言語。

王雲正在思考『古怪』。而今他準備試探一下『古怪』。

王雲（白眼眶）低聲指著，一直沒有改變的那個『古怪棋盤』說:「這筆血債，不止白起，秦王與范雎都有責任！要打敗他們不是沒有辦法!我有一招可以置白起與秦軍與死地！幹掉這個『人屠』將軍!還要讓秦王與范雎也嘗到慘敗的滋味！」

先前在夜晚擺著的『古怪棋盤』，一直被他放在案上，他終於要嘗試一下，自己也跳進去棋盤當中操作一個子，看自己猜想的『古怪』是不是存在。

樓育喘口氣，瞪大眼睛問:「這……這如何可能？」

王雲（白眼眶）走到棋盤面前說：「先前我就說這局中有鬼，不然豈可能一個流言蜚語，就讓長平前線兩國同時換將，頓時翻盤?古怪啊……既然這是你所制定，我也要跳進去入局:讓你反過來古怪一次…」

樓育疑惑地神情看著他，不明白王雲在說什麼。

王雲（白眼眶）說:「這件事情不能我們趙使出面，得讓韓國與魏國使者幫忙。」看了一眼在外面嘻笑的六個女子，怕消息外洩，於是說:「附耳過來。」

兩人私語。如此如此，這般這般……

樓育一聽，微笑說：「平原君說的沒錯，尊下真的足智多謀！沒想到有這鬼神一般的妙計！好！我立刻去準備！」

樓育跑了出去，依計而行。

王雲（白眼眶）來回踱步，喃喃自語說：「既然古怪你只留一氣，那麼這一氣就是中立的，被圍的子也可以利用這一氣變得固若金湯，扭轉局面者就是塑造局面者……古怪……」

韓國與魏國使者，深知趙國若亡，韓魏也必然不保，於是同意幫助趙使的忙，聽從了這次建議策動了蘇代，跑來見秦國國相，即應侯范雎。

原來王雲所說，讓長平換將從而破局的關鍵一氣，范雎耳語計謀，既可以為秦軍勝利為子，也能為秦軍大敗為子。

說這韓使跑來找蘇代，但這蘇代是誰？

他曾經在燕國遊說輔佐，策動燕王玩『王道』，禪讓於臣下子之，結果造成燕國內亂，齊國入侵，造成燕王與子之都身死，差點讓燕國被齊國滅亡。之後轉而投奔齊國遊說輔佐，勸說齊王玩『霸道』，趁著滅宋之戰讓齊王貪利背盟，與各國矛盾，搞合縱攻齊，造成齊王身死，燕國入侵，差點讓齊國被燕國滅亡。一來一回演變成為燕齊火拼，兩個國家都相互差點滅掉對方，結果是兩國都元氣大傷。以他一人搞鬼，讓兩王身死，兩國重傷，內亂的功力驚人。

從薊城、臨淄、大梁到邯鄲，都流傳童謠：「不怕那趙國馬服君，他只是闞與計略猛、不怕那秦國鬼人屠，他只是用兵破百萬，要問天下誰最毒？就怕九頭蘇老鬼。」

各國政壇，醒悟他蘇代的搞鬼功夫，大為驚悚，尤其山東六國之王，都因此稱他為『老鬼』。六國王族都派人要殺他，所以他聽聞自己要被追殺的風聲之後，趕緊逃來秦國，而秦國因為蘇代擾亂燕齊，在合縱後面搗亂，對秦國進攻眼前的三晉與楚國非常有利，所以破格收容『老鬼』。

然而不少秦人勸說秦王，『老鬼』實在太邪門，應當把這個大災星趕走，但秦王自認強大，受命於天，公開宣稱不怕『老鬼』，還對他恭敬有加。既然如此，王雲催動的『古怪』大戲，打前鋒的就是這隻老鬼先跳出來。以重金收買老鬼上台演戲。

但如何恭請『老鬼』發功？王雲先拿著白起給的金塊，首先針對，這次因秦國進攻，同樣受傷並損失大半領土的韓國，收買在咸陽的韓國使節，張山。

張山是個年輕人，但很有憂患意識，跟王雲在韓國有少年故舊之誼，深知一旦秦國滅趙，韓國也很快會被滅掉。所以收錢之後馬上辦事，只是怎麼催動老鬼？

張山帶著見面禮與蘇代見面後，蘇代一眼猜出他的來意。

「韓使，是為趙國當說客而來吧？不然為何無事獻金？」

張山（紅眼眶）淡淡一笑，點頭說：「可以說是為當說客，但更重要的是替先生您，送上財物，而免除災厄而來。」

蘇代（綠眼眶）笑說：「送財物我見到了，免災厄這我不理解，我有何災厄可言？」

張山（紅眼眶）說：「先前先生在燕國內部活動，讓燕王薨死，差點讓燕國被齊國滅亡，之後在齊國背後搧風，讓齊王薨死，差點讓齊國被燕國滅亡。以至於六國王族，給了您『老鬼』尊號，都派人要殺您，先生才跑到秦國來。但我聽聞秦國對先生您的防範可不亞於六國啊！表面上秦國是因為各國人才之助，才變得如此強大，但也因此秦人對各國人才，其實最為堤防。先生最近在秦國，聽說活動得不順利，有不少人建議把您轟出秦國對吧？這不就是我說的災厄要來了嗎？」

蘇代（綠眼眶）收回笑容，左右張望一下說：「是又怎樣？大不了我再往東回去。天下之大總有容我之處。」

張山（紅眼眶）大聲疑問：「是嗎？六國王族都派人要殺先生，我還聽說燕齊兩國刺客群，一路追殺，逼得您曾經馬車飛奔入函谷關，才撿回一條命。先生您真的有地方可去嗎？或許天下之大，您可以隱姓埋名，跟著百姓務農生活，別人找不到你。但先生您這樣的人，真能安貧樂道，務農了此餘生？做不到吧？」

語氣沉重而堅定。

蘇代（綠眼眶）被拆穿本心，頗為不安，有轉而嚴肅地說：「是曾經有被追殺入函谷關這一幕，今天想起來還驚險萬分。那你有什麼建議啊？」

張山（紅眼眶）說：「先前先生讓六國害怕，所以秦國歡迎你。但是最終秦國還是不信任你。你何不想辦法趁這次秦國長平之戰大勝，六國真的開始害秦威之時，發揮您的才能，讓秦國大敗喪土，反過來讓秦國害怕，那六國不就反過來又歡迎你了？到時候先生再往東去，不就免災厄得財物，甚至榮華富貴？」

蘇代（綠眼眶）點點頭，呵呵一笑說：「讓秦國害怕……這倒是一個不錯的挑戰……但該怎麼做呢？這可非常不容易喔！」

張山（紅眼眶）鬼神鬼臉地指著窗外說：「怎麼做先生您才知道，但我可以建議你做到怎樣程度。想辦法讓應侯、秦王、白起三人之間有隙，最好的效果是讓秦國上下敬畏的『人屠』白起，死在先生的計策下，讓秦軍的攻勢崩盤，搞到秦國吃下去的上黨郡又吐出來，那威震天下的就不是人屠了！而是老鬼！六國各地能人志士，不就紛紛要拜您為師了嗎？」

蘇代（綠眼眶）哈哈大笑說：「小鬼啊！您小鬼是要我『老鬼』去大戰『人屠』？讓天下人心大快？好啊！在下恭敬不如從命，就來挑戰這一局。不然我就不上道，真的會被人殺囉。」

小鬼催動了老鬼，於是蘇代投了竹簡名刺到范雎府上求見。

范雎自己也曾是說客一員，深知這『老鬼』蘇代的內功威力，可不是自己亂吹出來的。要是自己不待見蘇代，讓蘇代跑去見秦王，自己的地位就危險。所以即便秦王下令，破趙之前，秦國主要官吏，不可以見各國使者與外國說客，范雎還是破例偷偷會見。

蘇代（綠眼眶）先是一陣邯鄲步伐，引得范雎府上上下下，看蘇代老鬼扭動一陣嗤笑。蘇代是越走越癲狂，好像是故意要表演給范雎府上知道，他的邯鄲學步的功力。

詭曲：蘇代略【歌曲某配樂】

燕國危，齊國殆，六國國君都說要追殺我。挽危局，除惡煞，三言兩語大破戰神白起～

世間公理中論找老鬼～你說縱橫術，只有我最強，就算胡言亂語也成經典。講王道，說霸道，唬得君王來去團團陷迷霧。現在要讓秦國也歧途。

一二三，邯鄲步，誰能像我這樣走得逍遙？尋范雎，鬪人屠，令秦軍大敗秦王落失意～

言語威力能戰虎狼師～你說鬼谷子？他只是傳說，甚至根本沒有這個鳥人。論真略，比法力，天下沒有人能贏得過老鬼。天下沒有人能贏老鬼。

范雎在主座看見他在迴廊這樣扭走『邯鄲步』，便知道他是為趙國當說客而來，冷冷一笑喝了一口茶水，打算等等狠狠羞辱擊退這『老鬼』。

蘇代（綠眼眶）一入座竟然吟出一首楚國話辭：「半人半鬼兮亦半仙，全儒全道兮亦全賢，胸中真經兮藏萬卷，掌握文武兮半邊天。」

范雎冷冷一笑，白了他一眼，輕慢地問：「閣下是在說自己嗎？」

蘇代（綠眼眶）鬼裡鬼氣扭肩帶扭頭說：「不不不，這是在說應侯您呢。」

范雎仍舊輕慢地說：「朕身可不敢當您『老鬼』的稱讚。這半人半鬼一句退給閣下受用。閒話休說，閣下扭邯鄲步來，到底是什麼目的？」

蘇代（綠眼眶）笑說：「是是是，在下就先當一回鬼，在應侯您耳邊吹風。今天正是來幫助應侯，免除災厄，常保富貴而來。」

范雎說：「朕身現在已經有富貴，何必您來保？況且我又有何災厄？」

蘇代（綠眼眶）說：「災厄就快到了，老朽不扯閒話，我問一下敏感的話題，武安君真的要圍邯鄲嗎？」

范雎答：「然也。」

蘇代（綠眼眶）說：「倘若趙國被滅，秦國就真的王天下，武安君勢必位居三公，難道應侯要在他之下當官？」

范雎冷笑說：「哈哈哈，這就是先生說的災厄？先生真的是被趙國策動來游說的？」

蘇代（綠眼眶）說：「誰策動不重要，應侯聽聽，有沒有道理即可。」

范雎繼續高姿態冷笑說：「道理可以，但挑撥離間就不必了。別忘了朕也是說客出身，深知說客窺測心裡，搬弄玄虛之法，想救趙就不必了。大秦國的利益才是重要。攻三晉與楚，稱霸山東六國，這是大秦不變國策。」

蘇代（綠眼眶）胸有成竹，瞪大眼立刻雙手上下擺動，有點像發飆罵人，但是說話底氣又油滑，使得外表看上去像是發飆卻又感覺不出這是在罵人，如此半怒半笑地說：「亂講！應侯大謬！大秦怎麼會是只有稱霸山東？是應該要殺得各國通通滅亡，有一個就滅一個，混一諸夏！天下只能有我大秦一國存在！大秦一天下是一定要做的！這可由不得應侯說不啊！」

范雎楞眼吃驚，這蘇代還真是隻鬼，語調變得這麼快，一下反過來衝殺到范雎之前，使他想追也追不上。

蘇代（綠眼眶）鬼眼鬼情，假裝吃驚地說：「喔……若您不認同，我就去求見秦王，問問到底是稱霸山東正確？還是混一諸夏才對喔？」

范雎苦笑說：「先生這倒不必！你說的對！」

蘇代（綠眼眶）接著又緩和語氣說：「既然消滅各國，混一諸夏這是前題。那就在這前題之下，聽聽我接下來的道理，是挑撥離間？還是故弄玄虛？聽清楚一切，應侯您再下決斷才對喔！」

范雎楞著微微點頭說可。

蘇代（綠眼眶）說：「這場戰爭，起於上黨之爭，先前秦軍孤立上黨，上黨之民為何不願意降秦而跑去降趙？因為大家不願意為秦民。倘若邯鄲被攻破，趙國各地必定投降週邊其他國家。北地降燕，東地降齊，南地降韓魏。哈哈……」

換成蘇代（綠眼眶）高姿態冷笑：「各國先前不淌渾水，只有趙國涉入，是因為趙國有利益，其他各國沒有。而今趙國被破，變成趙國國土分散給各國，各國得了巨大利益，必定又重演故事。請問秦國還要同時打幾次長平大戰？秦軍這次苦戰三年多的損傷，恐怕也不小吧？不如接受趙國與韓國的各自割地求和，休養軍民才能再戰，讓應侯你也獲得拓土開疆的功勞，秦王也會高興。何必讓武安君得功勞當上三公，對你傲慢無禮，最後還把各國涉入，繼續苦戰的罪責，全推給你這個，負責國交的國相身上？那就是你失職受罪啦！秦國同樣是要混一天下，但演變成這武安君領功，而應侯你受罪……」

忽然蘇代（綠眼眶）轉為愁眉苦臉看著四邊：「這……這難道不是災厄？」

【范雎出現灰眼眶】

范雎（灰眼眶）一聽瞪眼，頻頻點頭，接下來的說辭更唬得他一愣一愣。

蘇代（綠眼眶）沉住氣說：「秦軍已經傷亡慘重，但武安君握有大功，秦王只看功利而忽略禍端，一但禍端跑起，必定是轉為怪罪應侯你！先退軍，接受割地，然後再出擊滅國也不遲，最後秦王才會知道是應侯老沉謀國，滅國之功才是應侯的，白起只是被派出去抓獵物的獵犬而已！」

范雎（灰眼眶）馬上揮手打斷說：「先生！你說的太有道理了！我明日就面見大王，陳述利害！」

蘇代（綠眼眶）拿起陶杯喝茶，暗暗一笑。

以前范雎跑去唬人當上秦相，現在變成別人跑來唬他。他再把這個道理轉化得好聽的說辭，蒐集更多證據，跑去唬秦王。

秦王也覺得非常有理，極可能各國都為了趙國土地，各自出兵，那麼秦國要接連打幾次類似長平大戰的戰役，那真的會吃不消。於是命令白起見好就收，立刻撤軍，並接受韓趙兩國割地求和。

白起在前線聽到秦王撤軍詔令，大感吃驚。白起不信邪，連續上書秦王，請求立刻攻打邯鄲。原本信任白起，且對破邯鄲帶有極大念頭的秦王，竟然駁回白起之請，要他立刻撤軍。此時他忽然想到，王雲在棋院最後的一句話，說這局中有鬼，而此鬼未必一直助秦。

白起（藍眼眶）在退軍當中，喃喃自語：「沒有道理，難不成真的有鬼？」

『古怪』因此接二連三，原本因慘敗而膽寒的趙王，忽然又拿起勇氣，接受了虞卿的建議，等秦軍逐漸撤走時，立刻反悔割地，與秦為敵。秦王大怒，遂再次伐趙，白起稱病不出，只好派王陵整軍後，而再次大舉攻趙，趙國已經沒有野戰力量，所以秦軍很快就直抵邯鄲，將之團團包圍。結果邯鄲軍民不分男女老幼，全部登城迎戰，秦軍損傷慘重打不下來。

白起病好，秦王再次命他出擊。白起認為進攻邯鄲的機會已經喪失，不願受命。

范雎（灰眼眶）因此害怕，秦王會把先前勸退白起進攻邯鄲，以至於有現在的困境的責任，都怪罪於他，所以立刻跳出來表示，願意代替秦王去專程求白起。秦王甚悅。

白起宅。

范雎（灰眼眶）到了客廳，發現白起躺在坐床上，旁有侍從餵藥，他似乎又生病了。

范雎（灰眼眶）微笑說：「武安君不是才痊癒，怎麼又病了？」

白起（藍眼眶）白了他一眼，遣退侍者，然後說：「已經為將三十年，不年輕了，是故多病。」

范雎（灰眼眶）行禮說：「先前有些齟齬，在此致歉。」

白起（藍眼眶）假裝勉強爬起，說：「應侯不必如此。」

范雎（灰眼眶）起身，勉強各自維持笑容。

范雎（灰眼眶）說：「王陵打邯鄲陷入膠著苦戰，就是拿不下來。說也奇怪，原本各國都不打算救趙，但自從武安君長平大勝，忽然各國的一堆顯貴，起了憂患意識，又搓弄合縱。還真的要各自發兵救趙。此戰非武安君不可，大王在王宮中不斷這麼說了。」

白起（藍眼眶）冷冷說：「但我又病了，恐怕不能奉應侯之命。」

范雎（灰眼眶）有些光火，說：「范雎無德，不能命令武安君。這是大王之命。」

白起（藍眼眶）說：「先前朕身也對大王說過，邯鄲打不下來，況且真是病了。」

范雎（灰眼眶）說：「尊下難道是在怨恨朕先前勸大王退兵？當時有當時的考量，這並非朕身嫉妒尊下的功勞。」

白起（藍眼眶）說：「當時有當時的考量，現在也有現在的考量，應侯內心想什麼，白起真的不知道，現在真的是病了。況且現在攻趙，肯定失敗。」

范雎（灰眼眶）心懷不快，冷冷離開。白起則是感覺到，一股真的鬼在作怪的力量，忽然轉而幫助趙國，即便趙國元氣大傷，也絕對能用各種奇怪的方式，讓秦國的戰局大敗。

秦王聽聞之後，大怒說：「誰說沒有白起，秦國就不能打勝仗？」於是派王齕替代王陵，繼續增兵進攻趙國。但『古怪』繼續接二連三。繼老鬼蘇代說服范雎當內應的大戲之後。楚王與魏王，原本跟趙王一樣，聽到合縱就一肚子窩火，更加之對秦軍害怕，對發兵救趙的說法，非常消極。甚至長平之戰後，這種態度還是不改。楚王怠慢趙國來使。魏王還受到秦王的恐嚇，持兩端，命令晉鄙按兵不動。

面對魏王與楚王，都還在裝孫子，信陵君與平原君都勸不動，怎麼辦？有四個小人物成了關鍵主角，或稱四隻鬼，跳出來繼老鬼蘇代之後，衝鋒陷陣，打通全局。第一隻鬼是小吏侯嬴，第二隻鬼是美女如姬，第三隻鬼是力士朱亥，第四隻鬼是酸儒毛遂。分成兩個場次來上演戲碼。

魏軍距離趙國近，最為重要。『盜虎符』一段，因為難度較大，出動兩隻鬼動作，守門小吏侯嬴獻計，與美女如姬行竊。侯嬴建議他，策動如姬去偷魏王虎符。同時介紹朱亥，要是統帥魏軍的晉鄙不從則派朱亥殺之。

於是美女名曰如姬，而今是魏王的愛姬。因為信陵君曾打報不平，派門客殺掉如姬的殺父仇人，如姬對此內心感恩戴德，於是跳出來上演主角，偷魏王虎符交給信陵君。

同樣信陵君的場次，『殺晉鄙奪軍』一段，當得到虎符的信陵君跑去魏軍大營，要晉鄙出動救趙。晉鄙果然懷疑這不是魏王的指令，於是第三隻鬼忽然跳出來，揮動鐵鎚打死晉鄙，又是小人物大主角。

於是信陵君順利接掌兵權，挑選菁英部隊決死出擊。

跑平原君場次上演的戲碼，第四隻鬼毛遂跳出來，上演『毛遂自薦』，更是一個酸儒小人物，在楚王面前忽然跳出來噴口水大罵，白起當年破楚站郢，楚王還這麼軟弱可恥，最後拿劍威脅要將自己血噴在楚王臉上。荒謬舉動，竟然讓楚王先是慚愧，最後迸發出驚人勇略，決心跟秦國大戰。

楚王立刻與平原君及毛遂歃血為盟，出動十萬大軍北上救趙。

就在邯鄲城下，楚魏趙三國軍隊，竟然士氣大振，把秦軍打得大敗，迫使王齕不斷改變戰術死死頂著。

秦王這回真急了，親自來找白起，逼白起出動。

白起宅。

「臣叩見大王……」白起平伏在地板上。

秦王左右搬來御座，秦王入座後，許久之後才應聲，白起才敢入座。

秦王（紅眼眶）說：「看來武安君雖然似有些小恙，但氣色尚可，並非不能出征。」

白起（藍眼眶）對座謹慎地說：「臣確實還可以勉力而為，但先前長平一役大勝之後，臣下不斷上奏我王趁進攻邯鄲，但我王三次駁回所請，臣不得不撤軍回國。此時各國皆以合縱之意達成，趙國也都同仇敵慨，眾志成城，此時出兵必定失敗。」

秦王（紅眼眶）大聲喝說：「合縱之兵能有多少？魏軍八萬，楚軍十萬，再加上殘破的趙軍！長平四十萬趙軍精銳都打得贏，我大秦繼續增兵誰說打不贏？至於眾志成城，長平三年苦戰難道他們不也眾志成城？結果不也是大秦大獲全勝！」

白起（藍眼眶）不斷搖頭苦說：「事情沒這麼簡單啊……大王……臣感覺這一切當中都有問題…此時出征絕對會失敗。」

秦王（紅眼眶）氣得吹鬍子瞪眼說：「那你說，到底是什麼問題？」

白起（藍眼眶）搖頭說：「這問題臣說不上來，至今也未曾想透。」

秦王（紅眼眶）指著白起說：「現在立刻出征，寡人將有重賞。否則寡人至此恨君！」

白起（藍眼眶）說：「請大王立刻撤回全軍，休養生息徐圖未晚，否則必敗。」

秦王拂袖而起，轉身離開。

遂下王詔貶白起為士卒，遷往外地，范雎深怕白起若還活著，遲早秦王會偏向他，對自己不利。遂告發白起，對於外遷有怨恨之言。秦王遂派人送劍給白起，暗示他自盡。

白起（藍眼睚）拿起劍，仰天嘆：「我有何罪，至於要死？」忽然想起了王雲先前那句話：『不是應侯，也不是秦王，而是天下人心。』喃喃自語說：「難道那個人說的鬼，是指這個？」

呵呵一笑又低聲說：「原來如此，朕身好像看到了一丁點的端倪。」轉面對秦王派來的使者說：「我應當死，趙國降卒四十萬人，我竟一夕坑殺，傷天害理，理應要死。」

於是拿起劍一抹脖子，隕命而去。

白起被迫自刎死後，前方的秦軍果然再次大敗，王齕解邯鄲之圍，應侯的門人鄭安平率秦軍兩萬人投降趙國。趙國正缺壯丁勞力，於是收降安撫秦卒留於趙地，不挾怨報復，逐漸恢復一些些實力。甚至趁著秦國大敗，各國組成合縱軍，奪回上黨土地，此時上黨郡重新歸韓國，而魏國甚至在信陵君主導合縱軍的反攻下，從秦國奪回部分河東故地。

一切竟然大逆轉。

從而秦王開始懷疑起應侯了。沒過幾年，應侯也不得不推荐別人，辭職歸隱。

函谷關內。

「老鬼！老鬼去哪了？」一個秦國郎中令帶著大批甲士質問守關軍士。

「老鬼？」

「就是蘇代！不是秦國人！」

「他剛剛才離開函谷關，他身上有通牒的！」

「我們查出他幾年前用毒計離間，害死武安君，還讓我大秦軍大敗失地，大王密令得殺了他！」

於是一群軍士騎著馬在後面，還有一大堆持戈矛步的士兵行狂奔從後一同追擊。看到遠遠的官道上有老鬼馬車的影子。

「老鬼休走！納命來！」秦國刺客群在後紛紛吶喊。

「馬車夫，快，快奔韓國！從這條道走！」蘇代（黑眼眶）拼命地催促。

馬車夫拼命駕馬狂奔，甩開追擊的軍士群。馬嘶鳴聲！呼嘯聲！秦國軍士的追殺聲！蘇代的吶喊聲！交織出蘇代逃出秦國這一幕。當初他就是一樣的聲音，交織逃入秦國的。

最後老鬼蘇代逃出了秦國，成功躲入韓國去暫避。

昔日六國刺客追殺蘇代入函谷關。今日秦國刺客又追殺蘇代出函谷關。

這些消息，住在咸陽的王雲自然清楚。天下第一說客老鬼蘇代，可謂前無古人，恐也後無來者。萬萬沒想到，上黨郡竟然又重歸韓國，魏國還能拿回部分河東故地。

『古怪』真的存在！原本集各國眾人智慧與力氣，怎樣都打不倒的，秦軍、白起、秦王、應侯的無敵組合。王雲竟然沿著那個脈絡輕輕一推，由蘇代發起鬼哭訊號，整個局面竟然響應，形勢短暫顛倒。弄到白起死，秦軍敗，秦王恨，應侯范雎宣告退出政壇，上黨短暫被韓國奪回，還加碼河東被魏國取回，趙國又收復先前被秦國攻取的土地，秦國挖出兩萬壯丁投降，去補充趙國壯丁的短缺。

然而此時的王雲，一點都沒有因此開心，甚至沒有去悼念在長平之戰陣亡的郡守馮亭。他只感到古怪古怪又古怪。『古怪』真的存在！操弄讓他懷疑的各國耳語流動的瞬間敏感處……古怪馬上轉念……王雲披頭散髮，每天都指著那個『古怪棋盤』，對著那六個美貌女子這麼說。

「妳們看看，只需要輕輕一點，古怪暫時就轉念，立刻從破郢都、破韓魏、白起謀、勝長平、范雎智、秦王威，變成了，秦軍敗、秦王恨、白起自殺、范雎滾出去等死，上黨回韓國，甚至河東回魏國，趙國人力與土地慢慢補充回來。古怪厲害啊！朕身敢肯定，每個時代都有古怪之鍵，可以這樣推。」

李蘭貼他身上說：「王侍從！不，我們的主人！這幾年我們每天聽你說『古怪』，也夠了吧？也不讓我們替你梳妝塗唇，這裡的男貴人，也很盛行塗妝。」

王雲（白眼眶）說：「妳們不願意，可以離開啊！妳們的姿色可以讓這裡的貴人喜歡！咸陽很多人要出重金，向朕收購妳們。可朕從沒把妳們當成是婢女，所以一律拒絕。妳們可以自由出嫁去找貴人。」

虞香說：「我們不想嫁秦人，這是我們的自由。」

王雲（白眼眶）瞪大眼睛，詭異低沉地說：「亂講！什麼不嫁秦人？再過不了多少年，就沒有什麼秦人、韓人、趙人、楚人等等這些的分別了。大家將會有另外一個稱呼。是『古怪』這樣說的……」

另一婢女雨凝說：「我們聽不懂你說的古怪，也不拐彎抹角，我們忍很久了，不如王侍從就答應娶我們為妻妾，去趙國。在我們家鄉，不也有血緣群婚的古老習俗嗎？你不就我們家鄉的男人嗎？」

王雲詭異地微微點頭，他沒有很高興，但也不反對。眾女子一陣嘻笑欣喜。這代表她們正式有了身份。

另一婢女貞亭說：「趙國不好，遲早又要再被秦國攻打，回上黨去住。我們都是上黨人。」

另一婢女黃虹說：「上黨現在也不好，各國都不好。既然秦國最大，就住在咸陽啊。反正王侍從已經答應讓我們當他妻妾了，在哪裡都是一樣。」

王雲（白眼眶）這幾年天天思考『古怪』，已經有些精神異常，跳了起來摟住黃虹說：「我明白了！真正該害怕的不是只有山東各國，也該一起害怕的是……是秦！這是一種長時間的陷阱！長時間的陷阱啊！」

忽然又走到棋盤前，從新開始布棋局說：「我就說事情沒這麼簡單！沒這麼簡單！各國人才前仆後繼西向奔秦，一同再回東邊看。最後肯定秦也會…也會同山東諸國一起⋯一起⋯一起瓦解！」

拿著棋子，忽然又呆滯地看著屋頂：「不過應該還早吧⋯我們有生之年看得到嗎？萬一是在我們年老的時候⋯到時候又老得走不動⋯」

雨凝說：「別想到老啦！先注意我們現在吧！」

王雲（白眼眶）抓了下頭髮，沉住氣說：「我知道該去住哪裡了，去周王的地方！那邊才剛被秦國併吞，但治安最好！好！去找古怪！去看九鼎！說不定能讓我想起什麼來！」

虞香說：「那邊有你的朋友嗎？我們怕不安全。」

王雲（白眼眶）說：「安全不要怕，我們正是要去那邊見朋友！妳們知道是誰嗎？」六女子異口同聲說：「是『古怪』！」

王雲於是態度大逆轉，從反秦變成投秦，向秦國表示自己願意投誠，花掉白起送來的錢財，求得了一個去管理已滅亡周王室圖書館的散官，還准許攜帶配劍武器，遂帶著六人住在雒邑。他們開心地參觀了才滅亡的周王室王宮，看了雒邑市集，山川名勝，最後住在雒邑王家圖書室，領著秦國薪俸生活。

王雲子孫滿堂，本為其奴婢，後為妻妾的六女子，就像那個時代的血緣群婚殘影一樣，都替他生了許多後代，他除了整天研究圖書，拿秦國官俸，努力生小孩，就沒有其他事情要做。

這當中他們見到了，秦國最後兼併六國，秦始皇帝統一諸夏，繼續豐功偉業，修長城，建運河，書同文，車同軌，蓋馳道，築宮室，北伐匈奴，南征百越，民風整個改變。乃至忽然秦始皇死，各路草莽英雄造反，大舉進攻咸陽，秦朝滅亡，楚漢相爭，又出了一個跟白起一樣擅戰的常勝將軍韓信，最後項羽兵敗自殺，一屆布衣平民劉邦，建立大漢，稱皇帝，正準備定都洛陽。

回到西元前二零二年，洛陽現場。

於是把剛才所見識，或所聽聞的長平之戰，乃至跟『古怪』短暫接觸的來龍去脈，乃至自己的想法，都說了出來。

大殿上非常安靜。

聽完整個故事之後，劉邦（綠眼眶）搖頭晃腦，若有所思，雙手交叉於前說：「叟跟平原君說的那個力量，就是你後來假稱的『古怪』對吧？」

王雲點頭。

劉邦（綠眼眶）又陷入喃喃低聲問：「這『古怪』現在也還活著吧？」

王雲（白眼眶）說：「只要有人一代傳一代，我相信它是不會死的。我不信鬼神，所以當初就跟平原君說，不是鬼神的鬼神術。這個術本身，是活著的，活在所有人與人之間。陛下不也是靠此，短短八年內，就從平民變為……變為當初我都不認識的詞，皇帝：這樣陛下還要大漢天下永固嗎？有古怪在，萬世不滅可能嗎？古怪它一但有其他想法，能夠如此設局，天下面貌從根本就為之一變，就算有再厲害的方法，也辦不到這件事情。會搞砸的。」

他眼看著窗外說：「我猜這世界上，一定也有人自認為有方法可以『萬世不滅』，他在其他地方能不能辦到？這我不知！但只要碰到了『古怪』，那他肯定就辦不到了。至於長生不老，那更會有力量去搞砸它，這部分就恕我不知矣。」

王雲跟皇道無間第一部序章介紹的主角，謎，兩人之間似乎有了，莫名的感應。

劉邦（綠眼眶）點頭說：「是啊……這寡人…朕先前想都沒想過。甚至還以為：我…就在沛縣過此一生。將來也不知道，過個幾代，這大漢天下還在不在…只是朕我…寡人…朕還是得做該做的事情。叟能洞察鬼神形跡，真是個神人矣，神人矣。」

王雲（白眼眶）趁機說：「老朽想陛下答應我一件事情。」

劉邦（綠眼眶）說：「請說。」

王雲（白眼眶）說：「我想去秦皇蓋的那座萬里長城看看，苦無交通能力。」

劉邦（綠眼眶）犯難地低聲說：「啊…那裡絕遠，只能派馬車沿著馳道北上，路途顛簸，甚至可能有匈奴強盜搶略，叟能支撐到那邊然後回途？」

王雲（白眼眶）瞪大眼睛說：「我不打算回來，願意跟著我去的妻妾子孫就跟我去，他們不去也罷，最後我就一個人死在該處，埋在一山頂上就好。」

劉邦（綠眼眶）問：「為何要如此？」

王雲（白眼眶）低聲說：「陛下有宮殿，『古怪』也有。以前它住在『九鼎』，現在我懷疑它住在『長城』。我老在九鼎，死在長城，這很配合我一輩子研究它。但陛下別把我這個人，這件事，說給任何人知道喔。在這史冊上，沒有我這號人物沒關係，但肯定會有古怪，只是不知道誰能看穿它。呵呵呵。」

劉邦（綠眼眶）笑說：「哈哈哈，叟不只神人，還是怪人哉。朕……就盡一切力量幫助，朕派人護送你去，讓他們看你見了古怪住的地方之後，有什麼奇妙的反應？哈哈哈。」

王雲（白眼眶）笑說：「先前『古怪』用了九鼎，運轉一千八百年，讓諸夏與戎狄合體惟一。我猜長城故事接下來，可能也會再用一千八百年，做它之後想做的事情。陛下與我雖然壽命有限，都看不到接下來的戲碼，更看不到結果，但至少我們不是一無所知，絕對不是一無所知。」

劉邦（綠眼眶）頻頻點頭連笑稱：「好好好，你讓朕感覺多活了一千八百年似的！哈哈哈！」

王雲真的搭上了劉邦派的馬車，去長城。他的妻妾也都老了，但六個人都願意跟著他，一起去看長城。好幾個孫子也同行伺候著這七個老人。

【詭曲：九化意之王雲驚】

王雲（白眼眶）登上長城，看到了長城綿延不絕，甚至跨過無人會爬上去的山頂，奔向看不到的遠方。在雪花飄舞之中，他被一個孫子纏扶前行，興奮地快步說：「這是真的！它存在！……」

攙扶著他的孫子怕他激動：「老爺爺，這只是一座城牆，別激動啊。」

王雲（白眼眶）說：「這不是城牆！這是條道路！甚至是一座照亮黑暗的燈火！一座誘人的餌！」

加快腳步不斷往前走。

李蘭等六個老太太，在後面跟著，再後面還有劉邦指派陪行的官吏，還有燕代的地方官也跟著來。

李蘭對纏扶著他的孫子說：「你祖父從年輕時起，就是這樣瘋瘋癲癲。這麼多年來我們也習慣了，沒想到我們六個一下跟了他快六十年。要不是當年在長平，他救了我們六人，又跟那麼多達官貴人往來，我們根本不會想跟著他這個瘋子。」

王雲左手拐杖，右手被孫子扶，仍喘著，冰天雪地冒著口吐的水蒸氣，急切地向前碎步。他孫子拼命說：「老爺爺，別那麼激動。」他仍然說：「我來了…我知道你在這…『古怪』……你一定在這裡……你也知道我來這了……」

爬到了一座在小坡上的雕樓，終於走不動，癱了下來。還喘著說：「我知道你在這裡……古怪…我生命有限…無法再觀察你了…但我來了…可是你卻不能回答我，你為何要這麼做？」

轉面對小夜說：「小夜聽好。」

小夜是他孫子，答道：「老爺爺！」

王雲（白眼眶）說：「我要死了…你要按照我先前交代的遺囑，辦我的後事…」

小夜早有心理準備，含淚認真地點頭。

王雲（白眼眶）坐在台階，喘口長氣，看著遠方喃喃自語說：「……我知道你在這……只可惜你不會回答我…但我知道你在這…你還有很多其他的故事要辦，跟先前的九鼎一樣，還要再辦個一千八百年，我雖然不知道你為何要這樣做？但我知道你正在這麼做…我真的知道…知道……知……道……」於是閉上眼睛。

等到王雲六個妻妾都被兒孫扶上來，陪行的燕代地方官吏也氣喘喘上來後。小夜哭著說：「老爺爺走了。」

六個老太太同時流淚，兒孫們一陣痛哭，陪行的官吏們也不禁哭了出來。

依照王雲遺囑，把先前彫刻好的『古怪碑』，埋在長城腳下。屍體不准用棺材，必須直接下葬在長城腳下，且不帶任何陪葬品。

李蘭說：「我們也不回去，就住在附近村子裡。等我們死後，你等子孫也把我們跟著他一起埋。等我們六個老太婆都死絕，你等子孫才能離開。我們也想看看，他說了一輩子的古怪。」

【詭曲結束】

※※※※※　※※※※※　※※※※※

陰陽一體，古怪相連。既然一體相連又分二者，所以就可以轉稱為陰古與陽怪。

陽怪：長城新局已經開始，絕對不能讓母體陷入禁忌。

陰古：不是只有長城，另外一項東西也開始運作。

陽怪：對喔，這是我們直接操作的兩項遊戲。接著還有其他的遊戲要玩。

陰古：感應當前情況，與我們系出同門的其他自源文明，到底什麼情況我們得盡快摸清楚！

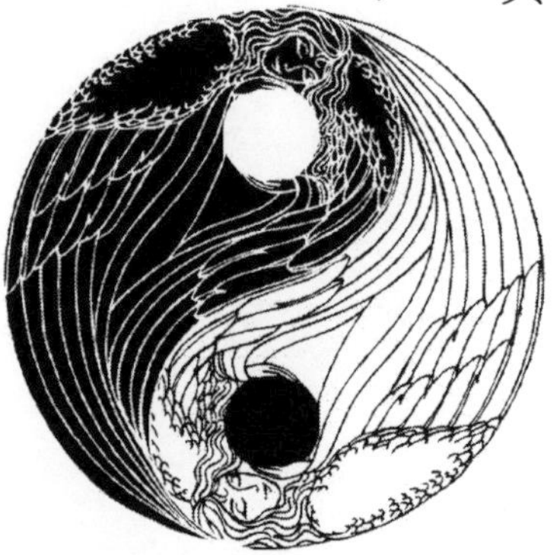

第一章 傳國玉璽

萬里長城到底蘊含什麼遊戲，後文必再表此事。

先行回頭講述，與萬里長城同為鬼神之作的『傳國玉璽』。

英國作家JRR拖爾金，於西曆一九三七至一九四九年間，寫下了一部叫作《魔戒》的奇幻史詩小說。說黑魔王索倫打造了一個『至尊魔戒』，來統領其他戒指，作為統治中土大陸的終極武器。在當中各族的人，拿到了魔戒，都會陷入妄想與迷思，索倫要奪回魔戒而發動了戰役。不受魔戒影響的小矮人佛羅多，與魔戒的抗爭，是暗示人類對權力重負的搏鬥。這文學作品在西方歷久不衰，透過科技發展出影視與各類電玩，傳到全世界，當中奇幻世界暗示的哲理，在西方世界備受尊崇。

實際上當中魔戒的威力，只是作者的想像情境，用來表達人類對權力的迷思，在西方世界並沒有類似的真實情況，或應該說西方世界的權力迷思，是另外一種遊戲，真實中沒有魔戒這般磅薄綿長之物。這種神鬼般的權力遊戲，並不存在西方世界。

可在真實的世界中，魔戒真的存在過，拖爾金幻想的奇幻史詩，曾經真實發生過。

真正的魔戒在中國！

西方人只是想像而已，東方人是真實玩過！

就在東方世界的中國，西元前二二一年，至尊魔戒被打造了出來，只是它的名字叫作『傳國玉璽』，為秦始皇帝統一中國時，用春秋戰國時代的和氏璞玉所造，上刻『受命於天，既壽永昌』。這東西與萬里長城同時出生，合為雙璧，一起運作接下來近兩千年的局。

秦漢之後的禮制，天子六璽：皇帝行璽、皇帝之璽、皇帝信璽、天子行璽、天子之璽、天子信璽。其用途是：「皇帝行璽」，封常行詔敕則用之。「皇帝之璽」，賜諸王書則用之。「皇帝信璽」，下銅獸符，發各地兵馬用之，下竹使符，拜代徵召外地官員，則用之。並白玉為之，方一寸二分，螭獸鈕。「天子行璽」，封拜外邦則用之。「天子之璽」，賜諸外國書則用之。「天子信璽」，發兵外國，徵召外國，及有事鬼神，則用之。並黃金為之，方一寸二分，螭獸鈕。

所以六璽各有其用途。

然而『傳國玉璽』則在六璽之外，主是誰得國，誰為皇帝之信物。所以『傳國玉璽』統領其他六璽，是統治中土的終極信物。

※※※※※ 中軸線訊息 ※※※※※※

承序章 當，群＝1 ∴ 1/本〉1/異 ，∴ 母＝1/本

令異＝0 母＝1/本＋（0）＝1 ，1＝1 。當本＝0 則系統瓦解。

【負變〉正變】為本質屬性變量。

則本＝本1＋本2＋……＋異1＋異2＋……

※※※※※ ※※※※※ ※※※※※※

西曆紀元前兩百零六年，漢王元年。

秦始皇帝死，全中國反民四起，同時秦二世被趙高所殺，趙高又被嬴子嬰所殺，嬴子嬰自行去皇帝號，降稱秦王，以示放棄關東六國之地，但天下人仍然不理會。

秦章邯被項羽擊破於巨鹿，在新安坑殺秦降卒二十萬人。同時沛公劉季率軍破武關，進逼咸陽。

咸陽宮。

「大秦完了……」嬴嬰坐在殿中，看著遠處，如此喃喃自語，群臣痛哭流涕，拿不出一策應對。

嬴嬰說：「你們拿不出對策，就散了吧！朕自己想想！」說罷走下台階，人如槁木死灰，神情漠落，往樓閣走去。群臣兩側叩拜，皆痛哭失聲。

經過華麗的空中迴廊，走到一處空中樓閣，望著即將不是大秦首都的咸陽，癱坐在先前秦始皇帝嬴政，常用的觀景座上。

一個宦官捧著一箱竹簡走來，低聲說：「王上，今日仍有外地奏書。雒邑有個圖書館主，名叫王雲。他在八日之前，有事上奏此書給陛下，讓快馬過函谷關上了此書，共八簡長篇。」

嬴嬰有氣無力地問：「此時還有外地奏書？不是天下都反了嗎？上奏為何？」

宦官說：「還是有人心向大秦。陛下是不是要御覽？」

嬴嬰搖搖頭說：「圖書館主，還能奏什麼？大秦都要完了，還能奏什麼？奏了八簡！看了又怎樣？能存大秦嗎？能復仇嗎？」

宦官說：「如今不少大臣逃去，內臣竊職司，預先看過了內容，請王上原諒。

這奏文大意是說，讓大秦能不亡之法。替大秦報新安屠殺仇恨之法。甚至是維持皇帝之制的方法。」

嬴嬰忽然瞪大眼，雙手立刻把竹簡箱端來，一一攤開在閣樓的案上。

王雲的大意是：開頭講述先前親身經歷長平之戰，碰到『古怪』的故事，並直言當初他當初仇恨大秦長平屠殺趙兵之時，如何順著『古怪』，讓白起身死，秦軍敗於邯鄲，最後上黨又歸韓。接著說，秦滅六國是一個預先設好之局，秦只是『古怪』的工具，六國亡，體制成，秦則無利用價值，則秦亦需亡。當時六國恐懼將亡，秦也應當恐懼將亡，而不自知。此可以稱之為『九鼎之局』的收官終結。而新的局正在展開，局面該頭，秦滅亡雖為必然，而秦的規制必須因局面延續，如此則可借屍還魂而重生，就是皇帝傳承、秦制傳承、格局延伸。聽逃亡的秦將傳言，沛公劉季將先入關中，倘若順著『古怪』走，將大秦的一切完完整整，交給這個可能先入關中的鄉野無名之人劉季，介紹大秦宏麗誘人之貌，勾出他內心無窮的慾望，他必定死守大秦開創的這一切，殺掉其他覬覦者，並用盡心機消滅其他滅秦之人。而一切之中，重中之重，又以始皇帝『傳國玉璽』為最，以此信物來象徵將一切『傳國』，載於史冊使後人皆知，秦之格局必能長遠。謂劉季得天命而受之，此天命最終的源頭，不就是陛下之命乎？劉季之後者，不又得搶『傳國玉璽』自立皇帝？有『古怪』在，順著它走，何愁大秦規制不傳？何愁大秦精神會滅亡？何愁陛下之命不在？

嬴嬰見了大笑，這笑容帶著慘烈，帶著詭異，從而自絕望中燃起了無窮的希望。轉面對宦官說：「你下去，此事不要告訴任何人。」

【嬴嬰出現黑眼眶】

「臣領敕遵令。」宦官退出。

於是嬴嬰通令咸陽地界率舉國投降，通令地界的所剩秦軍不抵抗，派使節告知沛公劉季，他要舉秦以降。然後自己準備好一切，素車、白馬、係頸以組，封皇帝璽、符、節，降馳道旁等待劉季。

劉季帶領大軍來此，喜從天降，當年秦始皇出遊，自己只是小小的亭長，親手替他打掃馳道。而今秦皇的繼承者，竟然跪在地上準備好一切都獻給他，還沒拿到『傳國玉璽』，內心就已經被慾火燃燒不止。

趕緊下馬，扶起嬴嬰，告訴他：「劉季區區亭長出身，身份微賤，不能受王之大拜。」嬴子嬰聽不懂他楚國地方語，在劉季身旁的秦國降將，當兩人之間的翻譯，告訴了嬴子嬰。

嬴嬰（黑眼眶）說：「我嬴氏已非皇帝，也非秦王，失去天命。劉氏先祖本出於秦國，今後願沛公以劉氏代嬴氏，替天下蒼生請命。」

劉季拉住他的手說：「敢不從命？走！我們同車入宮！讓關中父老都知道，我劉季所率者，是仁義之師。」

於是兩人同車，後面跟著劉季的部隊，城中秦民見到嬴子嬰受到禮遇，皆夾道歡迎。

夜晚。嬴嬰被軟禁在宮中。

劉季帶著樊噲、蕭何、張良、灌嬰等數十人，以及秦國官話的翻譯者，持武器來此。嬴子嬰的左右侍女都嚇得發抖，惟獨嬴子嬰神色自若。

劉季面露兇惡說：「自天我只是為了安撫秦民，所以與陛下同車，然現在是弔民伐罪，嬴子嬰你等秦皇帝可知罪？」

嬴嬰（黑眼眶）淡淡微笑，似乎深知劉季為何如此變臉，叩拜說：「秦已失去皇帝的資格，若不知罪，豈會封璽，在道旁等候沛公？請沛公立行殺伐果斷，萬勿羞辱，否則子嬰死為厲鬼不能瞑目。」

此說讓劉季一愣。

張良（金眼眶）在劉季耳邊說：「似乎沒必要繼續表演，他很配合，現在反而是要用他之時。」劉季微微點頭。

「秦滅六國一天下是功，然天下苦秦暴政則是罪，然那都是嬴政與秦國先祖所為，與你嬴子嬰無關。若將來肯繼續為天下蒼生立功，我當請懷王赦免你的罪惡。」

聽到秦一天下是功，那代表劉季快要上道了。

嬴嬰（黑眼眶）低頭拜說：「大秦自有規制，秦楚相敵，故楚王赦免大可不必。但聞楚王有約定，先入關中滅我秦者能王之，沛公既先入關中，為王者沛公也。若沛公能赦罪人子嬰，子嬰將悉數告知，咸陽宮府一切。裡頭有我始皇帝一天下時，所有規範，沛公將來得天下，必定有用。」

劉季搖搖頭冷冷說：「我還沒稱王，這些東西後議吧。」說罷指示眾人離開，但忽然又回頭，與嬴子嬰四目相交，嬴嬰看到他眼中的慾火，知道劉季嘴巴說不要，實際已經上勾。

【劉季出現綠眼眶】

之後蕭何果然趕緊收攏，秦國丞相府的一切檔案資料，劉季從而得知天下所有要塞、城池、建築、河川、物產、人口、強弱多少。才驚訝地發現，秦朝中央規制，竟然如此進步。劉季開始有些納悶，為何如此進步的統治方法，會一下就失敗？

過幾天，果然又忍不住再跑來，找監禁當中的嬴嬰。

此時劉季（綠眼眶）已經面色和善，除了身上配劍，沒有護衛，身邊除了翻譯之外就沒有其他人。又開始拉著他的手，到秦後宮。

「先前我的大將樊噲，還有智謀張良，都勸我不要貪圖你們大秦的財寶與美女。然而輔臣蕭何原為縣令，要我收子嬰所說，丞相府中關於天下文案，我都照做了。然而秦始皇帝格局宏大，若沒有子嬰你的介紹，我等鄉野來之人，必定無法理解。請子嬰一定要助我。」

嬴嬰（黑眼眶）說：「願臣服於沛公，以供趨使，直至身死亦無所怨。」

於是兩人手拉手遊各宮闕，看到美麗的庭園，上千美女，華麗的建築，空中樓閣，財寶重器，治國圖略，劉季的內心其實已經反過來被嬴子嬰征服。

兩人一直逛到接近傍晚，嬴嬰（黑眼眶）使出絕招，對劉季說：「今日已經將一切天下之最，都告知了沛公。但還有一個天下之最，尚未給沛公知道。但沛公可能用不到了，不如毀之。」

劉季（綠眼眶）瞪大眼問：「還有什麼天下之最？快告訴我！」

嬴嬰（黑眼眶）看著翻譯說：「子嬰不想給第三人知道。」

劉季（綠眼眶）遂把翻譯也遣出，直接用不標準的秦國官話詢問：「我這樣說，你聽得懂嗎？」

嬴嬰（黑眼眶）笑說：「其實沛公秦國官話不差，如此能懂，請跟我來。」

劉季握住配劍，似乎有心防，嬴嬰（黑眼眶）說：「沛公敢冒險攻秦，為何不敢獨身與子嬰進房？」

劉季（綠眼眶）笑說：「子嬰和善，我有何不敢？當初你祖父始皇帝東巡之時，我在街邊打掃，跪下仰望，還曾經與他四目相對過呢，當時誰能想到會有今天？」

於是兩人獨處，此時天色有些昏暗。

嬴嬰（黑眼眶）拿出了『傳國玉璽』，放在桌上，然後說：「聽聞楚國的項羽殘暴，恨秦入骨，此人若入關中，這大秦一切都將焚毀，子嬰也將身死。子嬰有罪之人，身死無恨，但大秦一統天下之規制，皇帝之格局，終結戰國亂世給子民太平以遠離戰爭，此乃有功，又有何罪？若說秦有罪，也只是天下人惡秦法繁重。如今秦失天命，擁有天下格局者，承皇帝恢宏格局者，非沛公莫屬。此璽是真正的『傳國玉璽』，以之托付給沛公。」

劉季（綠眼眶）說：「先前不是有六個皇帝璽給我了？怎麼現在又有這個？」

嬴嬰（黑眼眶）說：「天子六璽是皇帝個人信物，若新天子繼位，則重刻六璽。所以天子六璽，尚不能跟此物相比。這是和氏璧所造，先為楚王國寶，後為趙王國寶。我大秦昭王曾願用十六座城池換的，就是這個和氏璧。趙國藺相如以身護寶者，也是此璧，我祖父秦始皇帝統一天下時，以和氏璧刻此物告知天地，此物將為後世天子傳國信物！乃擁有天命者能受之。故璽文為『受命於天，既壽永昌』，擁有之者，擁有天命。如此重器，不能在眾人面前顯示，只能在此獻上！」

劉季（綠眼眶）瞪大眼，大聲說：「這我有聽說過！當年我年輕，在縣城聽說過！後來秦始皇帝巡幸途經豐縣，我在馳道打掃時，也聽人說過！原來就是此物！天下人皆知代表擁有天命！這個大好！」

嬴嬰（黑眼眶）說：「如今天下分崩，各國將復辟，然能統一天下格局成為天子者，就是真皇帝。我大秦失德，代表失去天命，故不能再繼續擁有此物，當授予他人繼承。子嬰曾疑惑於，將來誰當繼承天命？而沛公最先入關，秦民擁護，人心所向，天命可知。沛公當擁有此物，直接受命於天，不必被懷王所制，不必被項羽所制，更不必被其他復辟的諸侯所制。一切呈獻給沛公，望沛公成統御天下萬民之真命天子，繼承始皇帝之大業，切勿為他人所竊取。」語氣非常地詭異，一字一句頗為僵硬。

然後下跪奉上『傳國玉璽』，劉季拿起它，呼吸非常地急促，潛移默化中已經決定，要保護大秦開創出來的一切。誰敢毀它，就是他劉季的死敵。

劉季（綠眼眶）趕緊放入盒子，連同盒子綁在胸前，然後扶起嬴嬰說：「有大秦規制在，那懷王不過是項家拉出來的牧羊娃，算什麼狗東西？大秦天下我劉季是繼承定了！繼承定了！感謝你的告知！否則我還不知道，接下來該如何擁有天下？更不知道天命為何物？先前你不繼皇帝位，而暫稱秦王，而又降我、讓我，必是上天遣你來助我者。但被天下反秦局勢所逼，在風平浪靜之前，得先委屈你關押等候。然我會吩咐有司，必好好照料你一切。子嬰不要憂慮，若我真的得天下，將任命你為丞相。」

於是劉季鬼鬼祟祟地對外稱，已經將嬴嬰交監禁。實際上供應豐厚，甚至讓秦宮侍女繼續伺候，並且暗中告知所有部將，稱王之後要讓嬴嬰當丞相，誰都不能虧待。

得到這一切後，聽聞項羽大軍逼近關中，劉季非常恐慌，於是下令派軍守函谷關，不准項羽進入。項羽聽了非常忿怒，命英布率軍強攻，於是攻破函谷關而西入。劉季得到消息，立刻收攏部隊，向東而行。

項羽屯兵鴻門，劉季屯兵霸上，兩軍有動武可能，而又不斷相互派遣使者互通。此時項羽軍師范增（棕眼眶），聽聞了劉季入關之後的表現，大感意外，對項羽說：「聽聞劉季在山東時，貪財好色，而今入關寶物無所取，婦女無所幸，其志不小。不知道是何事使之改變？將軍應急令大軍襲擊勿失。」

項羽不以為然。

於是開始了聞名後世的鴻門宴，劉季被迫與項羽互宴。宴會上殺氣騰騰，劉季問為何如此，而項羽透露是劉季部下曹無傷，派人告知他，說劉季想以嬴嬰為丞相，與之對抗，所以才相攻。

范增幾次暗示項羽要殺劉季，但項羽不以為然。在項伯、張良、樊噲等人協助之下，劉季最後藉著尿遁，逃回霸上，立刻殺了曹無傷。

項羽於是西攻咸陽，於是屠咸陽，燒秦諸宮闕，奪財寶與美女，殺嬴子嬰滅嬴姓全族。

嬴嬰被推上刑場時，見項羽身邊有各國諸侯，全都是來找秦人復仇的，但卻沒有見到那個無名小卒，沛公劉季，於是哈哈大笑。用當地秦語喊著說：「我大秦之仇，報復有望！我願足矣！哈哈！」

項羽（粉紅眼眶）問旁懂秦語之人，他說什麼。答道：「說他大秦的仇，報復有望。」

項羽（粉紅眼眶）冷笑說：「死到臨頭，還敢說此狂語。」

最後斬下嬴嬰首級，丟棄荒野，滅嬴姓皇族後，並屠殺秦朝其他貴族與官吏，把咸陽附近都變成一片廢墟。秦民只能偷偷將他們的屍體收斂下葬，深恨項羽。

接著項羽開始將財寶與美女擄掠東返。還沒離開關中時，途中分封天下，封劉季為漢王，送來小小的金製王印，封地在窮鄉僻壤的漢中。而項羽自封西楚霸王，都東方彭城。

劉季聽了非常忿怒，想要立刻發兵攻打項羽，蕭何等人勸阻，分析強弱局勢，劉季才暫時作罷。旁人以為是因封在窮鄉僻壤漢中而忿怒，實際上不是。

前往漢中途中扎營。

「可恨的項羽，將來我一定要殺他！一定要殺他！」

蕭何（金眼眶）說：「不必急於一時，如今您已經是漢王，可以自稱孤家，或寡人。」

劉季（綠眼眶）說：「要改自稱，為何要改成這個？為何不能像秦始皇帝一樣自稱朕？」

蕭何（金眼眶）笑說：「以前大家都可以自稱朕。確實封在漢中讓人氣忿，途中有不少逃兵啊。」

劉季（綠眼眶）拿出項羽封的漢王金印，用力丟在地上，然後說：「要這個印做什麼？」

蕭何（金眼眶）一聽發愣，撿起之後說：「當前不應該丟掉此印，漢王之名已經為天下所知，目前項羽勢大，此印或許有用。」

劉季（綠眼眶）說：「項羽的這金印算什麼？我有更好的，我拿給你看！」於是返身，從箱子裡拿出『傳國玉璽』，放在案上。

蕭何目瞪口呆，劉季（綠眼眶）見他神情變化，微微一笑說：「我就知道你會驚訝！知道此物吧？當亭長時就聽你說過，秦始皇帝以和氏璧刻『傳國玉璽』，這才是天下所知。子嬰把它呈獻給我，皇帝的規制你也有記錄，將來必能以此滅項羽，恢復制度，這是我得的天命，你可別告訴其他人。」

劉季（綠眼眶）接著說：「最恨項羽竟然焚毀那麼好的秦宮，搶走那麼多財寶美女，還殺了嬴子嬰。這些東西都是子嬰讓國給我的，可以承堯舜美名，我封他當丞相，名正言順擁有秦皇的江山，竟然都給他毀了！真是可恨！恨不得現在就殺了項羽！到漢中之後，立刻籌畫反攻關中，然後滅項羽！」

蕭何頻頻點頭，但忽然一股陰冷之氣襲來，總感覺劉季立場變得如此之快，這背後有文章，必不簡單，但又無法反駁。

當然不簡單，這個局還要繼續長久走下去，『傳國玉璽』得跟萬里長城相互輝映。

漢王劉季入漢中後，急著秣馬勵兵，還以小卒韓信升為大元帥。聽聞項羽已經沿著馳道，快速引兵東返，便明修棧道暗渡陳倉，大舉反攻關中。

四月項羽才戲下罷兵，各諸侯就封國，八月漢王劉季就出動反攻關中。各地諸侯也因利益糾紛，群起相攻。

次年，趁著項羽北上攻齊，劉季一路號召諸侯，勢如破竹，竟然很快就攻破項羽首都彭城。把先前項羽搶走的財寶與美女都再次收回，由於各路諸侯人馬混雜，不得不日夜置酒高會，項羽從齊地反攻彭城，漢王與各路諸侯大敗。

殺！鏗將！鏗將！

「漢王快走！」樊噲帶著親兵，來找劉季。

劉季（綠眼眶）說：「還有東西沒拿，不能走！」

樊噲說：「楚兵打進城了，快跑吧！什麼都不重要！」

劉季（綠眼眶）說：「你不懂！」於是衝回城中住所，將所有財物翻遍，拿出

『傳國玉璽』，綁在身上，然後說：「可以了！」

於是率軍突圍而追兵在後，在逃跑當中，怕車走的太慢，劉季把子女推下車，部將夏侯嬰把子女救起。

劉季（綠眼眶）大怒說：「再這樣就斬你！」

夏侯嬰說：「雖然緊急，但不必要拋棄子女啊！漢王你手上的箱子有比子女重要嗎？」

劉季（綠眼眶）高呼：「你不懂！這比任何人都重要！」

最後還是讓夏侯嬰帶著劉季子女，逃出追殺。項羽因各路諸侯離心，放棄追擊劉季。

於是劉季返回關中，重新整頓兵馬要再戰，攻破死守已久的廢丘，章邯自殺。接著再次大舉出擊，項羽放過他，但他絕不能放過項羽。

於是招開軍事會議，準備全力反攻，先派韓信滅魏豹，掃清東下的障礙。之後只分給韓信少量兵馬北上攻擊趙國平黃河以北，劉季自己帶主力東下，準備再戰項羽。

韓信與張耳只好率兵數萬人，北上攻擊趙國，而趙國相兼代王陳餘率二十萬軍駐兵。

阱徑口遠方兩百里處，漢軍隊伍。

韓信與張耳並肩騎馬，共同行軍，前後都有軍士共同前行。一路行軍中，張耳始終有些疑惑，走著走著，終於忍不住問韓信：「我年少時就認識漢王，在秦國統一天下之前，曾在外黃與之交好，當時他還是年少布衣百姓。他個性並不是這麼急躁之人，而且他跟項王也沒深仇大恨，何故如此急著相攻？」

韓信（紫眼眶）笑說：「先入關中者王，但項羽背約，不讓他當稱王於關中。」

停了一會兒，張耳疑惑地思索，搖頭說：「不對啊！這不對啊！」

韓信（紫眼眶）問：「這到底哪裡不對？」

張耳說：「項王先前戲下罷兵，不也封了他當王了嗎？」

韓信（紫眼眶）說：「封地在偏遠的漢中，自然漢王會生氣。」

張耳苦著臉說：「還是不對啊！」

韓信（紫眼眶）聽了皺眉頭看他說：「我說張老，還有哪裡不對？怎麼原來一路上你不想怎麼打仗，反而都是在想這個啊？」

張耳說：「若嫌封地不是關中而怨恨項王。那他現在不止得到了關中，原本的漢中還有巴蜀，甚至得到了韓、魏之地。派我們再去攻趙也就罷了，又為何彭城元氣大傷沒多久，才恢復那麼一些力量，就這麼急著再去打項王？要知道他現在的父親與妻子，還在項王手上。何不休生養息，與項王和談，割一些地給項王贖回人質？像著了瘋顛一樣不顧一切猛打項王，不是仇恨是什麼？更何況原本漢王跟項王還是反秦的盟友，何必如此癲狂到不顧一切追打到底？」

韓信（紫眼眶）一聽感覺有理，沉靜片刻，也露疑惑說：「確實，不聽你這麼說，我倒沒注意！這漢王還真有點怪，明知道自己不能打贏項王，還拼了命用盡力氣與心機去猛打，即便大敗之後收攏殘軍，立刻又出擊，幾乎不休息，似乎真有些不顧後果。先前在漢中，為了急著東返，還敢把一切都賭在我這一個小卒韓信身上。當時我以為他是急著想回關中稱王，才如此對我。彭城之敗後，我當以為他可以滿足於擁有關中與韓、魏舊地，然而如今看來，他似乎是想要殺項羽而後快。」

張耳說：「對啊！在我看來，只有與項王結了深仇大恨，才會這麼猛打。要知道先前鴻門宴時，若非項王寬縱了他，他怎麼可能還活到今天？既然已經得到預先期待的領土，何不考慮相互緩和關係？冒險死攻又是為何？」

韓信（紫眼眶）仰頭看天，微微點頭。

張耳又說：「這天底下會這麼恨項王，一有力氣就猛打的，除了秦人與皇帝嬴氏之後，還有誰會這麼恨？但這些人都已經被項王殺光，你說我們的漢王，著什麼瘋？像是急著要替嬴氏復仇一般？」

韓信忽然感到一陣冷風從腳底下吹來，這背後難道真的有鬼？

韓信（紫眼眶）說：「這真有點怪了⋯這問題，有空機會我們再去刺探漢王一下。目前先打仗吧。」

於是韓信背水列陣，以寡弱之兵大破趙軍，斬陳餘，生擒趙王，並且派使節讓燕地歸附。同時劉季派隨何去策反九江王英布。

項羽大怒，出兵攻打九江，英布大敗逃到劉季處。劉季率先出軍要東下，項羽率軍迎擊，結果劉季大敗退到滎陽。被項羽軍團團困住，用陳平之計，以女子兩千人出東門引誘楚軍來此四面包圍，再紀信派分身假裝自己投降。本尊劉季從西門逃走。項羽非常忿怒，殺了紀信。

劉季發現自己打不贏，當然不甘心，一定要再重新組織兵力再打項羽。先策動彭越去與項羽纏鬥，另外一方面收攏蕭何派來的援軍在成皋集結，又被項羽擊敗，於是渡黃河北上，準備奪取韓信兵權。

小修武。

劉季帶著幾個左右嚮導，與一百多名兵將，都騎著馬，往韓信與張耳的軍隊駐紮地。

「漢王，我們這樣過去，會不會被反韓信與張耳脅持？畢竟現在擁有兵權的人是他們，我們直屬的部眾潰散了！」樊噲在旁如此提醒。

劉季（綠眼眶）點點頭說：「不是沒有這種可能。」

樊噲說：「那我們應該先回關中坐鎮，然後以漢王令招他們率軍南下，我們再帶著關中部隊前來，才能指揮得動。」

劉季（綠眼眶）搖搖頭說：「等不及了！關中殘破，秦民厭戰，要重整離散的部隊至少需要一年以上。得立刻用他們兩人的兵，與項羽再戰。」

張良（金眼眶）策馬到他旁邊也建議說：「樊將軍說的沒錯，穩健的作法還是要先回關中，只要令他們兩人前往函谷關會師，仍然可以快速地束下再戰。況且有韓信在軍中，就不怕被項羽擊敗。」

劉季（綠眼眶）說：「子房的建議，寡人言聽計從，然此事非爾等所知。這是寡人與項羽的私事，一定要寡人親自打垮他！這點你們要記得！」

張良頗有不解，先前自己提的方略，劉邦無不遵從，而且也收到不少效果。然而惟獨死戰項羽，他態度堅決。

當然，如果一個人，破壞了自己即將獲得一切，必然恨之入骨。況且自己擁有繼承皇帝制度的『天命』，豈能容許項羽這樣恢復戰國時代的格局？

劉季於是在小修武奪韓信兵權，令韓信、張耳自行在趙地招兵買馬，大舉南下繼續與項羽交戰，最終雙方在廣武山對峙。

項羽隔山溝與劉季對話，項羽（粉紅眼眶）質問：「劉季！孤本與你相約為兄弟共同攻秦，在鴻門放過你一命，之後又封你為王。你攻我彭城，誘叛英布，屢屢興兵攻劫我大楚，知罪乎？」

劉季（綠眼眶）以手指細數，大罵項羽罪責：「罪在你不在我！你不知罪乎？

負約，王我蜀漢，罪一。矯殺宋義，罪二。救趙不報，結諸侯兵入關，罪三。燒秦宮室，掘始皇帝塚，私收其財，罪四。殺秦降王子嬰，罪五。新安詐坑秦子弟二十萬，罪六。王諸將善地，逐故王，罪七。逐義帝，奪韓、楚、梁王故地，罪八。殺義帝於江南，罪九。為政不平，大逆不道，罪十。」

項羽愈聽愈怒，竟然在劉季眼中，連殺子嬰也是罪，命弓箭手從後放冷箭對他射擊，劉季被射中胸口，大喝：「射中我腳。」

即便受傷，劉季還是死咬不退，令各軍繼續打。韓信於是從趙地攻齊，項羽派龍且支援齊國，結果大敗，韓信再次以寡擊眾大獲全勝，遂攻佔齊地。項羽大為驚恐，派人拉攏韓信為王，韓信此時也派人到劉季處請求稱王。

漢營。

韓信派使者來請求劉季：齊人偽詐多變，反覆之國也。又南臨楚，請為假王以鎮之。

劉季（綠眼眶）此時大怒，在內心深處對韓信動了殺機，明明是我親手拉拔出來的人，竟然把自己也當成各地諸侯，來要地要王。大罵：「我被項羽兵困在此，日夜寄望你來救我，竟然要自立為王？」

張良（金眼眶）踩劉季腳，附耳說：「眼前作戰漢方不利，能禁止韓信稱王乎？不如予之，否則生變。」

劉季（綠眼眶）忍這口氣，復言：「大丈夫定諸侯，為王即為真王，何以假為？」於是派人封他為齊王，令其兵擊楚。

但內心深處似乎聽到『傳國玉璽』傳來聲音：這種野心家，找到時機，就該殺。

齊，臨淄城。

蒯徹數次勸韓信叛漢自立，但韓信並未採納。於是離開後，裝瘋賣傻。韓信坐在齊王車駕上，身旁也共乘著一個年輕的齊國美女，是前齊王田氏貴族女子，田姬。貧賤時候，連窮女人都不會看他一眼，忽然得到富貴，金枝玉葉的女子也主動貼上去。自古以來便是如此。

「蒯徹是怎麼回事？聽說他瘋了？」

田姬說的齊國臨淄語，韓信聽不甚明白。暫時沒回應。

田姬（粉綠眼眶）在他耳邊問：「大王，您怎麼不說話呢？」

韓信（紫眼眶）用楚國話說：「寡人聽不懂愛姬說什麼。」

負責車駕者，也是個齊國女子，她懂楚語，回頭說：「田姬問大王，蒯徹是怎麼回事？他不是深受大王信任，為何瘋了？」

韓信（紫眼眶）聽了面色凝重，低聲回答：「他勸寡人反叛漢王自立，寡人拒絕，他因為害怕，以至於如此。」

田姬（粉綠眼眶）透過女車夫當翻譯，追問：「大王不是已經被封王了嗎？漢王是王，您齊王也是王，兩者相等地位，不已經自立了嗎？」

韓信（紫眼眶）笑了笑說：「這還是稍稍有點差別。寡人是漢王提拔的舊將，所部軍中，有許多漢王派來的人，所以同樣都是王，我仍然得聽他的號令。以前魏王想反抗他，就被他殺了。他還殺了其他項羽封在關中的三王。」

田姬（粉綠眼眶）說：「那你讓我們齊國人，當您的部下不就好了？就是真正的自立。以前大家只聽過齊王、楚王、燕王、秦王、趙王、魏王、韓王。沒聽說過有什麼漢王的，他怎麼能指揮所有王呢？」

韓信（紫眼眶）忽然一愣，內心開始激起疑惑，低聲說：「對啊，為何漢王能指揮所有王？只因為他先入關中？」

又說：「漢王畢竟有恩於寡人，當先助漢王平楚，齊國仍然會是寡人的。」

田姬（粉綠眼眶）說：「我總覺得漢王沒這麼簡單，怕到最後平了楚國，漢王下一個就是要對付大王您，您還是多小心為妙。」

韓信（紫眼眶）露出疑惑之情，低聲說：「先前蒯徹就是這樣說，但寡人以為，天下民情風俗乃至語言各有不同，自然各自能立國自治。同樣都是王，他沒有隨意侵奪齊國之理，最終還是會各得其所的。妳們就不用再言。」

田姬遂不再談此事。

確實，民情、風俗、語言不同會各得其所，但不見得一定要各自立國自治。否則前面夏、商、周接近一千八百年的『九鼎格局』，豈不是全部白費？再接下來的一千八百年的『長城、傳國璽』新格局，又如何開展？肯定要回歸秦始皇的皇帝制！各地最終只能一統。

韓信身在當時，看不到大格局是自然，但只要打聽漢王入關中時的表現，以及眼前如此執著於攻打項羽，必滅楚而後快，其實就可以猜到一、二。但韓信沒猜到，那就要付出代價。

於是韓信與彭越，各自率軍援漢攻楚，項羽此時糧食與兵力都居於劣勢，領地也逐漸被攻佔，不得不送還劉季的父親與妻子，請求和談。劉季同意，於是雙方以鴻溝為界，東屬楚，西屬漢。

漢軍城營。

陳平與張良兩人，在房內密商。

陳平（粉藍眼眶）問：「漢王雖然已經與項王議和，但我觀其神情，似乎心不甘情不願。」

張良（金眼眶）微笑說：「如今漢王轉劣勢為優勢，逼得項王歸還其父其妻，漢王又已經將議和之事告知諸侯，自然不甘心議和。」

陳平（粉藍眼眶）冷冷地說：「我當勸漢王背約擊楚。」

張良（金眼眶）瞪眼問：「背約擊楚…這恐失信於天下…」

陳平（粉藍眼眶）說：「戰爭誰管信義？當年秦也是數次失信天下，但最後子孫還不是併六國而稱皇帝？」

張良（金眼眶）喃喃低聲說：「漢王不是秦王，不當如此。況且秦不也因此被天下人怨恨而圍攻？」

陳平（粉藍眼眶）搖頭說：「不，我認為漢王就是秦王！或者應該說，漢王就是秦王的繼承者，最終天下也當歸漢！如同當年歸秦！而如今無論漢王怎樣背信，天下人寧願受欺，也不會像反秦一樣去反漢！」

這論調太過超前。

張良（金眼眶）一愣，怒目質問：「你這話太過了吧？」

陳平（粉藍眼眶）說：「我知道子房你恨秦，當年在博浪沙襲擊始皇帝的車隊，可謂豪氣干天。我陳平只是被人鄙視的盜嫂小人，但我有你不如的察閱之能。那項羽不也恨秦？最後，坑秦兵，屠嬴氏，焚秦宮，比子房你有過之。但漢王為何如此仇恨項王？為何幾次險些喪命，仍不斷興兵伐楚？」

張良默然，這也是他心中頗為疑惑的。

陳平（粉藍眼眶）說：「我曾進言時，看見漢王仔細賞玩秦始皇帝的『傳國玉璽』。漢王的眼神充滿著憧憬，似乎心羨始皇帝的一切。在廣武山數項王罪責時，竟然把項王焚秦宮，殺秦王，分封秦天下都當作罪責。這會是以漢王反秦起義的立場，該有的言行嗎？況且他也告訴我說，當年他當平民百姓，替始皇帝打掃馳道時，見其車駕經過，自己遠遠匍伏在地仰望，稱大丈夫當如是也。而秦降王子嬰，先前又為何那麼快降他？還把『傳國玉璽』都給他？倘若是你，忽然子嬰把一切讓給你，使你得到了夢寐以求之物，又忽然項王打進來毀掉，你說你能不痛惜子嬰而對項王恨之入骨？」

又說：「而天下子民久經戰亂，只要漢王不再勞民，能與民休息，誰會在乎他有沒有欺騙項王？」

張良（金眼眶）微微點頭，然後說：「人稱我們是漢王身邊的智者，能出奇計扭轉乾坤。實際上真正智者，竟是子嬰！能轉變立場，化敵為友，使其替自己身亡之後復仇。我等不及矣。」

陳平（粉藍眼眶）說：「子嬰之智，尚在其次，我認為漢王繼秦一天下的格局，是大勢所趨，不可逆也。不然不會發生這麼多古怪之事，讓漢王立場如此轉變。所以你我當勸漢王，背約擊楚。畢竟秦一統天下，說被天下人怨恨，實際上天下人怨恨者只是秦法繁苛，勞役不止，天下人其實是贊成秦的天下一統，可以不再有諸侯相爭的戰亂殺戮，可讓天下人團結於一制之下。」

張良（金眼眶）點頭說：「你當諫漢王背約擊楚。」

陳平（粉藍眼眶）說：「子房當跟我一起去，因為漢王最聽你的建議。這個順人心之事，又豈能少了子房？」

張良（金眼眶）苦笑點頭說：「沒料到我張子房，先前費盡心力當刺客要刺始皇帝，最終又要費盡心力保護，始皇帝的功業。」

陳平（粉藍眼眶）搖頭說：「不是他的功業，是天下人的功業，不然秦亡之後，何以維持？」

張良哈哈大笑。

於是兩人共同勸劉季，背約擊楚，不當遺後患。劉季便率本部大軍，並派使者去給韓信與張耳，一同追擊東返的項羽。兩人表面上同意，實際上失約沒來，以至於漢軍大敗。

退回城池固守，劉季（綠眼眶）問張良：「諸侯兵不來，奈何？」

張良（金眼眶）說：「若楚兵被破，項羽滅亡，兩人沒有分楚國的領地，認為這一切戰果歸漢，所以不來。如果漢王能將天下領地重新劃分，讓他們獲得大利益，必定一同前來。」

於是攤開地圖，指著說：「建議以為魏地封彭越，齊以南到楚國，都封給韓信，其兵必來，楚則易滅。」

劉季（綠眼眶）內心非常不快，對地圖露出陰狠之色，說：「彭越數次靠我救援，韓信更是我一手提拔，成果都是寡人給予，竟然拿著寡人之物還跟寡人討價還價。豈能在滅楚之後，給他們如此大的領地？這不又是滅一項羽，生兩個項羽？」

張良（金眼眶）說：「這兩人即便再善戰，也不能跟項羽相比。他們沒有分封過天下，兩人靠漢王自立也是為眾人所知，等滅楚之後，徐圖收拾他們不難。」

劉季（綠眼眶）說：「他們現在都已經不聽寡人號令，滅楚之後，大家都是王！又何以制之？」

張良（金眼眶）說：「若大家都是王，自然有更高的身份制之，使之當王得地也是假代。至於這更高的身份是什麼？漢王內心有數，子房不便多言。」

劉季（綠眼眶）聽了，微笑說：「好！就先封他們更大的領地，要多少給多少，就讓他們『假代』，之後就有他們好受了！這群宵小！呵呵！」

果然，兩人一看地圖劃分，立刻率軍來援。

由韓信當統帥指揮，垓下一戰，十面埋伏將項羽團團圍住。最後四面楚歌，瓦解楚軍士氣，楚軍最後崩潰，項羽率殘軍突圍逃往烏江。漢王令得項羽首級者，封侯。

逼得項羽最後在被圍困中，引劍自殺。屍體被各兵將爭功相奪，刀兵相殺，又死數十人，項羽屍體被割成五份，還有因爭奪中，被騎兵蹂踐殘破者，楚國滅亡。

子嬰之計，真的生效了⋯⋯項羽死得比子嬰還慘⋯⋯

項羽一死，楚地平定後，劉季立刻衝入韓信軍營中，再次奪取兵符，撤掉韓信齊王封印，改立他為楚王。而韓信此時尚不自覺，這是一個很嚴重的暗示。

劉季改名劉邦，通令在汜水以周禮大會諸侯。

汜水關城中。

陳平（粉藍眼眶）率領侍者，招待來此的各路諸侯，韓信、張耳、彭越、韓王韓信、英布、臧荼，乃至江南各地稱王諸侯等等十多人來此。

一到現場，氣氛有點詭異，所有侍者穿著秦服，以秦禮招待，各地諸侯內心都直覺納悶。不是以周禮？怎麼都穿秦服？當然這是個暗示。

陳平（粉藍眼眶）待各路諸侯席地入座後，命侍者抬出桌案，在桌上擺著一盒子。

「這盒子裝什麼？」「是人頭嗎？」「不是吧，裝人頭的盒子沒有這麼小。」「裝什麼呢？」

二十餘位大小諸侯議論紛紛。

陳平（粉藍眼眶）笑說：「各位大王，遠道而來辛苦了，先前請各位大王鑑賞項羽擄掠的大秦國寶，相信各位大王都已經賞過。然而有一個最重要的國寶，漢王請各位大王務必仔細鑑賞，看過之後，漢王才願意與各位大王相見。」

眾人又議論紛紛。

「什麼國寶這麼重要？」「非得看過才能見我們？」「漢王一直讓我們鑑賞始

皇帝的東西作什麼？」「這什麼用意啊？」

陳平（粉藍眼眶）笑說：「各位大王請安靜，我要打開了。」

於是先頂禮膜拜，眾人又一陣驚愕，陳平何至於對一個盒子膜拜？然後又見他小心謹慎地把盒子打開，『傳國玉璽』赫然在其中。陳平小心翼翼地把傳國玉璽的文字面，翻至前方，眾諸侯王紛紛離座靠過來看。

「這是？」「有點像是璽綬…」「是誰的印？」「寫什麼？」大部份諸侯王都看不明白。

張耳瞪大眼端倪，雜在眾人中，手指著它，首先說：「受命於天，既壽永昌？這是秦始皇帝的傳國玉璽啊！」

「哇！是傳國玉璽也！」「秦始皇帝的傳國璽原來在漢王手上。」「漢王先入關，得璽是當然的。」「是用當年和氏璧做的，真的堪稱國寶了！」

韓信（紫眼眶）問：「請問可否用手觸摸？」

陳平（粉藍眼眶）緊張地說：「這可不能啊，楚王。漢王有吩咐，這東西不能隨便觸碰。」

另外一個同名為韓信的諸侯，韓王韓信說：「不能觸碰又讓我等鑑賞，這是何意？更何況陳平先生，您自己剛才不也碰了嗎？」

彭越說：「是啊！我們會小心謹慎，不讓國寶有損的。」

陳平於是請各諸侯稍安勿躁，派人向劉邦請示，回來後說：「漢王口喻，賜各諸侯用手賞玩，但不可以離桌案！」

眾諸侯一陣行禮稱謝。

於是楚王韓信、趙王張耳、梁王彭越、淮南王英布、韓王韓信、燕王臧荼、長沙王吳芮等七王，與十多位邊遠諸侯王，都一一觸摸鑑賞。接著陳平趁著各位興致未減時，趕緊收回，裝在重重寶盒中，送回給劉邦。

彭越說：「漢王現在應該可以跟我等見面了吧？」

陳平（粉藍眼眶）笑說：「各位大王，不要心急。在下想問各位大王，看過這國寶之後，有何心得？」

眾人面面相覷，交頭接耳。「這是暗示？」「代表何意？」「不知道啊！」「都是秦始皇帝的東西……這……」

張耳先開頭說：「我等是以推翻暴秦而起，然來此都見秦皇國寶。漢王的意思到底是展示滅秦功績？還是希望繼承秦制？」

「秦制？」「這可以恢復嗎？」「天下皆厭秦，豈能再行秦制？」「對啊！漢王不是要恢復周制，當周天子乎？」

楚王韓信軍功最為卓越，此時反而不發一語。

陳平（粉藍眼眶）示意眾人安靜，待眾人靜默後，直接了當說：「漢王的心意已經很明顯，秦制有其宏大格局，只是秦法暴虐，為天下厭棄。漢王最先入關，廢秦法，又滅西楚項羽而安天下。理當為天子。各位是否有意見？」

眾人交頭接耳，然後共同發聲：「我等贊成漢王為天子。」

韓王韓信問：「天子是何稱謂？」

陳平（粉藍眼眶）笑得僵硬反問：「韓王您說呢？」

張耳高舉手說：「稱皇帝！寡人擁護漢王當皇帝！稱朕稱制，一切悉從秦制！」

眾人一陣驚愕，原來大家打了這些年仗，說推翻暴秦，到最後只是換個人來替代秦始皇帝而已。

陳平（粉藍眼眶）瞪眼看楚王韓信，笑說：「楚王您說呢？漢王特別交代，要聽楚王的意見。」

楚王韓信（藍眼眶）低頭行禮說：「項羽入關時，破壞秦制，從而天下又亂。而今天下大定，當以項羽為鑑。故寡人也贊成，一切悉從秦制，只是漢法應當寬容，也當以秦法為鑑。」

陳平（粉藍眼眶）笑說：「這是自然！漢王的寬容，眾人皆知！那請各位大王簽名上奏，擁護漢王稱皇帝。」

於是命人拿出絹布與筆墨，讓所有諸侯當場簽字畫押。

終於，劉邦登基當皇帝，一切恢復舊常。

接著其他異姓諸侯王，都準備要一一除掉，尤其善戰的韓信，是首先要除掉者。雲夢會諸侯時，一下把韓信抓住，撤除楚王封國，降為淮陰侯，然後帶回關中的新首都長安。

先囚禁於密室，身上反綁，劉邦進來後遣退左右。

兩人先四目交對，都沉默片刻，看到韓信的狼狽樣，忽然劉邦（綠眼眶）忍不住哈哈一笑，然後詭異地說：「將軍，往事已矣，來者可追。若今後繼續效力於朕，謀反之事就當作過去了。」

韓信（紫眼眶）冷冷說：「陛下開始自稱為朕了。」

劉邦（綠眼眶）說：「這是自然，朕年少的時候，也常聽人自稱朕，後來秦始皇帝滅六國後，禁止天下人自稱朕，也有一些年囉…當初朕也改稱過予、某、余、磨、我、寡人…沒想到又繞為稱朕…哈哈…命運捉弄啊…」說罷又是一笑。

韓信（紫眼眶）無精打采說：「陛下來嘲笑我的嗎？」

劉邦（綠眼眶）搖頭，收拾笑容說：「來勸你的，讓你知道天命。要是再有反跡，別怪朕沒告訴你，朕會滅你三族！」

韓信（紫眼眶）說：「滅三族？這不是秦制嗎？陛下以推翻暴秦而起，秦最終滅亡，沒想到天下又一陣楚漢混戰後，大秦反而用另外一種面貌復生。」

劉邦（綠眼眶）冷冷說：「你在諷刺朕？」

韓信（紫眼眶）低聲下氣說：「臣不敢，直說一個真相而已⋯⋯」

靜默片刻。

劉邦（綠眼眶）說：「先前在汜水關時，你也看過『傳國玉璽』了嗎？」

韓信（紫眼眶）答：「看過，也奉陛下之命，仔細鑑賞。」

劉邦（綠眼眶）說：「朕現在回想當初入關時，終於知道，子嬰為何將一切毫無保留讓朕。那就是要利用朕，來替他復仇。因為以項羽的殘暴，必定入關滅秦，而只要項羽一踏進關中，就會是朕的死敵。」

韓信（紫眼眶）說：「看來陛下也真的替他復仇了，也繼承了大秦志業，讓皇帝之名繼續傳世。子嬰的計謀成功。倘若臣、張良、蕭何、張耳、英布等等眾人，都是陛下的棋子。那麼陛下就是子嬰的棋子。他下的這一局，可謂深遠。」

劉邦（綠眼眶）冷冷說：「不是子嬰，這是天命，不可違逆！不是項羽能明白，也不是你能明白，甚至朕感覺，自己也沒能明白透！但這既然對朕有利，也對天下人有利，朕就會這麼走下去！天下只能有一個主，非同姓王，就等於國中之國，不能見容啊！」

韓信（紫眼眶）說：「不讓其他人稱王？其他非劉姓王都要除掉嗎？」

劉邦（綠眼眶）說：「這不是你該多問的！」

韓信默然。

劉邦（綠眼眶）說：「好啦！將軍多想想，把心態調整回當年登台拜將之時，忘記稱孤道寡的那段不正常時日，你可跟張良、蕭何同為開國最大功臣，載於史冊，這是最後忠告。」

韓信表面低頭同意，內心並不認同。

劉邦（綠眼眶）離開後，但感覺到韓信內心並不順從，喃喃自語說：「傳國玉璽由秦至漢，迫使漢從秦制，將來會永遠歸漢嗎？還是如那位老叟王雲所言，有著古怪的力量？古怪啊…」

當然古怪，傳國玉璽就是與萬里長城，建立中軸乾坤的遊戲啟動鍵，遊戲在此時才正開局。

之後韓信因意圖謀反，真的被屠三族，其他異姓王除長沙王吳芮非常順從，且不在中原擁有勢力，可以使之繼續保留外，其餘都所有異姓諸侯王，皆被一一被剷除掉。

同時長城北邊，投映了相對變化，匈奴也跟中國一樣，開始統一漠北而強大，劉邦率軍迎戰失敗，被困平城。以陳平之計脫困後，漢朝初期不得不與之和親通婚，在傳國玉璽發酵後，萬里長城也開局了。

在劉邦死後，漢朝經歷惠帝、呂后稱制、文帝、景帝，終於到了漢武帝。

漢武帝劉轍北伐匈奴，南征南越，打閩越、打朝鮮、打西南夷、通西域、數次打西域、征大宛，不斷跟匈奴纏鬥。對內也大行嚴刑峻罰，不斷勞役，表象獨尊儒術，實則一切行為法度如秦始皇帝。

漢武帝玩了另外一個遊戲，他成功過關。這個遊戲後世還會有人去玩，故遊戲內容，且先隱匿後表。先說明主軸乾坤比較重要。

【第一次混沌開眼】

漢武帝元鼎二年。

張騫第二次通西域回國，進入了玉門關。

張騫（靛眼眶）騎著駱駝說：「李貴，我是第二次從西域回來囉。」

隨從李貴說：「相信陛下會很高興的。說不定恢復您博望侯的爵位。」

張騫（靛眼眶）搖頭，說：「爵位不重要。我打通了西域，讓大漢與西域各國整個互通，在史冊上的事蹟，才是我所關心之處。」

李貴笑說：「那您得去找司馬遷，說說西域的詳細情況。聽說他準備寫一部偉大的史冊。」

張騫（靛眼眶）說：「這肯定會的。但在長安能不能碰到他，還很難說。」

李貴問：「這麼多年在西域，您有什麼感覺沒有？」

張騫（靛眼眶）苦笑說：「我感覺，自己像是被操控的一枚棋子。」

李貴說：「這麼悲觀？陛下也沒把您當棋子，尤其第一次您通西域，那可是親身冒險。」

張騫（靛眼眶）沉默了一會兒說：「我說的不是陛下，而是……我說不上來，勉強說就是歷史吧。所以回長安，我一定會先去找司馬遷。」

此時使節團進了玉門關，休息後繼續回長安。

這次通西域，可是超個體在歷史上的三大伏筆之一。即三次主動的混沌探脈之一。在此先按下氤氳伏筆而後表。

【第一次混沌開眼結束】

漢武帝後元二年二月，五柞宮。

「宣中書令司馬遷晉見。」

「臣司馬遷叩見陛下。」

年老力衰的漢武帝劉轍（藍眼眶），被左右宦官扶起，長喘一口氣，喝一口藥茶，坐在御床上。

「免禮。除中書令，其他人都退了。」

宦官們遂退出，司馬遷起身。

沉靜片刻。

劉轍（藍眼眶）說：「朕聽說你的史籍著作，恐不能見容於世，故將正本藏名山，副本留長安，以備後人發現，有此事乎？」

司馬遷（金眼眶）說：「有此事，希望陛下見諒。」

劉轍（藍眼眶）說：「朕求了一輩子長生不老，最終還是要老要死，跟常人無異。一個快死的人，還原諒誰？你的書，會成為一家之言，倒不必藏什麼名山了。」

司馬遷（金眼眶）低頭說：「臣謝陛下。」

劉轍（藍眼眶）說：「在你的史籍中，朕像哪一位古人？」

司馬遷（金眼眶）道：「臣…臣刑餘之人…不敢妄評陛下…」

劉轍（藍眼眶）笑著指他說：「果然是個史官，不肯曲言附和。朕替你說吧！應該就是始皇帝嬴政之類！朕自己也不知道，為何自己的行為，最後會跟他相類。其實……朕有獨自的局勢所逼……」

揮揮手說：「不提這個了。朕今日找你來，是想要與你討論另外一事，你知道高皇帝入關時，從秦降王子嬰處得『傳國玉璽』之事嗎？」

司馬遷（金眼眶）說：「臣知道，在臣著作中，也提過此事。」

劉轍拿出一個寶盒放置於案上，打開之後，赫然出現『傳國玉璽』，司馬遷（金眼眶）眼睛一亮，神色驟然變化，低聲說：「陛下，這就是『傳國玉璽』。」

劉轍（藍眼眶）說：「朕年輕的時候，就曾仔細端倪過這件東西，當時以為此物是國之重器，甚為寶之。但這麼多年來，見歷許多事後，仔細想想，此物不祥啊！你以為呢？」

司馬遷（金眼眶）低聲說：「不祥？陛下何出此言？」

劉轍（藍眼眶）說：「此物乃秦始皇帝之物，高皇帝當年因反秦而起，最終為何反而繼承秦制？為何稱得天命？更寶此物？朕回顧自己所為，結果最終竟如始皇帝一般。我大漢其實在某些角度，只是大秦的翻版或稱之為大秦轉變面貌的延續。以你史家稟筆直書的精神，你說朕這麼講，對不對？」

司馬遷（金眼眶）微微點頭說：「陛下一語中的，大漢其實就是大秦的延續。只是在孝景皇帝之前，為避重蹈亡秦之覆轍，暫時休養生息。在陛下雄才大略下，就有些……」說到此，停頓未言。

劉轍（藍眼眶）笑說：「哈哈！好啦！不要再忌諱什麼啦！朕都把話帶到這份上，也就直言無妨。先前的事情，忘了吧！朕今天是希望能跟你坦然相談，你所言即便是當場罵朕也可以，找出一個接近真實的說法，別讓朕失望。」

司馬遷低頭稱是。

劉轍（藍眼眶）望著窗外，愣了一愣說：「回到剛才說的……咦，剛才朕說什麼了？人老了就容易忘記……」

司馬遷（金眼眶）說：「陛下提到傳國玉璽，認為不祥。」

劉轍（藍眼眶）笑說：「對，始皇帝傳國玉璽！當年高皇帝與項羽都是反秦而起。最終高皇帝順應秦制，而項羽卻要恢復東周列國之勢，所以大封諸侯王。高皇帝勝而項羽敗，其原因只在於高皇帝多助，項羽寡助。人皆以為是高皇帝仁厚，項羽殘暴所致。但朕以為，真正的原因是，天下人對秦一天下之制與東周列國的情況相比，做了選擇。不然我大漢襲秦制一天下，為何能鼎盛至此？」

司馬遷點頭稱是。

又接著說：「然問題來了，既然天下人要秦制，為何又要反秦？始皇帝死而天下分崩，這使其功業倒退三分，還得朕努力將之恢復，用心更加進展。既然都是一樣，為何天下人要棄秦而用漢？明明是人心所向，為何又要託言天命？你深知歷史，為難得的史家，以你以為，這原因到底是什麼？」

司馬遷（金眼眶）說：「這當中原因深邃，臣不知道。但臣聽說過一個傳聞，當年雒邑有一老者名曰王雲，曾見高皇帝，提出一個怪論。稱當年秦滅六國，其實是入局，造局者代稱『古怪』，秦只是一個替其解決列國並列紛爭的工具，工具用完就必須拋棄，重新製作過。如此真正之主，才會顯得出是造局者本身。故六國滅，秦不必續存。如同我們人用工具，目的達到之後，原有的工具不敷使用，反而會礙事，必須更替。故秦之功當存，而滅六國之秦，不必復存，當與六國同命運。若依此人怪論，天下並非厭秦，而是利用完之後，如芻狗般毀棄，後繼者才會引之為鑑，把秦的功業做得更好。」

劉轍（藍眼眶）瞪大眼，微微點頭，低聲說：「若真如此，那麼我大漢呢？真只是接替大秦傳承的工具？」

司馬遷（金眼眶）說：「這臣就真的不知道了。後代或許會有人知道。臣斗膽反問陛下，為何會說『傳國玉璽』不祥？」

劉轍（藍眼眶）說：「始皇帝一統天下，命人打造這個『傳國玉璽』之後，曾想過它會藉由子嬰之手，傳給當時替他打掃馳道的高皇帝嗎？高皇帝拿到這件東西，打算保護子嬰，繼承秦制時，項羽曾想過他會因此成為高皇帝死敵，最後不斷被高皇帝征伐嗎？未來這件東西又一定在我劉氏之手嗎？朕沉思過這段故事，一個可能會引起巨大妄念，也會暗中改變他人命運之物，不祥啊！」

竟然暗指漢高祖因此產生巨大妄念，劉轍可謂至此心胸開闊。

司馬遷（金眼眶）低頭含淚說：「沒想到陛下已經將事情看到這種程度，願意把高皇帝的事情坦然說出來，臣不得不敬佩陛下的遠見與胸襟。」

劉轍（藍眼眶）揮手笑說：「年紀大了，見識多了，這是自然。」

司馬遷（金眼眶）問：「若陛下以為不祥，會考慮毀掉它嗎？」

反問：「你坦然說，你認為朕可以毀掉它嗎？」

司馬遷（金眼眶）愣了一下，搖頭說：「此事已經天下人皆知，甚至載之於國史之中，為眾人歌誦高皇帝得天命之證物。即便陛下暗中毀掉，後世之人發現有此事而無此物，也能自己偽造，託言天命。此不祥之物，也能轉他人之手復生，反而會令陛下子孫，受到天下人質疑，已失去天命。故臣不建議陛下立刻毀掉，這種遠超過人謀的事物，若驟然行斷，恐將弄巧成拙。」

劉轍（藍眼眶）長嘘一口氣，點頭說：「是啊。此物對我大漢而言，就像是大秦的陰魂，緊附在身，除之不掉，亦不得不從。也許這就是為何，朕不自覺地，就做跟始皇帝一樣的事情，就像是完成他的未竟之志一般。」

兩人嘆氣，沉靜了片刻。

劉轍（藍眼眶）問：「最後朕想問你，除了『傳國玉璽』，大秦傳承給大漢者，還有一道萬里長城。朕甚至將其延長，直到西域。但朕這麼多年來，屢次興兵與匈奴作戰，從未感覺它發揮真實的防禦作用。這長城就像一條蛇龍，但躺在大地上，笑看大漢與匈奴兩方的作戰，毫無助益！倘若傳國玉璽有其不祥，而又不能去，那這道萬里長城呢？會不會是一個更大的不祥，也不能去之物？」

司馬遷（金眼眶）微微點頭，思索片刻回答：「詩經上說『惠此中國以綏四方』。萬里長城，與這傳國玉璽，一裡一外，似乎在共同運作同一個，未來的中國國運。若一端不祥，另外一端也必定不是祥物。但之所以不能去，恐真有一股力量，不是我等能違逆者。到底最終會變得如何？恐怕得後人評說。臣也只能猜測，未必準確。」

劉轍（藍眼眶）說：「朕想要你猜猜，會是什麼命運？」

司馬遷聽了有些錯愕，怎麼會問這個『大哉問』

劉轍（藍眼眶）說：「別緊張，慢慢猜，這個問題朕可以等，今天我們有的是時間。而且無論你的答案是什麼，朕決不怪罪！朕敢請天地為證！」

司馬遷（金眼眶）思索了一會兒，低聲說：「大禹時曾製九鼎，引為國寶，告知天下部族，傳聞也曾被諸侯與夷狄所覬覦。夏亡傳商。商亡傳周。周亡因一鼎落入河中不能尋回，其餘被秦人所火熔，鑄成錢幣，或製成銅人而毀之。秦一天下以新局，故九鼎傳一千八百載，而失去真實國寶之用。倘若長城與玉璽雷同於此物，是否又是舊物已達到目的，將開啟新的一千八百載故事？造成的影響，是否又雷同於九鼎？只是古時民風純樸，而今時奇物茲起，所引人慾望更強。古時國寶引動三代變遷，自今往後，可能鼎革變遷更快。臣之智能所識，僅能推敲至此。陛下可依此，猜測後來之事。」

劉轍（藍眼眶）又問：「你曾遊覽天下名勝山川，見多識廣不在朕之下，你認為為何一個區區死物，竟能驅動天下人這麼多代，往一個方向演變？」

司馬遷（金眼眶）答道：「能影響如此廣泛且深遠，這必是跟人的本質有關。任何的生命都有不同的本質，依其本質就有驅動它們方式。人的感官在同一個環境之下產生的反應，在宏觀而言，可以說行為是一致的。那麼剛才說的一股莫名的力量，必定是運用這種特性，以此物設局，讓百代人都無法跳脫出去。除非人的感官變成為草木本質，或許就不會出現這股力量了。臣目前的推敲也只能到這裡。」

劉轍（藍眼眶）微微點頭說：「深邃！深邃！今日短暫一談，讓朕有最深的心得。但真實的情況，只能讓後人評說。今天先到這，希望將來還有機會能再跟你詳談。」

於是拉動床旁的繩索，牽動房門外鈴聲，門外宦官進門。

「帶中書令離宮，賜金五百斤。」

「臣謝陛下恩賞。」

漢武帝自覺自己跟秦始皇無異。當然，意識是可以被環境塑造的，而導引環境，當然要用到鬼神之物。對當時的鬼局而言，漢朝這個新替身，當然要附上秦朝之物，才能繼續執行固定的目標。

※※※※※※　中軸線訊息※※※※※※※

承前。本【負變〉正變】為本質屬性變量

因為 本＝本1＋本2＋……

令本＝本1＋本2＋……＋異1＋異2＋……＋異二1＋異二2＋……

則P〉1，雖母〈1，但【負變＝正變】

漢武帝劉轍死後，經歷昭帝、宣帝、元帝、成帝、哀帝。

同性戀的漢哀帝一死，成帝母親太皇太后王政君，立刻收回皇帝玉璽，並罷董賢官職，逼使其自殺。而此時王政君的姪兒王莽，因為修身恭謹，平等待人接物，獲得好評，舉朝推荐王莽主政，便令王莽為大司馬、領尚書事，立中山王劉衎為皇帝。皇帝才九歲，便由太皇太后稱制臨朝。

大典中，太皇太后命人將傳國璽取來，交接給小皇帝劉衎，王莽當司儀官，擔任太皇太后與小皇帝中間人，代替小皇帝接過傳國璽，以示先皇帝將天下交接給小皇帝。王莽因而短暫地觸碰到傳國玉璽。一時天雷勾動地火，王莽內心在這短暫瞬間，念想千千萬萬，如同當年劉邦第一次碰到這個傳國璽一樣。這是什麼感覺？當年劉邦說不出來，而今王莽也同樣說不出來。兩人雖隔著快兩百年，但卻又有同樣的感覺！眼神瞬間改變，意識已經升級，面對自己眼前的情境，他們同樣，將有不同於自身以往的慣性選擇。

【王莽出現棕眼眶】

王莽（棕眼眶）全身如當年劉邦一樣，經一觸碰，內心已經翻江倒海，但外表都必須假裝沒有這回事。但內心開始出現另外一個王莽，不斷地對自己說話。就像當年的劉邦一樣！意識經過傳國璽加持升級之後，都開始要做升級的事情。

「你是誰？」「我是莽王。」「莽王？」「也就是你的反面。慾望就在這裡，你是騙不了自己的。」「……」「傳國玉璽果然不一樣對吧？高端大器，想想自己能坐上那個位置，權色名利這些外表被人詬病的東西，全部都名正言順獲得。你好好想想現在這個位置，接下來該怎麼辦！」

王莽從周公故事，私下命人到益州塞外讓蠻族獻白雉一，黑雉二，來朝朝貢，為祥瑞，稱大漢朝廷功德。於是群臣上書太皇太后，稱王莽功德：「致周成白雉之瑞，周公及身在而託號於周，請封王莽為安漢公，益戶疇爵邑。」

太皇太后王政君此時已經年老，對政治並不感興趣，群臣上書大多批准，並且打算讓姪兒王莽領政，以為放心。於是批准其請。王莽故意辭讓數次，稱功德不夠，甚至稱病不起。最後群臣不斷恭請太皇太后下詔：「以大司馬、新都侯王莽為太傅，幹四輔之事，號安漢公，益封兩萬八千戶。」

王莽（棕眼眶）於是接受，但推辭封戶，稱百姓必須人人富足，方能受賞。然後建言獎賞群臣吏民，於是王莽在臣民之間風評大好。

大司馬府邸，夜晚宴會。

光祿勳甄甘、左將軍甄豐與當朝重臣三十多人，來王莽官邸夜宴，侍女們點燈引導眾臣入席，眾臣們穿戴正式絲綢貴族華服入座，僕役端上酒肉菜席，只有王莽身穿平民布衣，面前是簡陋的青菜水果的素食，與一杯清水。會場上一眼望去只有王莽衣著最簡陋，飲食層級最低，自稱『鄙人』等同看守城門的僕役，但是卻坐在最上座主導會場。

眾人各自將自己面前的桌席菜餚吃過一半，敬酒三回，依照漢朝餐飲禮制上，需要主人再招喚下一巡菜餚，宴會才能繼續開席加菜。但王莽忽然嘆氣，宣稱大漢不安，無心再招宴，他面前的素食也不忍再吃。

眾臣們對此面面相覷，頗為尷尬，大家推光祿勳甄甘詢問。

「安漢公今天招下臣等來此，是否還有朝政指示？」

王莽（棕眼眶）憂慮地低聲說：「朝中之事若無各位協助，鄙人王莽無所適從。既然我們都已經散朝，朝中公事就等上朝再論。今天招各位來此夜宴，並無他事，只是與各位談談歷史而已。」

眾人其實都知道，王莽才不會跟他們閒聊無利益的事情，討論歷史必有深意。

甄甘遂問：「漫談歷史恐無意義，需有標的，不知安漢公要討論哪一段歷史呢？」

王莽（棕眼眶）遂皮笑肉不笑地說：「各位不要稱鄙人什麼『安漢公』了，這是外頭的稱呼，你們稱我為王公即可。其實…這其實…這天下稱漢，也不過兩百年…鄙人也不知道能繼續這個樣子安漢多久？…天命啊…一切都要天命啊…」

語氣說得有些古怪，眼神歪斜，笑容詭異。眾人相互面覷了一下，也都露出詭異笑容，知道王莽暗示，他們可以直言。

王莽（棕眼眶）看了眾人表情，似乎從他們竊竊私語當中，能懂暗示，於是說：「今天鄙人想討論一下，兩百年前高祖入關中，秦王子嬰以傳國玉璽投降的故事。這件事情你們應該熟悉吧？」

甄豐嚴肅地說：「我等當然熟悉，王公儘管先問，下臣跟著回答。」

王莽（棕眼眶）道：「當年秦降王子嬰，將傳國玉璽獻給高祖，稱是天命。高祖滅項羽之後，會諸侯於汜水，以此璽昭示天命，所以高祖以漢德代秦功，延續皇帝制，傳國玉璽則為傳承之信物。」

說到此，眼神有點詭異，露出不知如何形容的笑容，轉而又嚴肅，眾人已經大體領悟王莽的語意，頻頻點頭。王莽（棕眼眶）說：「子嬰這個名字真好啊，本名嬰，又稱子嬰。也就是他叫嬴嬰，又叫嬴子嬰。其實他與高祖的關係，應該說堯舜之間也不為過，若非項羽橫暴，相信這大漢，也就能得此禪讓美名。但大漢雖無此名，而有其實啊……怎麼說呢……」

淡淡一笑接著說：「當年堯禪讓給舜，舜堅持不受，但知道天命不可違逆，最終受之。子嬰授傳國玉璽，高祖因此知道天命不可違，所以皇帝制度跨朝永傳。也不知道我們大漢皇帝將來，會不會也出一名嬰，又稱子嬰者，因天命將皇帝位授予異姓聖人。這大漢朝萬一真出了此事，大漢不安，我等罪過大矣。所以鄙人才說，也不知道能這個樣子……安漢多久？」

說到此，眼神飄了眾人。

【甄豐出現粉綠眼眶】

甄豐（粉綠眼眶）猜到王莽的心意，於是說：「如今主上幼弱，太后厭政，大漢不安。萬一真出了此事，我等真罪過大矣。但若有天命，誰也無法抗拒，大漢也只能如大秦，出名嬰，又稱子嬰者。」

眾人神情是愈說愈怪，房內一片沈靜。

忽然王莽（棕眼眶）哈哈一笑，轉過這個怪異的氣氛，笑說：「我大漢皇帝現在姓劉名箕子，不叫劉嬰，自然也不能稱劉子嬰。也就是說新的天命還沒到，我大漢國祚綿長。」

【甄甘出現粉綠眼眶】

甄甘（粉綠眼眶）說：「也許陛下會改名呢？」眾人一聽驚愕。

王莽（棕眼眶）皮笑肉不笑，眼神詭異皺眉望遠地說：「新天命未到！雖然大漢不安，但天命還在！所以就算陛下改名，也不會改名叫嬰。為了防止奸人篡奪大漢江山，鄙人將繼續來安漢！」

說到『鄙人將繼續來安漢』，王莽矯作地嚴肅神情，眼神凝視遠方，眾人紛紛點頭。

宴會後，群臣熙熙攘攘一同走出門。

甄甘（粉綠眼眶）攔在眾人面前說：「諸公！諸公！聽我一言。」眾人圍在甄甘身旁。

甄甘（粉綠眼眶）會心微笑說：「今日一宴，安漢公要繼續安漢的心意，我們大家，既心領~也神會了~」說到此閉上眼睛，還微笑地搖頭晃腦這麼說。

胖胖瘦瘦諸公們，紛紛點頭：「是啊是啊。」「安漢公是要繼續安漢啊。」「心領神會。」也不少人跟甄甘一樣，閉上眼深深地點頭。

甄甘（粉綠眼眶）微微睜開眼，左右飄忽說：「相信我們大漢，江山永固，奸佞將永無機會。」

眾人繼續紛紛點頭。

雖然王莽話中有話，但的確，他真的要先繼續安漢。

過不久，青州附近的郡與封國大旱，接著鬧蝗災。王莽躬謙地對眾臣表示，要捐錢在長安城外建立居民住宅，以安流民。然後再宣佈捐田，將生產出來的糧食供養饑民。滿朝大臣見了，紛紛跟進捐田，一時之間災荒能以度過，萬民愛戴。王莽加碼宣佈與災民同進退，布衣素食不能變。滿朝大臣也只好紛紛放棄錦衣玉食，跟著王莽來布衣素食。

除了中國上古傳說中的堯、舜等聖王歷史之外，在世界各文明古國，凡有文字明確記錄的歷史到王莽為止，尚未有過統治者，因為民間災荒，從而憂慮節約，捐獻私產，愁容滿面，布衣素食。不管是否為惺惺作態，其實都已經是當世創舉！

太皇太后非常感動，下詔安慰王莽，要他以身體健康為重，要吃肉食，能健康地替黎民百姓做更多的事情。

※※※※※　※※※※※　※※※※※

超個體一而二，二而一。陰古與陽怪。

陽怪：自從通西域之後，觀察氣脈很不對勁。

陰古：怎麼了嗎？

陽怪：與我們同氣連枝的自源文明體，出現異動了，開始衰滅衰滅，有滅亡之徵。

陰古：難道是自然衰變？這絕對不可能。除非是另外一種狀況，難道說？

陽怪：看來我們得未雨綢繆，不能只滿足於現況，先測試能夠往返循環的基礎，盡快將其他遊戲一一開通。

陰古：等等，再把通西域氣脈這條線，拉得更清楚一點。我不相信與我們同氣的前三門，會發生這種情。準備慢慢安排，徹底摸清楚出現這種怪異氣脈的原因。

※※※※※　　※※※※※　　※※※※※

原來漢武帝雖尊儒，實際上仍然是法制天下，『人』為中心的儒家體制成分，才是扮豬吃虎這個局，最合適的整體激素。確實該調整大漢體質，所以將狠狠給一記變易。

王莽對於傳國玉璽念念不忘，但一時沒機會再進一步。

長樂宮。

王莽與太皇太后王政君對白。

王政君說：「陛下現在也到了選后的年齡，想起當年我剛入宮，侍奉孝元皇帝，彷彿昨日之事。歲月真不饒人……」

王莽從這當中聽到了機會，傳國玉璽的催化已經在耳邊呼喚！

王莽（棕眼眶）笑著說：「姑母說的是，我們王家從您開始，侍奉劉家已歷四代皇帝，當今陛下幼弱，我們當從宗族之中選優秀之女，為陛下之后。」

王政君聽了忽然瞪眼說：「這不好，如今許多人都說我們王家太過專寵，倘若繼續霸占后位，恐怕遭人非議，當由其他姓氏之女為后。公在朝中素有清名，當慎重此事！」

王莽（棕眼眶）聽了大失所望，但不敢違抗，低頭稱：「姑母訓示，姪謹遵懿旨。」

於是招來周公，孔子，列侯名人子孫之女，在長安集合選后。王莽迫於王政君的壓力，在百官眾人面前宣布：「我身無德，女兒下才，不能跟聖賢或名人的後代並列。」

王政君以為王莽真誠，代替皇帝下詔說：「王家之女，朕之外家，不能為采。」

長安街坊。甄豐在幾天前就已經打點了混跡長安城的斯文無賴，製造輿論。

「安漢公才德兼備謙虛有禮，豈能一開選就排除他女兒？」「是啊！大漢江山只有安漢公德望過人，那些聖賢後代徒有其名，點綴而已！」「古聖賢我沒見過，當今聖賢只有安漢公！」「聖賢之女不可排除！」「我們要聯名上書，只有安漢公女兒能為后！」「沒錯！聯名上書啊！聯名上書啊！」

於是每天都有人上千人捧著竹簡，到宮外上書，公卿大夫到平民百姓皆有。

「安漢公盛勳堂堂如此，今上皇帝立后，奈何獨廢公之女？若如此天下如何歸命大漢？願以安漢公之女為天下母！」

一時之間宮門外熙熙攘攘，無法平靜。就算王莽派了官員來請他們離開，眾人也堅持不退。王政君派人告訴王莽，王莽不得不出來勸退，實際上希望這些人一直繼續鬧下去。

「安漢公來了！各位安靜！安漢公來了！」

在宮門外上書喧鬧的官民，一時平靜下來。

王莽（棕眼眶）說：「鄙人非常感謝各位的支持，但鄙人身無德，不值各位替我女兒這樣勞心勞神。」眾人一時不知道如何是好，有散去的可能。

一位在京被放閒無事的低級官吏，一直沒有攀升的機會，好不容易逮到可以演戲的機會，豈能放過？當下情緒激動，放聲大哭，跳了出來喊道：「安漢公過謙，若無公之女為天下之母，外戚將由無德之人把持，大漢江山將被奸人改篡，我等死無葬身矣！奉上千人血書，以表我等眾人之誠！」

於是磕頭獻上一塊白絹帛，他手上也綁著傷口，可見這千人血書，他本人也是真的有用鮮血注入的。

王莽看了痛哭失聲，命令宮廷宦官，收下千人血書交給太后，好言勸退眾人。

次日早朝。朝廷中一陣譁然，每一個官員都奉上了上書，王政君非常尷尬，只好代替皇帝下詔同意接受王莽之女。

王莽（棕眼眶）看到王政君臉色不對，站出來說：「應當讓博選所有女子入宮。」

公卿們紛紛反對，一口同聲：「不宜博選眾女子以貳正統！」

王莽（棕眼眶）做出無奈之狀，苦言道：「希望嚴格檢驗我女兒。」

人性之中，陷入正向狂潮，必有反向逆流。看到眾官民一片擁戴，從京師到各郡國，已經有很多人意識到，王莽圖謀不軌，開始有些人反對王莽。

面對這些人，當然不能客氣，於是將這些人誣以犯罪，窮追猛打，全部坐死罪，甚至連自己親屬也不能例外，牽連死者數百人。除了消息被封鎖的長安城，其餘各郡國震動。

把來搗亂的人除掉之後。繼續再接再勵，以太保王舜等人率領吏民八千餘人，要求加賞安漢公，以商朝名臣伊尹阿衡稱號，周朝名臣周公冢宰稱號，加安漢公為「宰衡」。位在三公之上。加封邑良田。

接著群臣又上奏，要求議論九錫之法。富平侯張純為首九百零二名公卿大夫、博士、列侯、議郎等一起向太皇太后上書，稱頌王莽功德可比伊尹和周公，請加「九錫」。奏疏：「昔周公攝政七年，制度乃定。今安漢公輔政四年，營作二旬，大功畢成。宜升宰衡位在諸王侯之上。以九錫之物顯位極人臣。」

九錫是天子才能使用的東西，竟然要賞給一個人臣，可謂前所未有。太皇太后與諸封國王侯見了，都大吃一驚。但是群臣與百姓都鬧了起來，誰也無可奈何，只能同意群臣先議論方法。

宰衡府邸，甄甘單獨求見王莽。

只見王莽眼前的布衣素食越來越虛假，獨坐在府邸主座，神色凝重。甄甘（粉綠眼眶）深知他內心著急，皮笑肉不笑行揖說：「王公面南獨坐，似有憂慮之色，不知可否告知下官？」

王莽（棕眼眶）眼神黯淡，喃喃低聲說：「莽才德不夠，太皇太后與各封國劉姓王侯，似乎頗有微詞，以致九錫之法朝野議論不休，豈能不憂？」忽然轉而做作之色：「但非憂九錫尊榮，是慮才德不夠……」說罷又瞄了甄甘一眼。

甄甘（粉綠眼眶）心領神會，淡淡笑道：「無論人主人臣，功勞大者莫過於開闢疆土，所以孝武皇帝雖過五世，祀廟不移，與高皇帝同列。而今公北化匈奴，單于歸順去二名，東致海外，東夷王渡大海奉國珍，南懷黃支，三萬里貢犀牛，唯有西方未有功名。若派一大將帶重金，引誘塞外西羌使之獻地內屬，設置郡縣，必能使所有人心服口服，不敢阻擾九錫之法。」

王莽（棕眼眶）聽了大喜，笑道：「哈哈，聽甄公一言，茅塞頓開，就如此辦！」

甄甘（粉綠眼眶）站起再次行揖，皮笑肉不笑，拉高聲調，做作地說：「某還有一言，淤塞於胸中良久，如鯁在喉，不吐不快啊！」

王莽（棕眼眶）微笑說：「甄公直言無妨，無論何事，莽不怪罪。」

甄甘（粉綠眼眶）繼續拉高調門，以致有些陰陽怪氣地說：「安漢公才德兼備，四海歸心，受九錫自不待言。然某夜觀星象，漢德已衰，天命似有變動，人心不附，九錫之後當待天命而承漢德。如嬴子嬰授傳國璽於高皇帝一般，天下人心才能歸安，望公切不可拘泥小節而失天命啊！」

王莽（棕眼眶）瞪大眼，下巴直落半寸，低聲說：「以前我跟你們說過了，陛下尚未如秦三世，改名為嬰，也不稱子嬰。你不要再說了，繼續等待天命吧！」

於是王莽派中郎將持金幣引誘西羌首領，命令他們到長安上奏，獻地內屬，並設置西海郡，分天下為十二州，以應古制。

朝中群臣問西羌首領為何願意獻土地給漢民，自願到險要處為藩障？回答說：「太皇太后聖明，安漢公至仁，五穀自成熟，或禾長一丈有餘，或一粟三米，或不耕種便能自生，繭不養蠶便能自成，甘露從天而降，醴泉自地而出，鳳凰來儀，神爵降集，祥瑞盡出，自安漢公輔政四年以來，羌人無所愁苦，故願意獻地內屬。」

群臣於是紛紛上奏。請速加九錫予安漢公。

實際上王莽除了賄賂羌族領袖之外，還派了重兵攻佔羌人土地，並強遷漢人過去，以成此事，至於無論漢羌兩族人民，都開始有怨恨。

因為王莽先前辭讓新野的良田賞賜，以至於各郡國才子與平民都紛紛上書，要求加賞安漢公。共四十八萬七千五百七十二人，幾乎是全國的識字能文的人口，都已經寫了聯名信，如雪花般從全國各地飄向長安。所有宗室王侯見風頭不對，也改變立場上奏太皇太后，請加安漢公九錫。

王莽（棕眼眶）自己也大吃一驚，自己再怎麼煽動黨羽，神通廣大，也不可能把大漢朝所有的文人都集中起來上書。不時喃喃自語：「難不成真有天命？」

當然沒有所謂真正的天命，一切都是整個局自己安排好的。不然在那個時代，誰也不可能有這種能力，動員全國文人去集體地去做一件事情。王莽自己沒料到，他開始啟動一個漢武帝玩過的局。

於是太皇太后代皇帝下詔，賞九錫予安漢公王莽。

漢平帝元始五年。

皇帝已經略為懂事，對王莽專橫且先前排除衛皇后之事，頗有怨言，認為將來一定要除掉王莽。消息由宦官傳到王莽耳中。大為驚駭。

於是招開會議，甄甘甄豐都認為，讓「陛下改名子嬰」的時機已經到了。便命人上酒，置毒於酒中，皇帝一喝便重病倒下，王莽製作金櫃藏書，表示願意以自身代替皇帝病死，命令諸公不可對外言。

過不久皇帝崩於未央宮。對外宣稱病死。太皇太后只好招群臣議論繼位人選。

王莽上奏太皇太后，請徵孝宣帝玄孫集合，選而立為皇帝。正當太皇太后還在思考人選時。

武功人孟通，來到京師，由謝囂引薦，說得到一個白石，上圓下方，寫有紅字丹書，乃上天文告說：「告安漢公莽為皇帝」。王莽命群臣獻給太皇太后。王政君見了大驚失色，大罵：「此誣罔天下！不可施行！」

群臣面面相覷。

太皇太后說：「你們要做什麼？這種事情大逆不道！還不快斬獻石之人？」

群臣都不敢言，大家推王氏宗親，太保王舜說：「臣以宗親家人立場來說。如今天下人眾都心向王莽，事已至此，已經無力制止，臣認為莽作此為，不敢有他，只是為了攝政掌權填服天下而已，不如給個『居攝』『假皇帝』代行視事。遲早天下仍然回歸高皇帝子孫。」

眾臣紛紛贊同，太皇太后王政君流淚說：「沒想到哀家姪子做此大逆之事，不知道百年後如何見孝元皇帝於黃泉？你們難道要跟王莽一起為逆？」

群臣紛紛跪倒，但不跟著流淚。直到太皇太后下詔批准，才紛紛散去。

王莽於是在宗親當中，特別選出了叫做劉嬰者，才兩歲，當皇太子，號為『孺子嬰』。終於要重演嬴嬰又稱子嬰，將傳國璽讓於高皇帝的故事。

到此時劉氏宗親都已經分封四散，沒有多少兵力可以對抗這種局面，長沙王之子安眾侯劉崇與輔相張紹，率先帶百餘人起兵，大舉進攻宛城，告知天下高皇帝劉邦當年的只有劉氏方能為王的約定。要天下人共擊王莽。

結果沒人響應，反而張紹與劉崇的叔父親屬，紛紛請求王莽原諒，於是很快逮捕劉崇與張紹殺之。並且將其住所圈圍豬圈汙水池，屍骨刀剮之後丟入其中。

王莽自以為天下再無人敢反。

結果東郡太守翟義，擁立宗親劉信為皇帝，率軍聲討王莽，大軍開到山陽郡已經達十萬人。關中同時群盜趁勢大起，漢武帝茂陵邑以西二十三縣全數淪陷，部眾也達十萬人。王莽大驚，命令王邑甄豐等人率軍平亂。

在陳留大破翟義軍，抓獲翟義，刀剮處死於市，劉信則逃亡鄉野不知去向。回軍同時平定關中盜賊。對於平定叛亂，王莽大喜，但對於打擾自己慾念的人，非常憤怒，將盜賊頭目全部夷滅三族，屍體埋在一坑當中，倒入所有毒物，穢物，荊棘，白刃，埋土之後還以木牌插在土上，寫上反虜逆賊的咒罵之語，一洩憤心。

王莽平亂之後見事不宜遲，於是派人獻上假金櫃，託言上天將要降下符咒，倘若有人能獻上真符咒，則封侯。消息傳出去後，從長安到各郡國，符言滿天飛，無數的人紛紛上符言書，請求王莽將『假皇帝』中的『假』字去掉。當中梓潼人哀章，獻上的寶貝最為精美，是一個精心製作的銅櫃，這銅櫃分兩檢，一文天帝行璽金匱圖，另一文赤帝璽某傳予皇帝金策書。宣稱高皇帝神靈受上帝之天命，要王莽接過傳國玉璽，受禪讓當皇帝。

王莽親自到高皇帝廟中，打開銅櫃接受禪讓。

群臣將此去假成真的事情告知太皇太后王政君，王政君大驚，安陽侯王舜率領群臣請求太皇太后將傳國璽拿出，交給王莽。太皇太后王政君流淚大罵王舜，王舜率群臣跪倒在地痛哭說：「事已至此臣無話可說，但王莽一定要得到傳國璽，太后能堅決不給嗎？」

王政君怒目說：「此高皇帝得天命之璽，大漢江山因而昌盛兩百年，我漢家老婦旦暮且死，寧與此璽俱葬，難道不可得？」

王舜哭著說：「太皇太后息怒，您想想，這玉璽最早也不是漢家高皇帝的。當初嬴嬰交給高皇帝時，內心又是否如太后這般悲痛啊？王莽若不得傳國璽，必定使強，我等王家兄弟難做啊……」

這一語反而讓王政君想通，是啊！這傳國璽甚至這皇帝位，最早也不是漢家的。但王政君絕對想不到，這或許是這個神鬼之物，自己要王莽來找它呢？

王政君哭著命宮女拿出傳國璽，丟在地上崩了一角，罵說：「我老且死，爾兄弟族滅也！」

王莽終於又見到這個傳國璽，將傳國璽崩一角之處，用黃金鑲上去。

當初劉邦接受名嬰又叫子嬰的人禪讓，而今子孫也名嬰又叫子嬰，行禪讓交給王莽。王莽也終於稱皇帝。

於是改國號為新，改年號為始建國。太皇太后王政君在不久之後去世。

他滿足了，傳國玉璽給的慾望，終於滿足。但當上皇帝才發現，其實也就這樣，並非自己說了就一切算數。於是認為漢朝皇帝的規制太小，不能滿足自己的要求，新朝必須要擴大，但這可牽涉全局的底層，王莽觸動了中國皇帝對全局的上訴鈴。誰都可以上訴，皇帝也可以，但都一樣要有代價。

人類的心靈圖像，其實就只有簡單那幾種。其他的意念無論再複雜，也只能連結在這簡單的心靈圖像上，才能對外做出選擇與判斷。而超個體自然會因此而設局。

『嫌棄規制太小，不能滿足慾望』，心靈圖像轉得快的人，就可以接受上訴，使其擴大規制，但這個遊戲，可沒那麼好玩。

第二章　陰陽節　新莽到東漢的問題

陰陽古怪之主所屬又一個遊戲要登場。

在古埃及的雕刻壁畫中，有一段神話，眾神之中，冥界之王阿努比斯，會在人死後用一桿秤來看死者的心靈與人頭鳥身，瑪特的羽毛，來相比較重量。倘若心比較重代表汙濁，阿努比斯就會吃掉這個人的心，從而墮入地府不能超生。而在旁記錄的鳥頭人身托特，則評鑑這人的所作所為，以及最後秤量的結果。

與瑪特的羽毛天平上對比，較重便會被阿米特吃掉。

在現代人的恐怖電影，影片作品中，將此情節改為恐怖片，阿努比斯會在金字塔迷宮中追殺人。（前頁上圖）

很可惜，無論是古埃及人，還是現代西方人影片改編，這些都是虛假的故事。但是中國人在很久以前，就已經是玩真的，把這東西改編為真實的遊戲來操作，只是它不是叫做阿努比斯，它叫做陰陽節。在長城局完成之後，這個遊戲也開始啟動。（前頁下圖）

第一個玩陰陽節的許願遊戲，並不是王莽，而是漢武帝劉轍，但他過關了！先回顧一下漢武帝的成績。

※※※※※　※※※※※

〈陰陽節──劉轍上訴〉

陰陽節：有人拉鈴上訴，從秦始皇猛增皇帝規制，秦滅入漢，歸制下降。這對於人性操作全局不利，應當有一套遊戲規範。以秦始皇為標準，有人認為自己天縱英明，享受豈能不如他，要恢

復規制。可以，拿出功績出來！這遊戲規則可是有設定好的喔！查一下他的心靈圖像，這劉轍有資格玩！

〈——〉：他很上道也。來了來了！先再次強化中央集權！使用監察與察舉制度！北伐匈奴收河套，接著南滅南越，西南收西南夷，設立大量郡縣。往東北滅朝鮮設四郡！連續出兵打擊匈奴！

陰陽節：哈哈哈，這個天平平衡回來囉。

〈——〉：他還繼續打，派張騫通西域，出兵攻占河西走廊，罷黜百家獨尊儒術，創建太學，重用奇才。改革幣制，出兵打西域，開疆拓土直到西巔，幫助主局陰陽古怪之主，要求的向西通氣摸脈。接著又把匈奴打得落花流水。

陰陽節：哈哈哈哈，夠爽夠爽。

〈——〉：他有拉鈴上訴，要長生不老。

陰陽節：這個做不到，給他假貨自爽就好。他夠了，已經壓過關了！

〈——〉：本次遊戲者劉轍過關！本人與子孫，安全地提增皇帝規制，滿足慾望！

〈陰陽節第一上訴案：過關〉

※※※※※　※※※※※　※※※※※

百餘年後，遊戲再開。

※※※※※　※※※※※　※※※※※

〈陰陽節——王莽上訴〉

陰陽節：又有人拉鈴上訴了。這是第二個皇帝上訴。

〈——〉：第一個是劉轍。他上訴過關。

陰陽節：看這上訴，又是一個嫌棄皇帝規制太小的人。呵呵呵。但是劉轍是拿出多少東西，來做對價關係的？你王莽陛下拉這個鈴上訴，但可知道要拿多少東西來平衡嗎？

〈——〉：劉轍當年自己也下一跳，沒想到把皇帝的規制實權拿來操作，要做這麼多事情，天下人才滿意。劉轍當年平衡這對價關係，環境還有很多機會。以現在的狀況，真不知道他能拿什麼來平衡？

陰陽節：呵呵呵，這是他自己要去煩惱的。但假設拿不出來，那就會發生事情囉。這也是配合整個內外之局，需要給的東西。不然人性如此，無論什麼制度，人性不會變，不如此怎麼替天下人做芻狗？這個人也夠聰明，心靈圖像轉變很快，甚至比劉轍還要厲害。批准了，依照設局立刻應，給他一切他要的！但也必須給他體會一下，這個遊戲的規則。

〈一〉：人性千古不變，心靈圖像無論怎麼轉，就是那幾種。古怪因此設局，文明因此傳承，遊戲規則也必須千古不變。平民受冤枉要上訴，皇帝有委屈當然也可以上訴。平民上訴有代價，皇帝上訴當然也必須有代價。

〈一〉：遊戲規則是，第一，皇帝若嫌棄自己的權力規制太小，不能滿足心靈欲望，做出權力規制的擴大，滿足自身欲望，就視同對天下人按鈴上訴。第二，要足夠聰明的人，按鈴上訴，才會受理，若不夠聰明而遭駁回則會被轟打回去，人雖不死，但會使其政權有麻煩去苦惱解決。第三，若受理之後，整個遊戲就啟動，先行滿足按鈴者的欲望，同時放出陰陽節的局中鬼，評判他的許願要求，給予一定的時間倒數計時。第四，在倒數計時下，陰陽節的局中鬼，也就是我啦，將瞪大眼睛看一桿秤。衡量許願者的要求，以及他對天下人作為，對價關係是否平衡。倘若達到平衡，或是許願者的對價物重於許願者的要求，這局中鬼就會收回局中休眠。第五，反之，到數計時時間到，許願者的要求，仍重於許願者的對價物，那麼局中鬼就會出動，在局中尋找許願者，將其收拾殺掉，許願輕者性命結果，許願重者人死後整個王朝覆滅。第六，接替失敗許願者的人，必須平衡先前的對價關係，否則陰陽古怪之主不會給予接替者朝代公平。即便平衡了先前的對價關係，也不接受再上訴，本局的鈴不能浮濫被拉動。

陰陽節：呵呵，這就是鬼局之下，陰陽節的按鈴上訴對價遊戲，專給華夏本族最高權力者使用。

〈陰陽節第二上訴案〉

※※※※※　※※※※※　※※※※※

既然上訴全局，王莽不想辦法加碼平衡，那是不行的。王莽確實是聰明人，開始平衡這個對價關係，於是下詔廢除奴婢制度，剝奪大地主兼併的土地，重行井田均田制度。禁止人口與土地買賣，重新改制錢幣，使人能過純樸生活。特殊的產業收歸朝廷經營，壓制所有豪強兼併。在當時這是全人類社會的一次大革命，全世界頭一次有人想到，要平均地權，要劃一全民尊嚴與地位，保障人性，國有經營，法律之前沒有豪強！

同時除了海西郡之外，打算占領匈奴大漠的土地。

把漢匈奴單于璽，稱新匈奴單于章。宣稱漠南漠北全部都是新朝領土，匈奴投降入新。

匈奴單于大為不滿，於是叛變。王莽派兵聯合才興起的高句麗民族一起進攻匈奴，企圖占領匈奴之地，但高句麗敗逃撤走，被王莽改為『下句麗』。『下句麗』於是也叛變離去。對西域各國，也是用同樣的騙術，造成離心離德。

看似這場陰陽遊戲賭局，王莽不斷加碼，雖然開疆拓土接連失敗，但改革創新似乎不輸給漢武帝。只是這些改制當中有一個問題。整個對價裡面加了太多雜質。鬼局那個秤始終沒有平衡，王莽的要求多於給予。鬼局可不那麼好唬弄。

王莽的改制怎麼看都是對的，但竟然群鬼亂舞，底下一團糟亂。簡單來說，王莽改革的內容都沒錯，甚至先進程度，遠遠超過當時世界上所有制度。

王莽失敗原因其實只有一個：**那就是王莽總是改革別人，卻不願自我改革，遲早所有陋習都會復原，對價的東西根本不純，如此誰能服氣？**

要依照儒家人本思想，廢止奴隸現象，連蓄奴的主都不敢反對，但你王莽自己卻還在使用宦官閹奴，不肯廢除。改革幣制讓社會走向節儉單純也沒錯，但你王莽自己卻嫌漢朝的皇家規制不夠，四處擴大規制，鑄錢買賣，奢華傲慢無度，篡位前的布衣素食，恭謙下士，只讓人感到虛偽。要改革社會劃一全民地位，甚至男女地位平衡，當然也對，但你王莽當皇帝之後，卻後宮美女數量大增，不止不肯遣散宮女，還招納更多宮女，供你淫亂。你王莽要用法令剷除豪門浮誇，但自己卻比誰都浮誇，還加蓋行宮。你王莽要改革田制，制止兼併，將山林礦產收國有非常對，但卻讓王家自己或官僚黨羽藉此兼併山林財富，甚至眷養大批猛獸，乃至於行軍打仗都可以動用獸園隊伍助威，以儒學經典，自己卻犯了儒家率獸食人的禁忌，如此山林礦產國有大家認為是收歸你王莽私有。更別說最後不斷朝令夕改，說了還不算話。

再深入來說，原本王莽以孔子儒家人本思想，禁止買賣奴婢直至廢止奴婢，奴婢們感恩戴德，不認舊賬回歸自由。蓄奴主利益受損，但人少勢弱，忍氣吞聲，只能群起抱怨王莽，既然你王莽以孔子聖人之教，那你自己為何還有宦官閹奴與宮女萬千？這些還都是你篡奪漢朝皇家的！王莽不願以身作則損失自己篡奪得到的利益，更不願回去『布衣素食』事事自己勞動，聽聞抱怨之後又廢止前令，回復可以買賣奴婢。結果原本已經自由的奴婢，又被舊主掀舊賬要抓回，自然群起反抗，甚至殺主落草為寇，成為反叛力量的骨幹。如此，奴隸與蓄奴主，兩方都認為你王莽是騙子，全都恨透王莽。

改革諸如此類都是，都只有一個問題，王莽不肯改革自己，只想改革別人。

其他歷史學家所分析都是廢話鬼扯，全不足採信。王莽押了隱性的賭局，給的對價卻是這種參雜不純的假貨，遲早都會回到起點，對天下人來說都會是鏡花水月

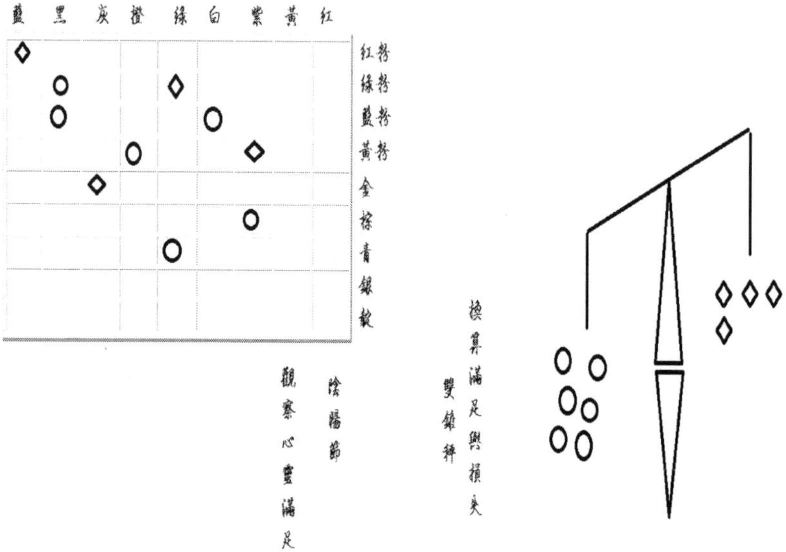

一場空，沒有真正的意義。天下鬼局可不是這麼好忽悠的主，現在要來討債！王莽死因只有這個！

王莽越發錯亂，總是到處翻閱書籍，考慮怎麼改變規制。甚至也想再次四處征伐，但四夷在先前被貶制，全部已經有了戒心，群起反抗，於是越搞越混亂。對價遊戲玩十幾年，鬼局失去耐性，天下大亂。連同篡位的事情，新舊賬一起算！

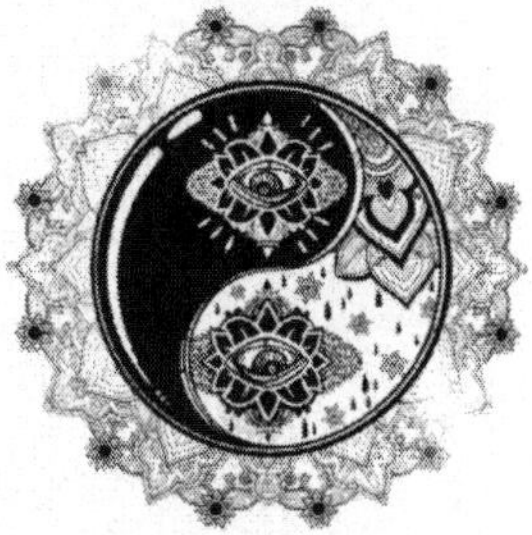

〈陰陽節——王莽上訴〉

〈——〉：時間到！天平沒有平衡過來！他給的東西成分不對，開疆拓土失敗就搞意淫詐騙，對內改革創新，自己卻不改，這種制度能混多久？跟他上訴許願，我們給滿足他的東西，根本不能平衡，遑論超越！

陰陽節：王莽你這對價關係不對！想要唬弄誰？這樣陰陽古怪之主會生氣喔！看來是該撕掉這個人，王朝也沒必要存在！這個人的遊戲結束，放出局中鬼去討債！讓他成為第一個被撕掉的人主！擺出要債陣型，遊戲失敗處罰啦！

〈——〉：好像得等等，有另外一股力量擋路。

陰陽節：等什麼？誰擋路就斬死。

〈——〉：你看看，是另外一個遊戲的局，是他設了一個結點，擺的東西很硬。怎麼辦？

陰陽節：原來是他擺的局！管他的結點！陰陽古怪之主給我們的規矩最重要，斬落去！爆發死戰，也得完成任務！

〈陰陽節第二上訴案：落敗〉

※※※※※ ※※※※※ ※※※※※

※※※※※　※※※※※　※※※※※

承前

設本個數爲『昊。群數爲『群』。本＋爲本中某單位之正變，本ー爲本中某單位負變ー

則本＝（Σ本+）＋（Σ本）。Σ本+）1/2昊

當Σ本-→1/2昊，本→0。群（本）=1。／／群（本）=1代表函數，

則可出現代　／／　令代爲獨行系統。又 本甲+本乙+……∈正變，本1+本2+……∈負變　令代= 本甲+本乙+……本1+本2+……=0。（即代= Σ本+ + Σ本一）／／設定篡位模式／／　則群（代）↓群（本）。本-∈代。代↓-1。

本↑↓代　（↑↓爲二元對立）。本+代〈1　／／篡位執行　新莽代漢／／

此時　令母= 1／代〈0，　但正變〉負變，代↓0 又 Σ本+∈本，故群（代）=0

得代=0，但代存在。故 母=1／本+（代），0〈X〈1　／／新莽終結，隱藏的替代模式／／

※※※※※　※※※※※　※※※※※

局中鬼出動了，操作著整個綠林兵團，彷彿看見，陰陽節與其副手雙錐秤歌舞足蹈。而此時卻有一個尚未介紹，與陰陽節一樣，屬於陰陽古怪之主麾下的局，派出一個特殊結點站在王莽那邊，抵抗綠林兵團的圍攻。陰陽節於是掀起了全力助舞。

歌名：陰陽節局中鬼　引曲：夜襲　改詞：筆者　〈陰陽節的劍舞歌曲，雙錐秤的伴奏附和〉

貪念洶洶　慧智無光
只有鬼道　可平衡人性
只有刀槍　能撥亂反正
梯次列陣　殺氣騰騰
兇猛的局中鬼　伸展在人際的連結中
陰陽衡觀四象　古怪佈署八卦
無象轉生　術數圍困
伸向目標的周圍　纏繞目標的形體
遵循那陰陽一翻　喝哈
聽從那古怪一號　啪啪
鬼局就展開全面攻擊
扳轉回是非清明的天下

新朝地凰四年。

此時已經天下大亂，新莽軍隊四處被擊敗，尤其在昆陽之戰，王莽派出的主力部隊潰敗。其中一支較為強大的反叛勢力，綠林兵。集結各路豪強會師，推舉漢朝宗室劉玄為皇帝，改年號更始，大舉向長安推進。

王莽此時知道大勢已去，即便他先前用盡殘忍歹毒手法殺光想要謀逆者，但這些人卻越殺越多。然而王莽是經過傳國玉璽升級意識的人，才不會這麼容易認輸，即便知道最後不保，也要做垂死反咬與掙扎，出動最後精銳數萬人，把這些人妻子們都押在皇宮中當人質，強逼出戰，結果仍然大敗潰散。

再赦免監獄中囚犯，逼他們發誓作戰到底，但囚徒兵過渭橋之後就潰散。各路綠林兵大舉攻入，焚燒城外王莽的父祖與妻子兒子的墳塚，並從宣平城門攻入。王邑，王林，王巡率最後的一支一萬多人的新莽軍隊做最後抵抗，在北闕下抗擊，這些是王氏家族組織的死忠部隊，所以沒有離心。從城中打到皇城漸台，晝夜死戰，擊潰綠林兵好幾波衝殺。王莽本人手持匕首，繫著綢帶捆綁的傳國玉璽，退往皇城漸台。而王莽長女即漢平帝的王皇后，年方二十七，知道大勢已去，投入大火中自焚而死。

王莽的堂弟，也是在昆陽之戰大敗的債帥，王邑。他經過晝夜惡戰，但綠林兵戰鬥力強得驚人，其所屬部眾逐漸死傷略盡，見到兒子王睦解下官服，換上厚束裝，持著配劍，想要逃跑。

王睦年約四十出頭，官拜侍中，早已經將妻妾子女安排在城外躲避，打算此時去會合。

王邑怒說：「睦兒，你要去哪裡？」

王睦（灰眼眶）說：「新朝已經沒了，賊軍打進來，快逃吧！」

王邑氣不打一處，說：「混帳！你父親在這，你主君在這，還要逃哪裡去？你是不是想跑到城外跟你的妻妾會合？你平常要的金銀財寶，要娶的美女妻妾，要住的宅第，哪一個不是陛下給你的？大難來了就要拋下我們老人長輩，跟著妻妾逃跑？還是人嗎？你不是那些囚徒兵！我們王家只有死戰到底，不要讓賊人看笑話！你平常不是練習劍術，還自稱得到高人教化？把陛下賜給你的劍拿來用啊！」

王睦（灰眼眶）說：「我跟你不一樣，別說殺人，連一隻老鼠一隻動物我都沒殺過，甚至砍樹木我都不忍心砍斷，以前練那些刀劍術，高人都是讓我跟幻想的敵人對戰，比如跟煙霧，跟繩索飛勾對斬，以劍修理，以劍理道，只是好玩而已！全家都知道，那個高人不高，全是假的，我不能戰啊！」

王邑怒說：「幻想對戰？假的？怎麼生出你這種廢柴？你今天真的要背棄君父從妻妾嗎？」

王睦面紅耳赤，短嘆一口氣，只好不去想著妻妾。抽出配劍，回頭共同護衛王莽。

王睦的劍，其實是一把特製的環首刀，名曰太極劍。這是他得到高人真傳之時，高人給他的一套特殊型制太極劍設計圖。當時王莽正值玩銅櫃天命之說，由於正巧配合當時政策需要，所以命工匠，依照王睦所說高人指點的刀劍設計器型圖，製作了此特製環首刀賞賜他。材質為合金，開單面刀鋒，但是刀卻筆直且加長至五尺，刀柄也方便雙手握持，改單手使用也不會感覺笨重，劍柄上端銜接劍刃處，有陰陽對立的太極圓環，揮劍時圓環便會旋轉，成球狀軌跡顯現太極球，會連發出『嗡嗡』聲響，但整把劍十分堅韌，可以抵擋戟與斧的斬擊，所以也或稱太極長刀。而王睦本身刀劍術確實經過高人指點，但自知是富貴公子的遊戲，當初重金聘高人教學，這高人到底高不高？王睦自己也不知道。

此時被迫臨陣鼓起勇氣，共同退到漸台，保護王莽。

而背後竟然藏著，陰陽節與另外一個局，意外內鬨。從而產生意外地惡戰。

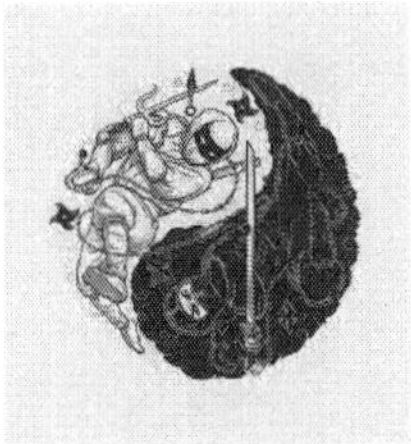

《三鬪仙——夢幻配樂：死界戰》

新莽宮兵燹炎上

漸台梯階射擊戰——

綠林兵圍著漸台數百重，一望下去無邊無際都是兵士，全是綠林兵精銳，再次往漸台衝殺，台上數百人全部拿起弓弩射擊，射倒一片衝台的綠林兵，底下綠林兵也架起盾牌與弓弩回射，雙方士兵眼睛都血絲滿佈，看到目標就射擊，長短弓弩互射在空中交織成綿密的箭網，直到弓矢用盡。

漸台喋血戰——

矢盡，短兵接。

「衝啊！」「衝啊！」「衝啊！」

大批綠林兵衝殺上了漸台與新莽的最後親衛部隊，在漸台上喋血廝殺。在兩軍一團廝殺中，王睦持劍在漸台建築轉角埋伏，只要衝過來廝殺的綠林兵，非死即傷，幾次突擊消滅了十幾個綠林兵，王睦自己也驚訝，原來經過高人指點，陷入冥想疊合遊戲，所玩出的劍術會這麼強。在重重的殺氣氛圍催化下，以及求生意志的促使下，王睦第一次殺生染血，竟也感覺不到先前預想的恐懼。

「小心！這個人劍術很強！」「小心！這個人劍術很強！」眾綠林兵喊道。

領頭先鋒將校昆伯抽出竹簡，看了之後，大喊：「軍功簿！神武戰士！」

綠林兵軍規中，在『軍功簿』上列名的高手，則是殺敵累積的戰功已經足以封侯，之後作戰都只需要隨軍待命，不必隨鼓搶戰，唯一必須要執行的任務是在軍隊遇到難戰的敵人，才會被領頭的指揮官，依照軍功簿一一指派出場。如今碰到王睦這樣高手，所以綠林兵領頭將校指派神武戰士。

「神武戰士！神武戰士！」「昆陽之戰成名的神武戰士！」「軍功簿神武戰士，兩人是兄弟，共殺了兩百一十個敵軍，包括一名將軍，戰力超強！」綠林兵眾一陣私語。跳出兩名綠林兵當中高手，一人用雙劍，一人用勾剎。一前一後把王睦形成前後夾攻態勢。當初兩兄弟是因強姦與殺人被通緝，所以投奔綠林兵，因為武術高超所以被兵眾稱為神武戰士，在昆陽之戰時，除殺敵兩百多人，還斬了一名新莽的將軍，兩人都官升初級校尉，等待戰後封侯。

使雙劍者臉上有一疤痕，面容粗野，使勾剎者陰沉冷酷，一看就知此兩人兇殘，殺人無數。

王睦雙手緊握太極劍，側身擺出戰鬪架式，雙目左右擺動注意兩人一舉一動。忽然使雙劍者喊一聲殺。兩人同時動作，王睦揮動長刀前後搏擊，刀光閃爍，速度飛快，空中不斷閃出金屬相斲的火光。王睦直覺這兩人手段狠辣，惡貫滿盈，所以反擊也是無二念，招招狠辣。但是這兩人畢竟武藝高強，一時占不到上風。

不知怎麼，忽然腦中響起之前高人指點他的話語：**以慢制快！以快制慢！時爲先者，乃以勢制！勢爲大者，乃以後時！**

只要速度與出招頻率被王睦抓到手感，那幾乎不可能戰勝王睦，王睦也驚訝，敵人的動作無論快慢，都在自己直覺控制之下。他故意慢一步招架，改以閃躲，抓到雙劍者的漏洞，首先一刺擊貫穿雙劍者胸膛。接著用盡全力，以更快速一步，快速拔出反身揮刀，砍掉了使勾剎者的一手臂，再補刺一刀貫穿他咽喉，兩人瞬間倒斃。兩個惡貫滿盈的神武戰士得到報應，成為王睦的劍下亡魂。往下一揮灑劍上的血，太極劍中的太極環旋轉，發出『嗡嗡』聲響。

神武戰士兩兄弟陣亡，綠林兵眾恐慌，貼緊列隊持矛戈包圍王睦但不敢接近。

領頭的綠林先鋒將校昆伯喊：「這人是王莽的親信，是大官，殺掉這人賞一千金！」

王睦（灰眼眶）舞動寶劍，喝道：「今天就算離不開，也要你們更多的人與我陪葬！你們這群殺人如麻的綠林賊！」

「包圍起來殺啊！」該綠林先鋒將校指揮三十多個持戈矛兵眾，包圍王睦，列啄刺排殺。空中金光閃爍，王睦如同火鳳凰，奮力跳起，啄刺都落空，王睦寶劍迴旋飛舞，一下數名綠林兵鮮血灑滿空中，王睦趁勝低蹲快閃刺擊，又數名綠林兵下腹中劍倒地。綠林士兵們一陣恐慌後退。

內台激斲戰——

綠林先鋒將校昆伯，再次抽出竹簡，大喝：「軍功簿！黑嘯梟！」

一個手持粗大鋼劍扛在肩上，滿臉腮鬍的赤膊大漢，走上前，綠林士兵們讓出一條路。

「昆陽之戰成名的殺手黑嘯梟！」「原來是外號黑嘯梟的殺手！太好了！」「昆陽之戰黑嘯梟殺敵四百一十八人，其中有五個校尉，三個偏將！這莽賊軍死定了！」「殺死他！殺死他！」士兵們一陣話語。

黑嘯梟一陣嘯吼，真如夜梟之聲，鋼劍粗如行刑的大刀，狂掃而來。王睦揮動太極劍與之對斵，兵器交斵火光四濺。兩人越揮越快，眾人幾乎只見刀光難見身影。黑嘯梟在激斵中後退兩步，發現自己的鋼刀有缺口，而只見王睦的太極劍比較細卻幾乎無損，太極圓環還在旋轉，發出嗡嗡聲響。

黑嘯梟再次狂吼亂斵，憑藉勢大力猛與速度，壓制王睦一籌。此時王睦又忽然想到與高人練習時後，高人所說：**不見強不見弱，不見大不見小，強乃所為而失其密，大乃所用而失其時。故敵現形用行，必有其端，自端隱藏，二元對破，無所不制。**

黑嘯梟發現戰敵不倒，越發瘋狂勢大亂揮，王睦本來招架相斵，忽然站穩腳步，全身穩力改變，以力對力彈開大鋼劍，快速變形突刺，穿透黑嘯梟的胸口，又快速抽出，短暫空拋，劍不動身轉動，反手抓劍迴旋劈砍，從上而下，從頭到腳，一道血痕出現在黑嘯梟身上。黑嘯梟後退幾步，仰躺倒斃，已經陣亡，眾人驚呼。

王睦（灰眼眶）說：「你們會用軍功簿戰術，高手先隱藏，重點突擊，果然是善戰之賊！難怪昆陽之戰，我父親五十萬大軍，大敗覆沒！」

接著大喝說：「但今天碰到我王睦，把爾等昆陽之戰最強的高手全部派來啊！全部叫來啊！」

新莽軍趁勝反撲，將校昆伯大怒，也狂吼指揮反殺，一團混戰，特別讓二十多個重裝甲兵圍著王睦揮砍，王睦沒有休息拼死招架，昆伯趁王睦疲累，加入戰圈，忽然一兵戈啄來反鉤，王睦左臂被勾破鮮血直流，正以為戰局不利，忽然一劍從後偷襲，穿透昆伯胸口，使之斃命，正是王邑帶著數十名新莽親衛兵來救援。除殺了昆伯，還殺得重裝甲兵紛紛潰退，但新莽軍也傷亡一地。

雲集殿內搏戰——

王邑抽回配劍，大喝：「兒子！你殺得好！我們王家要殺賊到底！退到雲集殿！」眾人退到了雲集殿內，王邑親兵用布條與藥粉，幫王睦包紮傷口。綠林兵眾也重新整隊，擺出戰術隊形再次衝殺。

王莽（棕眼眶）手持匕首，還拿著竹簡《論語》，身繫傳國玉璽，做最後喊話：「聖人改制，不慮自身性命！朕即便今日命喪，也是鬼雄！眾卿殺賊到底！」此地的新莽兵都是死忠的王莽信徒，所以無人有叛意。所剩宮女與其他被扣押的婦女人質也都聚集在此，聽到外面殺聲震天，女子們集體尖叫，皆往他處逃散，新莽軍也無暇顧及她們。

綠林兵衝破雲集殿大門，如潮水一般湧入。

一部分王莽親兵，保護他繼續後撤。王邑父子與其親衛兵，則殿後作戰，雙方陷入瘋狂廝殺，退過殿堂戰鬪，退過轉角搏殺，退過屏風濺血，退過前園交斲。在場所有人都嘶喊怒罵，所有人都在吼叫狂吠，手上兵器見敵人就揮砍，見血更加瘋狂，都成了極端暴力的野獸。王邑與其親兵，被十多綠林兵砍得面目全非，最後全部陣亡。

王睦（灰眼眶）見父親已死，瘋狂大喝：「殺賊啊！」

他跳入十多綠林兵隊中，舞動寶劍如同陀螺，當場綠林兵數人人頭飛出一丈之外，其他綠林兵紛紛倒退。一名綠林將校拿著機弩跳上前射出一箭，穿透王睦左肩，但王睦仍然沒有後退，快速反持手上太極劍，扔擲貫穿綠林將校的胸口，他當場斃，太擊環不斷旋轉發出『嗡嗡』聲響，將校一死，綠林兵驚慌。王睦身邊的新莽親兵，持武器一陣反撲，綠林兵紛紛倒退。王睦趁空檔，拔出箭矢，鮮血噴出，王睦用手指代替針灸，猛戳自己胸口與肩頸數個穴位，一陣暈眩嘔吐，接著勉力站起，鮮血止住了，同時身邊新莽親兵，用白布幫他包紮傷口，並遞上一皮袋水壺，王睦一飲而盡。

領頭將校已死，接替的將校蔣晉吃驚，這樣打下去，自己這個突擊隊會大敗，於是抽出軍功簿竹簡大喊：「軍功簿，狂力士！」

王睦本想要在地上撿一把劍，但還沒來得及動動作，就發生巨響。

原來一個大槌砸爛殿門，擊飛數名新莽兵，出現一身高十四尺的力士，執圓銅大槌砸來。眾綠林兵歡呼高喊：「狂力士！」「狂力士！」

沒想到有這麼巨大的人，王睦與殘存的新莽兵，都被這一幕嚇到瞠目結舌。

「昆陽之戰時，狂力士殺敵無數！軍功簿上他打死敵軍五百零七人，太厲害了！」「敵人看到他身高就嚇得東倒西歪。」「太好了，原來是狂力士！」「這個怪物碰到狂力士，那他也死定了。」綠林兵們，相互私語，露出得意之色。

此人被稱為狂力士，型似野獸。身高幾乎是王睦的兩倍，全身都是肌肉，執起實心大銅錘，甚至可以自己一人攻破小型城門。綠林兵一路攻城掠地，此人都當先鋒，不少新莽兵死在他錘下。

當場幾名新莽兵被擊飛斃命，除王睦外其餘紛紛後退，他輪起兩個實心銅錘，追打王睦，已經連砸壞數扇殿門。王睦一路倒退閃躲，綠林兵也怕被掃到餘威，紛紛後退看兩人決鬬。王睦閃躲退到剛才被自己擲劍殺倒斃的綠林將校屍體旁，快速抽回自己的太極長劍。狂力士死追不放，其力量強大，揮動雙錘，呼嗖聲音響亮，在遠處的人都為之顫抖，速度竟然能逼得王睦差點喘不過氣。

王睦發現狂力士全身驚人的肌肉，外套上皮甲，砍刺都傷不了他，而自己還得不斷閃躲他的輪擊。在被逼入絕地時，用刁手短抓長刀背，趁狂力士平掃橫擊時，低蹲滑地一揮，掃砍狂力士一腳後跟。狂力士一腳斷一半，發狂怒吼，亂揮銅錘，已經沒有章法，王睦跳躍閃躲，蹬牆反身連刺，狂力士雙目被刺瞎，連連倒退。王睦趁勝跨步上前一劍封喉，穿透要害後，奮力抽出，轟然一聲，狂力士當場倒斃。

趁勢反殺將校蔣晉，他才反應幾招刀劍相斲，就被一劍刺殺，抽出之後，太極環繼續旋轉，『嗡嗡』聲響。眾綠林兵驚呼恐慌。接替蔣晉第一線指揮的下一個綠林將校杜吳率隊前來，見狀也異常驚恐，只有不斷從後面招喚增援部隊，擺出攻防兼備的戰鬥陣形。尤其狂力士死得慘相，著實嚇到不少綠林兵。但在嚴格的軍令整隊與增援後，以三人一伍，組織衝殺。

王睦戰鬥雖勝，但畢竟人少，有序掩護王莽繼續後退。

展畫廊苦惡戰——

綠林隊伍追著王睦等人，一路到一條長廊，這長廊兩側都是壁畫。王睦持太極劍殿後，綠林隊伍已經被王睦的戰鬥力所懾，肩靠肩持長戈擺陣相逼，竟然只有張嘴威嚇，無人敢立刻靠近。

綠林將校杜吳，發現這不是辦法，抽出軍功簿大喊：「軍功簿，鴛鴦軍候！」

鴛鴦軍候，官階是軍候。一男一女，是一對鴛鴦惡煞，看似俊男美女，男女兩人面容都十分皎好，但神情冷酷，確實殺人不眨眼，從兩人眼神可知對他人生命漠視，相互情深意堅，一同靠殺人賺錢而加入綠林軍。男的穿著金腰帶，女的配著玉腰帶。兩人緩步出來，綠林士兵眾紛紛退往兩側，讓出一條道，清空戰場，他們知道來的這一對情侶，可不好惹，比剛才神武戰士或狂力士，還冷血可怕得多。

知情的綠林兵們，面部紛紛再次露出得意的神情說。

「昆陽之戰兩人共殺敵一千二百！是出名的鴛鴦軍候，連狂力士都怕他們。」「男軍候叫藍風，女軍候叫飛燕，是對金玉情侶，軍功簿上兩人共殺敵一千二百人，有鬼神之能，聽說陛下要封他們兩人都當關內侯。」「鴛鴦軍候，是昆陽之戰的戰場惡煞，敵人聞風喪膽，聽說兩人的鬼神之能，是經過神醫針灸改造，變成武學的神狂殺手。」「呵呵太好了，原來是出名的鴛鴦軍候……昆陽之戰的所有高手都來了！」「好！好！殺了他！」「殺了他！殺了他！」

男煞藍風低頭抽出雙劍，女煞飛燕雙手帶硬皮護手，綁著多條鋼絲線，腰部綁著長短不一的數枚入鞘的刀刃。頓時現場從鼓譟陷入安靜，王睦聚精會神，雙手穩握太極長刀，注意這兩人的舉動。

忽然一光閃，藍風在前先抽出雙劍突擊，飛燕同時在後方不斷拋出多條鋼絲線，一頭尖錐插入牆上另外一頭尖錐或在地上，又或在另外一面牆，束緊之後就是鋼絲刃，切割戰鬪空間。

藍風經過與王睦幾刀交斲，突擊到後方，斷王睦的退路。飛燕此時已將鋼絲線佈了許多條，同時雙手抽出兵刃，對王睦近身攻擊。藍風同時也雙劍殺來，前後招數配合得天衣無縫。王睦狂舞揮刀，空中兵器交刃的閃灼四濺，男女雙煞動作敏捷，王睦長刀反難以施展。雙煞最後同站一側，斷王睦退路，逼王睦掉入陷阱，王睦在交戰中後退，發現手腳，竟然被飛燕拋設的鋼絲割傷數處，只能邊閃躲邊應戰，幾次差點倒下被鋼絲線斬殺，所幸用長刀支撐回身，只被割傷一些皮膚，但困於鋼絲線陣，喪失動力。而雙煞默契配合，他們倆人竟然能在鋼絲線中搏殺，都能避開不受傷。

戰局逐漸對王睦不利，王睦用力持刀砍鋼絲意圖清空現場，但驚訝地是鋼絲線不知是什麼材質打造，飛燕佈置緊繃的韌度也剛好，刀刃下去會被彈回。男女雙煞速度又快，王睦越來越難以招架。

忽然腦中一瞬，又想起之前高人指點他的話語：**自然吐息，窮回逆轉，以柔克剛，以剛克柔！剛之以施，柔以環勢。柔之以展，剛以韌中**。

剛才雙煞佈置陷阱，正是以柔克剛。但柔之以展，反敗為勝之機在中，即剛強的力度必需要準確破柔韌的核心。王睦趁著幾招落葉揮刀，擊退雙煞幾步，爭取幾瞬時間，雙手刁握刀把，轉斜一個角度，心思在這煞那之間明鏡止水，想起以前練習一刀切斬煙霧的手順，快速揮刃，力道剛好不多不少，鋼絲線就立刻被斬斷。已經抓到施展在這種鋼絲線上，運用剛克柔，所需之力度。

雙煞一上一下不斷進逼，企圖讓王睦沒有時間繼續斬斷鋼絲線，交錯相斲，王睦動作快速仍然持續斬斷鋼絲線，清空戰鬥空間，甚至直接刀刃插入畫廊牆壁，精準挖出固定尖錐。其中一枚被彈出來，鋼絲固定錐空中一拋，劃到飛燕的左臉側，流出鮮血。

飛燕尖叫大喊：「啊！」似乎很在意自己美麗的臉蛋被毀一條。氣得猛扔飛刃，但都被太極劍擊落，她仍持最後雙刃瘋狂突刺。

王睦趁她失去冷靜，後退兩步，反手一刀砍中飛燕肩膀，逐漸站上風。藍風見伴侶受傷，也失去冷靜狂吼：「殺！」雙劍瘋狂揮舞，交刃的閃灼更加激烈，王睦一轉身誘敵，然後直劈斬斷藍風右手，再快速反刀一揮，藍風人頭飛出數尺之外落地。

飛燕見伴侶人頭落地，忍著刀傷，復仇心猛燃，站起來持雙刃，苦臉激動狂喊：「啊！殺！殺！殺！殺死你！」絕望式繼續瘋狂突刺，王睦退後兩步一迴旋，接著反一刺，刀刃從飛燕雙乳中刺穿透背。王睦也吃了一驚，自己之前從未殺生，此戰雖然殺人眾多，然敵人都是兇惡男子，在殺戮現場誰都不會手軟，但殺了清秀女子，自己卻不由得內心一嚇。

飛燕苦著臉燃著仇恨的眼神看王睦。王睦看著她清秀佳人的臉，也不忍心繼續猛下狠招。快速抽回長刀，鮮血噴了王睦全身。太極劍持續『嗡嗡』作響。飛燕雙手強握發抖，最後忍受不住，刀刃落地，雙手撫胸，雙腿一麻跪倒在地，喘不過氣息，眼神更顯恨意。

王睦（灰眼眶）冷冷說：「窈窕淑女莫恨，聽妳的賊黨們說，你們一對在昆陽殺人無數，這些士兵都是別人的丈夫與兒子，但此戰之前，我連一隻動物都沒殺過。今天妳的死，是替被妳殺的人贖罪，快陪他們入黃泉吧。也許我今天也會下黃泉。」

飛燕聽後，才感到原來死亡之前這麼難受，似乎有一絲後悔，轉念放棄仇恨，倒地閉眼，已經斷氣。鴛鴦軍候陣亡，所有綠林兵一陣驚恐。「啊！連鴛鴦軍候都死了！」「他娘的咧！妖怪！他是妖怪！」「小心他根本不是人！」

商人出身的綠林高級校尉，杜吳，不得不穩定現場，大喝：「盾牌兵，列隊殺！」綠林兵一時不敢動作，已經沒人敢隨便對王睦進攻。

杜吳一劍砍在柱子上，再喝說：「將軍有傳令，膽敢後退者斬！銅重盾牌列隊！」綠林兵眾於是列出盾牌陣，同時盾上持長戈一同衝殺。王睦往後奔走，綠林兵隊緊緊追上。

後花園冥死鬪——

王莽一行人已經撤到後花園，王睦在此邊戰邊走，不斷與戈矛相斲，太極長刀果然堅固，能抵擋較為堅固的戈矛，在激烈相斲中，拉開對方隊伍，時不時快速豎直並手轉抖太極劍，聽嗡嗚聲音變化，抓準力度突刺，竟然能刺穿銅製重盾，一個個綠林戈矛兵被殺，最後倒下一大片綠林兵，周圍十尺不敢有綠林兵靠近。但他擋在王莽面前，綠林兵不戰又不行。只見他殺氣騰騰刺倒最後拿盾牌靠近的綠林兵，忽而豎，忽而橫，忽而斜，繼續擺著怪異的戰鬪架式。太極劍上的太極環也持續旋轉，並『嗡嗡』作響。

王睦此時只想到高人指點的：**系之所向，汲取自元，自元之度，塑以變易，自見變易，所能自持。堅韌皆以所破，乃度自元之功也。**所以先前創造了這『抖劍聽音』，抓穩刺破青銅盾牌力度的劍法。

兩三個殘兵，全身是血，在王睦腳下，倒趴在地上爬後退。王睦不下死手，只抖劍聽音。

「這傢伙不是人！這傢伙不是人！」「妖怪啊！妖怪啊！」殘兵不斷驚恐呼喊倒退。

杜吳在隊伍後，怒目而視，也不敢靠近，只向後大喝：「擲戟隊！」

王睦（灰眼眶）瞪大眼狂吼：「恨生劍舞！」

後面應聲湧上來一隊士兵，紛紛狂擲手戟，再後面的士兵則撿戟供應。王睦舞劍護身，這恨生劍舞光耀綿密，只見手戟在空中或被擊落或被彈飛，眾人低蹲。王睦左右箭步上前，跳入肉搏血戰，速度之快以致綠林兵又倒下一片，所剩不到五十人的新莽軍見狀，鼓起勇氣，紛紛狂喊上前，集體反衝，接著又是雙方一陣近身廝殺。都陷入瘋狂，整個花園都是雙方兵眾屍體，最後只剩下身負重傷的王睦與十幾人新莽軍，保護王莽退到最後據點，王睦殿後。綠林兵們看到又是他，他還沒陣亡，全部驚恐。

另一個綠林高級校尉公賓就，也想奪取王莽首級，殺光他交戰的新莽軍隊後，率所屬部隊來此增援，看見嚇到爬著哭後退的綠林兵，口中說有妖怪。見到王睦嚇倒杜吳這一隊士兵，以及先前走來看見一堆軍功簿高手的屍體，知道此人難戰。於是公賓就抽出竹簡審視後，大喊：「軍功簿，鬼頭刀！」

鬼頭刀走向前。此人面目兇狠，骨瘦如柴，身穿破爛，醜陋邪惡，手持特製的大鐮刀，原本是割麥所用，被他加大改造為殺人的兵器。他走向前，大鐮刀拖在地上，發出唧唧之聲，警告己方士兵們讓開，否則一同無情對待。眾士兵知道他的可怕，又紛紛快速退往兩側，讓出一條路。

「鬼頭刀來了！」「原來是鬼頭刀！聽說他年幼牧羊，為了保護羊群，就在野外持短刀向虎狼搏殺，連殺一百多條狼，十四隻猛虎，是冷酷的殺手。」「昆陽之戰時，連鴛鴦軍候兩人都敬畏他一人的刀。」「鬼頭刀真有這麼厲害？」「軍功簿他一人就斬了一千三百多個敵人，是整個軍功簿單人作戰最佳榜首，他一出，這妖怪肯定沒命！呵呵！」「軍功簿最強高手，連鴛鴦軍候都怕，這下那妖怪死定了！」

鬼頭刀瘋狂揮舞大鐮刀，同時發出怪叫，也同時夾雜髒話，這是他殺人時都口出惡言的惡習。太極劍與大鐮刀交斲，不斷閃出火光，王睦全身已經染滿鮮血，先前傷口已經開始崩血，所以有自己的血也有敵人的血，經過連場惡戰，面對忽然來的強敵，只剩下招架之力。想起之前高人指點他的話語：**型者法所伸也，法者型所逆也。型法互為動靜，型不在強弱，而在法之動靜，故先制法而後制型。**

大鐮刀型雖猛，但是只有揮舞單條兵刃，王睦的太極劍，很容易抵擋他的兵器型。他想起之前練習用木劍抵擋擺盪的大木條，從法破型，創造了一個『卷積』劍型的作戰方式，無限逼近敵我雙方底層的作戰法則，眼睛只看見敵我雙方關鍵的『線條』或『點』在移動，而沒有其他雜訊。只要鬼頭刀揮動，馬上可以招架，劍刃防守，劍尖攻刺。

經過一連串激烈的交斲，鬼頭刀被刺傷幾處，不斷發狂大罵髒話：「搞你娘！」揮舞更猛更快，但王睦一一抵擋，最後兇猛精準一刺從鬼頭刀的嘴穿透後腦，這瘦骨如柴的醜惡殺手，頓然瞪大眼看著自己的鮮血從嘴噴出，王睦一拔劍反手砍斷大鐮刀木柄。鬼頭刀倒在地上因異常疼痛，兵器也斷成兩截，不斷抽抖翻白眼而後斷氣，已經陣亡。

王睦（灰眼眶）吐口水，反罵髒話說：「呸！鬼你娘頭刀，以為只有我愛罵髒語，沒想到你這個醜人嘴比我還髒，太極劍幫你清理！去黃泉路上還有被你殺的人要找你算帳！他們會一起搞你的娘！讓你之後生得漂亮一點。不要妄想靠軍功封侯，死去吧！這才是你該的下場！」

說罷甩掉劍血，太極劍『嗡嗡』聲持續作響。

斜眼看綠林兵眾喝道：「昆陽之戰時還有多少高手，通通叫上來啊！」

連全軍頭號殺手鬼頭刀都慘死，所有綠林兵全部面色蒼白，但王睦已經流血滲多，體力快要支撐不住，用劍撐地。代替針灸的指法，也已因全身經脈錯亂而失效，以置王睦不斷喘，也不斷咳。

有綠林兵露出僵硬笑容說：「他快撐不住了！他流血多了！呵呵呵！累死他！拖死他！」

但是所有綠林兵都拿盾牌在周圍，沒人敢上前。王睦腳步已經走不穩，踉踉蹌蹌，也跟著王莽後退的路，殿後而行。綠林兵列隊跟上，把盾牌與長戈擺在前面作防禦動作，不敢隨意靠近。

迴廊死界——

公賓就見到頭號高手鬼頭刀死相奇慘，大為吃驚，翻找軍功簿上高手，依名詢問在場的人，傳令兵告知已經全部死光，沒有高手可以呼喚，只能親自指揮所屬部隊衝殺，苦臉大喊：「把迴道都堵死，別給他們逃了！」

「把迴道都堵死，別給他們逃了！」「把迴道都堵死，別給他們逃了！」傳令兵不斷重複著公賓就命令，大量的木頭雜物，都堆在迴道，讓王莽等人無路可奪。

兩軍在每間房，每走道，逐次爭奪，全部染滿鮮血。已經逼到了最後迴廊。

王睦扶著迴廊牆壁，渾身鮮血，喘氣聲陣陣，已顯費力，他看似劍法已凌亂，但刺砍都非常精準，又在激戰中，殺掉了公賓就所屬近百人的劍戈兵，靠近王睦的公賓就所屬士兵渾身是血，好幾個死裡逃生的士兵受驚嚇，倒爬著在滿地鮮血中潰退：「啊！啊！不是人！他真不是人！真的是妖怪啊！」

王莽與最後十幾個新莽兵也退到了迴廊大廳，已經無路可走，綠林兵眾又整隊殺來。王莽知道死期已至，神色驚恐，手持傳國玉璽與竹簡，強忍堅持理想與國體到最後一刻。

王莽（棕眼眶）大喊：「好男兒們！朕與你們同為鬼雄！」

王睦已經戰到力竭，眼前逐漸模糊，長劍撐地而立，周邊綠林仍兵不敢靠近，只怕他又忽然躍起。

杜吳與公賓就，兩人大喝兵眾同時衝殺，公賓就甚至斬了一個想要逃的士兵。長戈兵不得不衝殺，幾個衝在前面的綠林兵，立刻被王睦極快速度閃擊揮劍砍殺，那怕用盾牌抵擋，也能被一擊刺穿，紛紛倒地而亡，綠林兵驚呼惶恐，大聲抗命，拒絕再衝鋒，只能全體蹲低防禦陣型，不進不退對峙。以至於他一舉一動，圍在他附近的綠林兵都立刻反射動作蹲低，並用盾牌抵擋，同聲喊出恐懼躲避的呼喊。杜吳與公賓就也蹲低不敢逼近，無可奈何。

近一千人竟然都低蹲，擺出防衛戰鬥姿式。終於，從後面來了一個士兵拿著連弩衝上來。

該士兵喊：「都讓開，終於找到一個還能用的連弩！」

「太好了，還有一個連弩！射死這妖怪！射死這妖怪！」「射死這妖怪！射死這妖怪！」

現場超過千人幾乎同聲大喊，接著死命往王睦這邊射擊，王睦經過連番戰鬥損傷，氣喘吁吁東倒西歪，已經無力揮劍，用身體擋在王莽與少數新莽殘兵面前，身中數箭跪地。接著長戈兵五個一排衝上來揮戈，王睦使出最後力氣，長跪姿式快速連殺第一排五人，後面眾綠林兵知道他快支撐不住，狂嘯吶喊，圍著發狂似地操長戈矛齊下，王睦被瘋狂地砍啄倒仰躺在地上，鮮血噴灑滿地，太極劍插在地板上，太極圓環仍然旋轉不停，發出『嗡嗡』聲響。

見到王睦躺地不起，雙手攤開，鮮血不斷流出，所有綠林兵將，同時後退，看到他真的已經不能再動，在場所有綠林兵眾同時長喘一口氣，死掉了一大堆兵將，陣亡了所有昆陽之戰中軍功簿上成名的所有武術高手，才終於扳倒了這個超級戰鬥怪物。

「死未？」「死未？」「死未？」「這怪物死了！」「呵呵，妖怪死了。」眾綠林兵一陣慶賀。

眼前逐漸模糊，太極劍的嗡嗚聲也逐漸聽不到，我知道，我王睦，死在新朝地皇四年，所幸我妻妾兒女都早已經逃離長安，我為了捍衛新朝皇帝光榮戰死，我沒有背叛父親與主君。永別了這個世界，這個曾經讓我開心的世界，好安靜啊，可能沒人來陪我了，回歸那個寂靜。

《三闘仙之死界戰結束》

陰陽節這一局的局中鬼，把另外一個局的重要結點給幹掉了，但因此這一局的局中鬼『雙錐秤』重傷，自然陰陽節也連帶受了重傷，必須休養！

然而不管怎樣，總算陰陽節勝了，消失在人際連結之中。

最後的新莽軍隊反撲，死戰到底，幾乎一命換五命，殺掉不少綠林兵，但綠林兵數量眾多，不顧傷亡繼續衝殺，其他據點抵抗的王林，王巡所屬數百名士兵，也早已全部力戰而死盡。杜吳親眼看到王睦與新莽軍最後瘋狂死戰，也被鮮血激發殺到紅眼，狂吼一聲當場斬殺王莽，奪下首功。

對所屬部眾大喊：「我杜吳斬殺王莽，奪下首功！」

其餘兵眾一擁而上，最後幾名新莽兵仍然沒有放下兵器，護衛倒下王莽的屍體，瘋狂反撲廝殺，砍倒一批綠林兵，杜吳與所屬士兵在瘋狂兵戈交斵下反殺，終於砍倒最後一個新莽兵……

王莽已死，新莽兵也全部陣亡，裝傳國玉璽的寶盒掉落在地，另一個校尉公賓就衝上來，當場把王莽頭顱砍下，其餘綠林軍士紛紛刀兵齊下，剁解王莽屍體，要以此邀功，杜吳與親兵當然也奪下幾塊屍體。

【杜吳與公賓就同時出現橙眼眶】

王莽雖死，新莽兵全軍覆沒，但又忽然刷地一聲，一個人頭落地。

杜吳身邊的一個綠林兵被公賓就殺掉。

杜吳（橙眼眶）大罵：「你幹什麼？」

兩隊綠林兵霎那間相互刀兵對峙。

公賓就（橙眼眶）說：「取王莽首級者能封萬戶侯，是我取他首級的！」

杜吳（橙眼眶）大罵：「是我先砍殺王莽，萬戶侯是我的！想搶！來殺啊！」

殺！鏗將！鏗將！殺！鏗將！鏗將！

於是兩隊綠林兵開始自相殘殺，瘋狂喋血還在繼續，又死一百多人。最後殺得眼紅的公賓就，當場把杜吳也殺掉，杜吳人頭滾到樓台階梯外，死的慘相與王莽相當。殺了王莽的杜吳與其手下士兵，竟然很快就去陪王莽躺在地上，身首異處了。後面綠林兵將也要跳入來搶功，再一次刀兵相向。趁著現場混亂，杜吳手下一個剛才被王睦嚇傻爬走的綠林士兵，知道這種狀況，搶不到封侯的賞賜了，趁人不注意，快速抽走了太極劍當戰利品。同時也奔回，鴛鴦軍候兩人屍體上，拿走藍風屍體上金腰帶，以及飛燕身上的玉珮腰帶。此時所有綠林兵都在王莽屍體那搶功。

這個綠林士兵搶到寶物，見此處四下無人，臨走時，踢走藍風的頭顱，還回頭坐在飛燕屍體下腹，啪啪啪啪，連打她四個耳光，飛燕屍體本來閉目，被閃睜開了眼，但綠林士兵知道她死了，毫不害怕說：「騷婆娘！妳跟情人不是針灸改造體質，有鬼神之能嗎？沒想到遇見比你們還厲害的怪物吧？連鬼頭刀都被他宰了，你們全都活該啊！」

又說：「騷婆娘，妳先前很傲臉喔！妳也很冷酷喔！我們兄弟呼妳兩句漂亮，哥哥被你情人砍成重傷致死，我被妳掌嘴，還踢飛到地上，肋骨都斷了一根，痛了好久才治好。現在你的情人頭斷了，被我一腳踢飛，妳也死在這被我用屁股用力坐下。要不是我要趕路回家，就把妳全身扒光當馬騎。妳情人的金帶給我當路費回家，你的玉帶，就給我陪禮收藏。我真的很感謝那位，殺死你們兩人的怪物，替我兄長報仇。他這把劍落我手上，我準備當傳家之寶，誰贏了？」

啪啪，接著又打她兩耳光說：「誰贏了？是我在問妳話啊！騷婆娘？妳先前很傲臉喔！要不是本大爺要趕路，就把妳扒光，聽見沒有！」

附耳上去在她臉旁，歪著臉，怪腔調說：「妳說什麼？妳說我是大英雄，妳自己是小母狗？」

又變臉說：「妳還說什麼？妳說對不起，想要脫光給我騎？呸！妳賤啊！本大爺不屑！」說罷，這名綠林士兵起身，拿著太極劍、金腰帶與玉腰帶，脫離殺戮戰場，回家去矣。

「全部住手！」一個身穿重裝甲的綠林將軍走了進來，大喊喝止住互殺的眾人，此人叫做王憲。

終於停止廝殺，公賓就（橙眼眶）趕緊拿起王莽首級，呈上來恭敬地說：「將軍，這是王莽的首級。」

王憲微微一笑，拿起王莽首級說：「你是公賓就對吧？我會向上頭提你的功勞。」公賓就（橙眼眶）收回沾滿血的劍，微笑說：「謝將軍。」

王憲正要離開，瞄見掉落的寶盒，於是走上前去打開它，只見傳國玉璽在當中。公賓就（橙眼眶）說：「這是王莽死前從身上掉落下來的！」

王憲拿起傳國玉璽，頓感一陣清涼，喃喃地自言自語：「這是什麼？」轉頭對公賓就（橙眼眶）說：「我們不是才抓到一個京城博士，立刻押他到我的軍帳來。」

軍帳中，博士一來只是跪地求饒。

王憲把傳國玉璽擺在桌案上，長跪席地笑說：「博士不用緊張，我不會要你的命，我只想你告訴我，擺這案上的是什麼寶貝，上頭寫的是甚麼文字？」說罷手指桌案上的玉璽。

博士一見，先是一愣，然後緩緩道：「這是傳說中的傳國玉璽啊！」

王憲皺眉問：「傳國玉璽？詳細告訴我什麼來歷？」

博士說：「這是當年秦始皇帝以和氏璞玉做的玉璽，上面刻著『受命於天，既壽永昌』。」

王憲問：「這甚麼意思？」

博士說：「就是得到它就得到天命，可以統御天下，當皇帝的意思。」

王憲結結巴巴問：「當皇帝？」

博士點頭說：「是啊！當皇帝。當年我大漢高皇帝得到它當了皇帝，王莽偷竊了它也當了皇帝。」

王憲呵呵大笑：「原來是當皇帝的寶貝。」手一摸上去，又是一陣透涼，一時千軍萬馬，豪華宮殿，金銀珠寶，成群美女。

「你是誰？」「你別管我是誰，看看你眼前的東西！」「這……」「守住這個東西，你內心想要的都有了！猶豫什麼？難道你要交出去？」「當然不能交出去！絕對不能！」

【王憲出現了橙眼眶】

內心出現了另外一個王憲，在他耳朵旁說：這種感覺！我有天命！我要當皇帝！

拿起玉璽站了起來，對左右校尉說：「我殺了王莽，應當自稱漢大將軍，各位幫助我殺了王莽，所以都該重賞，所有人跟我去皇宮，金銀珠寶，美麗宮女，我都重重有賞！」

左右一陣歡呼。

於是王憲居後宮，把王莽用的天子旗鼓車馬，都收為己用，挑選眾多宮女於後宮享有。

綠林兵其他將軍，李松，鄧曄，趙萌，申屠建，各率所部也抵達長安。聽先鋒刺探回報，王憲自稱大將軍，開始住皇宮用天子旗鼓，非常憤怒。於是以劉玄命令，要王憲立刻到軍帳中議事，王憲本想率軍關閉城門，但把守城門的部眾已經開城門，迎接各隊將領的人馬進城。王憲不得不出宮門迎接。

忽然各將領排山倒海的部隊持武器前來，王憲所部紛紛放下武器。

申屠建說：「把王憲逆賊拿下！」

王憲（橙眼眶）大喊：「你們這是做什麼?為何拿我？」

申屠建說：「陛下有旨，王憲得皇帝璽綬不上繳，挾宮女淫亂，用天子旗鼓，大逆不道，立刻斬於市，並王莽首級傳宛城示眾！」

軍士於是拿下王憲，不等他喊冤，立刻斬殺。這取下王莽人頭的將軍，最後人頭也跟著王莽放在一起上繳……

所屬校尉震恐，便把傳國玉璽獻上，由寶盒裝好，往宛城傳送。

劉玄得到傳國玉璽之後大喜，於是宣布定都洛陽，並派遣使節到各地，告知先投降者恢復爵位。同時招降赤眉軍首領樊崇，樊崇跟著使者到洛陽。

洛陽宮殿。

劉玄為了表示得天命，學當年自己的祖先高皇帝劉邦，將傳國玉璽拿來示眾，命令行司隸校尉劉秀，護送玉璽給所有來投降的各路反莽軍首領觀看，想要重演當年劉邦展示傳國玉璽，鎮撫各路諸侯的故事。

可沒想到，事隔兩百年，效果完全相反！大家第一個念頭，竟然都跟王莽一樣。

劉秀護送玉璽來，第一次觸碰了傳國玉璽，胸中萬馬奔騰，悸動不已。這……這就是高皇帝當年得天命的信物。

內心泛起另一個劉秀：這劉玄自稱是高皇帝子孫，我不一樣也是高皇帝子孫，你劉玄能當皇帝，為何我劉秀就不能？

「你說的太好了！劉玄能你為何不能？別忘記你有圖讖預言！」「你是誰？」「我是秀劉，也就是你的化身！」「我真的能嗎？」「你自己都說劉玄能你為何不能？想想自己處境，想想之前有劉秀為皇帝的圖讖，找個機會自立為帝，時間不多了啊！」「我了解了！」

劉秀強壓悸動，擺在各路豪強面前，劉玄坐在上座志得意滿，講述自己派兵攻佔長安，消滅王莽得到玉璽的經過。

【劉秀出現了紫眼眶】

赤眉兵首領樊崇，見到傳國玉璽上的紐獸，與它對到了眼，雖然沒有觸碰，竟然也身體一陣清涼，接著渾身悸動。這……端莊高雅，雍容大度，不愧是高皇帝當年得天命的信物。另外梁王之子劉永，也觀看了這傳國玉璽，內心也悸動不已。

「這個狗劉玄算什麼東西？」「你是？」「我是誰不重要，重要的是你要服從劉玄嗎？」「當然不能！」

從巴蜀來此的輔漢將軍兼益州牧公孫述，見到更是癡迷。原來這就是能得天命的信物啊……

「這！這不就是最適合你的想法？」「你是誰？」「述孫公！」「這…」「不要管這麼多，你的天命機會靠你自己！」「是啊，要靠我自己。」

哼！你劉玄不過劉家豎子，王莽尚可取你劉家而代之，更何況我英雄神武？走著瞧吧……遲早天命得歸我！漢高帝最早根基於漢中巴蜀，平定天下，我也可以！

【公孫述出現了粉紅眼眶】

散宴之後，劉永被封接梁王王爵，定都睢陽，樊崇雖然封侯，但仍然心懷不滿，認為自己沒有得到國邑領土，劉玄賞罰不公。於是返回大本營濮陽，許多赤眉兵的部眾也逃離劉玄帳下，回歸樊崇大本營。

「這個玉璽不該屬於他對吧？」「你……我……」「摸摸自己的心，劉玄憑什麼？你不也姓劉？」「沒錯，哼！劉玄是什麼材料？同樣漢朝宗室，憑什麼在我之上？」

劉永同樣也心懷怏怏。

【劉永出現了紫眼眶】

公孫述則返回自己的根據地巴蜀，在路途中與自己的部眾，居住在一個驛館過夜。

「你是誰？」公孫述見到一個端莊高雅的老者，不由得這麼問。

「我是天上的神人，來宣讀上天的旨意。」

公孫述大喜，問：「上天的旨意？上天對我有旨意？」

「當然，不然我來此為何？你在洛陽郊外見到了傳國玉璽了嗎？」

「見過了，真是讓人難以忘記，但劉玄已經佔有了它。」

「哈哈哈哈，劉玄不過一個豎子，替上天暫時保管個幾日，沒有資格擁有天命，上天要將任務交給其他人！」

公孫述大喜，追問：「這是真的！可是我能承擔天命多久？不會跟王莽一樣吧？」

「你聽好了，傳國玉璽承載天命，上天對你的旨意是：『八厶子系，十二為期』！」

說到這，忽然醒來，原來是作夢。

公孫述將此夢告知左右，八厶子系就是指公孫二字，紛紛高呼萬歲。

公孫述（粉紅眼眶）說：「我擁有天命已經不用懷疑，但這十二為期，代表是有期限的，這該怎麼說？」

旁邊的一文書官說：「高皇帝入關中得傳國璽，以應天命。由高皇帝算起，惠帝，文帝，景帝，武帝，昭帝，宣帝，元帝，成帝，哀帝，平帝，孺子嬰。也傳十二世。故主公您這『十二為期』，當如大漢傳世二百年一般。」

眾人又高呼萬歲，公孫述大喜，深信不移。

洛陽宮殿外。

「司徒大人，司徒大人請留步。」

大司徒劉賜一回頭，原來是劉秀在招喚。

劉賜笑說：「原來是文叔，有何指教？」

劉秀（紫眼眶）說：「指教萬萬不敢當，但確實是有事相求。」

劉賜問：「但說無妨。」

劉秀（紫眼眶）壓低聲音，輕聲說：「陛下真的放樊崇離開洛陽？」

劉賜說：「當然，樊崇已經歸降，並且接受封侯，東方群盜還得靠他壓住。你難道對此有異議？」

劉秀（紫眼眶）說：「他神情不對，不日必反。」

劉賜轉面笑說：「神情不對？哪裡不對？我當時見他神情，跟文叔你很像啊。」

劉秀（紫眼眶）一聽，渾身抖了一下。

劉賜哈哈大笑說：「說笑，說笑。文叔你見識廣博，相信必有深刻道理，我也認為陛下放樊崇離開，是縱虎歸山林，遲早有後患。但沒有證據，也不能驟然下手，否則天下離心啊。」

劉秀（紫眼眶）說：「我大漢江山失而復得，不容再亂。想請司徒大人勸告陛下，讓我去河北鎮慰州郡，成為側翼，陛下則如高皇帝一樣，展示傳國玉璽之天命後，遷都長安。若赤眉，青犢之賊敢有反狀，我等率河北之師與陛下會師，剿滅賊人如取囊中物。這正是相時而動，有備無患。」

劉賜點頭說：「文叔妙計，我當勸陛下同意。」

於是劉賜勸劉玄，派劉秀去河北收服州郡，朱鮪不斷勸阻，因為他感覺劉秀的神情也不對。劉賜則不斷深勸劉玄，宗族之中只有劉秀可以信任，有其定略河北，就不怕其他豪強進攻關中。

劉玄終於同意任命劉秀當行大司馬，持皇帝符節鎮撫河北各州郡，並宣布從高皇帝故事，自洛陽遷都長安。

於是劉秀也蛟龍入海，積極圖略河北。

果然過不久，赤眉兵開始進攻更始帝劉玄。樊崇招來其共同舉事的兄弟賊帥，徐宣，謝錄，楊音，各自率領部眾大會合。赤眉兵雖然都厭戰，但樊崇堅持要起兵進攻長安，不斷以長安繁華來引誘其他人，認為再不作戰士兵都會潰散，不如一口作氣打進長安封侯拜相。

梁王劉永也以自己梁國為根據地起兵，招攬各郡豪傑，對外開始進攻州郡，連下二十八城。其餘各地豪強聽聞，紛紛割據一方，相互攻伐。

劉秀則順利擊滅王郎，快速平定河北。

蜀郡，成都城，夜晚，公孫述府邸。

此時夜宴已散，內外音籟俱靜，可公孫述剛才與群僚宴樂過後，內心一陣空虛，似乎不甘寂寞，即便臣僚都歸宅，僕役也都退下，他仍然沒有離開主座。

功曹李熊，慢慢走了進來，還在場的僕役趕緊重新添燈。將僕役遣退之後，公孫述（粉紅眼眶）才冷冷地口吻，慢慢開口：「李功曹，宴會已散，你來得太遲了，現在只剩下孤一人，已無酒菜可以招待。」

李熊（橙眼眶）見其宴樂過後，似有不滿，仍有憂色，便知道公孫述內心想什麼。神色自若一字一句慢慢回答：「主公容稟，臣下方才之所以缺席，是因為有一言藏在內心良久不能說出，如鯁在喉，憂慮過甚，以至於無法赴宴。」

公孫述（粉紅眼眶）微微閉上眼，冷冷地問：「李功曹，憂慮何事？」

李熊（橙眼眶）說：「自王莽敗亡，天下群雄割據，重演秦末故事。綠林劉玄不過漢家一豎子，無才無德，不足統御天下，赤眉樊崇等賊，滅之只在旦夕之間。而劉秀在河北，劉永在睢陽，都有稱帝野心。天下局面焦爛如此，若無一人承繼正統，則蒼生子民沒有仰望，豈能不憂？」

公孫述（粉紅眼眶）仍然閉眼，假意憂色說：「你說的沒錯啊！可惜天命到底在何人身上？這不是一方疆土人臣，可以說得算數的。」說罷長嘆一聲。

李熊（橙眼眶）忽然離座，在主座正下方雙膝跪地，砰地一聲，但腰桿打直，大聲說：「得天命之人就是主公啊！」

公孫述（粉紅眼眶）忽然瞪大眼，假意吃驚地說：「這，李功曹這話從何說起？」

李熊（橙眼眶）一字一句緩緩說：「更始劉玄，在洛陽河畔模仿漢高帝，以傳國玉璽招撫各地諸侯豪強，然而回途之中只聽聞主公在夢中，得天命暗示『八厶子系，十二為期』。隨軍主簿已經解夢，主公將如漢高帝一般，得天命十二世。漢中巴蜀臣民，望主公繼正統應天命，如嬰兒之望慈母。臣請主公，登皇帝位，告知天下，以正人心！」

公孫述（粉紅眼眶）強壓微笑，做作地說：「這，這如何使得？巴蜀子民真的同意嗎？」

李熊可是有備而來，回頭一招手，庭下十餘名僕役扛上來五大箱竹簡。李熊（橙眼眶）說：「這些便是巴蜀各地鄉村耆老，代表子民們，獻上的勸進表書。請主公登皇帝位，繼而平定天下各郡國，一統江山！」

說罷匍匐在地，作揖叩首。

公孫述（粉紅眼眶）一臉假裝吃驚，趕緊離座，走下來捧著這些書，假裝瀏覽幾冊。然後趕緊扶起李熊說：「孤知道了，必定不負臣民之託。」

於是公孫述次日，便宣布籌備祭黃帝，稱公孫乃黃帝後裔。

當年四月就登基當皇帝，改元龍興，號成家，任命李熊當大司徒，公孫光為大司馬，公孫恢為大司空。消息傳出，各地豪強一陣驚愕。

此時各路赤眉兵大舉進攻綠林劉玄，尚無法做出反應，但每個野心家都因此受到刺激，要趕快搶先當皇帝，否則等別人坐穩之後，就太遲了。各路赤眉兵便加速猛攻關中，劉玄派出的部隊接二連三大敗。

派使節急召河北劉秀所部，但劉秀此時已經自稱蕭王，反而宣稱跟朱鮪有怨恨，派兵進攻洛陽，與朱鮪交戰，將洛陽城團團包圍。

劉秀此時不去解救劉玄，反而在拆劉玄的台，於是赤眉兵很快就殺入關中。馮異，寇恂等劉秀部將，已經暗中串聯，要擁護劉秀當皇帝。但劉秀畢竟直接受劉玄任命平定河北，劉玄在長安有難不去救，反而派兵攻擊，落井下石。劉玄還沒死，自己就要登基稱帝，劉秀頗有不自安，對於部將的串聯，不斷暗示他們，自己暫時還沒辦法登基。

眾將領知道，劉秀有人情義理的包袱，這齣戲比公孫述那一齣還難演，於是打算分舞台來唱完這齣戲。在包圍洛陽之後，眾將領上賀表，集體要求上尊號。

將軍馬武（橙眼眶）說：「大王雖執謙退，然宗廟社稷將如何？宜先即位才論征伐，不然天下臣民不知道誰為正統，誰是賊。」

劉秀（紫眼眶）雖然與公孫述分隔兩地，但表情出奇地相同，假裝吃驚地道：「將軍何出此言？可以斬也！」

說罷退回幕後，留下錯愕的眾將領。

「大王又不依，這怎麼辦？」「已經私下勸過很多次了。」「是啊，這該如何是好？」眾人你一言我一語。

馮異（粉藍眼眶）笑說：「各位別緊張，看馬武將軍不人頭還在嗎？大王的心意各位應該了解了吧？」

眾人指著馬武的頭，哈哈一笑。大軍退到燕地薊城，追擊割據的賊軍，大獲全勝。回軍到故中山國都。

眾將領在與劉秀議事時，將軍吳漢（橙眼眶）忽然大呼：「大王！臣民們苦啊！

仰望有人主能夠主持公道！請大王登基當皇帝！」

劉秀（紫眼眶）瞪大眼愕然，大喝：「不要再提了！」揮鞭打他兩下，離開軍帳，傳令繼續行軍。

大軍行軍到南平棘，眾將領一起發功。自動排成一列，同聲：「請大王登基繼皇帝位。」

劉秀（紫眼眶）如同被眾壯漢調戲的弱女子，滿面通紅，喃喃呼聲：「啊……啊……啊……你們想做什麼？如此對孤家非禮……」羞澀地離開軍帳，抖著對左右說：「竟然如此對我……這些人該死……」

眾人一陣失落，前將軍耿純較為能言善道，請他單獨去找劉秀。

只見劉秀一個人跪坐於主帳內的案前，面色鐵青。

耿純跪於下座行揖，知道劉秀比其他人矜持，面對這種人勸進，態度也必須要嚴肅，但台詞其實也不必更改太多，因為真正的要素已經在不言之中確定，詭異地說：「大王容稟，臣下有一言藏在內心良久，如鯁在喉，不吐不快啊！」

劉秀（紫眼眶）閉上眼睛冷冷地說：「孤知道你想說什麼，但孤乃更始所封，不要陷孤於不義啊。」

耿純說：「大王並不知道臣下想說什麼。請大王容稟，若所言有假，再斬臣下不遲。」

劉秀（紫眼眶）沒有打開眼睛，微微點頭表示答應。

耿純說：「今天下的文人猛將，之所以離開親人，遺棄故鄉，追隨大王作戰，在刀矢之間出生入死，就是希望能攀龍附鳳，得到富貴而已。若今天大王不肯正號位，則正統天命無所從，我恐眾人失望計絕，有離去歸鄉的想法。一旦大眾離散，就難以復合，大王基業也就毀於一旦。」

劉秀（紫眼眶）忽然瞪眼，跟公孫述異地同情，假意地抖著手，苦著臉說：「這，你們這是逼我失身失節啊！」

耿純說：「請大王棄小節而從大義，繼皇帝位，平定天下郡國，拯救子民與戰亂水火之中。思考我剛才說的，否則大王對自己的榮辱可以視之為小，天下蒼生安危則事大。時機一過，無可追悔，大王圖之。」

劉秀（紫眼眶）仰天長嘆說：「跟其他人說的相比，耿純你說的才是人話，其他人只讓孤聽了都覺得是鬼話。孤知道了，將慎重思之，你先退下。」

耿純於是退出，眾將在帳外聽耿純轉達，都面露喜色。耿純人話勝過眾人鬼話，如此對劉秀而言將是扭轉情勢的契機。但為防劉秀又變卦，重新矜持起來，於是各自去找儒生定計。

大軍行軍到了鄗地，暫駐城中。

劉秀招馮異進門問各方動靜，馮異告知，劉永在睢陽意圖稱帝，公孫述在巴蜀已經稱帝，更始劉玄在長安被赤眉進攻，即將敗亡，赤眉群賊正準備擁護一個劉姓後人當傀儡皇帝，其餘各地的割據勢力都擁兵觀望。

忽然一個儒生彊華，從關中前來，用類似先前有人勸王莽當皇帝的金櫃符伏，宣稱有天意顯文字。稱作赤伏符。

面對這種人造的戲劇假道具，劉秀如王莽一般，招集眾將領與文臣，一同膜拜之後打開來看，符文稱：「劉秀發兵捕不道，四夷雲集龍鬬野，四七之際火為主，大漢再續二百年。」

四七，二十八，從漢高帝到他劉秀剛好二百二十八年，漢為火德，貴紅色，代表如王莽先前所說，大漢天命還在，只是要安漢的任務落在劉秀身上。

群臣再次請求劉秀登基稱帝，劉秀同意，便在鄗城南登基稱帝，改元建武。

劉永聽說劉秀稱帝，於是同樣上演勸進戲碼，也在睢陽稱帝。

當然天命還在！王莽嗆賭了上訴鈴，啟動鬼局陰陽節的遊戲，繼續擴大皇帝規制，但王莽此人實在不上道，最後債務累累無法償還，整個被鬼局撕掉，才會把這個漢重新找回來。

赤眉樊崇等人聽到這消息，甚為驚慌，想要自立當皇帝，但都是當盜賊出身，相互之間都不服氣，完全沒有當皇帝的條件。只好從俘虜的劉氏貴族中，找來年幼的劉盆子當傀儡皇帝，等打下長安之後見機行事。劉盆子雖然年幼，但很聰明，知道這是要死人的遊戲，大哭拒絕，但被赤眉各將領強逼粉墨登場，裹脅著繼續向長安進發。

同時間，在長安的劉玄部將們，都是綠林賊寇出身，面對即將倒台，賊性復發，張卬帶頭勸說眾將領要求劉玄同意，縱兵大掠長安的金銀財寶與美女，走南陽重新入山林湖泊為盜賊。

劉玄一聽，結果竟然是劉永當了皇帝，公孫述當了皇帝，劉秀當了皇帝，赤眉兵擁護的放羊娃劉盆子都當了皇帝，而自己這個最正統的人，要跟綠林們回去當盜賊！當場大怒，拒不回應。

【劉玄出現了銀眼眶】

劉玄反而命令眾將領率軍去抵擋赤眉兵。張卬、廖湛、胡殷、申屠建、隗囂等人合謀要劫持更始帝劉玄。

長安皇宮。

「陛下，大事不好，張卬、廖湛、胡殷、申屠建、隗囂等人，要劫持陛下。」一個宦官夜晚入宮城，把此事告知。

劉玄（銀眼眶）大驚問：「此事當真？你從何得知？」

宦官說：「臣家鄉一個妹子，在隗囂府邸中當侍女，她偷聽到隗囂與眾將領商議，由張卬等人帶頭劫持陛下回歸山林湖泊為盜賊，隗囂則回涼州割據一方，雙方共同大掠長安財寶與美女，一方一半。」

劉玄（銀眼眶）面色鐵青，喃喃大罵：「綠林賊人！朕有天命！絕對不會讓他們得逞！」

宦官低聲說：「陛下早以為計，否則變亂將至。」

劉玄（銀眼眶）說：「你立刻通知執金吾，把皇宮部隊分成兩隊，一隊交由朕自指揮，另外一隊埋伏在皇城周圍，等朕號令，將賊人一舉消滅。你跟你的妹子，朕都重重有賞。」

宦官應命而去。

劉玄原本生性懦弱，當初就是因為這樣，各賊軍將領看準他這種本性，才擁護他當皇帝，以為容易操弄。但劉玄不愧也是經過傳國玉璽，精神加持，意識升級的人物，此時忽變成勇士豪傑，絕對不會坐以待斃，要拿起武器與賊人死戰到底。

「你有天命不可以屈服！」「你是誰？」「我就是你。看看他們要奪走你的天下啊。這群賊人你能放過他們？」「當然不行！誰也別想亂朕天下！」

之後劉玄裝病，詔令張卬等人入宮議事。隗囂在府邸收到詔令，大感疑惑，認為有變，於是也裝病不去，命令部眾把守府邸。張卬、廖湛、胡殷、申屠建各自帶隨從入宮，各自都發現宮內的人神色不對，立刻折返。忽然一聲鑼響，伏兵四出，只見劉玄身披黃金鎧甲，手持手戟，腰配寶劍，身上綢帶斜背，包著一個寶盒，就是傳國玉璽。左右帶著武士從宮殿走出站在台階上。

劉玄（銀眼眶）大喝：「朕有天命！爾等賊人休想劫持！」

申屠建（橙眼眶）大罵：「你老母的天命，你身上的玉璽，還是我們幫你從王莽那邊搶來的！」

劉玄（銀眼眶）狂喊：「殺賊！」奮力拋出手戟丟向申屠建，出奇神準，當場格穿他的咽喉，申屠建當場倒斃。張卬等人大驚失色，他們萬萬沒想到，劉玄會變成這樣英勇神武。

周邊伏兵衝殺，張卬、廖湛、胡殷三人率領各自部眾拔劍迎戰，一時追砍廝殺，三人且戰且走，逃回各自的軍帳。劉玄自知兵力不足，緊急下令關閉宮門。

另外一隊皇城衛兵由告密的宦官與執金吾率領，將隗囂府邸團團包圍，隗囂率衛隊突圍，最後潰圍逃出長安，往西涼逃回老家。

張卬、廖湛、胡殷三人死裡逃生，大怒，集中所有部眾圍攻皇宮城牆。

一陣排箭嘩啦而來，箭如雨下，三人的手下部眾賊兵當場倒下一批，張卬（橙眼眶）大喝說：「推盾牌車與衝車！一定要宰了劉玄這臭小子！」

於是由數台攻城車為首，猛撞宮門，但裡頭早有防備，堆土抵擋。

廖湛（橙眼眶）說：「宮門嚴實，打不下來。」

張卬（橙眼眶）說：「用火燒！」

於是堆火燒門，一下巨木製成的宮門都垮下。三人率眾攻入，劉玄軍迎戰，兩方人馬大戰於皇宮中，宮中太監與宮女四散往外逃竄。

劉玄所部兵力不足，交戰後大敗，趕緊跨上戰馬，以綢帶綁著傳國玉璽，手持寶劍，率領殘軍往長安城外突圍。

「朕有天命！誰也別想攔朕！」

「劉玄在這裡！別讓他跑了！」

「陛下快走！」

「殺！殺！殺！」

終於劉玄殺出重圍，投奔駐紮在新豐的岳父，趙萌所部。

到了新豐，劉玄身上緊抱著傳國玉璽，已經成了驚弓之鳥。

趙萌、王匡、陳牧、成丹四人進屋拜見劉玄。劉玄見了這四人，想到張卬、廖湛、胡殷、申屠建這四人。

抱著傳國玉璽大喝：「你們想做甚麼？想脅持朕嗎？」

趙萌說：「陛下，臣等是來慰問陛下安好。」

劉玄（銀眼眶）手緊抓傳國玉璽，喝道：「那你們四人為何帶武器？全部解下來。」

衛兵於是解除四人配劍。見到四人沒有反抗，才稍微安心。

劉玄（銀眼眶）說：「張卬、廖湛、胡殷、申屠建這些人，竟然敢意圖劫持朕，大掠長安的仕女財寶去落草當賊，賊人申屠建已經被朕所誅，其他人還在長安作亂，你們當隨朕殺回長安斬掉這些賊。」

王匡說：「陛下，這是誤會。臣想派人去長安與他們和好。畢竟赤眉賊兵逼近長安，倘若我們還內鬨，很快就會被赤眉所擒。」

劉玄（銀眼眶）大罵：「誤會？率兵犯宮闕還有誤會？你們是不是跟張卬等人勾結啊？」

趙萌說：「請陛下安心，這是絕對沒有的事，臣親自迎陛下入新豐，就是最大的證明。」

劉玄（銀眼眶）說：「不必再多言，率軍回長安先除內賊，再迎戰赤眉，就這麼定了，統統回去準備吧！這是朕的詔令！」

四人便退出。

出門後，王匡忍不住說：「都死到臨頭！還朕不朕，詔令不詔令，去他的！」

陳牧說：「沒錯，沒有我們擁護，他憑什麼當皇帝？」

成丹說：「趙國丈，現在只能跟張卬和解，要他放下皇帝的架子，不然我們就投降赤眉。反正他劉玄也沒本事對抗赤眉，到時候等著看好戲。」

趙萌諾諾，低聲說：「我會轉告陛下。」

劉玄聽到趙萌轉告，大為憤怒，於是故技重施，部眾埋伏在住所周圍，把三人招進來。王匡因為公事慢了一些，陳牧、成丹先進門，見到劉玄又是身穿鎧甲綁著傳國璽，揮寶劍。

「朕有天命！殺賊！」

衛兵一擁而上，戈矛劍戟一陣亂砍亂剁，陳牧、成丹等賊將與其部眾，當場血肉橫飛，全部被斬殺。

劉玄（銀眼眶）持寶劍笑著指著這些賊人說：「這些賊人平常也是殺人如麻，如今死得其所！立刻將這些賊人頭顱取下示眾，然後整隊殺回長安。」

於是血淋淋頭顱傳遍軍中。

王匡見了頭顱開始傳遞軍中，知道劉玄已經發狂，根本不是以前認為的那個可以操控的儒弱之主，大為恐懼，立刻率部眾投奔長安的張卬。

另外一股忠誠於劉玄的部將李松，殺了被有心人擁護的王莽工具孺子嬰，對劉玄表忠心，並率兵來與劉玄會合。劉玄大喜，親自帶著傳國玉璽，率領趙萌與李松所部，大舉反攻長安。

兩股部隊在長安城內外交戰，劉玄這時異常勇猛，死戰到底。

殺！鏗將！鏗將！劉玄所部越戰越勇，綠林賊兵紛紛倒斃，王匡與張卬大敗潰逃。

眾人帶著殘軍往東逃走，投奔赤眉。在率眾騎馬奔逃途中。

王匡（橙眼眶）說：「這真是鬼了！人說劉玄生性懦弱，怎麼發狂後，這麼難纏？」

張卬（橙眼眶）說：「管他怎麼狂，我們找赤眉去，帶著赤眉回來宰他，再怎樣狂也狂不了多久！」

眾綠林賊將投降赤眉之後，由他們帶路回頭打進長安，劉玄、趙萌與李松共同率軍出戰，李松大敗被擒。

「陛下快跑吧！赤眉賊軍實在太多！我們抵擋不住！」趙萌派人來告知。

劉玄此時身上又緊纏著傳國玉璽，再次率眾騎馬逃走。

「他就是劉玄！快抓住他！」有人一眼認出。

殺！鏗將！鏗將！殺！鏗將！鏗將！

一陣混戰，只剩劉玄單騎逃出長安城，其餘人非死即降，只有身上的傳國玉璽跟隨。

劉秀聽說劉玄敗逃，猜他身上必定帶著傳國玉璽，於是宣佈冊封他為淮陽王，敢謀害他者斬，送他到交給官員者封侯。

緊接著，劉秀大軍進入洛陽。

長安城內。

赤眉首領樊崇，招來兄弟賊帥，徐宣，謝錄，楊音等人議事。

樊崇（橙眼眶）說：「劉玄豎子帶著傳國玉璽，逃出長安，追捕不到。這該如何是好？」

徐宣說：「樊大哥過多慮，豎子已經不成氣候，帶著一個石頭出城，還能號召誰來打我們？」

樊崇親眼感受過傳國玉璽的魔力，知道那不是一個石頭而已。

謝錄說：「沒錯，關中已經歸我們所有，挾有百萬之眾，誰敢來打我們？」

樊崇（橙眼眶）說：「你們想得太簡單，劉秀平定河北之後又攻佔洛陽，勢力不輸給我們。他為何要封劉玄豎子當淮陽王？」

楊音問：「是不是想要騙他出現，奪下傳國玉璽？」

樊崇（橙眼眶）拍腿指說：「你猜對了！」

徐宣不以為然，哈哈笑說：「不過就是一個石頭，根本沒有用，劉秀要就拿去好了。」

樊崇（橙眼眶）搖頭說：「那不是普通的石頭，能得天命當皇帝的。」

謝錄哈哈笑說：「皇帝是靠劍戟打下來才有，那個石頭假設能打，劉玄也不會逃跑啦，哈哈哈。」

樊崇（橙眼眶）一直搖頭，楊音說：「既然樊大哥那麼在乎，我們也宣佈封劉玄當王，但是要二十天帶著傳國玉璽來投降，否則抓到就宰掉。」

樊崇（橙眼眶）拍腿笑說：「這個計策好，肯定能比劉秀先釣到劉玄。釣到之後宰了。」

於是對外放出消息宣布：「聖公劉玄投降，封長沙王，過二十日則不接受。」果然在關中小城躲藏，三餐乞討，餓得受不了的劉玄，聽到消息，到劉盆子的哥哥劉恭處，請求轉告赤眉將領投降，於是讓他的老下屬謝祿前去接受。

劉玄又回到這長安城，又回到這個宮殿，又回到這個御座之前，這是他第三次進來了。每一次進長安都有傳國玉璽相隨，但遭遇的情境都不一樣。

第一次帶著傳國玉璽來，是來定都當皇帝，滿面春風，享受金玉美食與美女。第二次帶著傳國玉璽來，是打回來平亂，滿面狂態，拿著武器殺賊，只能在殘破的長信宮抱著玉璽稱天命，惶惶不可終日。第三次帶著傳國玉璽來，是玉璽被人掛胸前，滿面狼狽，神色枯槁，餓得無力，兩個強壯力士架著拖上殿，已然是階下囚，只能獻上傳國玉璽，等人發落。

傳國玉璽經由宦官，從他手上送到劉盆子面前，這宦官他認識，相互瞪了一眼，就是之前告密綠林諸將領要劫持他的那個人，劉玄見到這宦官露出些微的苦笑。在一旁觀看獻俘的赤眉諸將領一陣歡呼，王匡與張卬等綠林降將，也大聲嘲笑。

樊崇（橙眼眶）說：「劉玄豎子妄稱天命，而今如何？拖出去斬了！」

衝上來兩個赤眉兵，就要把他拖下去，劉玄（銀眼眶）使出最後力氣大喊：「我已經二十日之內投降，你們說要封長沙王的，豈可背信？」

樊崇（橙眼眶）笑說：「我們就是你嘴上說的盜賊，盜賊說的話能信嗎？」

眾人一陣發笑，兩個赤眉兵把他拖下去，劉玄腿軟。劉盆子的哥哥劉恭喊道：「且慢！封長沙王是樊將軍先前承諾，如今若真背信，將來如何坐穩江山？」

謝祿也站出來說：「是啊，請樊將軍赦免劉玄，封其為長沙王。」

樊崇（橙眼眶）搖頭說：「不成，豎子不能當王，拖出去斬。」

兩個赤眉兵把他拖出好幾步外，劉恭追出擋在前面，做出拔劍自刎的態勢說：「臣力極，請先劉玄死。」

樊崇等赤眉將領趕緊上前阻止劉恭，奪下劍。

樊崇（橙眼眶）說：「罷了，就饒他不死。看他嚇成這鳥樣子，封他當畏威侯。」

所有赤眉將領與綠林降將，一陣哈哈大笑。

「畏威侯，畏懼聲威，好啊！」

劉恭行揖說：「將軍已經平長安，接下來要考慮的是平定天下之事，平天下則信義為上，請如先前承諾，封其為長沙王，否則天下豪強都不再信任，我等也難以自處。」

樊崇愣了一下，眾赤眉將領一陣叫罵。

「王個屌！」「信義值多少錢？」「誰的拳頭大誰就有信義！」

樊崇本來也是這類粗鄙盜賊，但忽然瞄了劉盆子案前，那個傳國玉璽……奇特的感覺又來了，於是改念。

忽然改口說：「算了，都安靜，就封他當長沙王吧！」

眾人一陣靜默，面面相覷。劉玄於是躲在謝祿家蝸居。

在洛陽的劉秀聽聞傳國玉璽被赤眉所奪，內心大感憤怒，立刻派軍準備平定關中，與赤眉決戰。而赤眉兵其實是比綠林兵還更惡劣的盜賊，在關中剽掠搶奪，四處燒殺姦淫，民心憤怒。

「還是更始皇帝比較好啊！」「更始皇帝太可憐了，被部下背叛。」「當初就是為了阻擋綠林搶奪我們，才跟自己的部將內鬨的。」「對啊，赤眉才是真正的盜賊，我們要更始皇帝重新當皇帝。」

於是一些人真的組織人馬，將謝祿府包圍，且把劉玄救出。謝祿怕赤眉報復，便與張卬率兵追擊，即時打散營救劉玄的人馬，將劉玄又押回。

張卬深知赤眉也不成氣候，萬一劉玄真的逃出得志，自己遲早會被殺，於是強逼謝祿將劉玄縊死。劉恭聽聞這消息，夜晚到謝祿家，把劉玄屍體帶走，命人押送出城，送到劉秀部將鄧禹駐兵處。劉秀命令鄧禹將劉玄屍體安葬於霸陵，陪伴漢文帝。

而此時赤眉各將領，除了四處搶奪，就是相互歡宴，乃至於酒醉內鬨，相互殘殺，劉恭用盡方法，也無法阻攔。

赤眉兵力強大，鄧禹數次打敗仗，一時不敢與之決戰，直到長安城的糧食用盡，赤眉兵便火燒宮殿，搶奪所有金銀珍寶往西行，一路剽掠下去。鄧禹此時才進入長安城，劉秀對此非常不滿。只能先派主力，進攻兵力較弱的劉永，一舉攻破睢陽，消滅了劉永的割據勢力。

而赤眉兵進攻西方州郡，當地民眾知道赤眉比綠林還殘暴，自組隊伍猛烈抵抗，赤眉失敗，傷亡慘重。再次大舉攻回長安，鄧禹兵敗退走。

赤眉兵於是四處盜挖漢朝皇帝的陵墓。連同漢高祖與呂后合葬的長陵都挖開，將劉邦與呂后殘存的屍骸拖出，扒光所有隨葬財寶。

樊崇帶著裹脅的男女部眾，再次回到殘破的長安城宮殿，忽然一陣古怪。他此時剛好在劉盆子車駕旁，請求劉盆子把傳國玉璽賞賜來看，劉盆子當然不敢違抗。當樊崇摸了傳國玉璽一下，忽然感覺一大堆龍蛇在身上亂咬，抖了一下。

劉盆子問：「樊將軍如何？」

樊崇頓然失去先前看到傳國玉璽的那種古怪慾念，反而一陣恐懼上身，苦笑說：「陛下，請收回傳國璽，臣好看而已，哈哈。」

【樊崇橙眼眶消失】

樊崇不知道，糾纏上這種慾望，就算開始改變起心動念，造成的命運選擇，卻不是你想停止就停止的。一定得有一個結果出現，不是大吉就是大凶。

赤眉兵於是大舉向東，準備出關中繼續搶奪。鄧禹與馮異聯軍大敗。

劉秀深知赤眉兵是強悍的盜匪，換下屢屢失敗的鄧禹，派出主力支援馮異軍出戰。

並親自率領精銳主力埋伏佈置，同時聯絡當地平民，通報赤眉兵的動向。伏兵隨著赤眉動向不斷追蹤並判斷可以出動截擊的作戰機會。

最終與赤眉兵大戰於崤山之底，劉秀部隊前鋒慘敗，但後續伏兵四起，不斷增援猛烈截殺。

鼓聲此起彼伏，殺聲震天，劉秀部隊經過一波又一波的增援，赤眉兵終於因為戰力消磨過甚，於是整體崩潰，投降者甚多，殘部遁逃。

赤眉兵過於兇悍善戰，他們手上的軍功簿高手更是難纏，當然不能給他們有捲土重來的機會，於是劉秀親自率軍繼續追擊，最後在宜陽城外追到，大破赤眉兵。赤眉兵大亂，樊崇等賊將不知道如何是好，於是派劉恭去請降。

於是劉盆子帶著傳國玉璽，以及眾賊將，如當初劉玄跪降赤眉一樣，跪降在劉秀陣前。

這一撥人，除了樊崇最後被稱謀反，遭到誅殺，謝祿因誅殺劉玄，最後被劉恭趁機殺掉，其餘大多善終。劉秀也加緊派兵平定各地割據勢力，勢如破竹，紛紛歸降，只剩下公孫述抵死不降，於是大發主力進攻，同時不斷寫丹書勸降，承諾保障他富貴與安全，但公孫述死活都不降，只好展開滅頂攻擊。

東漢建武十二年，西曆三十六年，洛陽城皇宮內。

劉秀在後宮，接收吳漢傳來的捷報，由宮內識字的宦官，解說前線的監軍，密報公孫述敗亡的經過。

「吳漢與臧宮兩將軍，經過連續死戰攻拔，終於會師成都城外。公孫述被困急，散光財物，招募敢死五千人由延岑率領反擊，於市橋反攻，我軍失利。吳將軍墮水，抓著馬尾，九死一生逃出，部下傷亡慘重。直到十一月重整旗鼓，再逼成都城，公孫述發狂死戰，親自率數萬人出城困獸猶鬭，經過一番激戰，我護軍將軍高午率銳卒，大破公孫述，於陣前長矛刺穿公孫述胸口，公孫述左右擊退我軍，護其入城。當夜斃命。死前命令延岑統帥其軍，但延岑開城門降，吳漢為洩先前屢次敗績，險些喪命之憤，縱兵放火，燒毀公孫述宮室，殺公孫述妻子併滅其族，延岑之族也全部遭屠滅。」

劉秀（紫眼眶）聽了大怒，從床座跳起，所有中官宮女都匍匐跪地。

他指著中官說：「吳漢莽夫！誰教他這樣對待成都子民的？誰教他這樣對待降敵者？」氣得在座下來回走動。

中官平伏回答：「陛下息怒，想必是公孫述多年死戰不降，以致官軍傷亡慘重，才會有此報復之舉。」

劉秀（紫眼眶）大怒未消，大罵說：「立刻下制誥，譴責吳漢。還有監軍的劉尚。」

說到此氣得咳嗽，中官於是退下去辦，劉秀招鄧禹入宮面對。

劉秀告知自己憤怒原因。

鄧禹說：「吳漢此舉縱然不對，但陛下請先想想，公孫述稱帝，割據巴蜀漢中許多年，給漢家造成的損害。聽說只是因為他做了一個『八厶子系，十二為期』荒謬的夢，死死戀棧皇帝名位，造成這麼多人死亡，公孫述與其族人也是有罪責的。」

劉秀（紫眼眶）喃喃低聲說：「『八厶子系，十二為期』，他到底稱帝多少年？」

鄧禹說：「他與陛下同年稱帝，今年是建武十二年，所以稱帝十二年敗亡。」

劉秀（紫眼眶）笑說：「這讖語還真準，十二為期。」忽然又板起臉說：「但仍然不該這樣對待投降者。」

鄧禹說：「公孫述在蜀中這些年，也沒做太多好事，比方說蜀中廣漢博士李業，不願接受他徵招當官，他就以毒酒強逼。最後李業服毒而死。巴郡譙玄，也不願當官，公孫述惱羞成怒，以毒酒強逼而亡。蜀郡名士王皓與王嘉，因不願當公孫述的官，公孫述綁架其妻子，強逼他們來，結果兩人自刎死。公孫述大怒，誅殺他們的家屬。還有許多志節名士，最後只有假裝發瘋，或假裝眼盲，來躲避公孫述的徵招當官。更別說成都城破之前，陛下屢次下丹書招降，他左右臣僚見大勢已去，也勸他投降，但他狂言『興廢有命，豈有降天子？寧崩，不貳正統。』如此不顧家族臣民性命的狂人，陛下也就不必再多同情。」

劉秀喃（紫眼眶）喃重複：「興廢有命，豈有降天子？他好歹還比劉玄有……不……」

本來劉秀要說他比劉玄有骨氣，但忽然又轉念想到，劉玄本來就懦弱，但被赤眉所破之前，也是有像公孫述這般執著狂態，拿出萬夫不當的勇氣，死戰到底。若非最後打到只剩下自己孤身一人，四處躲藏，朝不保夕，只有傳國玉璽陪伴。也許劉玄也會跟公孫述一樣，執著到死。

劉秀（紫眼眶）喃喃說：「好相似啊……是不是有共通點？」忽然陷入沉思。

鄧禹問：「陛下想到什麼？」

劉秀（紫眼眶）醒神，微笑說：「沒事……你且回府……朕思索一件事情。」

於是鄧禹告退。

劉秀於是陷入沉思：

想到了劉玄與公孫述兩人與自己一樣，都見過傳國玉璽，可能當年那種慾念感覺，這兩人也經歷過。將思慮往前推，他也聽說過，王莽死前也是這般死戰狂態。繼續思慮往前，最早的繼承者，漢高帝劉邦，他對付項羽，不斷死纏死打，必欲滅之而後快，這也不是傳聞中劉邦本來的性格。

劉秀（紫眼眶）自語：「皇帝寶座有這麼迷人無疑！可為何有些人卻又沒興趣？而著迷的人，又為何不能各得其所，非得滅掉可能的競爭者？朕本身是否也受到影響而不自知？朕得再看看那個傳國玉璽。」

於是獨自前往寢宮藏璽之處，一個宮女端出藏璽寶盒，另外一個宮女恭敬地把盒子打開置於案前。

碧綠色的璞玉，上頭立著簡單的紐獸，『受命於天，既壽永昌』八個鳥蟲篆文顯現在眼前。劉秀賞玩許久，回憶在洛陽第一次見到這件東西時，內心那種波濤洶湧的感覺。而今自己已經應了先前民間流傳的圖讖，當了皇帝，也削平割據統一全國，再次見到它，反而心情平靜沒有多大波瀾。不過劉秀總認為這件東西不尋常，與民間出奇精準的圖讖有相應，劉玄與公孫述等人，必定也受過某種力量的招喚，才會像安排戲劇一樣，讓自己能據其本而演出，沒有意外。

傍晚時分，天色逐漸昏暗，劉秀看著這傳國璽，逐漸打瞌睡。

一宮女輕聲說：「陛下，晚膳時間已到。」

劉秀（紫眼瞘）甦醒，打開眼第一眼再次瞄到傳國玉璽，忽然一陣思緒波動，他想通一件事情。對宮女說：「晚膳不吃，朕不餓，立刻告知中官，傳賈復來見。」

賈復於是入宮，單獨面對，宮女點亮周圍宮燈之後退出。

案上擺著傳國玉璽。

劉秀（紫眼瞘）指著它問：「在群臣之中，你為人剛正有節，直言不隱，所以朕單獨與你討論這件事，你知道案上這是什麼東西嗎？」

賈復仔細端倪後，說道：「鳥蟲篆，『受命於天，既壽永昌』，這是秦傳國玉璽。高皇帝以它為得天命的信物。陛下得到它，代表天佑，大漢天命還在，所以削平海內，中興漢室。」

劉秀（紫眼瞘）說：「然也。但朕認為這東西不是尋常之物，有特殊的性質。倘若得到它就有天命，王莽、劉玄、劉盆子這些人也曾得到過，請問他們的天命在何處？」

賈復一愣，微微點頭說：「陛下見解深邃。難道陛下認為這跟早些年，預言陛下將得天下的圖讖一樣，有鬼神一般的預知能力？」

劉秀（紫眼瞘）搖頭笑說：「朕十分相信圖讖，但這是另外一回事。圖讖來源隱諱莫名，也許是不知名的聖人所書，但此傳國玉璽來源清楚，春秋和氏璞玉，始皇帝時命工匠孫壽所刻。王莽的國師與朕同名劉秀，王莽知道圖讖不以為意，可是卻非常在意傳國玉璽，與劉玄一般堅持到最後。朕感覺這傳國玉璽有一股不祥之力，可以在必要的時局，招喚人做非屬自身本性之事。」

賈復疑惑問：「何以認定？」

劉秀（紫眼眶）說：「王莽篡位之前，不斷派人索此璽於太皇太后，代表他先前就見過此物，有所感應而必欲得之，至死前仍將此物綑綁於身上。劉玄兵敗單騎逃走，任何東西不帶，就只帶傳國玉璽出逃，直到走投無路才獻璽投降。公孫述與樊崇曾在洛陽與朕同時見過此物，樊崇反意不滅被朕所誅，公孫述則死戰不降，最後被滅於成都。其實接觸過此傳國玉璽者人很多，但當中就會有一些人，意志會因此狂亂，被導向於不屬於本性會去做的事。不然王莽本性不過一個矯情士大夫，劉玄只是沒落宗室，且生性懦弱，公孫述尋常能吏而已，樊崇不過就盜賊。怎麼會做出這麼多乖張妄想之事而致死不休？」

賈復問：「這是人之常情，陛下認為都是這傳國玉璽所致？」

劉秀（紫眼眶）點頭說：「肯定如此！甚至朕大膽再推論，兩百多年前高皇帝入關中，平心而論項羽與高皇帝本同為反秦義軍，相互之間並無怨仇，反而有共事之誼，甚至項羽還願意裂土封高皇帝為王，以一般人情而論。本來就可以滿足，各得其所而王。而高皇帝卻不僅不感恩，還不斷報復項羽，死戰而不休，彷彿是在替秦人復仇，最後滅項而繼承秦制。如史云，高皇帝在沛縣，貪財好色。入關中則寶物無所取，婦女無所幸，時間如此之短，其志向與本性變化太大了些。」

手指桌案：「本性改變，人情最難，然一個貪財好色的小小亭長，年過四十心性已定，無長進的可能。忽然趁時邀利，能裂地稱王得富貴，應當滿足，這人之常情。然在極短時間，高皇帝就變成有包攬天下之能，從善如流，遠過英雄，繼承秦制又能改善秦制，這變得會不會太快了？也會不會跟此璽有關係？」

沒料到劉秀的質疑竟然直指劉邦，賈復嚴肅地說：「這……臣不敢妄議高皇帝，但陛下所說，似乎有幾分道理。」

劉秀（紫眼眶）仰天作揖說：「朕為劉氏子孫，本來也不該批評高皇帝，若人死後有知，將來在九泉之下，朕當向高皇帝磕頭謝罪。但我大漢過了王莽這一劫，天下熙然，也就沒什麼不可評論的。就說說你的見解，這傳國璽到底為何能有此鬼神之力？它是否在暗中改變人心，改變歷史？」

賈復思索了一下說：「臣認為這傳國玉璽，論本質，就只是一個玉石而已，並無改變人心之能。然此物依附了三樣人間世故，從而使人見之自迷，最後自我改變了自己的本性不自知。一切改變的原因仍然是自己，這塊玉石，只是媒介而已。」

劉秀（紫眼眶）問：「哪三種人間世故？」

賈復說：「一曰玉石的價值，二曰帝王的權力，三曰對未來與天命的穿鑿附會。三者交集於此，在一定的環境催使之下，又讓它在處於關鍵的人物手上，一個普通玉石就成了有鬼神之力。」

劉秀（紫眼眶）瞪大眼點頭，摸著鬍鬚，良久不發一語。之後忽然說：「若我毀了它，以防止後世之人重蹈覆轍如何？」

賈復緩緩搖頭說：「不可。」

「為何不可？」劉秀（紫眼眶）非常吃驚。

「一個已經在歷史上被眾所周知的事情，陛下要如何抹滅？甚至陛下可以歪曲改寫歷史，也不可能改變人間世故的存在。今天陛下毀掉眼前的石頭，後人將因此假造更多的石頭，附會更誇張的故事，就像先前王莽受命符櫝，以及死前自稱，手持黃帝軒轅氏匕首抵抗那般荒謬，但還是很多人會繼續相信這些荒謬事。既然有人相信，那三種人間世故又會再次交集，傳國玉璽就會復生。與其如此，不如妥善保管此物，杜絕將來其他的類似事物，從其他更多的地方出現。」

「再次交集，就會復生。」劉秀（紫眼眶）聽了對此喃喃自語而後沉默。寂靜片刻之後，劉秀（紫眼眶）說：「就聽你的，妥善保存它，也同時防著它。」

劉秀建立的東漢朝，開始注重文治。儒學理性的人文精神，仁孝為政的觀念，普及於中國，第二次大漢盛世再次出現。

超個體達到目的，以道法為中心假儒學的西漢，一場變動轉為真儒學的東漢。以人為中心的體制既然完成，加上人性原有的虛假及各種本質，扮豬吃虎的體質逐漸成熟。

這傳國玉璽便被收藏在皇宮閣樓，每日都有人嚴密看守，即便國家大典，也未曾拿出來亮相，只有諸皇子在接受教育的時候，會來閣樓參觀此物。

這一藏就是一百四十七年，這個傳國玉璽似乎又蠢蠢欲動，掀起波瀾。

而在這當中，第一次混沌開眼沒有完全結束。班超再次通西域，班超的副使甘英，受命出使羅馬帝國，甚至抵達地中海的某角落，安息人安排的漁夫警告他要過大海通往羅馬，將會非常危險。甘英於是撤回。

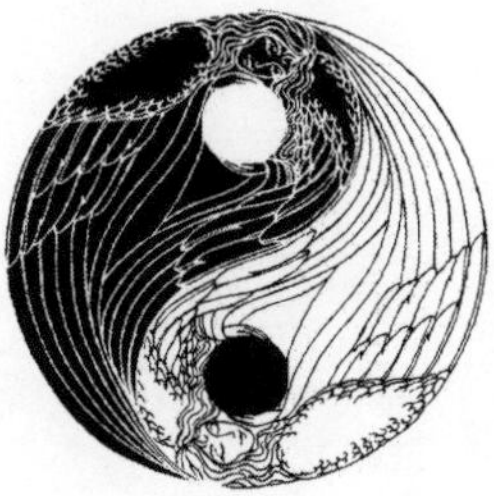

※※※※　※※※※　※※※※

陰陽一體，古怪相連。既然一體相連又分二者，所以就可以轉稱為陰古與陽怪。

陽怪：收集回來的氣脈完全不對！你聽聽這個回應，竟然還有反向摸我們的氣！

兩者訊息完全矛盾！這有鬼！

陰古：真的是有鬼！撤！把西域的路開始逐步堵掉，我們得有自己的計劃，專心處理本局的底功，我們得一個個把子局都得練成熟！

※※※※※　　※※※※※　　※※※※※

中國人才是最愛冒險探奇的民族，只是都沒說出口而已。

沒想到群體組成的鬼局中的鬼，也會遇到鬼。這鬼遇見鬼，還會被嚇到，亦是歷史一奇。但究竟陰陽古怪之主，到底碰到了什麼大年之鬼？氤氳伏筆，容本著後表，先回中國歷史逐步論述。

東漢朝，在光武帝之後歷經明帝、章帝、和帝、殤帝、安帝、順帝、沖帝、質帝、桓帝、靈帝……整個東漢朝雖重演西漢朝的盛世，但很快又進入衰竭。這個衰竭，未免快得不自然。

超個體又要掀波瀾，原來製造內亂就是要引起外患。然而說純粹就是超個體引起內亂，則不客觀，因為人類社會無論什麼型態，都會有內亂與外患，它只是將這種必然會發生的事情，提前安排在設定好的局上面，以產生不同於其他文明體的結果而已。

第三章　架空與反架空　漢末到三國

靈帝光和六年底，洛陽城內，平民區。

一個面貌斯文的中年人，頭裹黃巾，帶著十餘人貌似商販，從荊州來到洛陽客棧住下，從外表看上去絕對不會看出，這群人帶著天大的陰謀來此。這中年人叫做馬元義，來京師已經好幾次，這次他在客棧的第三層頂級閣樓，密會宮廷中的要人。隨從都布置在二樓客房。

一個陳姓宮廷宦官，拿出黃巾暗號，眾人便讓他上了三樓，他與馬元義相對跪坐，見四下無人，便敢大聲說話。

「原來是陳太公，中常侍徐太公與封太公，對先前我們的提議，意下如何？」

陳姓宦官（粉綠眼眶）笑說：「我們也不是第一次見面，太公二字省了吧，小字梨春，直呼我名字便可。」

馬元義說：「是是，敢問梨春兄，兩位中常侍對我太平道的提議如何？」

陳梨春（粉綠眼眶）陰沉沉地說：「兩位太公同意了張師的意見，明年甲子，三月五日，內外俱起。」

馬元義開懷地笑：「太好了，有兩太公在京師策應，太平道大事可成。」

陳梨春（粉綠眼眶）拉下臉說：「等等，兩位太公對你們太平道還有話要轉達。」

馬元義雙手放在大腿上，低頭平伏說：「請見下。」

陳梨春（粉綠眼眶）說：「我們知道你們太平道人數眾多，大方萬餘人，小方也有六七千人，分布在各州郡。要做到協同一致保密，確實有難度。但近來京城諸官寺之門，以及州郡官府門前，不約而同，都有白土書寫『甲子』二字。而京師也傳來各地你們太平道的流言『蒼天已死，黃天當立，歲在甲子，天下大吉』。有此事吧？」

馬元義說：「是有此事。」

陳梨春（粉綠眼眶）說：「你們的動作太大了！引起朝臣警覺，紛紛奏明陛下。若非兩位太公在陛下面前，力保太平道無事，朝廷早將你們視為反賊。你想提前敗露嗎？區區平民，竟然不知分寸，張角還真當他自己是大賢良師了？」

馬元義平伏笑說：「請恕罪，這絕非太平道魯莽。而是天下已經乾柴烈火，事情極力掩蓋，也抵擋不住各州郡之間相互溝通。」接著又苦笑：「當回報張師，必定慎重以對。」

陳梨春（粉綠眼眶）站了起來，拿出絹面平扇，陰陽怪氣地擺了譜架式說：「近來京師有歌曲戲劇，有唱九州鄉間小調，也有上演春秋五霸，我們中官平常都得學些，回宮在后妃面前表演討賞。但不管唱什麼，表演什麼，都得小心謹慎，不然戲劇就唱得不像了！太平道假設真有天命，我等中官也就只是換個主人而已。但以我區區見解，能不能得天命，那得看該演的戲，演得好不好？」

馬元義瞪著他的動作看，幾次平伏表示同意。

陳梨春（粉綠眼眶）緩步離開，穿上木屐，推開木門後，回頭說：「我回宮覆命，接下來是你們太平道的表演的場子。」

馬元義平伏示意。

翌年初，即中平元年，也正是甲子年，洛陽市集。

已經是開春回暖，人群在市集中熙熙攘攘，馬元義等人在京城附近串門已經兩個多月。他們今天又在市集當中閒逛。

「京師官話我們已經算很熟溜，比起荊州北話，多了很多文雅詞句，聽都聽不懂。」

「哈，京城的女人，確實比荊北妹子說得話溫柔得多。」

「甲子年到囉，等我們太平道黃天立，京城女人要多少有多少。」

馬元義身邊隨從，在相互閒聊著。市集口對面來了一個男子，露出了黃巾為號，代表他是自己人。

馬元義問：「怎麼只有你出現？唐周人呢？他今天不是應該也在市集口與我們會合？」

這人回答：「唐周一大早說水土不服，去城西藥鋪抓藥，說午過三竿，他會到城北客棧與我們會合。」

馬元義憤怒地說：「這小子此次來京城鬧出很多事情，被我皮鞭抽得還不怕。已經準備離京，還鬧這種毛病，下午就要啟程往冀州向張角大師覆命，今晚要到黃河邊驛站落腳，要是被他耽誤了行程，看我不狠狠收拾他！」

這人說：「馬師請息怒，我這就折返去找他，要他立刻去城北客棧。」說罷，這人就離開。馬元義對其餘隨從說：「去城北客棧拿回行李。」

馬元義不知道，是唐周他要狠狠收拾你馬元義。唐周前一天晚上，帶著所有證據，去司隸校尉寺門上書告密，所以才沒出現。他將張角在各州活動，在京城串通宮中官員，約定甲子三月五日內外具起造反的計畫，全數呈書上報。原本有司官員並不相信，但這上書寫得太詳細，而且直接把宮廷中什麼人參與，都具體說出，大為吃驚，連夜緊急上報皇帝劉宏。

前一日夜晚。

「這不可能！誰敢如此大膽？」劉宏收到上奏，乍聽還不信。

把竹簡丟散滿地，繼續罵：「隨便一個蒼頭黔首，胡亂指控朕重用的內官，朕就一定要相信嗎？」群臣一時無言。

河南尹何進，將唐周上奏的所有竹簡，一一列出，謹慎地說：「請陛下暫息雷霆之怒，此人上奏的事態，不僅將各州郡人事風土都羅列，還將宮中內官名字與其黨羽，都一一列出，扯出如此大的陰謀，這些絕非一般黔首所能知，必定是刺探到內情之人。況且，近年來太平道確實在各州郡與京師有異常活動，一般民間鬼神之教，豈會有這種行為？請陛下慎重以待，先行逮捕在京太平道，並將參予者一一嚴審。」

【劉宏出現粉藍眼眶】

劉宏（粉藍眼眶）沉思片刻，說：「立刻去辦。別讓這些妖人，逃出京師！朕要知道真相！」

回到洛陽街頭，當地黔首百姓紛紛躲入戶內，僅剩下馬元義這一隊人。隨從近耳對馬元義說：「馬師，不對勁，這街頭不應該這樣冷清。」

馬元義正當狐疑之間，忽然冒出京兆緝拿隊一百多人，手持戈劍，將這些人團團圍住。

為首隊長說：「把這群反賊拿下！」

一群緝拿隊人一擁而上押下馬元義一行人，他們促不及防，幾乎沒抵抗。

「為何拿我們？我們甚麼都沒做！」馬元義如此高喊著。

隊長冷笑著說：「什麼都沒做？你們做了天大關係！當沒有人知道嗎？」

一行人被押入司隸校尉府寺，一一嚴刑審訊。

馬元義被拖押上來，司隸校尉陳勇坐在上座，旁邊一個從者就是唐周。

「你的太平道同黨都已經一一招供！更何況還有一個證人在我身邊！還能抵賴嗎？識相就乖乖招出各州郡國同黨，否則依律大逆者，車裂於市。」

渾身是傷，且被反綁的馬元義，瞄了一旁跟著冷笑的唐周，便哈哈大笑。

陳勇大喝：「逆賊有何可笑？」

馬元義說：「唐周不就在你身邊？還需要我招供嗎？黨錮之後，天下如乾柴烈火，接著我被車裂者，是整個大漢朝廷，哈哈哈哈！」於是抖起聲狂喊：「蒼天已死，黃天當立，歲在甲子，天下大吉！蒼天已死，黃天當立，歲在甲子，天下大吉！」聲音抖動內外。

陳勇大喝：「平民造反，拉下去！依律車裂！」

所有人擁上來，用布塞住馬元義的嘴，拖拉下去。最後馬元義被車裂於市。

洛陽郊外一土廟，數百人在這集會，人人都頭戴黃巾。

一群士卒將這群人團團包圍，為首者正是河南尹何進，騎馬在上大喊：「有詔！事張角太平道者，一律緝補。」

士卒一擁而上，造成一團混亂，但所有信眾一一被制伏。洛陽京畿附近就逮捕了上千人。一一被誅殺，一時人心騷動。同時詔令傳到冀州城，嚴令冀州刺史逮捕張角等賊首。

冀州，廣宗城外某村莊一密室，此時白雪紛飛，這密室外貼滿了紙符，稱是可以符取火暖。

【詭曲：九化意之張角欲】

一頭包裹黃巾之進入，拜見一中年者，道：「弟子韓忠，拜見大賢良師。」此中年者還在書寫紙符，他正是張角（棕眼眶），貼在好幾個草人上，低聲說：「見你神色慌慌張張，甲子年，乃黃帝開國之年，也是太平道的大日子，不當有如此之態。」

韓忠說：「大賢良師不好啦！京城眼線傳來消息，馬元義已經被車裂於市，朝廷在各州郡國都在抓捕我們太平道，包括冀州刺史都已經下了通令，要找大賢良師，今年起事的消息，已經洩漏啦！」

張角驚訝地掉下筆，一時半會說不出話。

韓忠瞪著他提醒：「大賢良師？大賢良師？」

張角（棕眼眶）醒神，瞪大眼說：「既然事情已經敗露，那就提前來辦！立刻馳敕諸方，就以黃巾為號，立刻起事！」

說完韓忠面容顯得有些疑惑。

張角（棕眼眶）見了，質問說：「你似乎有話要問，你入道許久深得真傳，有問題不妨直說。」

韓忠問：「弟子確有疑惑。在數年之前，大賢良師在民間聲望高，萬民景仰，而朝廷對我等並沒有疑慮。您要土地有土地，要錢財有錢財，要女色有女色，更是前呼後擁，呼風喚雨，只差個名份而已，而朝廷甚至願意跟我等妥協，封給國師尊號。人生短暫，所追求不過就是這些，為何大賢良師要將本道存亡，押在一場賭注之上？即便最後大賢良師當上了皇帝，增個名分，或許增加更大的利益，但過程必然充滿著風險與艱辛，且不論這些，就為了眼前起事的準備，原本所得的這一切權色名利，都得先全部捨棄。弟子對此頗感不解。」

張角聽了又愣了一會兒，韓忠說的沒錯啊！自己只是換了個形式，但基本上得到了這麼多信徒支持，朝廷都妥協，皇帝能享受的東西，除了等級較差之外，其他也沒缺什麼了，奈何要冒這麼大的險跟朝廷死拚？若退回一個人的基本判斷，根本不會做這種風險選擇，利益的比值未免太低！

左思右想，張角顯得有些昏沉，他回想起以前，經過洛陽城之時，彷彿看見了洛陽宮殿之上，有一股力量觀看遠放四周，只要哪裡有人產生足夠的動靜，這股力量就會招手，要這人往洛陽宮殿猛衝。而自己在開起太平道之後，就被這股力量招手，即便張角有時候故意無視，這股力量卻彷彿知道張角內心的醜陋慾望『華麗、權勢、美女、財富』拿出比他現有等級更高的影像，不斷告訴他：「再努力一點點！你可以的！快點！再努力！你可以的！」

韓忠又輕聲提醒他：「大賢良師？大賢良師？」

張角（棕眼眶）再次醒神，然後說：「這你就不明白了，天下大道不是僅為滿足個人的慾望而已！朝廷如今昏饋，皇帝奢華，規制無度，鎮不住天下騷亂，如此下去，最終將腐朽垮塌。我們太平道只是民間平民所組成，再努力救人，能救多少？又能救多久？倘若天下沒有我們這種人做這件事情，千秋萬代都是權貴主導天下，那天下就沒有重振乾綱的機會！一切都是為了大道重回，眼前權色名利又算什麼？天下重置！『蒼天已死，黃天當立』！天下重置！『蒼天已死，黃天當立』！」

張角說完此話，自己也訝異，自己竟然會說出這種大公之言。

但韓忠的疑惑頓然消解，點頭說：「原來是天下重置，那確實是可以犧牲個人權色名利，弟子明白了！我立刻去通知各方，依大賢良師敕令，告知四方起事！『蒼天已死，黃天當立』！」

於是退出行事。

張角（棕眼眶）閉眼摸額，喃喃自語說：「我到底是為了什麼？到底是更大的慾望？還是真正的大公至正？我又怎會心懸那個，從來沒進去見過的皇宮？這的確是天大的風險啊！的確會讓我現在有的權色名利通通喪盡，我到底是為了更大的欲望嗎？」

張角他自己都驚訝，竟然起於瘋狂的意念中，利令智昏到了極限，竟然會變成大公至正，要天下重置，這真的是本意嗎？還是說所有大公至正本質，其實也是私欲開始的？

「這到底是真的嗎？我怎麼會走到這一步？到底是我要控制天下蒼生，還是天下蒼生在控制我？」張角（棕眼眶）吃驚地神情，瞪大眼，看著房屋內天花板，眼睛瞪大到佈滿血絲。

詭曲結束】

張角可謂是千古第一人，陳勝吳廣雖說是第一個平民起事者，但他們不過為了生存下去鋌而走險，綠林赤眉之流，只是趁騷亂落草而反的莽夫，所圖劫掠利益而已。把大慾望與大公合而為一，以思想重制造反的動力，且能用平民身分而意圖重置天下者，他張角才是第一人。

傳國玉璽的威力，可不一定要直接接觸，相信他的格局的擁有者，自然會把皇帝的相關格局建得很奢華宏偉。而這些格局的成分，自然也會用各種管道，激化出相映的影子，不斷招喚其他人。不斷重置新的秩序，看似因大慾望破壞，但為了實踐大慾望，必須有重建它的大公至正。逼迫貪鄙之人也要大公至正。

『蒼天已死，黃天當立』，這是所有古文明中最經典的一句話！全人類所有的神棍當中，對文明最優秀且最有貢獻者，張角當之無愧！其他人類文明的神棍，始終只能是個神棍！所圖的也就是在愚民面前玩權勢、騙錢財、圖美女，與當權者比賽醜陋跟腐朽而已！永遠也說不出這句話的！中國的神棍則是有等級的，到了張角這個最高等級，那就是文明長遠不衰的藥劑之一。

宗教狂熱，在中國已經被改造了，不會再有反作用力。

於是一時四方俱起，近百萬人黃巾為號，在各州起事，聲勢浩大。張角自稱『天公將軍』、二弟張梁稱『地公將軍』、三弟張寶為『人公將軍』。進攻所在的官府，劫掠城池，裹脅者越來越多，全國各地都有響應，京師震動。

皇帝劉宏招集群臣，緊急御前會議後下詔，升何進為大將軍，率領左右羽林營士鎮守京師八關，命皇甫嵩為左中郎將，朱儁為右中郎將，率軍討伐各地黃巾賊。同時赦免天下，因黨錮受罪者都予以赦免，只有張角等黃巾反賊不赦。同時詔令四方自組義軍，配合官軍打擊黃巾賊。一時四方戰亂四起。

黃巾反賊四處攻城掠地，多數官軍不敵，直到中央主力軍隊開到，才逐漸扳回局面。經過近一年激戰，張角因四處奔波而病死，吃自己再多的符水也無可治癒，最後被開棺戮屍，張梁與張寶戰敗被殺，黃巾賊暫時平息。

張角從未見過傳國玉璽，卻是執行傳國玉璽精神最佳的一員！最後也全體以身殉道，文明要開始重置。

中平二年，春，皇宮。

劉宏與后妃們正在聽戲觀舞，一中常侍進宮，傳來賊首被殺，黃巾平息的消息，劉宏聽了大喜，宣布暫停歌舞，通知百官，舉朝慶賀。

「臣妾恭喜陛下。」由何皇后帶領，十幾名妃子在後，一同平伏恭賀。

劉宏（粉藍眼眶）呵呵大笑說：「大漢江山，天命長存，豈是一個黃巾反賊能撼動？都起身吧！」后妃們起身跪坐回兩側，轉目看周圍，又問：「張讓跟趙忠呢？怎麼不見他們？」

何皇后說：「自從有人告他們也與反賊私通，他們就不敢再見陛下。」

劉宏（粉藍眼眶）說：「是有人這麼說，朕當時也憤怒得想斬殺他們，但反賊已滅，大漢江山無可撼動，朕也就不想追究太甚。」

在一旁的中常侍郭勝，趁機說：「是啊，自高皇帝入關，受秦子嬰獻璽降而得天命至今四百年。凡窺竊天命者必得天誅，如王莽是也。而今太平道的張角亦復如是，天命豈是俗人能改？陛下赦小過而降天恩，臣民皆心悅臣服，大漢江山永固。」

劉宏一聽，面露微笑，但聽到高皇帝入關得天命，忽然一種莫名的感覺湧上。

使他想到小時候，剛從河間被迎入宮中，入嗣孝桓皇帝沒多久，聽宮中皇家老師說，高皇帝得到的傳國玉璽仍在宮中，藏在臨淵閣樓中。光武皇帝遺詔，即便後代皇帝即位的大典，也不可以動到這傳國璽。所以之後的皇帝都只命宮內的宦官與宮女，輪流去打掃，有時帶皇子與特別親信的臣子參觀而已。

忽然愣一愣，沒回答郭勝的話。

何皇后問：「陛下，怎麼了？」

劉宏（粉藍眼眶）醒神說：「沒事，擺駕臨淵閣，你們都退，朕自己去！」

劉宏身邊只帶著兩名宮中女官，由女官為前導，帶他到臨淵閣。閣樓都是上等木材搭建，塗有桐油，室內陰暗。

一女官點燈，另一女官從供置傳國玉璽的桌上拿下，打開藏盒，傳國玉璽赫然在眼前。

劉宏（粉藍眼眶）看了一會兒，問身旁一女官：「妳們叫什麼名字？」

一女官說：「婢妾宮名春蕊。」另一女官說：「婢妾宮名黃鶯。」

劉宏（粉藍眼眶）問：「妳們是負責打掃這裡的女官，知道這傳國璽的由來嗎？」

春蕊說：「女官入學授課的時候，我們都聽說過，是秦始皇帝命人製作，高皇帝得之得天命。」

劉宏（粉藍眼眶）指著桌上玉璽一角問：「那你知道璽角用黃金所補之處，來由為何？」

黃鶯說：「聽說是王莽篡位時，逼奪玉璽，太皇太后擲璽於地崩角，王莽用黃金所補。」

停了一會兒，劉宏不發聲，拿了矮板坐在前，只看著傳國玉璽，似乎腦袋一片空白，問不出所以然了。打了瞌睡，兩名女官不敢離開，只能跪坐在兩側。因為劉宏瞌睡時間久，兩宮女也昏昏沉沉睡，不經意之間，身體都倚靠在劉宏身上。

劉宏瞌睡之間做了一個夢，夢見火光沖天，四處刀兵相殺，無數的眼睛在這傳國玉璽周圍觀看，一隻手掌從上而下把傳國玉璽拿走。

劉宏驚嚇喝了一聲，忽然醒來，兩名女官也被驚醒，趕緊退後，叉手叩拜平伏。

劉宏（粉藍眼眶）看了這兩女官，低聲說：「失禮，嚇到妳們。」

春蕊說：「婢妾不敢。」

黃鶯說：「婢妾倚靠陛下身體睡著，以下犯上，請陛下嚴厲處罰。」

劉宏（粉藍眼眶）笑說：「不必如此，這裡沒有他人，宮廷規矩就省去。給美人當枕頭靠椅，也是幸福，這沒甚麼大不了。」

令兩女子起身，然後問：「朕從小喜歡玩樂，入嗣大統之後仍然如此，自知讀書不多，妳們是宮中治學的宮女，學問可能比朕還淵博。朕問一下，得到一個玉石，真能代表得天命嗎？」

兩女子相互對看，似乎不知道如何回答，劉宏（粉藍眼眶）說：「隨意說說，無所謂的。」

黃鴛說：「一個玉石應該只是個象徵，真正得不得天命，還是看天下人心所向吧？」春蕊說：「婢妾也是這麼認為。」

劉宏（粉藍眼眶）點頭表示認同。又沉靜了一下，然後說：「妳們兩個人，果然比朕還有見識。朕想託付妳們兩人，朕不知道大漢天下接下來會發生什麼災異，但不管發生什麼事情，一定要保護這個玉璽。」

春蕊說：「陛下何出此言？」

劉宏（粉藍眼眶）說：「朕已經厭煩外面那些人的嘴臉，所以長時間都在宮廷逸樂之中，每次看到妳們這樣的美人，朕都很開心，只會想著用各種方式，如何侵犯妳們的身體，得到快樂，行為荒誕大臣們內心都非常鄙視。朕好久沒像剛才這樣，安靜地思考一件很深刻的事情，不自覺進入小睡。聽說人安靜下來，遠離欲望，才能通鬼神之事，可能是預感吧，很不好的預感。黃巾賊人鬧事之後，大漢江山肯定還會出事情。」

劉宏（粉藍眼眶）放下身段，長跪行禮，誠懇地說：「朕沉溺於酒色玩樂，自感壽命不久，第一次用平等的態度請求別人，算是朕拜託妳們，或是懇求，可以嗎？」

兩女子平伏道：「嚴格說我們只是宮女，陛下萬萬不可如此，請陛下示下，我們該如何去做？」

劉宏（粉藍眼眶）說：「備墨。朕要下詔！」

兩女子從閣樓內，找出筆墨與絹帛。

劉宏在桌案上寫下制喻，然後交給她們說：「從現在開始，妳們兩人共同持朕制喻，直到朕的下一任皇帝駕崩之前，這傳國玉璽都由妳們兩人保管，除朕之外，不受任何人的命令。憑藉這個詔令，妳們有權帶著這個玉璽出宮門，交給必要的人，若妳們離開宮外，就可以不用回宮，皇后也不可阻攔。但這玉璽所在極度保密，不可告訴任何人，有人攔阻妳們，才把朕的制喻拿出來。敢阻擋妳們兩人行動者斬！中官見此詔，必定會遵詔執行！」

春蕊說：「我們什麼時機才要將玉璽帶出宮？」

劉宏（粉藍眼眶）說：「這大亂亂到京城的時候。怎麼行動妳們兩個好好商量，朕也無法預設會出什麼亂子。這詔令連同傳國玉璽，到時候必然是妳們的保命符。誰亂了京城，絕對不要交給他，妳們想辦法交給有能力當他敵人的人。等等朕會告訴所有中常侍，必須保護妳們兩人所有行動。」

兩女子共同接過制喻，堅定地說：「婢妾誓死遵命。」

【兩名宮女出現黃眼眶】

劉宏（粉藍眼眶）站起來，行揖低頭，喃喃說出自己已經遺忘很久的詞彙：「銘謝於心。」

說罷一同離開臨淵閣。

中平六年，劉宏駕崩，諡號孝靈皇帝。原本死前託付蹇碩立兒子劉協為皇帝，但何皇后想立親兒子劉辯，同兄長大將軍何進（粉紅眼眶）密謀。蹇碩與何進有怨恨，請他入宮商議立儲，密謀殺之，堅持立劉協當皇帝。蹇碩的司馬名叫潘隱，與何進有舊誼，從中告知，何進從而逃離回營中稱病不入朝。

從而由何皇后主事，立劉辯為皇帝，自己晉位何太后。何進於是誅殺蹇碩。

何進（粉紅眼眶）接著進一步奪權，因何太后與董太皇太后有婆媳相怨。於是何進與朝臣共上奏，認為太皇太后本為藩王之后，請遷藩后回國。兵圍董重的驃騎將軍府，將其收押免官自殺，董太皇太后最後因憂懼駕崩。

司隸校尉袁紹，認為中官親近皇帝，而今天下恟恟，遲早又會發生黨錮，壓制他這個外戚，勸何進誅殺十常侍。但因為何太后反對，何進從而猶豫不決，袁紹不斷勸說，但何進始終沒有辦法做出決定。袁紹知道密謀不能因此久拖，於是私下以何進名義，命令各州郡掌兵權者，以誅殺宦官為由，向洛陽進兵。董卓等各路擁兵者，見狀大好，遂各自率兵向洛陽進發。

驍騎校尉曹操，奔向大將軍何進府，大門口劈頭碰見袁紹出門。

曹操說：「本初兄，在這碰見你正好。」

袁紹（棕眼眶）問：「曹孟德，你也是想去見幕府乎？」

曹操瞪眼指著他說：「本來是要去見幕府！但與其去見幕府，不如見你袁本初！我正想質問你一件大事！」

袁紹（棕眼眶）笑說：「什麼大事要問？」

曹操說：「幕府還沒有做決定，你為何要勸幕府令四方動兵入京？」

袁紹（棕眼眶）說：「中官干政久矣，以至於天下混亂，必須趁勢誅殺還在把持權力的趙忠、張讓、段珪等人。更何況幕府也沒責怪我的意見。」

曹操說：「這些中官沒有兵權，所能夠仰仗的只有皇帝御旨，而今太后臨朝聽政，誅殺這些中官以我們手上衛隊即可做到。為何要引外兵入京？到時候外臣以兵權逼宮，這將會有大患！」

袁紹（棕眼眶）笑說：「幕府大將軍與車騎將軍兩兄弟不同心，太后也反對殺宦官，以致於久拖不決，必須以外兵入京為由，使太后改變心意。屆時有幕府與我們在，那些外兵藩將，敢造次嗎？」

曹操怒說：「自作聰明！我懶得跟你爭辯！」

於是進府求見何進，再三強調絕對不能引外兵入京，尚書盧植與侍御史鄭泰也一同勸阻，何進拒不聽從，但也有所狐疑。

過不久何苗也勸何進不要殺宦官，因為追根究柢，宦官與天下騷動並沒有直接關係，何進遲疑之中，重新令各路兵馬暫停入京，董卓不肯奉令，但也停止繼續進兵。

中官們聽說了這些事情，非常驚恐，親自向何進與何太后請罪，何太后只好罷諸中常侍之權，何進則傲慢地勸他們歸鄉，中常侍等人遂有引退的想法。但何太后仍讓他們入宮省事。

於是袁紹仍堅持要殺，認為事情已經不能停止，何進只好再次入長樂宮，勸何太后盡誅中官。偏殿旁的小宦官偷聽了此事，急忙退出告知張讓等人。

長樂宮偏殿。

張讓（粉綠眼眶）低聲跟段珪說：「何進的富貴都是我們協助的！當了國舅也晉位幕府！我們也都同意他們的要求，要歸隱回鄉！今天竟然如此逼迫再三，不肯放過我等性命，窮鼠尚且嚙貓，我們豈能被逼到死仍不反擊？」

段珪說：「賊人！既然如此，就別怪我等先下手為強！殺了他之後，再向太后與陛下請罪！」

於是趁何進（粉紅眼眶）退出，假詔他再次入宮議事，何進正坐在省閣，忽然張讓與段珪帶著數十名中官持兵器闖入，將其團團包圍。

何進（粉紅眼眶）大驚問：「你們想做甚麼？」

段珪大罵：「該這麼問的是我們！」

張讓（粉綠眼眶）罵說：「天下混亂，並非只有我們中官的罪責！先帝曾與太后不快，幾次要廢后，都是我們出家財涕泣苦勸，才保住的。不然豈有你能當大將軍？不知道保護我等刑餘之人，還聽信外人讒言，想殺光我們種族，豈不是太過分！今天我等要你先死！」

另外一個中官，尚方監渠穆，拔劍揮下把何進斬殺，割下頭顱丟到宮門外。對何進部屬大喊：「何進謀反，已經伏誅！」

何進部將吳匡與張璋大驚，

「大將軍被殺啦！大將軍被殺啦！」

「中官謀反！快率軍進皇宮護駕！」

「殺啊！」

退出宮門外與虎賁中郎將袁術聯合，率軍進攻皇宮。皇宮大門緊急關閉，軍隊強行焚燒南宮青瑣門，宮廷中的宦官衛隊數量太少，很快就抵擋不住。

張讓哭著稟告何太后，說大將軍軍隊謀反，何太后、皇帝劉辯與陳留王劉協，被迫跟著宦官們逃亡。何苗與袁紹攻入宮中，誅殺趙忠等人，而吳匡認為何苗與宦官勾結，並不同心，於是率軍與董卓弟董旻攻殺何苗，從而皇宮變成戰場，一團混亂。

皇宮著火，宮女與宦官各自逃命，一團混亂，春蕊與黃鴛兩人衝入保管傳國玉璽的臨淵閣樓，以黃絹包裹好傳國玉璽後，往外逃命。

春蕊（黃眼眶）說：「先帝的預感是正確的，我們必須保護好傳國玉璽，這場亂局我知道是袁紹挑起，這東西絕對不能落在他手上。」

黃鴛（黃眼眶）問：「難道我們要離開皇宮？」

春蕊（黃眼眶）說：「現在就是先帝說的離開時機，等到新的皇帝坐穩之後，我們才考慮回來。」

黃鴛（黃眼眶）問：「離開皇宮能去哪裡？」

春蕊（黃眼眶）說：「我堂兄就住洛陽城南，我知道去處，妳跟我來。等看清楚是誰要篡奪大漢江山，我們就奉詔去找他的敵人。」

兩女子於是躲在洛陽城南，春蕊親戚的民宅中。

張讓等人帶著少帝與何太后等人逃到河邊。大臣閔貢大罵張讓驚擾御駕，揮劍手砍數人，逼其跳河自殺。

張讓（粉綠眼眶）哭著叉手拜少帝說：「臣等死，陛下自重。」

於是張讓等宦官投河自殺。此時董卓在城外望見變故，遂出動軍隊迎面而來，遂帶著少帝與何太后回宮。

西涼兵馬大舉入城，於是董卓把持朝政，但四處派人尋找，也找不到傳國玉璽。

董卓於是以兵威脅諸大臣，宣稱原本先帝本意就是要立劉協為帝，要廢除少帝劉辯，改立陳留王劉協。反對者不是被其誅殺，便是出走，於是改立劉協為帝。

董卓認為董太皇太后與自己同宗，並以何太后冒犯董太皇太后為名，稱其不孝，於是毒殺何太后與少帝。袁紹、曹操與袁術等人遂逃離洛陽。董卓部隊軍紀敗壞，四處搶奪財寶與婦女，人人自危，女子都只能以土髒面，躲在董卓軍隊不去之處。

招外兵入京結果，是引來惡狼入室，解決的方法，只有再繼續招其他外兵入京，來對付這些惡狼。於是各州郡官吏與豪強，準備聯合討伐董卓。

※※※※※ 中軸線訊息 ※※※※※

承前

本↑↓異　但 母=1/本+（代）〉1/異

令 本甲 +本乙+……∈ 負變

代=本甲 +本乙+……，

群=1　群（代）↓群（本）

※※※※※　※※※※※　※※※※※

洛陽城南民宅。

春蕊與黃鴛滿面黃土，頭髮散亂，以躲避董卓軍士兵的注意。

春蕊（黃眼眶）開門進來，緊閉門窗後，對黃鴛（黃眼眶）說：「董卓士兵開始四處縱火了，所有人都逃跑了，我們也快逃。」

黃鴛（黃眼眶）問：「他們搶奪財寶婦女便是，為何要燒城？」

春蕊（黃眼眶）說：「聽人說，各地州牧聯合起兵討伐董卓，董卓看情況不對，焚燒洛陽強遷長安，陛下與大臣子民，都被強逼上路。我們再不走來不及了。」

說到此外頭一陣亂哄哄。只天見外頭的人熙熙攘攘喊道：

「快跑啊！董卓兵來了！快跑啊！」

黃鴛聽見，趕緊拿著傳國玉璽，隨春蕊往外逃。只見洛陽城火光沖天，大白天所有居民被董卓手下的士兵強押上路。兩人跟著逃難的人群，往城外走。

黃鴛（黃眼眶）逆著人群往皇宮方向走，春蕊（黃眼眶）拉著她手問：「妳要上哪去？」

黃鴛（黃眼眶）說：「往皇宮去！我們得保護傳國玉璽，不能離開洛陽。不然要是途中遇到什麼賊人，我們就辜負了先帝的詔令。洛陽無論變成怎樣？討伐董卓的外兵肯定會來此，到時候我們看見誰是好人，我們就依詔令將傳國玉璽交給他。」

春蕊（黃眼眶）點頭說：「妳說的對！我們就這麼做！回皇宮！」

兩人躲在大火沒有燒及的一個官井旁。直到天色昏暗，人群都被押往西行的道路上。

兩女子枕在官井旁。

「是年輕女的！」

春蕊尖叫，幾名董卓士兵包圍了她們兩人，一陣大笑。

這幾名士兵口操涼州話，兩女子都是洛陽人，聽不懂他們說什麼，相互語言不通。

春蕊（黃眼眶）抽出髮簪為武器示意，大喊：「不要過來！」

士兵們哈哈大笑，一個士兵衝上來一個翻手，就把春蕊押在地上。

黃鴛（黃眼眶）見不可免禍，說：「妹，這官井是滲流不通地下河，我屍體與玉璽都會在此，我先去了！詔令仍然要執行！妳一定要忍耐，帶人前來找我跟玉璽！」

於是抱著緊縛於身的傳國玉璽，往官井裡面跳，士兵來不及阻止。黃鴛溺死在官井中。

二十幾個士兵便對輪流對春蕊施暴，春蕊忍著羞辱與苦痛，只想著苟活性命完成詔令，直到遠處一陣集合的螺聲，士兵們全都發洩完畢，才拋棄全身赤裸躺在地上的春蕊而離去。

等他們都離開，春蕊面無表情，穿回衣物，看著官井才忽然痛哭流涕。拿起掉落在地上的孝靈皇帝詔令，收入懷中。幾次想要跟著跳井，但抓緊詔令打消了念頭。最後忍著回皇宮的殘屋尋找食物，她相信自己一定能完成詔令。

各州郡部隊在酸棗集結，以袁紹為盟主，但每天置酒高會，並不積極討伐董卓。以至於董卓軍隊可以四處劫掠，並派呂布率軍挖掘洛陽附近的各墳墓與皇陵，盜取達官貴人與皇帝的隨葬品，只有曹操率軍進擊，進入滎陽，與董卓部將玄菟人徐榮所部遭遇，一場激戰，曹操大敗退走。同時徐榮擊破孫堅的部隊，一時董卓軍佔了戰場優勢。

曹操狼狽地逃回酸棗大營，盔甲破爛，全身泥臭，在座二十多位各地州牧將領，也都一陣錯愕。

「孟德老弟怎麼如此？發生了什麼？」袁紹（棕眼眶）在主座如此問。

「你還有臉問？董卓軍隊就在不遠處，怎麼只有我的部隊孤軍作戰？你們要是聽我先前的策略，現在董卓已經被我們拿下。」

於是在地圖面前再次重述先前自己的進兵策略，所有人都一副不以為然。

【曹操出現藍眼眶】

曹操（藍眼眶）說到一半，見眾人表情，心頭冷卻大半，然後高聲說：「我知道了，你們根本不想要討伐董卓！好！那我們各走各的！」

把指揮棒丟在地上，離開酸棗大營。過不久糧食用盡，各州軍隊散回，反而去自相殘殺爭奪地盤，討伐董卓之事無人理會。

傳國玉璽被兩宮女拿走，以至於這些州郡軍閥，沒有經過傳國玉璽升級意識，自然沒有以『天下為己任』的想法，會墮落回去當一方當割據強人，不思進取，也不意外。

不過傳國玉璽仿佛有神靈一般，可不會這麼簡單被淹沒。

總會有一個人率先與他隔空相應。

就在曹操大敗，酸棗大營散盡的次年，初平二年。

袁術奏表的破虜將軍孫堅，重新收拾先前被董卓部將徐榮擊破的部眾，並招募新的淮泗精銳，率軍重新進逼洛陽。此時只有孫堅軍，單獨與董卓開戰。

一場激戰下來，孫堅軍擊斬董卓大將華雄，並大破呂布與胡軫兩人的部隊。董卓派使求和，被孫堅一口拒絕。董卓親自率軍迎戰，兩軍大戰於洛陽郊外諸皇陵之間，刀兵相斫，廝殺一片。

殺！鏗將！鏗將！殺！鏗將！鏗將！

孫堅的手下大將程普，負責觀察戰局隨時回報。

程普說：「將軍，賊兵雖多但紀律敗壞，只要往董卓主陣猛衝，就會潰散！沒必要圍繞在皇陵周邊纏鬥。」

孫堅問：「董卓主陣在哪？」

另外一大將黃蓋，指著遠處騎兵圍繞的鐵甲陣說：「就在那邊！都是騎兵的那裏！」一周圍部將跟著挺起武器衝殺，步兵更是人人衝刺死戰。

殺！鏗將！鏗將！

孫堅軍越戰越勇，涼州兵團逐漸不支而潰敗，董卓見狀不妙，在部將掩護下逃之夭夭。

孫堅軍逼近洛陽，呂布率軍與孫堅的部隊，再戰於洛陽城廢墟之間，孫堅左劈右砍奮力搏殺，率領步兵戰騎兵，連續打垮四次騎兵衝擊，絲毫沒有懼色，程普說：「將軍，此地不利於騎兵，代表敵人並不善於用兵，只是自恃勇猛而已！我們分成四隊，引誘伏擊之術，必能成功！」

孫堅同意，於是分隊引誘至有利之處，從殘磚敗瓦當中伏兵四起，四面圍殺，呂布的騎兵部隊逐漸陷入被動。

殺！鏗將！鏗將！殺！鏗將！鏗將！

孫堅軍手下步卒戰術凌厲，呂布軍隊再次大敗。

「將軍，涼州兵開始撤退！」

「不要追了，我們步兵兩腳追不上他們騎兵四腳，不然會重演他人追擊之後，反而中伏兵的覆轍。傳令，全軍集結分隊，清掃皇宮與太廟。」

洛陽廢墟只剩下孫堅的部隊清掃戰場，孫堅與幾名部將騎著馬在城中監督，看著倒塌的皇宮與官署，變成一堆廢墟殘骸的民宅。

孫堅嘆氣說：「我曾來過洛陽兩次，先前的繁華景象，轉眼變成如此光景，真讓人唏噓。」

程普說：「皇帝陛下去年就被董卓挾持西行，而我軍兵力有限，難以追及。」

孫堅說：「大漢盛世不再，陛下蒙塵，可恨賊子！」

「報！皇城中還有人在！是一名女子！」一傳令兵來報如此。

蓬頭垢面的春蕊，被士兵帶了上來。

孫堅寶劍指著她問：「妳是何人？怎麼會在皇城當中？」春蕊面不改色，不答。

程普提醒說：「將軍，她肯定是洛陽人，聽不懂我們說的方言，當用洛陽官話。」

孫堅於是再用官話問了一次。

春蕊（黃眼眶）瞪眼怒目反問：「你又是何人？」

孫堅說：「破虜將軍孫堅！」

春蕊（黃眼眶）說：「這裡不還是董卓兵的地盤嗎？你們怎麼來的？」

程普問：「孫將軍的話妳沒回，妳怎麼反問我們？太無禮了！」

春蕊（黃眼眶）說：「我是宮中女貂蟬官。宮名春蕊，洛陽被燒的時候，大家都離開了，但我不願意離開。在這段時間四處乞討吃糧食，苟活下來。」

洛陽宮中女官，這在地方武夫的眼中，那可是天人。

孫堅撥開她的蓬頭散髮，與汙臭衣物，真是美女。於是問：「妳為何不走？」

春蕊（黃眼眶）說：「我有詔命在身，未達詔命不會離開。」

孫堅與程普都瞪大眼同時問：「什麼詔命？」

春蕊（黃眼眶）說：「將軍你還沒回答我剛才的問題？」

孫堅微笑說：「我們打敗了董卓，準備整理洛陽城。」

春蕊（黃眼眶）露出笑容，從懷中拿出詔令說：「孝靈皇帝詔令在此！孫堅接旨！」

孫堅一愣，趕緊帶著程普等所有部將下跪，身後所有士卒見了也紛紛下跪。

春蕊唸詔：「皇帝制喻：黃巾亂後，朕知天下恟恟天命不歸。惟忠臣可佐漢室，特以黃鶯春蕊二女官，執掌傳國玉璽，交予輔弼忠臣。二人自由出入宮禁，任何人不得以任何原由阻攔，否則以大逆罪論處。中平二年。」

春蕊把詔令交到他手上，孫堅跪著接旨，打開看果如所讀內文。

看完後，孫堅問：「詔命上說還有另外一女官？她何在？傳國玉璽又在何處？」

春蕊（黃眼眶）說：「董卓火燒洛陽時，賊兵汙辱我們，她已經先帶著傳國玉璽跳井自殺。我忍辱讓所有賊兵羞辱，只為執行詔命，帶將軍前往。」

大隊人馬到了此口井。

孫堅問：「該女已經跳井有些時日，屍體會不會隨著地下水流難以尋獲？」

春蕊（黃眼眶）說：「洛陽官井都是滲流的，屍體肯定還在。」

於是孫堅指揮士兵們，拉繩索下井探查，終於打撈出黃鶯屍體，雖然僵硬泡水變形，竟然沒有完全腐敗，傳國玉璽還緊縛在身上。春蕊跪地痛哭。

一士兵呈上傳國玉璽，孫堅與身邊將領一陣驚愕。尤其是孫堅，觸碰到傳國玉璽時，全身一陣怪異的感覺。這感覺跟劉邦，與王莽、劉玄以來的眾多人等一樣。

【孫堅出現粉紅眼眶】

黃蓋問：「將軍，這東西是甚麼來歷？」

孫堅（粉紅眼眶）喃喃低聲說：「這……這好像是玉璽之類……是古文字啊……」轉問春蕊，她答道：「那是鳥蟲篆，寫著『受命於天既壽永昌』當年高皇帝就是得到它才得天命，光武皇帝也是得到它平定天下的。」

孫堅（粉紅眼眶）大驚，急忙交給春蕊說：「女官有詔命保管玉璽，應當奉還。」

春蕊（黃眼眶）說：「依詔命，我有權交給自己認定的忠臣。孫將軍你是忠臣嗎？」

孫堅（粉紅眼眶）跪在地上含淚說：「我孫堅誓死護衛漢室，犧牲性命也不惜，當然是忠臣。」

春蕊（黃眼眶）說：「那這個傳國玉璽就交給將軍了。我也完成了詔命。」於是站起，衝向官井。

孫堅（粉紅眼眶）大喝：「快攔住她！」

黃蓋手快，把她抓回，春蕊哭著要死。孫堅（粉紅眼眶）手握傳國玉璽說：「為何如此？從今天起請跟我一起行動，雖然天下大亂，但有我們在妳不用擔心。我孫堅會依詔命削平叛亂，讓天下重歸安定。」

春蕊（黃眼眶）哭說：「先前被賊兵羞辱，因而生孕一子，但出生後沒有食物奶水不足夭折！」

孫堅（粉紅眼眶）說：「妳這是忍辱負重，為國有大功，天下沒有幾個女子能像妳這般忠良！」

春蕊才放棄尋死念頭。

於是指著黃鶯的屍體，對隨軍文士說：「此女捨身護璽，也同樣於國有大功！厚葬於孝靈皇帝陵寢之側！全軍對其焚香祭祀，致最敬禮！」

文士領命。

接著孫堅命令全軍準備清掃洛陽，春蕊則為孫堅的女官。

在離開皇城時。

程普刻意壓低聲音在孫堅耳邊說：「將軍，黃巾之亂後，天下犖犖，您得到此物，必有天命啊。」

孫堅（粉紅眼眶）瞪大眼看程普說：「不要胡言亂語！」

程普面紅耳赤，低聲到不敢再說。

黃蓋說：「將軍，天下大亂是事實，皇帝被劫，傳國璽遺失都是事實。將軍固然忠於社稷，但也不能不在乎高於社稷的天命。將軍應當深思今日所見之事。」

孫堅（粉紅眼眶）拼命搖頭：「不要胡言亂語！不要胡言亂語！」

原來得到傳國玉璽，不只自己會有感應，還會因此有一些人在耳旁說話，讓有感應的人內心就算抗拒，也不得不將肯定的答案，埋在心中，等待發酵。至於這些人說的話，最後到底是人話還是鬼話，還是得看當事人意識升級的程度而定。

程普說：「將軍我們就不說此事，但接下來該如何？」

孫堅（粉紅眼眶）沉默片刻，走了幾步，低聲說：「命令祖茂的先鋒營，繼續追擊董卓，但注意預防埋伏出現，主力部隊在洛陽休整等候袁術的糧草，同時祭祀太廟，修塞經過混戰的皇陵，看後續情況。」

眾兵將依令而行。

看著黃鶯隆重安葬，眾人焚香祭拜，以及春蕊開心的神情，孫堅（粉紅眼眶）內心不禁犯嘀咕：這真的是天命？我該不該繼續追擊下去？到底該怎麼辦？還是……

過了些時日，魯陽袁術大營。

孫堅派來催促軍糧的使者，不斷來此接洽。袁術此時自稱車騎將軍，位在孫堅之上，同時也節制孫堅的部隊。雖然孫堅並沒有刻意把得到傳國玉璽的事情，回報給袁術，但也沒有刻意堵住使者的嘴，所以消息還是給袁術知道了。

「傳國玉璽？此言當真？」

「是的，下僚親眼所見，孫將軍真的收下了傳國玉璽。」

「這……那可是國家根本之物……當年的高皇帝就是以此為信物，建立大漢。光武帝也靠它，中興漢室……

「袁公是不是當命孫將軍獻出此物？」

「呵呵……這不是……陷余不義……今至尊陛下仍然被董賊所劫……不該有此非分之想。」

「所以才應當招回孫將軍，從長計議，營救至尊陛下……國家重器不可輕忽，袁公三思啊……」

「你說的也有道理……回去告訴孫堅，糧餉還在籌措，請他先撤回魯陽。但千萬別說我知道此事，在事情弄清楚之前，余先裝作不知道就是。不過你可以先把消息散播出去，看看其他人對孫堅獲得傳國玉璽，有什麼反應？」

「下僚遵命。」

【袁術出現粉紅眼眶】

袁術內心有鬼，外表裝作不知，但私下散播謠言給各方知道，下令孫堅退回魯陽。過了些時日，孫堅收到撤軍命令，不得不通知各部隊停止追擊董卓，逐漸收攏撤出洛陽。

孫堅率領一列長長的隊伍，往南走去，騎兵隊走在兩側，矛戈隊、弓箭隊、軍樂隊、車隊，依次而行。他內心掀起波瀾，不斷有聲音在耳邊吶喊：我真有天命？這真是上天的暗示？

官道上前哨騎兵回報：「報將軍，前方有自稱奮武將軍曹操的人，帶了二十多人在官道，請求見將軍一面。」

孫堅心中一愣，曹操屬於京師的官宦士族，自己只算是江東地方寒族出身的將吏，有聽說過名號但並不熟識，甚至兩人見面也只能用洛陽官話溝通，互相不知對方方言、生活習慣，怎麼忽然會在官道邀見？

孫堅策馬與曹操迎面相見，雙方下馬行揖，在官道旁的休憩涼亭中會談。說了些客套話後，曹操（藍眼眶）切入主題問：「關東各路兵馬雖多，真出力進擊董卓者，只有將軍與操耳。而能戰勝董卓者，只有將軍您這一路兵馬。為何此時勝而退軍？」

孫堅（粉紅眼眶）說：「孫某手下兵馬不過三萬，雖有滅董賊的雄心，然關東各州軍並沒有支援，只有袁術公，供應糧草而已。如今袁術公下令撤軍，萬般不願狀況下，也只能退兵。」

曹操（藍眼眶）嘆氣點頭說：「是啊！這也正是操所憂慮者，各州郡太守豪強，都自顧地盤，乃至相互火拼。沒人把皇帝被董賊所劫之事，看在眼中。只是可惜，操手中沒有多的兵馬支援孫將軍。」

孫堅（粉紅眼眶）看著一望無際的平原說：「無奈之事，只能回根據地重整力量，看時局發展，再興兵入關中救駕。天意啊……」

曹操令左右護衛退出涼亭，並瞪了孫堅左右黃蓋、程普等將領，孫堅懂得這什麼意思，便令這些將領也退出。

曹操（藍眼眶）問：「我聽有人傳聞，孫將軍在洛陽官井中，發現了傳國玉璽，是否有此事？」

這一句話單刀直入，孫堅瞪眼，雙方跪坐把佩劍都放置在旁，孫堅不禁瞄了一下佩劍距離，一語不發。

曹操（藍眼眶）看出孫堅對此語有警惕，語氣平靜地說：「孫將軍，你也知道我們都堵不住悠悠眾口，有時候謠言跑得比馬還快，現在許多人都在流傳此事，肯定是洛陽人傳出來的。我沒有其他意思，只希望你聽我一句勸。你所拿到的只是一塊石頭，引起的卻是很多人的猜忌。當然現在至尊陛下被董卓脅持，這塊石頭也無法立刻奉還至尊，但留在身邊終將有禍，自己多留心這個問題便是。保管此物時，我只擔心將軍的安全，為了一塊石頭而有禍患，不值得。」

孫堅微微點頭不發一語。

兩人同時起身，曹操（藍眼眶）說：「如今天下大亂，將軍與操難得一見，在此別離也不知有沒有再見之緣，希望珍重，各自為漢家天下盡最後努力。」

孫堅低頭示意，始終不發一語，只感覺這消息走漏的也太快。竟然連僅有耳聞而素未謀面的曹操，都知道此事，且能夠在官道上等著他，一陣鬼怪之感上身。

曹操與隨從上馬離開後。

在乘馬並行間，其族弟曹洪問：「大哥剛才跟孫破虜說了什麼？怎麼一下他的臉色就變得這麼難看？」

曹操（藍眼眶）說：「來此的時候就跟你說過，孫破虜在洛陽找到傳國玉璽的事情。」

曹洪冷笑一下說：「可見這人，也是心懷不軌。我們相距遙遠，素未謀面，都能從官道上知道此事，他上頭的袁術等人豈會不知？袁術這回招他回去，跟這肯定也有關，他這一回去，引起各地豪強的猜忌，假若他不肯乖乖交出玉璽，孫破虜凶多吉少囉。」

曹操（藍眼眶）笑說：「說的沒錯！我真不明白，一個死的石頭大家覬覦，活生生的皇帝在長安卻沒人要救。假設要得天下，要的是活人，還是死物？我們回去趕快找到地盤，加強自己的實力，等待迎接至尊皇帝的契機，那個石頭，就讓他們傻人去搶吧！」

左右部眾紛紛點頭。

曹操說得聽似有道理，活生生的皇帝比死硬硬的石頭更重要，迎接皇帝，才更接近獲得江山的契機。但是在不同的人角度看事情，結論是不一樣的。

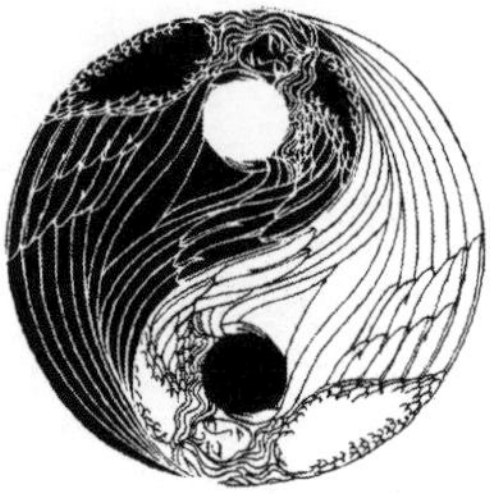

※※※※※　※※※※※　※※※※※

陰陽一體，古怪相連。既然一體相連又分二者，所以就可以轉稱為陰古與陽怪。

陽怪：用假代體，來替代衰變，這是行得通。

陰古：但自造一場混亂，這有可能造成分裂的風險。

陽怪：這倒不必擔心，分合當中，最後建立許多隱藏的慣性線，導引異族的窺伺，長城局的融合補食才能啟動。間接也啟動其他遊戲，才能走我們設定的大年腳本。

陰古：大年腳本真是困難，要這麼大的代價。盡快設定下一階段的主分隔慣性在哪？

※※※※※　※※※※※　※※※※※

超個體已經對下一個亂世，要達到融合捕食目的，作出了設想。但萬一出現不如預期的風險，那整個文明體系就會危險。對此如同軍事演習或是演戲一樣，事先要找自己人來排練。

曹操不知道，自己已經被劃分出角色來，他是演練異族入侵的壞人。而相對立的好人，則要盡快安排適當的人引出來，在此當然全天下都要大混戰一番。

整個三國時代，根本就是假的亂世。只是超個體的軍事演習，確實是太逼真，逼真到要死很多人。歷史的當事人當然不知道，後世兩千多年的人也不知道。畢竟，小年不知大年，以至如此。

魯陽。

孫堅退軍到此後，與袁術見面，報告與董卓作戰的經過。

孫堅心知獲得傳國玉璽的事情，袁術可能已經知道，但始終不提，而袁術也始終不問，彷彿根本沒發生過。但之後的事情，卻在潛移默化之中改變。

孫堅（粉紅眼眶）問：「袁公，您家族顯赫，在南陽號召了不少的力量。而董賊躲入關中，據險要處抗拒，是否應該再組織更多精兵，進攻關中迎接陛下？」

袁術（粉紅眼眶）說：「救駕是遲早的事，只是如今天下大亂，董卓涼州兵馬精悍，地近關中，有險可守，只靠我們的力量還不夠穩定關中，對此要從長計議。」

接著攤開地圖說：「如今各地州牧自顧地盤利益，不肯合作，我們應當首先除掉荊州的劉表。以荊州富裕之處，招集更多兵馬糧草，屆時必能克復關中。不然我所處之處你也知道，無法源源不絕提供你糧草作戰。所以我們當先打劉表，後入關中。」

孫堅（粉紅眼眶）疑問：「劉表是漢室宗親，我們尚未滅董賊，就先打劉表，是不是會被天下人非議？」

袁術（粉紅眼眶）正色說：「此言差矣，先前將軍你斬殺了企圖依附董卓的荊州刺史王睿，而劉表竟然接受董卓假天子詔命的任命，擔任荊州刺史。他也可能是依附董卓的人，所以得先討伐他，才能解除我們的後患。」

孫堅（粉紅眼眶）說：「可國家大敵仍然是董賊啊。」

袁術（粉紅眼眶）說：「先前討伐董賊時，將軍也知他兵力雄厚，糧草充足，我們消滅董賊需要更多的兵馬糧餉，倘若將軍平定荊州，我必表將軍為荊州刺史，以荊州充足的兵力與財力，再以將軍用兵之能，何愁董賊不滅？」

繼續接著說：「劉表心思我也知道，自以為如光武帝，在河北坐看劉玄被赤眉收拾，之後再以漢宗親的身分光復漢室。但劉表一自守之賊，依附董卓，豈有光武帝的天命？這種人不能讓他得逞，否則至尊處境才是真的堪憂。」

孫堅聽到他說天命二字，忽然一愣，醒神後繼續點頭。

的確，這個時代要換新局，不能讓這種不忠的宗親，再去光復再版的漢室，變成了再再版，應當狠狠地討伐。

於是孫堅率軍，大舉開拔，進攻荊州劉表。

劉表軍隊一接觸就大敗，節節後撤，孫堅率軍急追，包圍襄陽城。劉表部將黃祖再次迎戰，又大敗，往山林撤走，孫堅率軍沿著黃祖撤走的蹤跡追擊。

軍隊從急行軍改為緩步銜枚前進，大家安靜地進擊。

「將軍，袁公這次的指令，末將認為有問題啊。」程普憂心地低聲對孫堅這麼說。除了孫堅與左右部將不銜枚，其餘官兵都銜枚寂靜而行。

所以程普聲音雖低，孫堅聽得很清楚。

「為何這麼說？」

「末將聽說，袁公已經知道將軍在洛陽得到傳國璽，從而不想讓將軍繼續進攻關中，改讓將軍打荊州。難道說，袁公怕將軍平了董卓，迎奉天子，功勞把他給蓋過去？」

孫堅（粉紅眼眶）搖頭說：「不要胡言亂語，袁家與董卓有滅門大仇。」

程普說：「雖然袁公跟董卓有大仇，但倘若巨大的利益在面前如何？難道不會暫時捨棄大仇，轉而追逐巨大利益？」

孫堅（粉紅眼眶）問：「你說的巨大利益是？」

程普說：「就是那個得天命的信物，傳國玉璽啊。」

孫堅（粉紅眼眶）漠然。須臾，低聲回道：「我已經將它交由我妻子保管，沒有我的同意，誰也無法得到它。你們就不用擔心，我一定會保存到迎奉聖駕，將玉璽歸還漢家。」

說到此，忽然前方一陣鼓噪。

「將軍！前方發現黃祖的部隊。」

「給我衝殺！一定要消滅黃祖！」孫堅揮軍進擊。

兩軍在山林中一場混戰，孫堅雖然勇猛，但黃祖早已經設好陷阱，樹林上埋伏著大量箭術精湛的弓箭狙擊手，看準穿著將軍服飾的孫堅本人，排箭飛蝗般射來，孫堅當場中箭落馬。只見孫堅手中寶劍落地，無法指揮。

「將軍！將軍！」

孫堅左右部將一陣混亂，周圍盾牌手趕緊臨時置盾阻擋後續流箭。

程普急忙接替指揮權：「鳴金！鳴金！撤出去！」

噹噹噹噹……

孫堅軍不愧訓練有素，組織撤退陣行，井然有序撤出戰鬥。但孫堅身中數箭，深入要害，回到軍營已經死亡。

袁術聽聞了孫堅死亡的消息，先惺惺作態，親自哭悼，但內心暗藏洶湧。之後派人進駐孫堅家，不斷暗示孫堅的妻子，交出傳國玉璽。孫堅的兒子孫策，知道袁術的真實目的，認為在大亂之世，孫家還需要袁術的勢力當靠山，建議母親獻出傳國璽。袁術得到傳國玉璽後大喜，命令孫策繼續統領孫堅的兵馬，並同意持續供應兵餉。

春蕊（黃眼眶）見到了孫堅死亡，傳國玉璽被袁術奪走，也只能哭著離去。離開時含淚喃喃自語：「陛下，婢妾已經盡力。忠臣已亡，婢妾也無可奈何。請原諒。」之後春蕊嫁給了南陽城外的年輕農民，對這年輕農夫來說，宮中女貂蟬官那可都是天上人，自然真心愛護春蕊，生兒育女，全家終其一生都躲避了戰亂，幸福自不待言。

不過她自認為沒達成詔命？那可錯了，詔命已經達成！

袁術（粉紅眼眶）帶著手下群僚與親信部將，鑑賞孫策送來的傳國玉璽。

「不愧是國之重器啊！」「是啊！端莊，大器！」「得到它就得到天命啊！」「高皇帝與光武帝都是靠它定天下。」

眾人一片議論紛紛，袁術更是目不轉睛看著傳國玉璽的每一寸輪廓。見到袁術（粉紅眼眶）神情異狀，似乎內心波瀾萬狀，袁術的堂弟袁胤趁機進言。

「兄長，我們袁家四世三公，在此漢室分崩的亂世中，為天下士民仰望。如今傳國玉璽現身，代表兄長得天命，應當果斷作為！」

此語一出，滿座皆驚，頓時大家閉口不言，觀望袁術態度。

袁術內心早已經七上八下，就等有人開口，但眼神一掃眾人，感覺人人觀望，沒有他預先想的，大家群起奉表支持。

袁術（粉紅眼眶）改口說：「這…這怎麼成呢？而今天子還在長安，董賊未滅…我不可以做這種事情…你就不要再說了…」

在瞄了一下眾人，然後說：「只要天子還在長安一天，董賊一天未滅，我就不能做這種大逆不道之事，議論就此打住吧。」

然後命人把傳國玉璽收回房內保管。

但袁術眼神飄忽，已經被眾人發現，代表嘴巴上不承認，內心已經鬆動。傳國玉璽是鬼神之作，嘴巴抗拒無法下台，它自然會導引出命運變化，讓被催動者被迫做抉擇。

袁術的內心早已經掀起比王莽等人還要激烈的波瀾，另一個袁術正瘋狂地呼喚自己當皇帝。

次年。呂布殺了董卓，被李傕與郭汜兩軍閥打敗，投奔袁術而來。

董卓已經不用去討伐，因內鬨被自己人殺死後，人頭還自動送到袁術這邊來……

「報袁公，呂布殺了董卓，又被李郭二賊打敗，現在帶著董卓人頭來投奔。」

於是來使告知了發生在長安城的詳情。

眾人一陣議論紛紛。眾人本以為袁術沒有復仇的大志，袁紹更是只顧自己權位，袁家的仇不知道何時能報？沒想到殺了袁家老小的仇人董卓，竟然自己死了，人頭自己送上門來。

袁術（粉紅眼眶）聽了大喜，笑說：「哈！董賊也有今天啊！真是蒼天有眼！」

袁胤（粉綠眼眶）見此趁機再次進言：「兄長，先前您說董賊一日未滅，就一日不能承接天命，而今董賊已死，應當如當年漢光武帝在北，思考承接天命之事，以應天下蒼生之望。」

周邊群僚又一陣靜默。

袁術（粉紅眼眶）大喝：「蠢材！董賊雖死，但還有李郭二賊脅持天子，現在不是考慮這種事情的時候！眾人跟我去迎接呂將軍。」

於是群僚跟著袁術離開，拋下一個袁胤冷冰冰地待在大廳。

袁胤（粉綠眼眶）喃喃低聲說：「想要又想裝。」

袁術擺開了大陣式，迎接呂布一行人入城，儀式完畢之後，入廳對談。

呂布首先拿出，上漆過的董卓首級，獻於袁術案前。

呂布（橙眼眶）笑說：「袁公，董賊劫持至尊，殘害天下蒼生，也屠殺袁家親屬。呂某奉旨弔民伐罪，誅此一害，在此獻上首級表達誠意。」

袁術命左右，收下董卓首級後，呵呵一笑，表情有些冷漠。

指著董卓人頭說：「董賊啊董賊！你今天終於變成一顆頭顱落到我手裡，蒼天有眼。」

呂布（橙眼眶）見他收下重禮，卻表情冷淡，頗不自安，行揖說：「在下并州五原人，家鄉地近匈奴，口音與洛陽貴戚的袁公相差甚多，不知道是否聽不懂在下所言？」

確實袁術不太聽得懂呂布的口音，繼續在上座冷冷一笑，這也是袁術可以藉此對呂布冷淡的理由。呂布旁邊一個侍從用標準的洛陽官話，重述了呂布的大意。

袁術（粉紅眼眶）皮笑肉不笑說：「我並非聽不懂呂將軍的五原話，甚至匈奴朋友，我都能溝通。呂將軍的功勞，不會被忘記的。因為我袁家的大仇，是呂將軍幫忙報。只是聽說你手下的那些兵將，軍紀不太好，黔首們都很害怕。而且現在天下大亂，帶著兵登門拜訪，誰能不忌憚？」

原來袁術是忌憚呂布手下兵將。

呂布（橙眼眶）笑著用北方五原地方話說：「原來是這幫小子們讓袁公不快，請袁公恕罪，在下回營之後一定嚴厲整頓。但聽聞袁公與兗州曹操那廝，月前才戰於匡亭。在這大亂之世，袁公多一些幫手總是好的。」

這一說讓袁術內心更是不快，這呂布真是語無倫次，竟然拿出袁術不久前打敗仗的案例，來強調自己與手下們對袁術的重要性。

袁術（粉紅眼眶）更加陰沉沉地說：「呂將軍的部下善戰，可以屯居城外，糧草供應我們會給予。但倘若有騷擾之情事，可別怪我的部眾們不待見。」

呂布（橙眼眶）笑說：「不敢不敢，袁公教訓，在下銘記於心。」

靜默片刻。袁術招手打算先散會。

呂布（橙眼眶）急忙止手說：「袁公且慢，在下有一事相問。」

袁術（粉紅眼眶）問：「呂將軍還有何見教？」

呂布（橙眼眶）說：「呂某在來此途中，聽聞袁公在年前，從去世的孫堅將軍那邊獲得了傳國玉璽，不知道是否有此事？」

此一說，袁術瞪大眼，在場的文武官員也都面面相覷。袁術心思，這呂布也未免太不知忌諱，才見面就拿這種事情來說，而且是在大廳廣眾之下說，還真不是普通的語無倫次。

但既然問了這個，早已經天下人都知道的秘密，也就只好回答：「是有這麼一回事，這是國之重器，當擇時機，消滅關中賊人，親自歸還天子。你問這麼多想做什麼？」

呂布（橙眼眶）急忙奉承地說：「不不，袁公誤會在下意思。當年高皇帝得到它就得天下，光武帝得到它則光復漢室，這代表能得此璽者，就得天命。在下要恭喜袁公，賀喜袁公，眾望所歸，當得天下人擁護。神秘的讖語書上說，代漢者當塗高，這會不會就是指袁公您啊？」

說罷還繼續打恭作揖。

在場一片竊竊私語，都搖頭呂布胡言亂語。袁術雖然非常討厭呂布，但被他這一句天命鬼話，加上讖語的功效疊加，擊中了早已蠢蠢欲動的心靈。

袁術（粉紅眼眶）笑說：「多謝呂將軍美意了。我本應當設下宴來歡迎呂將軍，但一時沒有準備，在此先散了吧，休息兩日，我必設下大宴，再招呂將軍入城夜宴長談。」

呂布（橙眼眶）開心笑說：「一定前來。」

呂布遂告退。

呂布退後，部將紀靈告袁術說：「袁公，呂布這人，十足是一條狼。一來這就胡言亂語，可見必定是圖謀不軌。不應當留他太久。」

袁術（粉紅眼眶）淡淡地說：「這我心裡有數！他跟他手下的一舉一動，你們都派人密切監視，所有城內外巡邏兵力都加倍，有任何不軌，就立刻回報給我。」

袁術不傻，知道呂布這人必須要防，但防得住他的人，也防得住他的部隊，卻防不住他說的鬼話。

過不久，呂布手下果然四處抄掠，袁術氣得翻臉，調動部隊戒備，城池沿途要道設下關卡重兵，斷絕供應糧草。只是因為他獻上了董卓人頭當大禮，所以袁術才沒有下令開戰。

呂布自知不能久待，於是率部眾投奔張楊。

張楊手下建議擒拿呂布，交給李傕。呂布得悉後又轉投袁紹。在袁紹處，呂布助其大戰黑山軍，但呂布恃著功勞向袁紹請兵，袁紹不應許，呂布將士又多暴橫，呂布自覺不宜再留，於是向袁紹告辭，袁紹假意派三十壯士送行，實則是刺殺呂布，呂布識破其詭計，讓人在帳中彈琴，自己則趁機離開。

袁紹三十刀斧手砍下去時，不但沒殺了呂布，連其替身都沒見到。

袁紹因畏懼呂布善戰而不敢追擊，反而緊閉城門，呂布因而逃脫。

正當呂布走投無路時，忽然曹操陣營的張邈與陳宮，非常忌憚曹操在討伐徐州陶謙時，縱兵殺戮平民，認為他不是善人，趁著曹操還未回師時，發動叛變，派人來迎呂布入主兗州。呂布聽了大喜過望，立刻率兵入兗州佔領地盤，曹操則立刻回軍迎戰。

呂布自以為二袁與張楊都有心防，只有曹操陣營有叛亂，最容易得手，結果沒料到曹操才是最難惹的惡人。曹操率軍回來就是猛衝猛打，死戰不休，連場大戰之下，呂布所部傷亡慘重，最終呂布大敗，投奔徐州劉備，去看劉備是不是好欺負的主。

兗州，東阿。曹操跟所有謀士策馬巡邏城池，視察因戰亂被破壞的民居。

曹操（藍眼眶）說：「你們看看。戰亂真可怕，到處都死人。呂布小賊的跳樑鬧劇，苦了我兗州之民……劉備自作聰明，現在收容這小賊，遲早也會被他所奪。」

郭嘉策馬在曹操身旁，直言：「呂布苦了兗州之民，將軍則苦了徐州之民！」

曹操聽了一愣。

在另一旁的曹洪說：「奉孝，你怎麼可以這麼說將軍？先前你對此事，也沒有反對意見啊！」

荀彧（金眼眶）說：「奉孝說的沒錯，兗州之民與徐州之民都是大漢子民。將軍的殺父仇人是陶謙底下的賊人，並非徐州子民。我與奉孝，當時考慮到後續作戰順利才並未全力阻止，但而今必須反省這是一場錯誤，需立刻改變作風。若將來不慎，恐怕會走董卓的後路。」

曹操瞪大眼，立刻勒馬，馬匹在原處打轉。接著下馬，對郭嘉與荀彧行揖，郭嘉等所有人也都下馬。

曹操（藍眼眶）說：「先前徐州之事，因喪父而沒控制住自己，但事情已經造成，而今先生當告訴我該如何是好？」

郭嘉回禮說：「奉孝在將軍帳下謀事，自當知無不言。接下來的事情我事先有跟文若談過，請他告訴將軍。」

曹操轉看荀彧，荀彧（金眼眶）說：「如今各州郡豪強割據，相攻不休，士民怨恨。這一切都起源於天子權威喪失，豪強都有謀奪之心，只是礙於士民之情，不敢自立。袁術既得到傳國玉璽，聽聞他有自立之心，必率先犯天下大不韙。將軍只要趁此之時迎奉天子，恢復秩序，討伐叛亂，必能重得人心，讓大漢江山重歸一土。」

曹操（藍眼眶）笑說：「說得好。操敢不從命？」

於是派人暗中聯絡長安的皇帝劉協，此時劉協已經受不了李傕與郭汜的脅持，趁著兩人內鬥，連絡楊奉董承等人，找到兵馬護駕，逃離長安與眾人一路辛苦，往東奔去，沿途躲避李郭二人的追擊，曹操率軍迎接劉協御駕，並派人討伐李郭二人。

但此時洛陽已經殘破，遂遷許昌。

曹操看似聰明，實際上因此跟皇帝寶座已經絕緣，而拿到傳國玉璽的袁術真的要稱帝了。

袁術受不了傳國玉璽的發功，正式在壽春登基稱帝，國號仲家，置公卿，祠南北郊。壽春周圍的民眾也配合演出，使得這齣戲非常地逼真，袁術的手下孫策等人因此據江東叛離，袁術也遭到曹操連番打擊，勢力大衰。

建安二年秋末，許昌朝廷。

曹操征討袁術獲勝，向皇帝劉協匯報。

「臣征討僭號逆賊袁術，連破賊軍，使其遁逃淮南，不日可滅，戰功過程奉表謹奏。」

奏表上後，群臣紛紛點頭，征討僭號稱帝者，為順應人心之舉。

劉協（灰眼眶）於座上問：「朕沒料到竟然有人敢據傳國玉璽稱帝，我大漢自黃巾賊亂之後，動盪不安。袁家四世三公，蒙受國恩，袁術本人也受朝廷重用，竟然會出此賊心。曹卿為何不能立刻生擒此賊來許昌，還使其遁逃淮南？」

朝廷眾公卿紛紛轉看曹操。

曹操直覺感到氣氛詭異，劉協的語氣一提到袁術就顯得無奈，而眾人則提到袁術，比提到其他割據軍閥，神情還要恐慌。平常曹操手下謀臣，把袁術當作愚蠢將死之人，但一到朝廷內部就變了氣氛，曹操從而內心輕視朝臣，認為他們不過是擔心自己的地位，被稱帝者所挑戰。

曹操（藍眼眶）答道：「而今呂布奪取劉備的徐州，為袁術的羽翼。臣以為當先滅呂布，而後擒袁術。」

劉協（灰眼眶）追問：「朕知道，呂布與卿有奪州之恨，但天下州郡都屬大漢，是故此恨是私。袁術竊佔傳國玉璽，稱帝僭號，是逆天而行，萬民驚悚。此事是公。卿奈何先私後公？」

曹操（藍眼眶）內心一愣，先前啟奏事情，這劉協從沒有這麼究追，怎麼對此這麼認真？

「原徐州豪強劉備，為呂布所逐，正投許昌而來。臣自當與劉備合力一同先滅呂布，翦除隱患，而後擒袁術順手，此為攻戰自然之理，陛下聖躬自安。」

劉協（灰眼眶）瞪大眼說：「那朕就與天下人一起拭目以待，一定等你做到！」

曹操叉手跪拜，渾身恐懼冒汗，表示服從。

退朝之後，曹操內心疑慮不已。他從未見劉協這年輕人，這麼有帝王威嚴，也未見過他說話如此得體，能順著話題一路打到權力局面的要害。倘若劉協之後都這樣坐朝，士民都必然順服，那他自己就得永遠乖乖當個中興漢臣，不可能有任何政治越軌之行為。

「怪了！提到那顆石頭，這小子就變性……似有鬼神相助一般」

曹操不斷如此喃喃自語，此時他才感覺到，那顆傳國玉璽不是普通的石頭。

許昌城內。

劉備率領部眾與曹操一同回城，引起許昌城內士民圍觀，因為大家都聽說劉備仁德愛民，且有皇家宗室血脈，都要來一睹劉備的風采。曹操見了眾人如此追捧劉備，內心非常不快，但此時還需要劉備之力，所以仍命令部眾在許昌城內，擺出盛大場面接待。

兩人見面暢談眼前局勢。

曹操（藍眼眶）說：「陛下有旨意，要曹某先滅呂布，後擒僭號稱帝的袁術。

收傳國玉璽回歸漢家，以正天命。玄德一來，我無憂矣。」

劉備（紫眼眶）操著幽州涿郡方言：「呂布先前曾奪將軍的兗州，而今奪我徐州，是我們共同的敵人。但這些都是私怨，真正最可恨者為袁術，竊璽僭號，這是公憤。某建議先公後私，先袁術後呂布，尤其傳國玉璽更該盡早回歸漢家，不知將軍以為如何？」

在旁的曹操文吏，也是幽州人，轉述了劉備方言為洛陽官話後，曹操內心暗鬼頓起。這劉備竟然口吻出奇地與皇帝劉協一樣，這等於擺明著刺我曹某人。而且這劉備從未見過傳國玉璽，竟然也提到這東西，難這石頭真有種鬼神之力？

曹操（藍眼眶）瞄了他一下冷笑說：「陛下的旨意很明確，是先呂布而後袁術。這也是因地遠近，用兵的自然之理。」

劉備說的方言口音曹操聽不太明白，但曹操的洛陽貴族官話，劉備（紫眼眶）一聽便懂，笑說：「既然是陛下旨意，那玄德自當遵命。討伐此二賊，玄德不才，都願做帶兵先鋒在前，供將軍驅使。」

曹操（藍眼眶）笑說：「玄德果然人傑，屆時必少不了足下之力。」

曹操（藍眼眶）轉而心思：傳國玉璽……我曹某就不信這鬼東西能有什麼用，哼！

不過曹操感覺到劉備雖然被呂布所襲，但並不是庸才，於是常常登門拜訪劉備。

兩人出門一同乘車，入座則並列同席，不斷對劉備拉親近。兩人各自的手下將領，也相互結交。

劉備入京，劉協大喜，擇日於朝堂招見，並且在百官面前拉出自西漢以來的皇家家譜。並且立刻認同劉備自報的皇族身分。當場封劉備為『皇叔』，劉協自稱為姪兒。

曹操在一旁面色冷峻，眼皮青筋跳動，大家都看得出來，曹操這是由忌妒從而猜忌生恨。劉皇叔名目已經確定，百官紛紛附和，曹操也只能強顏歡笑，表示恭賀。

但內心打算把劉備支出京城，以免這叔姪二人感情日深，劉備藉皇叔的地位壯大勢力，會串謀對自己不利。之後上奏要出征呂布。

打呂布果然劉備率所屬軍馬，先行出擊，但被呂布手下打敗。所幸曹操率軍來援，從而轉敗為勝，大舉攻佔徐州大部，最後合力消滅呂布，將呂布絞死，並梟首示眾。

劉備再次受到舉朝追捧，認為他討伐呂布有大功，皇帝劉協在慶功宴上不斷跟劉備親暱，叔姪相稱，曹操見了更是忌妒憤恨，如同婦女互妒一般。董承見到這一幕，決定拉攏劉備入夥反曹，在獲得皇帝的衣帶詔之後，夜晚拜訪劉備，打開衣帶詔直接說明來意。劉備見狀大驚，甚至吹掉燈火只剩下月光入映密談。

「皇叔，這衣帶詔是陛下親筆所書，逆賊曹操悖逆無禮，嚴然董卓第二。這種大事，在下怎麼可能會偽造？」

「我不是懷疑董國丈所云，但曹操迎奉天子天下皆知，目前尚無明顯反狀。又天下各處豪強割據，盜賊橫行，此時如此恐不妥當。」

「劉皇叔此語何意？天下之所以會亂，就是因為有曹操這種惡賊在朝，但大家或鄉愿，或恐懼，或視而不見。兩次黨錮，最後黃巾亂起，最後董卓橫暴，不就是如此造成？曹操不除，談何天下太平？」

「這……曹操尚無反狀，我如何能？」

「這是天子詔命，你貴為皇叔，難道不從天子詔命？天子都認為他曹操是反賊，這不就是反狀？」

「請恕備直言，曹操手下兵強將勇。」

「所以陛下才要皇叔你加入！你手下不也有兵嗎？」

劉備猶豫再三，拖延許久。

董承非常憤怒，當場拍案大喝：「衣帶詔在這，已經有人簽名，偏將軍王子服、校尉種輯、議郎吳碩，你今天不想簽也得簽！我之後會稟告陛下，讓陛下召見你，親自為你說明，你就知道這確實是陛下的旨意！簽！簽！立刻簽！」

劉備（紫眼眶）被董承嚇到，手抖著拿筆，在衣帶詔上簽下左將軍劉備，表示入夥反曹。

曹操由於忌妒劉備與皇帝太親，不打算讓劉備待在京城太久，劉備則恐懼衣帶詔遲早會曝光，也趁機上奏朝廷請領徐州，阻止叛逆的袁術北上與袁紹匯合。曹操立刻附和贊同。

就在準備前往徐州的前一日夜晚。

劉協秘密召見劉備入宮。

宦官特意帶著劉備繞了一些路，避開曹操在宮中安插的耳目。

劉備（紫眼眶）見到劉協，叉手跪拜。

「臣劉備，叩見皇帝皇后兩陛下。」

劉協急忙拉起他，與伏皇后一起拉著他入座，此時殿內只有皇后親信宮女六人，親信宦官兩人在門外守候，防止有人竊聽。

入座之後沒說幾句話，劉協與伏皇后一同流淚，把皇帝御璽交給劉備。

劉備（紫眼眶）見了大驚失色，急忙問：「陛下，為何如此？」

劉協（灰眼眶）訴苦道：「董國丈衣帶詔之事，皇叔您不是已經簽下了嗎？朕也不用隱瞞皇叔，這一切都是曹操！他逼得朕不得不流淚。朕得將印信交給叔叔了。嗚嗚嗚……」

劉備急忙奉還。

劉備（紫眼眶）問：「陛下，司空迎奉陛下至許昌，奉陛下詔命討伐叛逆，難不成他真有不軌之舉？」

劉協（灰眼眶）淚流滿面說：「曹操他表面上尊奉朕，實際上他就是第二個董卓！皇叔你可知道他在許昌有一個校事府？」

劉備（紫眼眶）點頭說：「臣有耳聞。這是他曹操的耳目爪牙。」看到劉協真的開始針對曹操，劉備便也不再稱他為司空了。

劉協（灰眼眶）說：「當初董卓在時，朕尚年幼，他雖禍害天下，但對朕尚不至於惡語相向，甚至董卓還知道尊重博士儒生，如蔡邕等人。但他曹操在朝堂上表面尊奉天子，實際從宮門內外，遍布他的校事府鷹犬，朕與大臣之間的任何互動，都必須事事稟告。朕能相信的除了后妃與這幾個宮女中官，別無他人。只要朕有任何不符曹操的意，他便率領武裝甲士闖宮，逼朕修改詔令。朕若不從，他便說有奸臣蒙蔽蠱惑朕，到在朝堂上就開始在朕面前殺人。」

說到此劉協泣不成生，劉備（紫眼眶）也淚流滿面道：「先前董國丈衣帶詔之事，臣以為是他想奪曹操的權力而已。沒想到曹賊真的如此大逆不道！」

伏皇后（青眼眶）也痛哭接口說：「當初的董卓還知道要尊重儒生，不敢干預陛下與臣民互動，但他曹賊卻不是如此。只要有任何仁人志士，與陛下談起中興漢室之策，他從校事府耳聞，便找藉口殺了這些人。甚至還忌妒誰跟陛下親近，甚至厚顏無恥地直接說，天下人都居心叵測，只有他曹操自己是忠臣，陛下只親近他曹操就可以了。即便是舉朝皆知的名士，都不能例外遭他毒手。叔叔，我們該怎麼辦？」說罷淚流滿面。

伏皇后年輕又貌美如花，又身分尊貴，哀哭起來更是令人垂憐的弱者。更何況皇帝陛下也在一旁哭泣，好一對尊貴又可憐的年輕夫妻。

劉備（紫眼眶）當場崩淚，退出席位叩拜說：「曹操賊人！臣與他不共戴天。請兩陛下收拾眼淚，臣願意肝腦塗地替兩陛下效死命。」

劉協（灰眼眶）拉起劉備說：「叔叔請起。」

再次入座。

劉協（灰眼眶）說：「有賊臣如此。外臣袁紹只知擴張自己實力，劉表號稱宗親手握荊州強兵，卻也當起自守之賊，與曹操來個相安無事。朕舉目所見，能帶兵服眾，又忠心於朕的宗親，也只有叔叔您。但朕也知道討伐除賊不那麼容易，叔叔將去徐州，徐州軍民皆服皇叔仁德。朕請叔叔一定要興漢室，討賊人。」

劉備（紫眼眶）以泣不成聲說：「陛下勿憂，臣忝為漢室宗親，便與那曹賊不共戴天。此去徐州必定整頓軍民，以臣估計可以整軍八萬之眾，屆時臣必定帶兵勤王與曹賊決一死戰。」

劉協與伏皇后起身，一同跪拜，劉備哭泣著叩首，宮女們伏起哭哭泣泣相互叩拜的三人。

伏皇后（青眼眶）說：「宮中有曹賊耳目，我們不能相談太久，請叔叔見諒。叔叔得離開了。」

劉備再拜之後離宮。

演練入侵者外族的壞人角色曹操，早已經安排妥當，遲遲未找到演練本族受害抗爭者，奔走天下當好人的角色。如今在劉協夫妻哭鬧一番後，終於演練好人的一方，也找到了適當的人來上演。

超個體第一次排練融合捕食，整個三國時代的大軍演，終於進入高潮。

然而，整個三國時代乃至於最終三分歸晉，都是只是為了排練下一個階段，超個體或稱古怪，他要的集體慣性。

出了宮門外，劉備急忙叫起關羽及張飛與所有部眾整隊。拿起軍令，凌晨城門剛開就離京，與調派給他手下出鎮徐州的部隊會合，快速急行軍往徐州進發。曹操後悔放他走，派人急追，但劉備拒絕回去。

途中，劉備（紫眼眶）狠狠地對部眾們說：「曹操賊人，你休想奪走劉家大漢天下！」

郭嘉與程昱急入曹操府邸，密報劉備動向。

「劉備準備據徐州反了？」曹操（藍眼眶）聽了喃喃低聲。

郭嘉說：「果然不出所料，藉口阻擋袁術拒絕回來，他已經帶兵馬離開，如今之計，只能等來年開春再討徐州。」

程昱說：「可河北的袁紹已經蠢蠢欲動，朝廷中不少人與袁紹暗通款曲，相信是他們在暗中操弄劉備與袁紹之間的聯絡，這些人才是大敵啊。」

郭嘉說：「袁紹優柔寡斷，不會這麼快做決定的。劉備人傑平地崛起，不但有識人之明，還自稱有皇族血統，與至尊陛下相認叔姪，在朝野都有影響，才是該最先除掉的隱患。」

程昱與郭嘉爭論中，曹操在場似乎若有所思沒有回答。

兩人見曹操如此反常，對看了一下沒接著說下去。

「將軍？」

曹操（藍眼眶）醒神，低聲說：「真的是奇怪，高皇帝、王莽、劉玄、光武帝、孫堅、袁術……其他因之行為乖張的小人物，更不計算在內，此物真能操縱人心？」

郭嘉問：「將軍是說傳國玉璽？」

曹操（藍眼眶）說：「我曹操就是不信邪！一個死物能管我最後變成什麼？不管別人怎麼說，我就是用我的方式，削平海內變亂，做我的漢臣！」

起而說：「你們不必再多議論，袁術已經死期將至不必理會，先伐劉備後征袁紹！都回去準備吧！」

說罷好像想通了什麼，露出微笑，自行回後房休息。

曹操似乎看到了傳國玉璽的一部分鬼神之力，想要跳脫？這由得了你嗎？在整個局沒有結束之前，所有的人都得在它建立的遊戲規則下玩，不管誰勝誰負，也不管勝利者多有思想創造力，或想要建立怎樣新的政治平衡模式？但最後玩出來的結果還是得一樣，走集體預設好的軌跡。

這是一場攸關民族後續命運的一場軍演排練，當然不容許演員脫離劇本自己發揮。

而此時袁術因稱帝驕奢，所屬部眾紛紛叛離，財貨用盡，士卒逃散一空，盜賊反而逼近城池，不得不燒掉皇宮離去。

只剩下少數親信還在身邊，窮困潦倒地坐在一小土城中。

袁胤（粉綠眼眶）進言：「陛下，雷薄與陳簡都不願意接納御駕了……」

袁術（粉紅眼眶）苦臉說：「好啦！別陛下了，現在我們已經窮到只剩下這點人馬。這場稱帝的鬧劇，還是到此為止了吧……」

喘口氣低聲說：「是該再找人支援我們，不然我們隨時會被人抓去許昌。」

袁胤（粉綠眼眶）說：「不如找我們投奔另外一個兄長，袁紹。他雄踞青、冀、并、幽四州。實力強大，必能收留我們。」

袁術（粉紅眼眶）說：「先前我跟他鬧翻過，還罵過他不是袁家子孫，現在怎麼投奔？」

袁胤（粉綠眼眶）說：「都已經是過去了，本初兄長應該不計前嫌。畢竟，兄長你有傳國玉璽，也曾是淮南之主。獻璽歸帝號給本初兄長，必能使之大悅。」

袁術（粉紅眼眶）長嘆一聲，氣息低沉地說：「就這麼辦吧……總得替我們的親信找個出路……再這麼混下去遲早都會被人抓去許昌梟首示眾……」

於是派人從小路到鄴城，求見袁紹。

袁紹聽了來意，派袁譚率軍從青州迎接，但劉備與朱靈率軍阻擊……

殺！鏗將！殺！鏗將！

前面原野一片兵士嘈雜。

袁胤（粉綠眼眶）說：「不好了兄長，徐州這條路都是曹操的兵馬，擋住了我們跟袁譚之間的路啊！我們的前鋒探路的一百人，被打散掉啦！」

袁術（粉紅眼眶）此時已經患病，苦臉坐在馬車上說：「那該怎麼辦啊？」

袁胤（粉綠眼眶）說：「回壽春去吧，畢竟那是我們的老地盤。」

袁術只好帶著殘存數百人，往壽春逃回，中途經過江亭小城。

此時隨從只剩下三百人，面黃肌瘦，袁術的妻子女兒也滿面憔悴跟在身邊。

袁術（粉紅眼眶）看著妻女都餓得臉色發黃，坐在簀床上大嘆：「袁術就是如此了嗎？」

當場羞憤嘔血而死。

兩個女兒扶著他喊：「父親！」

隨從也在戶外紛紛跪倒哭喊。

袁胤收斂好袁術屍體，已經聽說曹操派人準備突擊壽春，便不敢再前往壽春，於是帶著袁術妻女與部眾，投奔廬江太守劉勳，並獻上傳國玉璽給他。

皖城，議政廳。

桌案上擺著傳國玉璽，兩側各自跪坐著中年男子，正是廬江太守劉勳與前廣陵太守徐璆。兩人盯著這個傳國玉璽已經一個上午。

徐璆問：「子台兄，你打算收下這個傳國玉璽嗎？這東西以我的意見，可能是個凶險的妖物。」

劉勳笑說：「不就只是請孟玉兄拿來欣賞而已嗎？何必言及如此？」

徐璆雙手交叉入衣袖，低聲說：「孫堅與袁術的前車之鑑不就在眼前？除非子台兄自認為有高皇帝與光武帝一般的天命。」

劉勳急著搖頭說：「孟玉兄萬萬別誤會。我知道孟玉兄您一直不齒袁公路的所作所為，只是被他劫持，不得已而跟從。之所以想一睹這傳國璽，就只是因聽聞好奇而觀罷了。」

徐璆說：「好奇就是著迷的第一步。你可知道這樣東西，曾讓多少人死於非命？」

劉勳微微搖頭。

徐璆說：「那就讓我來告訴你這東西的典故……」

於是從高皇帝因之追殺項羽，到王莽最後慘劇，一直數到眼前才死的袁術……眼望窗外，飄來烏雲，一陣涼風徐徐吹進，不久開始飄雨。

聽完故事，劉勳面色如同天色一般凝重地說：「代表若不是真有天命，拿了這個東西也不過徒增妄想，招來禍患而已。袁公路的荒謬事情天下人皆知，我雖不才，但也有自知之明，這樣東西還是繼續給你保管，擇日送回許昌給漢家天子吧。」

徐璆點頭說：「還是子台兄明鑑。」

劉勳說：「明鑑還好。只是漢室崩壞已非一日，目前曹操名義尊奉天子，也不知道內心想什麼？他若看到了此璽，誰知道會不會學前人，做出些不臣的舉動？」

徐璆聽了默然，臉色凝重，劉勳雖然真是個庸才，但這句話也許說到了關鍵。

劉勳哈哈一笑說：「隨便他曹操怎麼樣，有本事的人自己去爭。只是我從孫堅將軍的朋友那聽說過，曹操對這玉璽頗不以為然。可能他不會有什麼反應，哈哈。」

徐璆說：「現在許昌的朝廷君臣……都只知道有這個玉璽，但卻沒人真正見過這玉璽的本尊。因為見過本尊的人也都不在世上了，這不祥之物該怎麼辦？再慢慢考慮吧！」

徐璆緩緩收回傳國玉璽。

這傳國玉璽終於在徐璆的押送下，回到許昌。

此時全城官民，由曹操率領，於城外迎接傳國玉璽，曹操看到了這個玉璽，一股古怪之感湧上。

心思：「這就是讓高皇帝得天命的秦璽？先前我不以為然之物，怎麼自己又跑回來了？」曹操甚至內心一股恐懼感接之而起。

徐璆只是心生忌憚，而曹操則是真的恐懼。第一次有人見到它心生恐懼者。

「到底是人心在玩這個玉璽？還是這個玉璽真有鬼神般的能力，操弄人心在遊戲？劉協這臭小子，似乎聽到這玉璽，皇帝威嚴就無中生有了？該不該將之攔截？這不可能的，全朝廷的人都已經看到玉璽歸還一幕。」

不管曹操內心怎麼想，仍然得依照禮制，將這個玉璽送進皇宮，擺在皇帝劉協的面前。

皇家儀仗隊起，宮樂隊也奏樂，百官相互慶賀，國寶重回朝廷……

許昌皇宮密室。

劉協盯著擺在桌案上的傳國玉璽，身旁有五名女子，一個是伏皇后，一個是董貴人，另外三名則是劉協最信任的宮中女官。

他們在竊竊私語，卻不是宮內男女私密之事……

「陛下怎麼忽然打算這麼做？」伏皇后（棕眼眶）似乎很緊張地這麼說。

劉協（灰眼眶）說：「朕當然要這麼做！妳們跟朕一同顛沛流離過來，妳們說這曹操跟先前的董卓與李郭二賊，有何不同？」

五名女子微微點頭。

劉協（灰眼眶）激動地說：「議郎趙彥向朕提出平天下的對策，就被他曹操誅殺，劉備與朕認血親，就被他曹操猜忌。宮廷內外朝廷上下，全都是曹操的人，除了妳等女子，誰跟朕親密就有性命危險。再這樣下去，大漢天下遲早會亡！」

指著桌案上的傳國玉璽說：「認得這個吧！這是高皇帝得天命的信物！而今又回到漢家，該是朕替漢家做事的時候了！」

伏皇后只感覺劉協見了傳國玉璽後，對曹操的態度由軟弱變為強硬。

伏皇后想到方法，正欲說話。董貴人（黃眼眶）搶先以堅定地神情說：「妾身父親與劉備，不已經替陛下謀劃反曹了嗎？陛下只要耐心等待，一定可以的。」

劉協（灰眼眶）搖頭：「朕不能只等他們，還要另外謀一條路，不然太被動。萬一他們失敗，朕豈不是得坐以待斃？」

董貴人（黃眼眶）說：「那陛下除了他們，陛下還能怎麼辦？」

劉協原本慣於軟弱的神情，忽然露出陰狠之色。

【劉協出現藍眼眶】

伏皇后（青眼眶）則說：「陛下疑慮得是，光靠他們的力量恐怕確實不夠，倘若曹操一被殺，他的黨羽反撲怎麼辦？就像董卓一死，李郭二賊馬上打入長安。這是除了一個大賊，來了眾多小賊。」

董貴人頓時不知如何回答。

劉協（藍眼眶）問：「那皇后以為如何？」

伏皇后（青眼眶）說：「曹操對陛下不敬，露出賊人野心，是一定要殺，而曹操死後，需要讓實力強大的袁紹來壓這些人。陛下現在應派人秘密與袁紹溝通。」

劉協（藍眼眶）搖頭說：「皇后不知，這袁紹比曹操還更不忠心！最早就是他建議何進招喚外兵入京，之後又是他帶人打進宮中，藉殺宦官為名，搞亂京城讓董卓有機可趁。接著討伐董卓時不出力，只會在酸棗挑撥各地爭權奪利。到現在割據河北，只顧招攬黨羽，更別說他弟弟袁術更是帶頭稱帝叛漢的賊！這袁家四世三公，受我漢家眷顧而富貴多代，勝過旁人，而今都生賊子！最是可恨！」

伏皇后（青眼眶）說：「陛下，袁紹確實不忠。但如今局面已經不同，需要利用袁紹與曹操相爭，那麼董國丈與劉備等人，才能夠趁機會強大自己的力量。陛下應當先捐棄前嫌，連合曹操所有的敵人，不然我們殺了曹操，他手下的人都是他血親兄弟，會比董卓手下的人還可怕，不意有行弒逆之事。」

劉協（藍眼眶）陰沉地說：「好，妳們幾個一同替朕擬詔，然後託人暗中連絡袁紹。不，不止袁紹，劉表與江東孫策，都給朕派人連絡，讓他們也變成董承與劉備。他曹操不是拿著刀，在朕面前說，天下人都居心叵測，只有他曹操是忠臣，讓朕只要親近他就可以了嗎？那朕就讓天下這些居心叵測之人，一起對付他這個忠臣。」

伏皇后、董貴人與三名女官一同平伏說：「遵旨。」

劉協意識升級，要強先在曹操削平割據建立強大勢力之前就除掉曹操，而且連女人也動員了。

但這衣帶詔密謀，被曹操埋伏在董承府邸的眼線發現了……

曹操憤怒地招來荀彧、程昱、郭嘉、曹仁、夏侯惇、許褚等人。

曹操（藍眼眶）把密報紙張，丟在眾人眼前說：「先前的傳聞是真的！董承這個賊人真的勾結劉備，陰謀害我！你們說該怎麼辦？」

曹仁說：「讓我帶人先把他滅了！然後率兵入宮，把他那歹毒的女兒揪出來除掉！」

夏侯惇、許褚紛紛應和。

荀彧（金眼眶）急忙阻止說：「曹公且慢！某以為這後面還有文章！」

曹操（藍眼眶）說：「文若有何意見？」

荀彧（金眼眶）說：「這事情若沒有陛下同意，他們不敢這麼做。」

頓然室內一陣沉默。

夏侯惇說：「原本這年輕臭小子顛沛流離，天下人沒人理會他是個皇帝，是曹公迎奉他來許昌，重建後宮與朝廷，現在倒恩將仇報，不給他一點教訓，將來就是個禍害天下的昏君。」

荀彧（金眼眶）說：「不管如何我們都是漢臣，無論陛下做了什麼決定，他都是君而我們是臣，況且現在還有袁紹與劉備在虎視眈眈，我們絕對不可以傷害天子！」

曹操（藍眼眶）揮手打斷說：「文若！我記得是你先前勸我，迎奉天子，威令諸侯的！現在這天子反而要跟各方豪強聯合起來殺我，你也該繼續替我拿個辦法吧！」

荀彧、程昱、郭嘉三名文臣幕僚頓然啞口無言。

曹操（藍眼眶）瞪大眼追問：「還是我該聽袁紹寫信來建議的，遷都甄城，把這麻煩的天子送給袁紹去承擔？也許到時候天子又會想到，聯合我來殺掉袁紹了？」說得沒錯，也許那樣，就又會捐棄前嫌，改找曹操去殺袁紹了。

荀彧（金眼眶）發現曹操動真格，急忙低頭說：「如今之計，只有先除掉董承等人，並請陛下賜死董貴人。曹公則專心討伐劉備與袁紹，削平各地，屆時陛下必然不會再聽奸人挑撥，明鑑曹公對大漢忠誠之心了。」

曹操（藍眼眶）堅定地大聲說：「文若說得好！就這麼辦！還要增派更多眼線，

盯住皇宮與公卿人等，時時把動向來報！」

眾人低頭行揖。

曹操引來的猜忌，其實遠勝過袁術，遭遇到的風險不亞於董卓，只是袁術不太能打仗，董卓只是賊人，而曹操比較皮實，能在對內惡鬥，對外血戰之中，衝出一條血路而已。

從古至今傳說所謂的『挾天子令諸侯』，看似很有政治策略，實際上的效果其實是相反，是一招看似很好的大臭棋。一定會讓這個挾天子者，除了擔負臭名，與所有豪強為敵，還要被不斷飛來的政治暗箭攻擊，讓他對外要戰，對內也要防，時刻提心吊膽，不勝即死。

但如此軍演，能把戲劇效果拉到最高，也有最佳效果。

董承與王子服等人都被曹操所殺，劉備聽到消息，立刻據徐州公開聲討曹操對天子的叛逆之狀，與袁紹聯合反曹。

一個年輕宦官端著茶湯，正準備進奉茶湯。宮門外守著一大隊武士，全副武裝，擋在了道路前。

「回去！」一武士非常地兇惡。

宦官低聲地說：「下官是進奉茶湯給陛下的。」

武士殺氣騰騰說：「曹公正在跟陛下談事情，所有人都不得進入！」

宦官看了不敢招惹，尤其在十常侍被殺，董卓入京之後，宦官地位被貶低很多，看到凶神惡煞的武士自然乖乖退出。

曹操在這已經跟劉協僵持了一個上午，語多不遜乃至羞辱，就是要逼劉協降旨賜死董貴人。劉協努力保董貴人，認為她懷了皇子，不能賜死。

房門內。只有曹操與劉協二人。

「臣已經陳述了一個上午，陛下是堅持不肯賜死逆賊之女？」曹操（藍眼眶）早已經不耐煩。

劉協（藍眼眶）強硬地說：「朕是皇帝！已經妥協降旨誅殺董承等人，順了你的意，豈可逼朕殺死自己的貴人與皇子？」

曹操（藍眼眶）已經從不耐煩到疲累，陰冷冷地說：「陛下自繼位之後被董卓、李傕等賊臣威逼，之後顛沛流離，無人迎奉，甚至與盜賊為伍，乃至有袁術這樣自立賊臣，是臣下極力拯救大漢朝廷，陛下才有宮室可住！但陛下卻跟賊子同謀，要置臣死地，難道要逼臣學董卓不成？」

劉協坐在床榻，兩手緊握拳頭，渾身打顫無可奈何，一語不發。

曹操（藍眼眶）站起來，低聲說：「陛下先前愛護賢能彷彿聖君，如今我不知道陛下為何忽然變性？想學你們劉家哪一位皇祖皇宗？高皇帝？孝武皇帝？光武皇帝？但很可惜，自黃巾、董卓之亂大漢江山自行分崩之後，天意有所改變，陛下這麼做只會加快漢家滅亡。唯有聽臣的，還能拖延歲月，求一生機。陛下若不想當亡國之君，就應當聽臣的！臣說過，只有臣才是忠臣。」

說罷扭頭要走，走到門口又補充說：「董承賊黨自不必說了，不管陛下同不同意，董貴人也得死！不然臣下只有送陛下到袁紹那邊，他似乎有些後悔，先前沒有先行迎奉陛下到鄴城，看他會不會比臣更加恭順？或是比臣更無禮？」

曹操此時才感覺『挾天子令諸侯』是個臭棋，但又不能承認這是個臭棋，得多花很多功夫，來鎮住這負能量。

終於知道，為何在曹操之前的劉邦、劉秀，都能快速削平割據，而曹操能力不輸給二人，卻一直辦不到了……當然辦不到，演習的劇本攸關大年，可不容你曹操這種小角色亂來，不然下一個時代超個體或稱古怪，要走的路，就沒有安全可靠的譜了。

正要出門，劉協（藍眼眶）伸手說：「等一等……再給朕考慮一下吧……」

曹操（藍眼眶）回頭大喊說：「臣沒有時間給陛下考慮了！臣現在就要去討伐劉備！繼而跟袁紹大戰！陛下不動手，臣幫陛下動手！難道要趁臣不在許昌時，讓賊人捧著陛下再掀陰謀嗎？」

聲音大到震動內外。

曹操（藍眼眶）凶狠地走前幾步說：「因為陛下在這，所以臣現在四處被各地豪強軍閥聯合圍攻，毫無妥協的餘地，如此不但要不斷帶兵打仗，甲不離身，還要時刻提防內賊，甚至同時更要伺候陛下這樣的皇帝！被陛下暗算，差點被陛下殺死，還要替陛下找台階下，人說伴君如伴虎，不慎就會被吃掉！這真不是句假話！臣已經忍不住啦！」

說罷再返身推門離去，拋下一肚子窩火的劉協。

被罵得臉紅耳赤的劉協（藍眼眶），也露出陰沉沉表情，低聲說：「曹孟德，你以為朕接下來就沒招嗎？這天下到底還是不是姓劉，朕還得跟你拚上幾回合才知道！」

董承等人被殺之後，終於董貴人也被曹操派人勒死，腹中胎兒當然也保不住了。劉協窩火中燒，恨之入骨，真開始執行接下來的招式。

曹操大舉進攻徐州劉備，劉備大敗，北逃投奔袁紹。徐州土山外，知道劉備已經北奔，關羽手下兵馬軍心浮動，曹操大軍將他們團團包圍，但幾次衝殺都被關羽帶兵殺退。

曹操（藍眼眶）親自前來，對前鋒將領徐晃大喊：「關羽部眾已經浮動，為何還是不能剿滅？」

徐晃說：「稟主公，關羽眾人為了活命，拚死抵抗。我們應當智取勸降，而不是以死相逼，徒然增加士卒死傷。」

曹操（藍眼眶）微微點頭說：「誰能去勸降關羽？」

部將張遼說：「在下先前於呂布帳下被俘，關羽保我侍奉主公，此次我當去勸關羽也如是。」

曹操大喜，於是派他前往。

張遼帶回來關羽的投降條件：降漢不降曹。曹操雖然帶著微笑，但臉色又有幾分陰沉。

眾將領盯著曹操的表情與回應，假設曹操拒絕，那代表曹操有不臣之心。自己的部眾都會開始浮言四起，只好立刻答應所請。

張遼把關羽部眾帶下來後，關羽一見曹操，只行對上官之禮，然後當眾表示劉備並沒有叛漢，自己也只是歸大漢天子麾下。曹操當然滿臉微笑不斷點頭表示理解，並且在部眾面前再三強調，我曹操是大漢忠臣，我當然是漢。

關羽上演這一齣『歸漢天子不降曹』，真的重傷曹操內心！似乎在告訴曹操：既然你迎奉大漢天子表達忠於朝廷，要用天子詔令來壓別人，那我同樣也可用天子來壓你曹操。現在我既不跪你，將來有機會要離開你，也是名正言順，因為天下就是姓劉不姓曹。

果然袁紹發先鋒兵臨白馬，關羽在幫曹操一戰擊潰袁紹前鋒之後，就立刻離開曹操，與劉備正式會合。劉關張等人發現袁紹不牢靠，不會用兵，於是對袁紹假稱聯合劉表攻曹操，繞小道投奔荊州劉表。

袁紹於是傾河北主力大舉南下，正式向曹操全面開戰，兩軍終於在官渡開打。官渡，袁紹大營主帳。

審配拿著諸多朝廷公卿，甚至曹操身邊諸多將領的信件，遞到袁紹面前。

袁紹（棕眼眶）看了一封又一封的輸誠信件，內心大喜。

審配（粉藍眼眶）笑說：「曹孟德這一回，真是氣數盡了。別說朝廷公卿，連親密部將，都寫信給幕府輸誠，大將軍此戰必然能大獲全勝。」

袁紹（棕眼眶）繼續翻閱著書信，赫然一愣說：「你來看！這……這是至尊陛下的制諭！」

審配上前一同閱讀。當中有一段話：司空曹操迫害後宮，殘殺未世皇子，朕令大將軍袁紹領兵入京鋤奸救駕！

看完兩然面面相覷。

須臾，審配（粉藍眼眶）退後兩步行揖說：「先前御駕從長安東返時，田豐、沮授二人，勸主公您先出兵迎接天子，在下與郭圖極力反對。如今主公力專而勢強，無人在內掣肘，曹操力散而勢弱，不得不內外防範，招來惡毒歹名。證明在下的意見是對的。」

袁紹放下書信，頻頻點頭。

不一會，醒神說：「等等！若我們消滅曹操，攻佔許昌，那不就我們也得入套，尷尬地面對挾持天子的問題？」

審配（粉藍眼眶）笑說：「大將軍毋須憂慮，先前天下大亂，天命未決，漢家天子自然不甘被挾持，與強臣如此矛盾傾軋，勢所必然。一旦大將軍攻破曹操，則中原局面已定，其餘州郡已無人能對抗主公，平定割據只是時間問題。屆時天下士人無不景從，區區一個董卓擁立的年輕漢家天子，煢煢孤立，能與誰連和？能借何力與幕府為敵？屆時天命移鼎，無人能再指責大將軍了。」

袁紹（棕眼眶）摸摸鬍子，哈哈大笑說：「說得好！曹孟德與其手下謀士，自作聰明，還沒打穩江山就急著挾持天子，連劉備的手下關羽都扛著天子不降他，也不見他能號令何人？反而內部開始相互猜貳，連天子本人都對他怨恨！好！接下來我們全力打仗，一舉把曹孟德生擒！」

袁紹不先挾持天子，而在河北先發展的戰略是沒錯的，如同當年劉秀遠離更始皇帝劉玄先發展河北。但接下來，要真的有能耐打贏曹操才可以。

同樣飾演壞人，袁紹的功力就差了一大截，扛起這整個異族入侵者的角色，還是得曹操這個演員才演得像。

況且這時候與劉秀當年的局勢有變化了，從同時間南匈奴人攻佔河套，高句麗與烏桓蠶食幽州玄菟等地，中國周邊各蠻族都有蠶食異動的走向，已經可以看見整個華夏局面有異動。大局有異動，就有一定的可能，會干擾內部的人為規則。超個體得在他們正式加入，開鑼上演之前，把事先的整體排練都練熟悉來才可以。中原鬧過之後，得換地方去演練，大戲得從中原逐步轉移到其他地方去。

官渡之戰全面開打。雖然曹操軍屢屢擊破袁紹軍的攻勢，但已經全軍缺糧，軍心浮動，曹操甚至有打算先行撤退，做退一步計畫。荀彧與郭嘉等人不斷寫信勸曹操堅持下去，才打消退兵念頭。

忽然跳出許攸這一隻鬼，宣稱家人犯罪而遭到袁紹不公平判決，夜奔曹營，獻上偷襲烏巢大營焚毀袁軍糧草輜重的毒計。

曹操大喜，率軍力攻烏巢，人銜枚馬縛口，攜帶柴草，從小路夜行，迅速趕到烏巢，縱火圍攻，淳于瓊部驚慌混亂。拂曉，淳于瓊才發現曹操兵少，出陣反攻，曹操率軍突擊，淳于瓊又退守營中。袁紹得知軍情，只派輕騎救援淳于瓊，而命令張郃、高覽重兵攻打曹操官渡大營。張郃認為，烏巢戰場才是戰局關鍵，應全力救援，袁紹不聽。援軍迫近烏巢時，曹操鼓舞士氣，集中兵力，先斬淳于瓊，再破援騎，將袁軍物資全部焚燬。

消息傳至官渡前線，謀士郭圖進讒言陷害張郃、高覽，張、高二人獲知後方有變，率部降曹。於是袁軍完全崩潰，袁紹與長子袁譚僅率兵八百渡河退回北方。官渡大營。

一個校尉在袁紹放棄的主帳中俘獲了大量文件，當中就包括許昌朝廷與自己手下大將們，在戰前與戰時，與袁紹暗通款曲的書信。本來曹操要一一追問，但打開第一封信就是皇帝劉協寫的密詔。『司空曹操迫害後宮，殘殺未世皇子，惡行惡狀人神共憤，朕令大將軍袁紹領兵入京鋤奸救駕！』這段文字映入曹操眼中。

本想究追猛打，但皇帝劉協捲入其中，代表群臣這種行為必不簡單。

曹操只有乖乖地，命人把書信扛出，當眾銷毀這些書信，學習劉秀不追究書信之事。劉協忍著窩火，曹操也忍著窩火。

次年袁紹再次全力出擊，在倉亭一戰又吃敗仗，袁紹憂病而死，袁譚、袁尚爭位，河北大亂。曹操乘亂進取，於建安十二年統一北方。同時讓曹丕掠奪了袁熙的妻子，甄洛。

曹操自己掠奪別人妻子，也讓兒子這麼做，甚至也不看袁紹當年與自己的情分，曹操確實是個壞人，但此時的大局，竟然也正需要這個壞人。

許昌皇宮。

在散朝之後，曹操再次帶著大批武士在偏殿單獨面見皇帝劉協。

這種場面已經很多次，雙方似乎也暗中較勁上癮，以至於雙方都冷面冷笑看著對方說話。

劉協（藍眼眶）說：「你這樣單獨威脅朕，跟朕如此交手，是第幾回合了？」

曹操（藍眼眶）此時已經知道劉協暗中惡搞的厲害，氣勢沒那麼兇惡，靜了一會兒，口氣和緩地說：「很多回合，臣也記不清。在幾年前，官渡之戰結束時，群臣與袁紹通信，臣下多疑，本想追究。但第一封信就是陛下寫給袁紹的密詔，說臣人神共憤。臣當時只好不看下去，學習陛下的祖先漢光武帝，燒掉部將跟敵人私通的文書。」

劉協（藍眼眶）沉默片刻。小聲地說：「曹阿瞞，你認為這不是實情嗎？假設今天是朕殺你的妻妾你的兒子，你做何感想？更何況朕是君你是臣！要算舊帳，以此殺朕弒君嗎？」

曹操（藍眼眶）說：「殺妻妾子女，確實也是不共戴天，至於弒君，這臣不敢。但陛下說臣人神共憤，絕對不是實情。」

劉協（藍眼眶）站起指著他說：「怎麼不是實情？」

曹操（藍眼眶）說：「或許很多人對臣不滿，但鬼神絕對不會？」

劉協（藍眼眶）說：「你確定？要不要朕舉一個例子？」

曹操（藍眼眶）大聲說：「請陛下示下！」

劉協（藍眼眶）說：「你在兗州起兵之後轉戰四方，進入邙蕩山故梁國境內，盜挖朕先祖宗親梁王劉武墓！驚動神靈！朕當時哭而不敢言。之後你又盜挖多少人的墳墓？當中多的是漢室宗親諸侯王。這種行為跟董卓與呂布一樣敗德，你說有沒有此事？敢說鬼神不憤怒？」

曹操（藍眼眶）忍口氣回答：「既然陛下提起臣盜墓，臣倒有一個疑問，陛下可否靜心聽臣反問？」

劉協（藍眼眶）入座說：「你問吧！」

曹操（藍眼眶）說：「你們劉家，自高皇帝劉邦建立大漢之後，已經二十餘帝，每一個皇帝都享有財富無數，死後更有高大陵寢與豐富的財寶陪葬。而分封在各地的宗親諸侯王仿效，生前死後都佔有相當的天下財富，近四百年到底幾位諸侯王？臣算不清楚，陛下恐怕也算不清楚。你們劉家那麼多男丁子嗣，生前要佔有財富也罷，死後又要帶到地下去，天下有多少財富可以無窮供應你們劉家如此循環下去？」

聽到此，曹操停頓片刻，劉協臉色紅脹，不知道該如何回答。

曹操（藍眼眶）說：「梁王劉武不過是三百多年前的宗親諸侯，人死了什麼都感覺不到，甚至骨骸都未必能再存在，這些財富他又用不著。天下戰亂有事，而且還是你們漢家天下有事，我挖出來供應軍隊須要，有何不對？難道只有你們劉家是人，其他人都不是？」

劉協不言。

大殿中這兩人至此沉默對目。

忽然劉協（藍眼眶）冒出一句：「因為我們劉家『受命於天』！」

曹操（藍眼眶）說：「有何憑證是你們受命於天，不是別人？」

劉協從盒子中，拿出傳國玉璽擺在桌上。

曹操（藍眼眶）見了不以為然地頭甩一邊說：「又是這東西！這東西我知道，但這只是塊人刻出來的石頭，不是天刻的。而且第一個拿這個東西出來的人是秦始皇帝，他姓嬴，不姓劉。王莽也拿過這石頭，說他也擁有天命。袁術也拿過它，說自己也有天命。倘若將來其他人拿它出來，是不是也代表他有天命？」

劉協真的答不上來了。又沉默對目許久。

曹操不走，劉協（藍眼眶）看出他就是要逼皇帝表態，低聲說：「朕知道了，假設天意有其他的安排，朕願意順從，不會讓劉姓人，死賴著這個位置，皇帝之位也未必永遠姓劉。將來就看閣下怎麼平定天下，朕會順天應人，看著情況辦事。不過朕要先說明，倘若是別人戰勝了你曹操，那天下雖不姓劉，也不會姓曹。更何況還有朕的皇叔劉備在與你競爭，天下也未必沒有機會繼續姓劉！你得更加把勁才能贏，這事情得你們拼出個結果才算數，現在可以先退下了。」

曹操於是拂袖離去。劉協忍著怒火，看著他背影，不知道自己是否一手觸著傳國玉璽，忽然感覺曹操身上一股陰邪之氣冒出來。總感覺曹操跟之前認識的曹操不一樣了，但到底怎麼回事，他也說不上來。

劉協喃喃自語：朕倒真的要瞪大眼睛，看你怎麼挑戰天命！

在南下準備進攻荊州之前，孔融被曹操以「招合徒眾」、「欲圖不軌」、「謗訕朝廷」、「不遵超儀」等罪名殺之，株連全家。同時被殺掉與孔融勾結的名士眾多，同時還牽連到宮廷內宦官。

曹操與劉協又一次只有兩人大眼瞪小眼。

嘩啦……曹操把一大批竹簡撒在劉協御桌面前。

「陛下，我們這是第幾回合？應該是第七回合了吧？看來這一回合，陛下又輸了。孔融這些人接受陛下的指令陰謀造反，假設他們成事，是不是陛下也打算一起謀反呢？」說到這曹操（藍眼眶）搖頭抖腦，眼帶質問，兩嘴角拉雙唇成一條直線。

劉協面無表情，翻了一下面前的竹簡，裡面都是孔融與劉協相互溝通，如何振興大漢天子權威的具體策略。

劉協（藍眼眶）冷冷一笑說：「自古只聽說過臣下謀反，還沒聽說過君上謀反。我若反是反誰？呵呵，是反你曹阿瞞嗎？那等你當皇帝再用這個詞。至於你說這一回合朕輸了，或許吧，但這也得看你接下來能否解決掉劉備與江東孫氏。」

曹操（藍眼眶）也冷笑說：「倘若臣能解決他們呢？陛下是不是該下罪己詔，如陛下的先祖孝武皇帝一樣，輪台罪己？但臣下認為您跟孝武皇帝差得遠！盡搞這些小動作，對付忠於陛下的臣子。」

劉協（藍眼眶）冷笑說：「你真的忠於朕嗎？在你眼中朕不就是傀儡嗎？」

曹操（藍眼眶）閉上眼睛雙手握拳，隱忍地說：「陛下要真是個乖乖的傀儡，那臣就不用這麼辛苦，一面向外對付各地擁兵自重的豪強，一面還要向內防範來自陛下策動的各種冷箭暗算！陛下若是傀儡，也是個有個性有心機的傀儡！真所謂自古罕見！董承父女、邊讓等儒生、劉備、袁紹等豪強、孔融等名士，到底還有誰是陛下對付臣的棋子？到底還有誰？」

曹操說到此大聲喝出來。

劉協（藍眼眶）說：「你不得不承認，我們劉家從高皇帝開始，就是堅韌不屈的英雄。就算你把朕變成傀儡，朕也會盡全力，讓你不會全盤獲勝。不信你曹阿瞞接下來看看江東的孫氏，會怎樣拚死抵抗。據說孫權的父親孫堅，當年就接觸過傳國玉璽，他們家早已經是不純之臣，也想取漢而代之，在江東又盤踞多年，行事低調不像袁紹那般乖張，必定不像你平定中原那麼容易。不信你可以去試試他們的能耐！」

曹操（藍眼眶）大笑說：「哈哈…傳國玉璽？袁術就拿過那顆石頭，真的也是不純之臣，而今如何？陛下能動員所有的人都已經被臣消滅，手上就只剩這顆石頭能說事了嗎？」

劉協（藍眼眶）撥弄御座上旁邊的籌算，然後說：「袁術的心志耐性不足，被傳國玉璽一衝就破身。而孫家面不改色，似乎很有耐性，這種反應就對了，又經過這些時間在江東衝刺鍛鍊，肯定堅硬如鐵。不信你自己試看看就知道。剛才你問這是第幾回合？其實是第九回合了。被你不斷逼宮，朕就算最終是被你所殺，也會用盡方法挽救大漢江山，鮮血也會濺在你們這些逆臣的臉上，讓你弒君之名永遠在史冊洗刷不掉。這不是針對你曹阿瞞的，而是針對所有毀壞大漢江山的亂臣。你祖上也是漢臣，受過朕先祖的恩惠，知道君臣之義，只是大漢自己氣數至此，你懷有二心也是常理。但朕一定會奮鬥到底。」

曹操（藍眼眶）站起來哈哈大笑說：「哈哈哈！先前陛下才說，會視天命而定，不一定會讓天下永遠姓劉，而今又反水要奮鬥到底。好！那臣祝陛下第三十回合成功！但臣要冒犯陛下的是，臣不是亂臣賊子，陛下假設要這樣轟轟烈烈地駕崩，那鮮血還是濺在別人的臉上吧。」

於是一邊笑一邊離開。

劉協（藍眼眶）冷眼說：「你就笑吧！大漢就算要亡，你曹操也沒辦法全盤端走！」

三國當中最重要的一場大戲，赤壁之戰，以及後續劉備入蜀，將會讓整個『三國時代大軍演』進入到最關鍵時刻。江南與川蜀之地與中原的對峙線與慣性區，就可以建立起來。幾個主要的對峙線與慣性區，就可以延伸更多的慣性支系。

但這都是『天際線』之外的布局，誰都無法察覺得出。

※※※※※　※※※※※　※※※※※

〈陰陽節 — 劉協上訴〉

陰陽節：又有人拉鈴上訴了。這是第三個皇帝上訴。

〈——〉：他是在逆向的局面當中上訴，似乎陰陽古怪之主，不喜歡這樣喔。

陰陽節：設定這個遊戲就是要公平，陰陽古怪之主沒說要符合大局才能上訴。只看遊戲規則便是，不然以後遊戲就沒辦法運轉。我們來看看，這個劉協，聰明還是不聰明呢！

〈——〉：他不夠聰明也！心靈圖像的轉換很呆版喔！只會死咬著宮廷內所知之事，拿這些東西去焦土作戰，根本不知道天際線之外的東西，甚至不知道天際線為何物。依據第二條，不夠聰明不能上訴。

陰陽節：真的很笨，眼界太窄！上訴駁回！讓他自己苦熬，不受理！

〈陰陽節第三上訴案：駁回〉

※※※※※　　※※※※※　　※※※※※

話說曹操逼迫劉協誅殺了董貴人之後，君臣二人之間的關係，進入了恐怖平衡。又在建安十三年南征荊州與江東時，被孫權與劉備聯軍，在赤壁一戰擊敗。曹操率著殘軍北逃，孫劉聯軍在後追趕並佔領荊州多數城池土地。

荊州北部，某山道。

曹操率著殘軍北上，自己與眾部將都一片狼狽。

張遼指著遠處官道說：「丞相！那條道通往樊城，過了之後我們就脫險了。」

聽到張遼一說，曹操（藍眼眶）才放下心，縱聲大哭說：「八十萬大軍南下，沒想到現在只剩這些人馬回來。怎麼會敗成這麼慘？要是郭嘉還活著，肯定不會這樣！」

在身旁的眾文臣皆羞慚。

荀彧（金眼眶）說：「我等慚愧，先前打敗袁氏，並收復河北的勝利，使得輕忽驕縱，沒有事先提醒丞相，江東孫氏如此堅硬善戰。」

曹操（藍眼眶）一聽喃喃低聲說：「不，這錯在我。事先有人提醒過我孫氏會很堅硬……」

眾人問是誰，曹操不答，策馬令眾人快速北遁。

萬萬沒想到劉協所言不虛。讓曹操在他面前的狂傲氣焰收斂大半。

但曹操果然皮實，內外交替糾纏，還頂得住半壁江山。但他跟皇帝劉協之間，又爆發問題，這次是要拚生死，但曹操氣焰反而不如以往。赤壁之戰後，超個體主分隔地理慣性已經找到，沿著長江中下游，隱隱存在一條慣性線。關於慣性線容後再表。

建安十九年。許昌皇宮大殿。

劉協與曹操又陷入了君臣二人冷面對峙，但此時曹操已經替劉協寫好詔書，詔書內容是廢伏皇后，並賜死她，還有她與劉協所生的兩個兒子。

曹操（藍眼眶）派其家臣華歆，帶兵進宮抓伏皇后帶出大殿。只見伏皇后（青眼眶）哭著對劉協大喊：「不能夠救我一命嗎？」

劉協（藍眼眶）頭甩一邊苦臉說：「我自己也不知道命喪何時啊！」

伏皇后（青眼眶）對一旁的郗慮又說：「郗公，天下間有這樣的事嗎？」

郗慮畏懼曹操在一旁的威勢，也一言不發。

最後伏皇后被當場絞死，兩個兒子也被用毒酒毒死。劉協在大殿目睹這一幕，自己又一個妻子與子女在眼前被殺，面目扭成一團，崩潰坐地，忍著發抖。

終於在曹操的示意之下，所有人退出去，只剩下全副武裝的曹操與劉協在大殿中。

曹操（藍眼眶）見到劉協驚恐憤怒，卻又不敢發作，說：「陛下，我們二人這樣冷面對座，相互交手，從建安初年開始，大大小小次數，已經不知道是第幾回合了？你跟你的女人們在後宮的密謀，派人跟名士們串通，還勾結外面的豪強鎮兵對付臣，這些全部被臣知道，也都被臣所一一遏制，看來是臣取得了完勝。到底要臣下對陛下你說幾次，大漢江山實際上已經日薄西山，陛下也只是個空頭皇帝。外戚、儒生、名士、軍閥、豪強、中官、后妃都用盡了，陛下後面還有什麼棋子可用？是？還是陛下自己要親自上陣，拿劍跟臣來廝殺？」

劉協雙手緊握拳頭，驚恐一言不發。

曹操（藍眼眶）瞪大眼說：「怎麼？你當個皇帝，就這麼輸不起？高皇帝劉邦、孝武皇帝劉徹、光武皇帝劉秀。這些人是多麼英雄，你怎麼不能學他們？你有他們的一半，也許我曹操現在就乖乖平伏在你腳下乞求饒命，而不是現在這種情況了！」

劉協（藍眼眶）見大殿內除了曹操，見四下無人，忽然冷冷一笑：「呵，曹阿瞞你以為你真的全贏了嗎？這天下還有西涼馬氏、劉備與孫權。你能欺負朕，但你卻還消滅不了他們。若把朕逼到死角，大不了我們兩個同歸於盡。就讓你殺了朕，讓你弒君，讓其他豪強以此為你的罪名，號召天下所有臣民討伐你。討伐你這個殺皇后滅皇子的逆賊！」

劉協看上去只是逞口舌之快，嘴戰罵曹，但其實打到重點，這其實就是曹操最怕的情況。

曹操（藍眼眶）也閉上眼睛強忍，手握拳頭說：「事情不到最後，這一切還不知道結果，我不見得消滅不了他們。我只是很好奇，切斷了陛下與外地軍閥與豪強的聯絡，誅殺了與陛下密謀的名士與中官，陛下竟然還能動員身邊的后妃女人們一起來對付我？陛下對臣，可謂全面焦土作戰，動用一切可以用之人。可見陛下想要殺臣，是朝思暮想，真的是豁出去了。」

劉協（藍眼眶）想到，兩次妻與子都被殺，卻無可奈何，淚流滿面說：「知道了朕的步數，接下來你要怎麼對付？直接拿刀弒君？還是你打算讓朕連後宮女人都不能接觸？」

曹操（藍眼眶）也冷冷一笑說：「都不是，誠如陛下剛才所言，天下豪強尚未消滅殆盡，甚至還有許多人內心思漢，這還包括臣本身，也是有眷戀大漢之人。所以弒君之罪，臣真擔不起，至於逼皇帝不能接觸後宮，那臣就是跟王莽一樣的奸邪。臣知道陛下恨臣，但怎麼說臣也是漢臣，臣打算讓自己的三個女兒，全部服侍陛下，最小的女兒未成年，但也留給陛下當侍妾，令她們三人終身都侍奉陛下。以免陛下被其他用心不正之人所惑！臣這三個女兒，雖稱不上國色天香，但憑良心說都可以稱得上美女。配得上陛下！」

大聲喊道：「臣殺陛下兩個女人，賠三個！這可以了吧？至於賠子女，得陛下自己跟臣的女兒努力！這臣幫不上忙！」

劉協（藍眼眶）手撫桌案，收拾眼淚，轉而冷笑了一陣，苦著臉說：「連三個女兒都拿來賠償給朕，曹阿瞞你對付朕，同樣也是焦土作戰，動用一切可以用之人。朕可真沒料到，你也動用到這一步。」

曹操（藍眼眶）手摸配劍說：「誰教陛下竟然把爭鬥的方向擺在這？那臣只有奉陪到底。」

劉協（藍眼眶）陰冷冷手點著桌案說：「本以為曹阿瞞你會弒君，現在把這棋局走到此處，要將三個女兒都送給朕，代表朕可能安全。因為你若想要弒君，沒必要讓你的親生骨肉冒險。你也真不怕朕拿你三個女兒一起死，來做報復嗎？」

曹操（藍眼眶）咬牙笑說：「臣不會弒君，陛下也不會這麼做的。陛下頂多會讓臣的女兒，最後心向陛下而討厭臣。但嫁出去的女兒本來就是心向外家，這臣不介意。但臣的女兒也不會替陛下密謀殺臣。只是臣的好奇之心還沒完，到底是誰能有這麼大本事，能勸說陛下對臣，動用一切往死裡拚？」

劉協（藍眼眶）看著遠方，忽然陰冷著臉說：「你想知道朕可以告訴你。說到這，就是朕絕對不會輸之處。或許朕的命，掌握在你手中，大漢江山將來也會被你拿走，但你曹阿瞞再能打，絕對攻克不了這一關，告訴你是誰策動了朕，你可要聽好了喔！」

曹操（藍眼眶）冷冷笑說：「那臣恭聽陛下聖訓。」

接著劉協（藍眼眶）又冷冷一笑說：「你剛才說朕的祖先高皇帝、孝武皇帝還有光武皇帝。他們三位雖然都是青史留名的英雄，但朕看來我大漢最有眼力的皇帝並不是他們三位。他們三位只是身居其位，順勢而行的英雄而已。真正處於逆境而有睿眼的，就是朕的父親孝靈皇帝！」

曹操（藍眼眶）一聽頗不以為然，只哈哈一笑說：「哈哈哈，陛下真不愧是昏君的親生兒子！」

劉協（藍眼眶）不被打斷繼續冷笑說：「聽中官說，當初朕父親孝靈皇帝，預感天下將大亂，把傳國玉璽秘密交給兩個宮女保管。朕親手拿到這個傳國玉璽，忽然感覺這不是普通的東西！才終於知道孝靈皇帝為何要把傳國玉璽交給兩個宮女保管！誰說先帝孝靈皇帝是昏君？以朕看來，朕的父親，他是古往今來，最聰明的帝王！也最懂得皇帝該怎麼做！經過先帝這樣安排，現在只要有它存在，朕就有把握，無論哪一個亂臣賊子，從朕手上搶到大漢江山，他也坐不穩。」

曹操（藍眼眶）更感覺荒謬，哈哈大笑，站起來要離開，臨走時說：「哈哈哈，說來說去還是那塊人刻出來的石頭！恕臣無禮，罵孝靈皇帝確實是昏君，陛下就留著吧！深居九重，慢慢思過！臣的這三個女兒都很漂亮，過幾天就會入宮，陛下可以連同其他女人一起享有，建議陛下把自己跟石頭相互感應的天人故事，慢慢告訴她們，讓她們忠於陛下，臣不奉陪了。」

說罷離去。

劉協（藍眼眶）再次看著他的背影，陰冷著說：「曹賊你就笑吧！雖然朕現在說什麼，天下人都不當一回事，但朕敢說一句話，這場大亂之世的終結，笑在最後的，肯定不會是你，也不會是你曹家後代的人。」

曹操再怎麼聰明也想不通，漢靈帝的這個看似不經意的作為，到底有什麼隱藏在最深處的意義，但劉協已經隱隱約約看了出來。

建安二十一年，西曆二百一十六年。曹操晉位為魏王。此時天下三分的局勢已經確立，北方由曹氏控制，江東由孫權占有，劉備則入蜀控制漢中。而此時曹操已經逐漸露出謀朝篡位的本心，誅殺所有反對者，牽連甚廣，甚至將自己的智囊荀彧賜死。

劉備聽聞這消息，大舉進兵曹操平定的漢中，一場激戰，擊退曹操大軍。這是劉備頭一次面對面擊敗曹操。於是在漢中稱漢中王，以此與曹操制衡。

漢中。

劉備與其謀臣尚書令法正，站在漢中一個丘陵頂上，兩人談著佔據漢中之後的戰略方向，無意之間討論到曹操最近的為人。

法正（粉藍眼眶）說：「近來聽冀州來此的商賈說，自曹操稱魏王之後，猜忌狐疑，殺了許多臣僚，連最受信任的荀彧都被賜自盡。看來有日暮途窮之相。大王您曾說，曹操猜忌您則包容，事事與曹操相反，則天下人自然會比較出心該向誰。如今看來，大王您是做對了。」

劉備本來跟法正談得好好，聽到法正此言，忽然愣了一會兒。

法正問：「大王，臣下可有說錯？」

劉備（紫眼眶）沉靜了一會兒，向著遠處高山望去，低聲說：「曹操算是老朋友了，當年最早與他打交道的時候，是在他征伐徐州，激憤父仇而屠殺徐州之民，我帶兵協助陶謙抵擋他，為的也是保一方大漢子民的生存。之後在呂布跳進來攪局之後，我與他逐漸化敵為友，甚至深交。當時認為他雖然手段太狠，但知人善任，頗具才幹，對有能力之人也多有包容，沒想到今天，連荀彧他也容不下去。不知道是什麼改變了他？」

法正（粉藍眼眶）說：「在我看來，曹操從前就是這樣猜忌，只是越老越嚴重。他與他臣僚的關係，遠比大王或孫權手下的臣僚的關係，還要複雜。甚至當年的袁紹、袁術、呂布、劉表等人，與臣僚之間也沒這麼多的心機糾纏。彷彿有一種力量，不斷地讓他猜貳狐疑。」

劉備（紫眼眶）忽然瞪大眼點頭，回想起來確實如此。

拿自己跟關羽、張飛、趙雲、諸葛亮等人來說，就比曹操跟張遼、徐晃、于禁、樂進、荀彧、司馬懿等人的關係還要單純。更別說跟橫向的政治盟友之間，即便相互猜疑，最後也不至於要殺對方取人性命。例如：自己先前與劉表等荊州豪強，與劉彰等益州豪強，即便最後有反目的情況，盡量最後都是互保無事。而曹操對名士邊讓則是誣陷後殺死。對更大的名士孔融，這樣的孔子後代名人，連董卓對他都只是流放到北海為官，而曹操對他一經猜忌就是株連全家被殺。更別說對董貴妃的娘家，對伏皇后的娘家，清算得更是狠辣。袁紹雖然曾經是曹操的勁敵，但他畢竟曾是年少之友，袁家慘敗後，對袁紹這樣老友的後人，也是斬盡殺絕不留情面，甚至讓兒子奪走袁紹兒子的妻妾。張繡投降，雖然表面曹操不芥蒂殺子之仇，坦然接納他，但之後也是被間接逼死，代表曹操還是沒容下他。

劉備思緒到這之後，忽然有一種感覺，曹操是不是糾纏到某種事物，使之猜疑的本性，不斷地惡性膨脹，牽引到這種局面而不自知。倘若真是如此，那曹操再怎樣努力，他的勢力也無法再擴張下去了，即便擴張下去，自己集團的內部也是充滿著矛盾，這倒是一件大好事。

於是劉備將這個猜想告訴了法正，法正（粉藍眼眶）聽了低聲說：「大王說得不錯，曹操若糾纏上這種猜忌狐疑之局，即便他再聰明再有才能，再會用兵，也不可能像之前一樣了！無怪乎他在漢中，竟然也無法與大王爭鋒，不得不退回去。恐怕曹操到此盛極而衰，天運至此開始要站在大王您這一邊，我們當把握機會，找機會全軍北伐！」

劉備（紫眼眶）忽然笑說：「今日跟你談到了重點，跟孔明當年的三分天下計也沒有這麼深入！我終於開始抓到曹操的弱點！大漢再興並非無望！」

雖然劉備終於看到了端倪，找到扳倒曹操的翹板，但事實卻沒有這麼簡單，大局已經不會讓劉備重演劉秀的故事……

第四章 心訪使 三國軍演慣性建成

劉備於是批准關羽從荊州北伐！

關羽大舉率軍北上，連連獲勝，模仿韓信當年的水淹齊楚兩軍之戰，以同樣方式，一戰水淹大破曹軍，生擒于禁與龐德，龐德不降而死，于禁則投降，關羽趁勝包圍曹仁於樊城，並派另外一股兵力包圍襄陽。自許昌以南，許多地方勢力都與關羽私下接洽，甚至不少曹操任命的地方官都投降關羽。而關羽與劉備相互策應，一東一西準備進入中原，迎接皇帝劉協。

整個中原震動，一時沸沸揚揚，所有人都沒想到，已經敗走南方多年的劉備能整軍回來，皇帝劉協聽聞之後大感興奮，雖然自己已經是曹操女婿，但仍期待劉備能拯救即將滅亡的漢朝。遠在鄴城的曹操聽到中原各地因此躁動的消息，也大為恐慌，考慮將朝廷從許昌遷往河北，眾臣勸阻，尤其司馬懿與蔣濟堅決反對，若朝廷一動必定人心崩潰，如此劉備真的迎接了劉協，就大勢已去。

此時曹操並不是怕關羽，而是害怕已經強壯的劉備，將不斷投入後續力量，會沿著當年劉邦出漢中的路線，往中原進發，如此曹操就不得不跪求皇帝劉協原諒，去掉王號，等待劉協處分，落個晚節不保的淒涼。所以內心對戰局演變非常焦慮，又毫無底氣。

然而忌憚劉備出漢中，策應關羽北伐的，可不是只有曹操。

這場三國軍演，幕後腳本操縱者，當然不會讓同樣的歷史慣性重演，不然這場自己挑起來的亂世沒有得到應有的新慣性，就是嚴重的資源浪費。關鍵的人物要做出貢獻。

司馬懿勸諫曹操，若劉備得志，孫權必然不服，可以聯絡孫權襲取荊州，關羽一敗則徹底瓦解劉備進入中原的可能。

曹操大喜，便派使節暗通孫權，同時命令徐晃、張遼等將，及兗州刺史裴潛、豫州刺史呂貢等率軍救援樊城，更準備親自征討關羽。徐晃在不斷獲得增援後，率軍猛攻關羽營壘，在樊城外與關羽軍激戰，最終擊退了關羽前鋒。

雖然關羽軍受挫，但是主力仍然完好，劉備仍然可以再發動進攻，所以關羽沒有立刻放棄北伐。

果然司馬懿猜得沒錯，孫權非常忌恨劉備已經找到擊敗曹操的方式，萬一劉備真的打敗曹操，那天下就非得再次歸屬劉氏不可，自己只能等著江東被收回，乖乖回去當漢臣。於是背信棄義，叛盟投曹。孫權命呂蒙任征荊州大督，率兵西上，公安士仁、江陵麋芳與關羽不和，且兵力微弱，於是開城投降。孫權聽聞之後，親自率軍為後援。呂蒙、陸遜等，非常順利逐步攻陷荊州各地。

荊州城防信使，將消息傳到關羽軍營。

「你說什麼？孫權背盟攻打荊州了？」關羽（黃眼眶）在軍中大呼。

關平、趙累等眾將領也一陣驚慌。

關羽（黃眼眶）大喝：「都不要慌！全都冷靜，拿出辦法！」

沉默片刻。

關平說：「如今徐晃軍得到大批增援，我軍已經受挫，曹操親自率軍南下，而荊州又被孫權派兵攻佔。此次光復大漢的戰役，必須暫時放棄，請漢中王從益州增援後再舉。」

趙累說：「孫權潑賊，一定是與曹操暗通，忌恨我們即將獲勝。將軍應當回軍迎戰！」

關羽搖頭。

趙累問：「荊州一失，我軍北伐就必定失敗，將軍為何疑慮？」

關羽（黃眼眶）說：「孫權覬覦荊州土地我豈會不知？但當初我與魯肅談判，得到漢中王的指示，早已讓出了一半的荊州郡縣給他孫權，維持兩家盟好。他孫權好歹也是一方諸侯，我們乃是消滅漢賊曹賊，迎奉天子，豈有在此時背盟之理？肯定是士仁與麋芳等人，在後方篡弄，應當派使節去跟孫權協調。」

眾將領對於關羽思維如此單純，頗是一怔。關羽好歹也是當年中原大亂，從亂世中打滾出來的將領，人性險惡早應見過許多，沒想到內心還這麼純白，如同剛出道的小孩一般。他們其實或多或少，也都受了關羽感召，一門心思盡忠復漢。

樊伷說：「可是將軍，我們的士兵都是荊州江陵人居多，倘若讓他們知道後方生變，妻兒可能變故，會動搖全軍士氣的。當初曹操被呂布搶奪兗州，也是快速回軍迎戰，我們應當先回頭破孫權，然後再揮軍北伐。」

關羽（黃眼眶）搖頭說：「我們是漢中王的軍隊，與曹操呂布當年的情況不同。現在曹操親自率大軍南下，我們連徐晃與曹仁都沒有打敗，倘若沒有漢中王的命令，我們豈能與盟友孫權交戰？如此必定會讓天下人誤解。我們現在應當先派使節，說明自己北伐的原由，然後問清楚他們來意，以免被人說是我們先背盟。況且先前我們北上之前，陸遜不也代表孫權，贈禮與我們重誓盟約？」

眾人真的感覺到，關羽太單純了，單純到不可思議。

心理狀態實在太離奇，必須製作罔兩問景的心理訪問，這是超個體另外一個隱性的遊戲，但這個遊戲是穿越時間來運作的，得先大量採訪特殊歷史人物的心理狀態，製作整體民族重要單位的心靈圖像。而遊戲的啟動則是未來以此圖像淬煉出真正的牌，然後啟動整體牌局。

心靈圖像定位是確實存在的。

大局不能讓劉備光復漢朝，但若大量使用人性險惡面維持大局走勢，又勢必讓整個文明體系逐漸汙濁，失去是非黑白。實在既矛盾又兩難，要穿過這個『壁障』。所以必須再有一個特殊遊戲，於後續不同的時間，逐漸把抹去的是非黑白再恢復回來。

這心理狀態實在太離奇，心訪使必須採訪一下死守盟約的關羽，以及背叛盟約的孫權。

心訪使：關先生，關先生。

關羽（黃眼眶）：嗯嗯。

心訪使：你怎麼會認為魏王曹操，在被你打敗之後，辭去王爵，還會活著啊？

關羽（黃眼眶）：他是天子的岳父，天子當然不會殺他。至於我兄長漢中王，原本跟他也有交情，只要曹操在政治上矯正自己的缺失，我兄長也沒有殺他的理由。只要我堅持不殺他，誰敢殺他？

心訪使：那你怎麼會認為，孫權會對漢中王強大，無動於衷？

關羽（黃眼眶）：首先，孫權妹妹嫁給漢中王，又簽有共同抗曹盟約。再者，我們這些中原英雄當年混戰中原時，江東這些小兒在哪裡？

心訪使：可孫權要是真的背盟，對荊州動兵呢？

關羽（黃眼眶）：依照古人說的，先禮後兵。我會先派使節問清楚一切狀況，然後告知所有人，以大義討伐不義。就像我討伐曹操一樣。

心訪使：喔。

關羽白了心訪使一眼。

心訪使：真的好單純，希望他沒事。

轉而去問孫權。

心訪使：孫先生，孫先生。

孫權斜眼看了心訪使：怎樣？

心訪使：劉備與關羽都把荊州分你一半，你為何要這樣背盟偷襲，不怕被天下人恥笑嗎？

孫權（綠眼眶）：喂喂喂！你說這什麼話？關羽先瞧不起我，劉備若勢力壯大打敗老賊曹操，那我將來要往哪裡擺？難道我就不能有帝王之意？

心訪使：可帝王之意，必須要光明磊落，背盟讓天下人詬病，能成帝王大業？

孫權（綠眼眶）：你在鬼扯什麼！當年漢高祖有多光明磊落嗎？他也背盟過，大漢還不四百年！

心訪使：喔。

心訪使回到心靈駐地，跟罔兩鏡討論。

罔兩鏡：這孫權引漢高祖劉邦背盟得天下的事情，但他沒想到，劉邦是要維持秦的統一格局，讓天下人遠離戰火，但是孫權他是搞分裂割據的心態而背盟，根本不能類比。漢高祖劉邦還因此，讓漢朝初期皇帝的規制小於秦始皇了，要不是漢武帝劉轍玩了一場陰陽節遊戲，把皇帝規制提上來，他哪有那麼大的皇帝夢可以去爭？

心訪使：看來是該上報陰陽古怪之主，之後這些分裂的皇帝，是該要把規制下降一些囉。至於那個單純的關羽，到是可以讓後人傳誦，建立一新的集體心靈圖像。

罔兩鏡：集體心靈圖像的影響能力，通常投射單獨個人。沒辦法跟單獨人性的心靈圖像比，只能在集體建立某一個局的時候，適當地平衡牌局。

心訪使：那是空詔員，經緯臣。那兩局該煩惱的問題，我們只管製作集體心靈圖像支援大局。本局也有局中鬼，屬於糾纏的那種，放出局中鬼，如此孫權是不可能統一天下囉。那麼三國就沒有一國可以統一，剛好符合陰陽古怪之主，給我們的指令。心靈圖像的相對純淨或汙濁，還是有獎懲的。

歌名：心訪使局中鬼　引曲：歡喜就好　改詞：筆者〈心訪使的扇舞歌曲，罔兩鏡的伴奏附和〉

世間混沌　皆無法辨因果　有人心清白　有人汙濁
眾人說好　不一定是善良　關鍵的時刻　行為顯無遺漏
罔兩問景辨心性　心靈圖像觀
是非忠良誰好壞　不由得辯駁
成敗功業非標準　忠義世傳頌
偽裝道德由人識破假善有時間磨
人性詭詐　就是那鬼見愁　設局來糾纏　無可擺脫
問我到底　腹內有啥法寶　陰陽照心性　宏觀時空

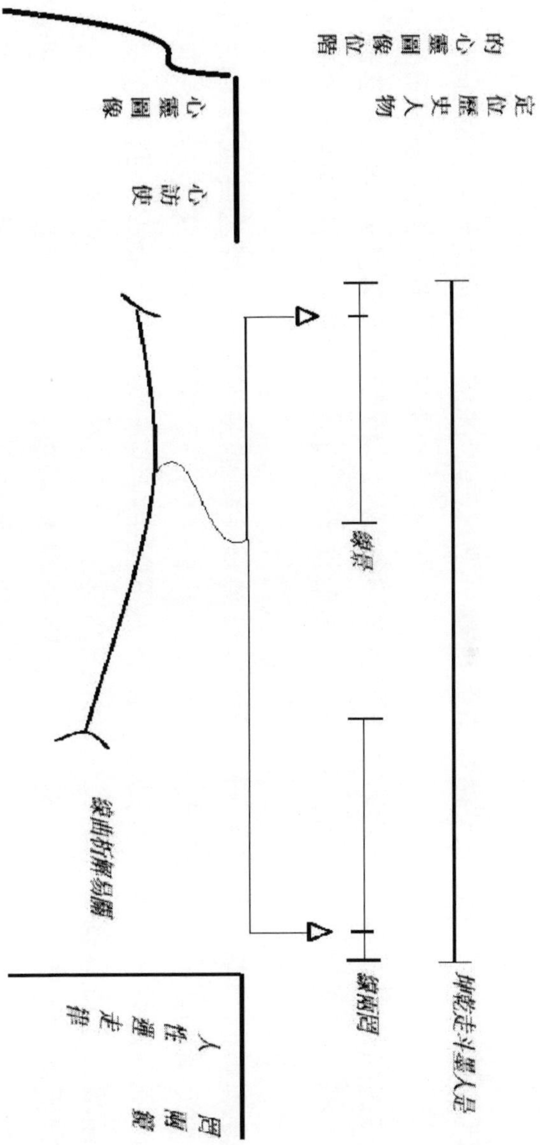

說這心訪使與其他各局，都大有文章，且先押下心靈圖像與整體局面問題，回到現實。

關平說：「孫權潑賊，背盟之狀已經很明顯，並非我們主動毀盟，如此偷襲我們的根據地，孫權已經不是盟友而是敵人，將軍應當考慮荊州得失啊！更何況我們的水軍仍然完整，可以一戰。」

關羽（黃眼眶）說：「先不急著戰。我大漢朝廷祖制，非劉姓不得為王。我兄長姓劉，當然可以稱漢中王。所以應當先派使節告訴孫權，說明我們北伐目的是為了迎奉天子，逼令曹操遵奉朝廷祖制，去掉魏王王號，當今天子畢竟也納了曹操的女兒為后，所以只要他去王號，遵守非劉氏不得為王的祖制，漢中王收復中原，大政歸還天子後，也不會為難曹操太過。漢中王將來必定會奏表天子他孫權有功，請他放心。問問他們此次出兵荊州到底什麼意思？若答不出所以然，我們回軍再戰不遲。」

眾將領聽到這，真感覺關羽思想竟然單純得如小孩一樣，所有的判斷都是不可能的事情，但又不能當場反駁他。只感覺他真的是光明磊落，亂世將領還能如此，真乃千年難得一人，眾將領聽命。

使者轉述關羽質問時，連呂蒙都大感吃驚，沒想到關羽真的心思單純到這種程度。

心懷賊二的呂蒙，準備利用關羽的單純，趁勢使出毒計，假意尊重關羽北伐是為了逼令曹操取消稱王之舉，回信用虛言相互糾纏，故意藉此讓使者往返，並且還大方地讓關羽手下軍士的家人，與他們相互通信，對關羽軍隊展開心戰。很快單純的關羽就中計，還不斷要求對方歸還荊州，再次強調如果一同北伐成功，曹操取消稱王，可以請天子旨意，漢中王讓孫權領荊州牧事宜。

於是整個軍隊士氣低落，回軍途中不斷有人逃亡，關羽見狀不妙，此時才知道孫權襲取荊州，根本就是針對他而來，不可能協助北伐。但已無力再戰，只有率殘軍向西奔往麥城，並派人入益州向劉備求援。

劉備聽聞後大驚，一時之間無法立刻動員進入荊州，於是命令離荊州較近的上庸劉封駐軍，率軍增援，結果劉封與關羽不和，竟然對命令置若罔聞。

本來到此孫權已經成功奪取荊州，就當適可而止，竟然賊性不滅，暗命呂蒙繼續率軍往麥城追擊。關羽軍雖然退守麥城，但士兵仍然繼續逃散，關羽本性愛惜士卒，知道大局已敗，並不願意殺人阻止，最後只剩下數十騎兵。

呂蒙派人在城外勸降，關羽假裝答應，實際上在城牆上豎立草人旌旗，率左右部將與數十騎兵往臨沮突圍出去，準備走官道入益州與劉備會合。

「關羽跑了！關羽跑了！」吳將潘璋收到士卒的回報。

潘璋喊：「快追啊！我主吳侯有令，必須要擒殺關羽！不能讓他跑了！」

於是潘璋率七千騎兵急追，但知道關羽勇猛善戰，不敢直接後追。於是星夜兼程，繞道在他必經之路埋伏，切斷關羽退路。

「將軍，側面有伏兵！」左右士兵大喊。

關羽、關平、趙累、樊伷等人同時大驚，往側面伏兵處瞪眼，只見孫吳兵從前方兩側草叢冒出，蜂擁殺來。關羽左右手各持環首刀，雖然逃亡，仍然穿著大漢將軍衣甲，打著自己的將旗，率數十騎兵迎戰。

關羽（黃眼眶）對著衝來大喝：「無恥背盟的孫權潑賊！眾將殺賊啊！」

關羽數十騎兵衝入敵陣，廝殺一片。關羽左右同時揮舞環首刀，靠近的孫吳兵卒倒下一片。潘璋的副將馬忠，率一千多鉤戟兵，列隊衝殺，關羽一騎當先，躍馬跳入陣中，左右劈砍，鉤戟兵非死即傷，紛紛倒退。

馬忠大喊：「他就是關羽，殺了他！」

關羽（黃眼眶）瞪眼大喝：「孫權潑賊！」聲音震動草木。

鉤戟兵隊伍大亂，嚇得馬忠自己從馬上摔下來。

關平、趙累、樊伷率數十騎兵同時吶喊衝鋒，一同口罵孫權潑賊，馬忠所部大敗，馬忠本人滾到草叢中躲避喘息。雖然殺的是孫吳兵卒，戰的是孫吳兵將，但怒恨詬罵的是動賊心的賊主，而不是眼前持武器之人，關羽果然義將。

潘璋直接跳進來指揮，弓弩手齊射，關羽左右以輕盾抵擋。而關羽本人左右揮舞環首刀，箭矢傷不了他。馬匹雖然都披甲，但也數匹馬被鉤戟與箭弩所傷，已經不支倒地，關羽眾人一同下馬與所剩士卒步戰。

兩千多孫吳兵包圍上來，如狼群撲向受傷的獵物，但這受傷的是百戰猛虎，奮力反擊。關羽大喝，與左右死戰不降，沿著官道向前衝殺十餘里，孫吳兵的包圍圈也跟著移動。整個戰圈邊前進邊廝殺。關羽左右兩把環首刀已經折斷一把，但關羽仍然以殘刀死戰。刀兵聲，吶喊怒罵聲，隨著戰圈一起沿官道向西前行。激戰後，孫吳兵卒已經陣亡近一千人，關羽軍已經只剩下不到八人，還在死戰。

潘璋見狀驚駭，除了把最後四千多人列隊投入，不知道該如何是好，馬忠此時從草叢爬出來，告訴潘璋說：「將軍，鉤網隊伍已經準備好，我在前方埋伏，你鳴金收隊，到時候從草樹後面埋伏，一起使用鉤絆，可以將他們一舉成擒。」

【潘璋與馬忠同時出現橙眼眶】

潘璋（橙眼眶）笑說：「就這麼辦，只要擒殺關羽，主上有賞，我也會上報你的功勞。」

馬忠（橙眼眶）也笑說：「謝將軍。」

「殺孫權潑賊！」關羽（黃眼眶）全身已經是血，左右手仍然緊握兩把環首刀，不斷揮舞搏殺，靠近的兵卒立刻身首異處，人頭飛到數丈外。孫吳士兵們已經被殺得害怕，但孫吳兵人數眾多，持盾牌重甲列隊不斷聚來揮兵器砍殺，包圍圈越來越緊。

關平持長矛，趙累、樊伷各持刀劍，左右護衛關羽繼續在戰圈中廝殺。甲片與血肉在空中飛舞，關羽等人全部眼帶血絲，已經沿著官道前行死戰一個時辰，仍然沒有停歇。

忽然馬忠帶著數十鐵線鉤絆手，從官道旁進入戰圈，網絆同時拋來，關羽等人全部被擒獲。潘璋非常害怕他們的戰力，全部用長矛刺傷關羽等人雙腿，才解開網絆。此時已剩下關羽、關平、趙累、樊伷還活著。

關羽在幾個士兵押解下，雙腿鮮血直流，仍然奮起站立。

潘璋（橙眼眶）大喊：「我主吳侯有令，若不降則死。」

關羽（黃眼眶）大喝：「我乃天子親封大漢壽亭侯，漢中王的手下大將，孫權潑賊僭號自立，無恥背盟，速速殺我，否則漢中王大兵壓境，我必殺潑賊。」

潘璋（橙眼眶）大怒喝道：「殺了他。」

刀斧手於是砍下了關羽首級，關平被押解在旁，同時也大罵潑賊，於是潘璋也殺之。

見到兩人已死，潘璋看著趙累、樊伷二人，問其降意，趙累說：「聽說你主已經到了江陵。我降不降到時候再說。」

趙累與樊伷對眼，樊伷知其意思，也表示到江陵再說。

【趙累與樊伷同時出現黃眼眶】

馬忠（橙眼眶）在潘璋耳旁說：「我們殺了關羽，萬一天下人非議，到時候我們必首當其衝，被我主祭旗。將軍是否該留些俘虜，不然藉口責怪專擅，讓我們擔罪，就都脫不了干係！拿他們當做緩衝，我主就怪不得我們陣前廝殺的人，不受控制。」

潘璋微微點頭。

於是將關羽與關平首級，並趙累與樊伷押送江陵。

在此專為心思純淨，義薄雲天的關羽，填寫歌詞

《曲名：關聖帝君　配樂不明。填詞者：筆者》

編號——龍戰於野

~前奏

一股忠義在胸膛，雙刀血戰在荊襄，即便兵敗，奔走當陽，也不會投降~

曾經歸漢不降曹，他雖只是個兵將，心思純淨，無疑無忌，亂世不染他~

後世傳頌關聖帝，心靈圖像群威揚，論其行跡，無可質疑，一朵白蓮花~

敗走麥城壯烈揚，武聖殞命在戰場，無法復漢，成敗天命，肝膽相照關雲長~~

江陵城。

孫權自知背信棄義，不止天下人，連自己手下江東陣營中也很多人內心會犯嘀咕，有意要多收降一些人不殺，當作寬大榜樣，於是把趙累與樊伷押上來，兩人雙腿的刺傷，已經被人包紮敷藥，跪在地上，孫權親自勸降。

孫權（綠眼眶）皮笑肉不笑說：「兩位將軍，孤與漢中王都是反抗曹操老賊，忠於天子的，事到如今兩位在孤手下當職也是一樣。」

趙累（黃眼眶）說：「吳侯勸降人，都是這樣高高在上的嗎？」

孫權（綠眼眶）哈哈一笑，然後走下台階，準備親自鬆綁，趁靠近，趙累吐孫權一臉口水。

在場呂蒙與陸遜及眾兵將，急護孫權後退。

趙累（黃眼眶）大罵：「孫權潑賊背信棄義，殺我關將軍，當年曹操尚不敢如此，重我關將軍大義，你怎還有臉提曹操？」

孫權畢竟是一個王者，受此汙辱，惱羞成怒，親自抽出佩劍大喝，一劍刺穿趙累胸膛。趙累口含鮮血再奮力往孫權臉上狂噴，然後殞命。

見到孫權臉上口水鮮血伴隨一臉惱怒，樊伷（黃眼眶）狂聲大笑說：「哈哈哈哈！天下人快來看啊！背盟棄義的孫權潑賊。我們與關將軍會先在黃泉路上等候你孫權，一定會找你算總賬！」

孫權大怒，口中喊殺，持劍瘋狂朝樊伷連砍數劍，直到他已經死了還是猛砍，鮮血濺滿一地。呂蒙與陸遜，一左一右，急忙上前拉住孫權雙手。

呂蒙（粉藍眼眶）說：「主上息怒！這不值得！」

陸遜（粉藍眼眶）說：「王者見辱不怒，請主上冷靜，考慮接下來的大局為重啊！」

孫權（綠眼眶）才朝地丟下配劍，然後冷冷說一句：「今天在場的事情，誰都不能說出去，否則別怪孤無情。」

說罷去後堂洗浴更衣，雙手發抖，內心不安，直到夜晚還在顫抖，當夜無法睡眠。他從來沒受過這種羞辱，也從來沒這樣顫抖害怕過。只有找來兩名侍女，瘋狂交歡甚至蹂躪她們半死，意圖用發洩獸性製造更多罪惡，遺忘內心纏繞的罪惡。但沒想到內心的恐懼慌張更甚。

即便當年赤壁之戰前夕，曹操大軍南下，自己也沒這樣害怕過，現在這樣害怕到底是為什麼？孫權知道劉備一定不會放過他，要打仗，孫權手上也有兵，倒不怕！而怕的是殺了關羽自己就真的是天下人心中所認定的賊，那他想要得到的東西，極有可能在冥冥之中如曹操一樣，永遠得不到。

天下人罵曹操是賊，他確實作惡多端，甚至派兵做出盜墓的事情。而孫權自己也曾派兵到嶺南，盜挖南越王的陵墓，同時也秘密派人挖掘在江南，漢朝諸侯王的墳墓。

「爾曹操老賊，不也一樣！爾劉備虛偽，不也一樣！你們都一樣髒！」

又狐疑地喃喃自語說：「有一種不祥之感，孤沒辦法統一天下嗎？不可能的，這又如何？你劉家漢高祖，又豈是潔白無瑕？天下人又豈會因此事責孤？呵呵，不可能的啦！」

忽然大聲說：「曹操老賊，關羽的事情全部都怪你！此事孤髒，爾亦別淨。一切都是老賊造成！都是你！」

「曹操老賊！一切都是你！」

於是孫權派人將關羽人頭送往洛陽曹操住處，意圖向天下人表明，自己背盟殺關羽，完全是受曹操指使。當惡賊的經驗，曹操怎麼會輸給孫權？連建立摸金校尉損陰德，你孫權還是後輩！所以一眼便知，這是孫權要拉他曹操一起骯髒心思：「孫權小賊！孤雖然手很髒，但這個汙濁惡名，天下忌諱，孤才不會替你承擔。」

見到關羽首級，曹操當眾痛哭失聲。

「雲長啊！怎麼會是這樣啊？孫權小賊，竟然如此狠辣！我本想到洛陽與你和解，沒想到小賊孫權，他竟然殺我關將軍！」哭到激動時，當眾暈眩，眾臣一同上前扶起曹操。說這是演戲？其實也帶著幾分真誠，畢竟自己與關羽也是舊識。

當天下眾人心思都汙濁，面對一個心思最乾淨的關羽，反而這些汙濁之人都害怕，要演戲擺脫。

曹操（藍眼眶）哭著說：「孤自知陽壽不久，很快就要來陪你雲長。在世時或許是敵人，但黃泉路上我們一起等著，一起聯手教訓孫權小賊。在黃泉路上一起教訓小賊啊！」

氣喘吁吁接著說：「立刻以大木，雕刻關雲長身軀，合其首以諸侯王之禮葬於洛陽！」

孫權聽說曹操如此隆重安葬關羽，這分明是在撇清關係，內心大為恐懼。也立刻以上等大木雕刻關羽頭顱，並其身軀以諸侯王之禮，安葬在當陽。回江東建業時，招集群臣士人，再次表示，這一切都是曹操主導，自己只是被指使的，現在後悔不已。

得知關羽兵敗身死，曹操與孫權，一老一小二賊，都在事後於天下人面前演戲推諉。劉備非常憤怒，斬殺抗命不救關羽的養子劉封，同時準備興兵大舉進攻孫權。

在安葬關羽後沒多久，魏王曹操也因病逝於洛陽。

曹操一死，人心浮動，到底要大政歸還天子，還是世子繼續專權？倘若專權，天下又還沒一統，世子曹丕真的有這能力嗎？於是當初曹操招募的青州兵，紛紛離職回故鄉。

曹丕繼任魏王爵，孫劉力量都還強大，內部有動盪之虞，於是決定動手篡漢，重組自己的力量。

許昌皇宮。

來了四個人，來此傳遞一個口訊給皇帝劉協，暗示他該要禪位了。一個是在曹丕繼爵位後，任丞相長史，爵位為河津亭侯。此人正是司馬懿。另一個是任魏相國，爵安樂亭侯的華歆。另外兩位是左中郎將李伏與太史丞許芝。

此時的劉協雖然心有不甘，但內心深知，對天下人的上訴根本沒有受理。反而已經沒有面對曹操時的戾氣。因為劉協敏銳察覺到，曹丕是玩真的，假設自己頑抗，那他真的會弒君。

【劉協的藍眼眶消失】

司馬懿與華歆入座，滿朝官員在座，但兩人對劉協絲毫沒有對皇帝的尊重。尤其華歆當初位列名士，竟然充當曹操家臣走狗，協助誅殺伏皇后。面對這個人，劉協內心當然十足氣憤，但無可奈何。

華歆（橙眼眶）首先嚴肅地開口說：「魏王這次進京，命我們先上朝，向陛下傳達一個重要訊息，請陛下聽好了。」

大殿沉靜了一陣子。華歆左右看了滿朝大臣，這些人臉色都很淡然，他們大多也早已經投靠曹氏一門，所以一定不敢唱反調。

劉協默然不語，因為他自己也知道這些人要說什麼。

華歆（橙眼眶）說：「漢自黃巾亂後，天下恟恟，董卓入京，朝廷名存實亡，我大魏武王起兵兗州，南征北討，迎奉陛下，繼而中原大定。而今漢德已衰，以魏代漢，實為天下子民所共望。子民們希望陛下能師學堯舜故事，禪位於賢，將皇帝位禪讓於曹氏，望陛下從之。」

還不等劉協說話，群臣紛紛走出列位，共同喊道：「望陛下從之。」

劉協臉上青筋跳動，令司儀詔百官歸位。

然後緩緩對華歆說：「聽聞閣下在先帝孝靈皇帝初中平年間，就是名滿天下的名士，在這大亂的時代，最大的事蹟原來就是要鼎革移祚，真是驚世駭俗，不知後世之人如何評價？無怪乎管寧有先見之明，與閣下割席斷交，避居遼東。」

此語一出，華歆面紅耳赤，只見旁邊群臣竊竊私語。華歆（橙眼眶）內心惱火卻不敢發作，只說：「臣與管寧之交非陛下所知，今日所言乃天下之事，請陛下示下。」

劉協說：「卿言以魏代漢，為天下子民所共望，可有實跡？」

華歆看了一旁李伏，他可是有備而來，立刻拿著一帛書站出來說。李伏（橙眼眶）說：「以魏代漢，見於諸多圖讖，這是臣蒐集孔子玉板、孝經黃讖、易運期讖等十於讖文，可見古之聖人早已料定漢德衰變當以魏代之，請陛下閱覽！」於是命人呈上桌案。

這圖讖當然是滿篇胡說八道與揑造，其實就是鬼話連篇，但他們不談魏的實跡，而專談圖讖虛文，其實就是避免有人爭議，因為曹操就是沒有統一江山，實績就是可以被爭議的。如此滿篇鬼話，就只有一句話：快下台讓位給曹丕。

劉協窩火在胸，但仍假意看完全文，但他此時已經胸有成竹。於是說：「誠如卿言，禪讓之事已然天下共識，但未知東南孫權，西南劉備二人，對此有何意見？」

群臣一陣騷然，無人能應對劉協這句話。此時司馬懿站出來說：「陛下，東南與西南二賊，不從皇命，而今二賊因荊州之爭，相互敵視，即將自相火拼，我朝廷必可剿滅。今中原粗定，若陛下不應天命人望，則人心乖離，中原復亂，屆時陛下將是天下罪人。我等為蒼生為念，請陛下讓賢，從堯舜故事。否則不待二賊入寇，就先有血濺丹陛之事！請陛下三思。」

這司馬懿說話狠辣，引起華歆跟著幫腔，一起威脅劉協同意讓位。

群臣一同站出來高喊：「請陛下三思！」

劉協似乎看出了端倪，出現了一絲可以抓出來報復的契機！

劉協被迫妥協，低頭歎息說：「朕知矣，眾卿稍待，明日朕下詔退位讓於魏王。」

於是次日召魏王曹丕入殿，當眾下達第一次讓位詔書。

群臣附和，曹丕（棕眼眶）趕緊站出來假意推辭。立刻奏言：「昔周文王三分天下有其二，尚稱臣於商。周公輔成王，事成而退。寡人才德不如古聖王，望陛下收回詔命！」於是說罷自行離殿而去。

劉協內心對曹丕這種假意推辭非常窩火，但又暗中冷笑，看著面面相覷的眾位大臣說：「魏王不受，為之奈何？」

華歆（橙眼眶）又站出來說：「魏王謙遜，然古人言三讓而受之，天下百姓景從。請陛下擇良辰吉日，繼續寫禪位詔書，臣等自會共同上表，請魏王受禪。」

群臣又站出來附和，喧鬧一時，似乎目前除了禪位，朝廷不能再辦其他事情。

劉協內心冷笑道：好，你們就鬧吧……朕陪你們玩到底……

於是過一個月又下詔書禪讓。曹丕繼續假意推託稱：聞此詔書，五內發抖，寧自絕於東海亦不可受詔。群臣繼續上書……

過幾個月，劉協第三次下詔讓位……

曹丕第三次拒絕，稱自己只能逃於東方海上扶桑之島，屈身漢倭奴王下，也不敢受漢禪。

劉協於是接受群臣建議，在繁陽築受禪台。

許昌宮殿。

司馬懿神情悠悠走進來，對一旁的華歆（橙眼眶）說：「拜託，連續九個月這樣演戲往返，希望這是最後一次了。」

華歆（橙眼眶）哈哈笑說：「三讓而受，第四次被迫接納。這一次我們就要做得乾淨俐落一些。」說乾淨俐落，司馬懿想到一件事情，忽然止步。

華歆（橙眼眶）問：「司馬公，想到了何事？」

司馬懿對他瞪大眼說：「我們忘了一件最重要的事情，那個傳國玉璽，現在正在皇后手上！她可是魏王的妹妹！」

華歆（橙眼眶）笑說：「魏王的妹妹，自然會站在魏王這邊，回去我們就上表給魏王，派使者入宮索取傳國玉璽。」

司馬懿反問：「誰說魏王的妹妹，就一定會站在魏王這邊？」

華歆愣然，於是兩人準備調頭回去到許昌魏王的住所。

忽然劉協出現在眼前，身旁還帶著他們想到的傳國玉璽。兩人假意對劉協行君臣禮。劉協笑說：「你們的主上是魏王，不是朕，二卿何必如此拘謹？」

司馬懿嚴肅地說：「在禪代之前，陛下仍然是皇帝，不可改變。」

劉協於是命令宦官端出桌案，擺上傳國玉璽，令二人來看。只見兩人仔細端倪這傳國玉璽，劉協在旁邊說：「兩位愛卿仔細看了，這就是當年秦始皇帝命孫壽打造的傳國玉璽，我大漢高祖皇帝、光武皇帝都是得此傳國玉璽而得天命。魏王即將受禪，不如就讓兩位愛卿，將此玉璽連同受禪詔書一同送至魏王駕前。」

司馬懿與華歆的眼神都被傳國玉璽鎮住，華歆更多的是感覺當中的雕工與大器，但司馬懿卻整個內心透涼，感覺到萬里江山與千軍萬馬在耳邊繚繞，內心似乎多出一個司馬懿在說話：這就是象徵掌握天命得天下的傳國玉璽啊……

內心又說話：大魏未平九州，豈有資格受漢禪？誠然可笑。倘若是我的話，肯定不會如此！九州一同，是最基本一定要去做的功績！

【司馬懿出現了藍眼眶】

他內心已經跟先前所有人感觸一樣，但此時仍然理智佔有絕對優勢，那種感覺還只是一顆種子而已，立刻奏說：「請陛下收回傳國玉璽，臣等回去啟奏魏王，受禪之後再收玉璽。」說罷，拉著華歆匆匆離開。

劉協看兩人背影，淡淡一笑，喃喃自語說：「你們可能不知道，朕跟曹操說過，強搶我大漢江山的人，子孫不會坐穩的！司馬懿你與華歆潑賊不同，你的父親司馬防是忠於大漢的重臣，先前你也不屑與曹操為伍。而今卻當曹家家臣，何不再多看看傳國玉璽幾眼？讓朕多放一些種子也好。」

司馬懿回到許昌曹丕住所，神色有點異常。

曹丕（棕眼眶）問：「司馬仲達，怎麼從皇宮回來，有點神不守舍？」

司馬懿（藍眼眶）平伏微笑回答：「見天子威儀，有所恐慌。」

曹丕（棕眼眶）聽了大為吃驚，瞪眼疑問：「你說建安皇帝？司馬仲達，怎麼今天在我面前說謊呢？天子之後還是他嗎？你這麼說有隱情吧？」語氣有些嚴厲。

司馬懿（藍眼眶）仍然平伏，低聲說：「是，魏王眼光獨到，臣是有些隱情……」

曹丕（棕眼眶）說：「那還不快說出來到底怎麼回事？」

司馬懿（藍眼眶）說：「不知殿下是否知道，當年漢高帝入關從秦子嬰得來的傳國玉璽？」

曹丕（棕眼眶）笑說：「當然知道，接下來寡人受禪為皇帝之後，自然會將傳國玉璽拿來，就在寡人妹婿那邊多待個兩天無妨。原來你今天看到了玉璽了，難怪如此神色不安，你就不必多慮。」

司馬懿發現曹丕猜錯，但低頭諾諾。

曹丕（棕眼眶）忽然又轉念說：「不過你擔心的事情倒沒錯，受禪之前應該把玉璽要到手，以示天命所歸。」

司馬懿當然不會說真話，因為他自己也不知道，為何傳國玉璽有那種讓人感到不安不妥之處？

過數日，曹丕索取玉璽的使節來到後宮。皇后曹節、姊姊貴人曹憲與年齡最小的貴人曹華，三姊妹哭著跪在劉協旁邊。

曹節下跪平伏地痛哭說：「妾身兄長，不斷派使強索傳國玉璽，逼迫陛下禪位。

妾身身為曹家之人，卻無力抵擋這件事情，有愧於陛下！請陛下殺了臣妾，臣妾替曹家贖罪。」

曹憲與曹華都跟著哭。

劉協扶起她們之後，一同坐在御床上說：「這真是諷刺，劉家天下已經被逼到無人支持，唯一還站在大漢立場的是妳們三姊妹，而妳們三姊妹又來自於要代漢的曹家。這一切真的是諷刺。」

三姊妹又是一陣痛哭。

劉協安慰她們說：「好了好了，妳們都別哭了，這一天朕早就知道會來。而且這樣才好，朕終於可以當局外人歸隱，帶著妳們過自己的生活。倘若妳們想回曹家當公主，朕就把妳們送回去。」

曹憲說：「臣妾要死也死在陛下身邊，陛下堅決不要讓璽，臣妾三姊妹自此日夜守在陛下身邊，我們三姊妹乃魏武王親生女兒，他們不敢動武。」

曹節與曹華也都紛紛支持。

劉協苦笑搖頭說：「朕知道妳們三姊妹對朕忠心，但即便將妳們三姊妹綑綁在朕身上使強，他們也一定會拿走傳國玉璽的，而且也會找到方法來殺朕，禪代也是阻擋不住的。他們要就給他們，保重自己生命才是。等這件事情之後，願意待在朕身邊或回曹家當公主，都可以自便。」

曹節首先跪在床旁，堅定地神情說：「無論陛下還是不是皇帝，我們三姊妹永遠待在陛下身邊，絕對不會離開。」

劉協說：「朕真的謝謝妳們，好了皇后，把傳國玉璽給他們吧。大漢四百年替天下人做事，有功也有過，但無論如何，氣數將盡，也許劉備那邊還能接續一段時間，但朕這邊已經接續無力。」

曹節平伏遵命，於是拿璽走到門外，曹丕的使者華歆等人恭敬地在外等待。曹節怒目對華歆等人說：「你們三番四次來逼宮，要傳國玉璽是嗎？陛下說給你們！但你們會像王莽當年一樣，上天不會保佑你們的！」

說罷學當年的太皇太后王政君一樣，把玉璽扔到地上。

所有使者全部低頭不敢動，華歆趕緊將傳國玉璽收下，交回到曹丕處。過幾日劉協在受禪台下詔禪讓，曹丕終於同意接受禪讓，兩人一同舉行禪讓大典，正式以魏代漢。

曹丕對劉協的完全配合，妥善讓位，非常高興，接著奉劉協為山陽公，在山陽維持漢朝皇帝建安的年號典章，可以繼續自稱朕，對曹丕不稱臣，不行臣禮。並且親上加親，娶劉協與其他非曹氏妃嬪所生的女兒，為自己的妃嬪。劉協既是妹夫，又成為老丈人。

看似曹魏一切順利地代漢，實際上事情可沒這麼簡單。曹丕稱帝之後，劉備立刻稱帝，繼承漢室延續，孫權也隨其後登基稱帝，三國時代正式成形。曹丕自然也意識到，另外兩股勢力是眼前的威脅，必須動用武力統一全土，曹魏始終也沒有放棄與蜀漢東吳兩股勢力作戰。可真正的威脅，並不是在外，而在自身身邊逐漸成形。

※※※※※ **中軸線訊息** ※※※※※

承前

代↓-1，本↓0

當本=0，母=1／代（+本）／／（+本）隱藏係數

代≠0，-1〉代〉0，但當母=1／代（+本），代↓0 ／／以負值保持自身存在

【負變〉正變】

※※※※※　※※※※※　※※※※※

為了替關羽復仇，劉備集中十萬大軍，沿著長江東下，穿越山陵險要處，忽然對孫權的軍隊展開猛攻。孫吳守軍被打得大敗，劉備攻克巫縣，進而收復秭歸。劉備率軍進入城中，附近山區的少數民族，也都投奔支持劉備，派了不少精兵協助。

秭歸城。

此時法正已經病死，張飛在出征之前被暗殺，諸葛亮因反對伐孫吳，被委派鎮守成都。能談得來的老面孔，已經不多，讓劉備感慨人事凋零。趙雲與廖化等將領，此時跟著劉備登城視察防務。

趙雲說：「陛下，此城防務大致就是眼前如此，不會有大的問題。主要是糧草要能透過水運順將而下，只要穿過巴陵湍急這帶，進入荊州，水運就能平坦無阻。」

劉備（紫眼眶）看著城外群山層疊，一陣惆悵：「這麼多年了，從涿郡一路到這裏，跑遍了大江南北天下各地，除了關中、涼州想去而沒機會去，交州偏遠而沒辦法去，其他都跑遍了。別說那個孫權小賊，連已經死掉的曹操老賊，都沒有我跑過的地方多。甚至孫權小賊要定的王都建業城，還是當初我帶人去看過地理風水，告訴他的吉地。」

說罷不知如何又一陣長嘆。

趙雲一時不知道該如何回答，劉備這一忽然地惆悵之語。

廖化問：「陛下是不是感慨世事無常，本與孫權同盟，今又決裂相攻而有所感？」

劉備（紫眼眶）搖頭，帶著眾將領，走在城牆上，邊走邊說：「朕……不，還是自稱我吧。我總感覺從黃巾賊起，繼而董卓賊人入京，掀起的這場亂世，與秦末高皇帝遭遇的亂世，王莽末年光武皇帝遭遇的亂世，都截然不同，當然更不同於皇帝規制出現之前，春秋戰國的亂局。眼前這場亂世讓人困惑，真的困惑。」說到這仍搖頭，但不知道怎麼說下去。

趙雲問：「所有的亂世都各有起因，本來就都不同，陛下何言困惑？」

劉備（紫眼眶）說：「雖說我的才能不夠，辛苦奔走，超過高皇帝，也超過光武皇帝仍然不能平定天下。曹操老賊他的才能被世人稱讚，結果他也沒能一同九州。每當我或他勢力增長，將有所雄圖之時，就忽然會出現一記打擊。曹操老賊平定中原南下，遭遇的是赤壁之戰大敗，我平定巴蜀漢中正欲走高祖當年之路，遭遇的是孫權小賊背盟殺我兄弟襲取荊州，繼而曹丕稱帝。若論孫權小賊，他赤壁之戰以弱勝強後，在合肥之戰，竟然也被人以弱勝強打得大敗，更顯示他小賊也無能為力，才會來找我爭奪荊州。」

「以往的亂世，天下人都會傾向於仁德者，如楚漢相爭的高皇帝，不然也是強大者，如春秋戰國的秦國，以及新莽末年的光武皇帝，以求盡快結束亂局。如今眼前這場亂世，天下人卻似乎故意要遏制強者出現，也不重視仁義者的呼喚。我困惑在此！」

眾將領不知道該如何回答。

劉備（紫眼眶）說：「法正善於用兵與奇謀，但已因病棄世，可能我已經找不到人去探討這個問題！」

趙雲說：「諸葛亮行事精明，正直肯言！陛下可修書一封問他。」

劉備（紫眼眶）搖頭說：「諸葛亮未必能知道此大哉問題，他當年提出三分天下之計，起先的確依此計畫實現，但自孫權背盟，曹丕稱帝，恐已偏離設想。若我們此戰沒有奪回荊州這個戰略要地，漢室復興恐難實現。」

走了一段路，又說：「子龍你說得對，還是修書一封問問他吧。」

劉備在視察完城防之後，命趙雲分兵進入江州，親自率領馮習、廖化、張南、沙摩柯等將領為主力，進攻孫吳軍。此時孫權派陸遜為都督，率朱然、徐盛、韓當等十餘將領，迎面交戰。

開頭一戰，劉備軍為復仇攻勢凌厲，陸遜就敗退，全軍退入夷陵一帶據險要防守。劉備得到當地土著支持，聯兵出擊，孫吳軍隊只能死守。劉備聯營數十里，頻繁挑戰，但陸遜堅守夷陵不出，孫桓也率數千人死守夷道。兩軍相持達半年之久，劉備軍疲憊、鬥志鬆懈。

於是劉備派大將吳班在平地立營以引誘吳軍決戰，但陸遜沒有中計，劉備知道此計失效，乃從山谷中引出八千伏兵，陸遜此時才開始反擊。

陸遜在大舉進攻之前，先攻劉備軍一營，結果失利，傷亡慘重。諸將皆說這是浪費兵力，陸遜卻明白該如何破敵，陸遜發現了劉備軍的營寨都是由木柵欄組成，陸遜決定使用火攻。吳軍放火，並封鎖江面，扼守夷陵道，全線出擊，水陸並進，劉備軍措手不及。

在火攻下，全軍混亂，倉促迎戰，激戰當中，馮習、張南、沙摩柯被孫吳軍斬殺，杜路、劉寧向吳軍請降，傅肜、程畿戰死，黃權因退路被斷，就率眾投降北方魏國。

劉備狼狽逃至益州東部，在永安縣白帝城，一病不起而不再西行。徐盛、潘璋、宋謙等各競表言「劉備必可生擒，請再攻擊。」陸遜與朱然、駱統則告知孫權：「曹丕大合士眾，假稱共同討伐劉備，內實有姦心，請退兵防守。」

孫權自知，已經殺了關羽讓人非議，絕對不能再害劉備，否則將會大禍臨頭，於是同意撤軍。

果然曹丕趁機大舉進攻孫權，孫權雖然動員軍隊抵擋成功，但是畏懼從此開始被曹劉兩面夾攻，遣使到劉備處議和，因長期征戰和兵敗，而心力交瘁的劉備同意停戰。

白帝城。

遭受一連串打擊的劉備，病倒在床上，急召諸葛亮來託孤。表示若劉禪無法輔佐，則諸葛亮自取之。諸葛亮淚流滿面，決心盡忠到底，死而後已。

劉備（紫眼眶）請諸葛亮入座，他自己勉強坐牀而起，說：「卿的忠誠與才幹，我無從挑剔。身後之事就完全拜託。」

諸葛亮（黃眼眶）說：「臣再三表白，唯有鞠躬盡瘁，請陛下勿憂。」

劉備（紫眼眶）長嘆一口氣說：「先前入巴蜀之時，就當警惕孫權小賊。沒料到今日真成了大患，而今荊州之事已矣，漢室中興難道真無望了嗎？」

諸葛亮（黃眼眶）擦乾眼淚，說：「陛下當年幾次遭遇絕境，然時勢變化無常，還有機會的。」

說到這變化無常，劉備想起之前寄的信。

劉備（紫眼眶）問：「在與陸遜決戰之前，曾寄信給你，可有收到？」

諸葛亮點頭應諾。

劉備（紫眼眶）問：「我的困惑，不知道卿是否有解？」

諸葛亮（黃眼眶）說：「臣收到陛下信後，也多方思索此事。確實如陛下言，我們面對的這場亂世的確與古人遭遇不同。但臣凡人，所想的答案未必正確。」

劉備（紫眼眶）說：「不妨說說。」

諸葛亮（黃眼眶）說：「遭遇亂世，撇開自保守成之主不提，凡嘯起之主，若非抱有拯救天下蒼生為念之英雄，就是豪強盜賊。而豪強盜賊多無遠略，只圖近利。故只要英雄之主知人善任，堅定用心，都能克復天下。高皇帝與光武皇帝所遇亂世皆如此。而我們遭遇的亂世群雄，卻不這麼簡單，除陛下有力挽狂瀾之心，其餘皆為豪強盜賊之流。董卓、袁術、呂布、公孫瓚、張繡，這些人或許都無遠略，故最早被滅。然袁紹、劉表就能力過人，也能用人，但當遇到無德無行之惡賊曹操，用兵用人能耐多端，這兩雄都竟然不是對手。而曹操遇到孫權，照理說孫權當年不可能敵得過，竟然又有周瑜、魯肅、陸遜等超世能人為其爪牙，使之能抗過曹操，乃至今天能敗陛下於夷陵。眾人皆說是天下英豪輩出，仔細比對過往世代，這也未免太過。彷佛上千年所有的能人復活，設局分布在各地相互對抗，乃至一山還有一山高。陛下之能並不輸給高皇帝，但遇到此種截然不同亂世，自然有此困惑。而不只有陛下，曹操先前也肯定有此困惑。」

劉備（紫眼眶）點頭說：「你說的精闢。這我先前也思考過，但我想問的是，為何會如此？難道是文風普及，以致天下英傑越來越多？那未來的亂世，豈不是更難以平定？」

諸葛亮（黃眼眶）搖頭說：「並非如此，今人所知未必比古人多。臣感覺是一股說不上來的力量，在運作這個亂局。但臣肉骨凡胎，不知道是什麼力量？也不知道為何是如此？只能依託俗人常說的天意去解釋。」

兩人商談許久，但都無法知道為何是這樣？

的確，背後的『古怪』原因，當時之人是怎麼也難想透的。劉備病逝於白帝城，諸葛亮便主政蜀漢大權，確實忠貞任事，不忘劉備託孤。

過沒幾年曹丕也死，兒子曹睿繼位。諸葛亮於是向曹魏北伐，曹魏不得不把主力軍隊從對付將東孫吳，改調派主力入關中，與諸葛亮所率大軍在漢中以北一線，替復興漢朝做最後努力，與魏軍數次激戰。原本諸葛亮節節獲勝，但是曹魏一方，除了出現郝昭守住要地，還及時改換統帥，讓諸葛亮開始受阻。

此時統帥大軍的正是司馬懿。

五丈原外。

已經顯出病息的諸葛亮，在姜維的攙扶之下走出營帳，遠望對面山丘營壘司馬懿所率的魏軍大營，不得不做出感慨。

「丞相，魏軍似乎躲在壁壘後堅守，不肯出戰，據探馬回報，辛毗持他們的偽皇帝節仗到，禁止司馬懿出戰。」姜維指著渭河北岸，山丘上魏軍營壘這麼說。

諸葛亮（黃眼眶）雖然已病，但神智仍然清醒，慢慢地說：「司馬懿人中豪傑，偽皇帝曹睿不過是深宮驕子，況將在外君命有所不受，豈有曹睿命令司馬懿不出戰的道理？這不過是司馬懿用偽皇帝旨意壓抑眾將領請戰的念頭……他根本不想出戰，只想拖到我們受不了為止……」

說到此長嘆一口氣，慢悠悠地又說：「又是一個極難對付的對手。意料之外啊。又是一次意料之外啊！從先帝在中原開始，這場亂世，遭遇好多意料之外啊！多得不像是事實，倒像是一場夢！真的像是一場夢！」

兩人在數名軍士環繞下，走到一高台上瞭望對岸山丘上的敵情。

諸葛亮（黃眼眶）忽然眼淚流下來嘆氣道：「難道大漢江山真的無法恢復了嗎？我自負才情，擁有諸多必勝把握，但竟然所見敵人卻如此頑強，應對皆如此得體，莫非真是天意厭漢？」

說眼淚奪眶而出。

姜維站在一旁也潸然淚下，一時無言以對。

一個在瞭望台上站崗的隨軍軍士，名曰李川，看著對岸營壘，面無表情但似乎有話要說。只因為身分低微而不敢言，但看著主帥鞠躬盡瘁，泣不成聲，忍不住說了一句：「這恐怕不是天命，而是有鬼神一般的力量，驅動著他們這麼做！這真不是人力可及，但有鬼神相助的曹家，恐怕也不要太開心，我幾乎敢斷定，就算江山最終不屬漢，那不會是他們所得。」

一個隨軍軍士所言，姜維根本不以為然，但現場氣氛也不好喝斥軍士。

諸葛亮（黃眼眶）想起了，自己與劉備所談過的困惑，反而認為此人所言，必然代表他藏著什麼所知之事，立刻問：「我記得你叫李川是吧？你是哪裡人？」

李川行揖說：「父親是青州北海人，當年先帝在中原時，曾派軍增援北海抵擋黃巾賊，就在先帝帳下當兵，隨先帝一路轉戰大江南北，最後在巴蜀定居與家母成親，老年得子。我是在巴蜀長大的。」

諸葛亮（黃眼眶）說：「先帝入蜀也有二十餘年，新一代長大了……對了，你剛才那句話，是什麼原由？」

姜維說：「天下大勢這種事情，可不是你一個下級軍士可以說的！」

諸葛亮（黃眼眶）不愧是智者，揮手止住姜維說：「有時候旁觀者清，當局者迷，姜維你不要打岔，聽聽別人的意見無妨，這也浪費不了多少時間！心態上自以為高人一等，那就是最愚蠢的人！」

姜維聽了才止住自己阻止李川說話的念頭。

李川說：「父親追隨先帝轉戰大江南北，九死一生，雖然他不識字，只是個基層的士兵，但聽說過很多家鄉與大江南北的智者，轉述各地流傳的故事。我年幼時就聽他說了很多，直到父親去世為止。丞相在巴蜀興辦學校，我也讀了一些書，整理了一下這些故事之後，做了些反思，才有了剛才的心得。」

諸葛亮（黃眼眶）露出笑容對姜維說：「似乎我們的李川小子，有很長的故事要說，現在司馬懿率軍擋住我們去路許久，反而多的是時間聽，下台搭帳入茶席。」

姜維說：「丞相您的身體要緊。」

諸葛亮（黃眼眶）笑說：「一切沒事，雖然公事繁忙，但現在司馬懿讓我們什麼事也做不成了。今天就聽年輕人一回，也許會有心得，總比發愁來得強。」

於是大家下了瞭望台，在渭河南岸的山丘上搭了一個簡易的茶室，諸葛亮、姜維都入席。

諸葛亮（黃眼眶）入席命人製茶，感嘆說：「這情境讓我想起當年在荊州隆中，對先帝談三分天下計⋯⋯」說罷又是流淚。「不提罷，李川你說說聽到了什麼故事？」

李川端茶入飲，放下茶杯之後說：「我記得父親從各地智者那邊聽來了很多故事，其中一段讓我印象最深刻。就是這世間存在一個不是鬼神的鬼神，操控著人世間的事情，名曰『古怪』。」

諸葛亮（黃眼眶）以為聽什麼高論，能解答過去的困惑，可能自己也感覺時日無多，不希望浪費時間聽無謂的話，便露反感道：「鬼神之說，皆屬虛妄。年輕人不要相信。」

李川低頭苦笑說：「丞相先聽我把話說完，假設真的沒有道理，您再駁斥我即可。」

於是諸葛亮才勉強地點頭示意。

李川接著說：「這應該是在，袁曹官渡之戰時，家父追隨先帝北投袁紹，途經黃河渡口，在一個鄉村聽一個老者說的故事。當時先帝沒有在場，是家父跟當地老者聊天聽來的。他告訴家父說，在戰國時代後期，發生過一次秦國與趙國的長平之戰，不知道丞相有沒有聽說過這場戰爭？」

諸葛亮（黃眼眶）說：「凡有讀史者皆知，當然有，你就直接說下去。」

李川說：「那老者說，他祖先是戰國時代的韓國公卿士人，在上黨郡喪於秦之後，全部投奔於趙國，接著發生長平之戰。當時他先祖曾疑惑一件事情，認為山東六國明明有能力合作抵抗秦國入侵，為何屢屢無法抵擋？秦國對山東士人並不尊重，甚至或殺戮或迫害，為何山東士人仍爭相入秦效力？好像是被某種力量限制住，又像是人在操控棋子，棋子既無奈，也身不由己。最後他做了一個假設，假設這世間上存在一個叫做『古怪』之物，對之做出各種推敲，沿著這個推敲暗中操作一些合縱之事，結果長平之戰秦國大勝之後，忽然又秦軍敗、白起死、秦王恨、范雎引退。竟然除了上黨郡暫時回歸韓國，連河東都暫時回歸魏國，秦國則只能回去反省，拿已經凋零的周王出氣。原本以為這只是世間常事，起起伏伏的，但自己的判斷預感，竟然沿著這個假設，可以影響當時時局，當時他暫時認定，『古怪』之物是真的。」

諸葛亮（黃眼眶）有所感，這世間上起起伏伏的怪事很多，在他與劉備身上也不斷發生，看似背後有規則可循，但卻又無法用常理解釋，根本找不到它的法則，只能認定是世事無常。

李川又說：「經過那位老者祖先的推敲，他又做出一種假設，他認定除了六國只是『古怪』之物的誘餌，秦國正被引誘入一個局，等到秦完成了『古怪』預設的事情，那秦就失去了利用價值，『古怪』一定會想辦法將秦也毀滅。存秦之功，而棄秦之國。結果那位老者活到了高皇帝入關中，一切如他年輕時所預料。聽說高皇帝在洛陽曾見過這位老者，也聽了他說『古怪』的故事。」

諸葛亮（黃眼眶）搖頭說：「沒見過我大漢國史有記錄這一段。」

李川說：「這是鄉野傳聞，但卻點破了諸多讀書人的迷津。我聽父親講述這段故事，也是懷疑。但丞相試想，世人常把國運走向認為是天意，甚至因此偽造出圖讖，故作神秘詭文去預言，實際上天並不說話，甚至天也只是雲、風、雨、雷、霧等等自然之物組成，它只是個統稱假設，眼睛可見，這個統稱假設的天，不在乎世界上的人怎麼做。而那個假設『古怪』的古人，只是很理智地，把方向轉變。從往天上的統稱，變成……」

李川手指著茶席的所有人，接著說：「變成往眼睛可見的眾人！眾人的統合，直接影響著這個人世間的變化！這不是很真實嗎？哪一個方向對？是往上指天正確？還是往下指鬼正確？還是就是眼睛看到的眾人正確？統稱的方向錯了而已！當統稱的方向正確，就可能猜測得出真正未來的時局大略！」

接著又說：「把統稱放在正確的方向，就是人在影響人，那麼一個整體天下人，就會因為某些不知道的原因，變成了人與人相互組成的『古怪』。真正發出旨意的，是古怪，不是天。那個四百多年前的古人，他肯定是推敲了一個古怪之意，才在當時戰國還在紛爭之時，猜中了秦滅六國之後，秦也必亡的可能！」

「不管理論怎麼古怪法！倘若真的是能預言之後的局勢演變，那這理論就應當是對的。不能預言未來的演變，再怎麼言之鑿鑿，眼見為憑，聽之有理，又有何用？」

諸葛亮與姜維聽了都豁然開朗。

諸葛亮（黃眼眶）點頭說：「高見！年輕人，那以你所見，所謂古怪能讓我大漢再延續四百年嗎？」

李川說：「這下佐不敢亂說，但以我之見請丞相恕罪……」不斷搖頭低聲說：「我以為不能。」接著又說：「原因只有一個，從黃巾賊亂後，天下人人都說要振興漢室，連曹操與孫權都這麼說，但天下人嘴巴這麼喊，除了先帝與丞相帶領的我們之外，他們真實的行為是這樣嗎？好像都在做鼎革移祚之事吧！」

接著指著北岸魏軍的方向說：「丞相是神人，帶著必勝把握北上，但曹魏賊營馬上就出現可以跟丞相能力比肩的鬼！司馬懿！屢屢阻擋王師！這一切是巧合？再眼看關中的子民，似乎是冷眼旁觀丞相與司馬懿的神鬼相鬥。他們完全沒有對大漢思念，更沒有助漢伐魏之事，甚至跟著魏朝人說我們是『蜀軍』，而不是『漢軍』。從這個對我們的稱呼改變就知道，他們雖然不否認自己曾是大漢子民的事實，但在行動上卻根本不想正視，大漢還部分延續的事情。這跟剛才說戰國時代六國之臣民，山東士子，又何其相似？眼下一切戰局，因為這一切，又逐漸再往他們那邊傾斜。」

諸葛亮（黃眼眶）聽到此微微點頭，但姜維不以為然，頻頻搖頭。

又喝口熱茶說：「下佐只是個普通人，並沒有未卜先知的能力，只是依照故事中的『古怪假設』再去猜測，倘若那個『古怪』真的把國家都當作棋子，那麼讓天下三分相爭，大漢若不能再回中原，最終曹氏的魏朝，江東的孫吳，也可能跟我們的大漢一樣，只是替下一個階段的接替者出現，來做鋪陳。如剛才所說戰國時代的七國，連統一天下的秦，都只是替大漢四百年做鋪陳一樣。戰國時代的各國諸侯能人，又豈知道，誰是漢？而今天下三分，最終到底是誰扮演當年的漢，那就不得而知，但肯定不會是入三分天下局的我們，也不會是曹家與孫家。」

姜維頻頻搖頭說：「錯！這只是你個人猜測！」

諸葛亮（黃眼眶）卻嘆口氣說：「不……他說的有理…今天我真的聽到，難得一聞的高論……高到振聾發聵……無怪乎我經年累月數次北伐，被某些人稱，得其人，而不得其時。當年先帝與我都困惑過這件事情，我猜曹操與孫權二人，也可能內心或多或少，都困惑過這件事情，沒想到今天我能聽到，極可能是真相的答案。」

於是舉茶杯說：「今天我們都放下身分地位，也沒有年齡限制，我以茶代酒敬年輕人你一杯！」

李川也舉杯，低頭稱是。

之後諸葛亮（黃眼眶）長嘆一口氣說：「當年在隆中，對先帝提出的三分天下計……沒想到反而入了一個漢室絕對不會復興的局……天意不存在，更不存在所謂逆天而行，一切都是人做出來的『古怪』，莫非我也是這個『古怪』中的一員？莫非我也是？莫非我也是？」

當然，一切都是人做出來的局。過不久諸葛亮病逝五丈原，蜀漢軍隊逐漸撤退。

諸葛亮死後不久，曹魏皇帝曹睿也病逝，司馬懿在洛陽與曹室旁系大臣的曹爽，發生了政爭。司馬懿先託病不朝，私下動員兩個兒子司馬師、司馬昭與諸多家臣，陰謀奪權。在趁一次曹爽等人陪年輕皇帝曹芳，到高平陵祭祀時，發動政變奪佔洛陽城。並裹脅皇太后下旨罷黜曹爽，曹爽軟弱無能不敢接受桓範包圍京城的建言，束手就擒。司馬懿於是連續誅殺曹爽與桓範等諸多大臣，共八家二十四族人，舉國恐懼。

曹魏大權逐漸落在司馬氏手上。

此時鎮守壽春的太尉王淩等人，發動反司馬懿的兵變。司馬懿親率大軍討伐，王淩在司馬懿詐欺勸說下投降，在押解回洛陽途中才自知不免，於是自殺。

洛陽，丞相府。

「父親，王淩自殺了。曹彪與令狐愚這些人，該怎麼辦？」司馬師跑著進門對司馬懿做秉告，在場只有幾個僕人與另外一個兒子司馬昭。

司馬懿（藍眼眶）遣退身邊僕人，坐在木床上，現場只剩司馬父子三人，司馬懿陰沉沉地低聲說：「這是你死我活的狀況了，他們的親族都得處死，全部不能留。」

司馬師（粉藍眼眶）說：「可是曹彪，他是武皇帝曹操的兒子，也得殺嗎？」

司馬懿（藍眼眶）冷冷地說：「就讓他死得妥善一點，逼其自盡，況他是皇親宗室，不牽累家人，讓他去陪他父親去。」

司馬師低頭稱是，但似乎有話想說，又說不出口。

司馬懿（藍眼眶）看出來之後問：「子元，你想問我什麼？」

司馬師（粉藍眼眶）搖頭說：「也沒什麼？」

司馬昭（粉藍眼眶）看出來，在下座低聲問：「父親，兄長跟我都有一個問題，我代他問是否可以？」

司馬懿（藍眼眶）冷冷一笑說：「肯定問得很敏感，不然你們兄弟二人何必如此神情詭異？就問吧！」

司馬昭（粉藍眼眶）問：「父親是文皇帝曹丕與明皇帝曹睿，在臨終之前的託孤輔政大臣，穩住人心不定的大魏朝廷，因此擁有大功。當年父親的最大對手，蜀地諸葛亮，也是劉備的託孤輔政大臣。雖然逆天而行，屢屢造次，兵連禍結，但聽說巴蜀百姓仍然敬重愛戴此人。他死後遺體回成都，巴蜀百姓家家痛哭失聲。當地人都稱，其面臨庸主，仍對漢室鞠躬盡瘁，死而後已。同樣是託孤大臣，父親的雷霆做法，是否不妥當？兒子深怕後世不明事理之人，詬病父親不如諸葛亮。」

司馬懿內心一直與諸葛亮有『相競情節』，其實『瑜亮情結』純粹是後世三國演義這本小說的鋪張陳述，並非歷史事實。應該『懿亮情結』才符合真實情況，司馬昭就是知道父親的內心，所以才轉彎方式來勸阻。

果然司馬懿聽了此言，沉默了一會兒，似乎在思考該怎麼回答兒子的犀利提問。

過一會兒司馬懿（藍眼眶）長吁一口氣，說：「這問題有兩個層次，先說諸葛亮吧。當年他在荊州對劉備提出的隆中對，提出三分天下之計，現今已經演變成一個明確的現實，若不是事後關羽大意，孫權叛盟，孫劉火拚，一切大局真的會如諸葛亮所言來發展。在諸葛亮的隆中對時，我當時還沒入曹操賓幕，甚至之後入賓幕也只是下級文士，現實中根本做不得什麼事情。後來在關中與他對陣，他以巴蜀之兵與我作戰，竟然還略佔優勢，整個比較下來，無論軍略還是政略，乃至出奇策左右天下大勢，到目前為止，我都是樣樣不如他。但倘若他提出的三分天下計，最後是在我司馬懿的手上佈局，讓三分天下歸於一統呢？因為且不提匡復漢室是否正確，三分天下是會讓天下人兵連禍結，而天下歸一則是和平興隆，所以做到這個，我就在最後一局勝過諸葛亮了。」

又說：「倘若我屢屢敗給一個人，被人稱為我不如他，但在人生最後一局我勝他一回，然後永遠也無法再戰，那不就等於是我永遠勝利了嗎？」

又說：「然而現實當中，諸葛亮因受劉備絕對信任，置於心腹，劉備死後他可以無所爭奪，控制蜀漢之政，盡情發揮才學！而我在魏朝有辦法嗎？曹操有這樣對我推心置腹嗎？要三分歸一，勝過諸葛亮，卻連魏朝內部歸一都做不到，你們說我還能繼續忍受這些人，來跟我搗亂嗎？」

司馬師與司馬昭大感欣慰，原來父親心裡，已經在想著三分歸一統。

司馬懿（藍眼眶）接著說：「況且我七十三歲了，感到身體老病纏身，自知沒有多久可以活。看來三分歸一，戰勝諸葛亮的計畫，我自己是無法實施，只能靠你們兩人來協助完成。但我若不下狠手，先除掉朝廷上這批庸才，殺一儆百，即便你們還有些年歲可活，也一樣永遠做不到！那我就真的是輸給諸葛亮！這你們明白我為何痛下殺手了吧？」

司馬師與司馬昭相互對看一眼，都微微點頭同意父親的說法。

司馬懿（藍眼眶）接著說：「接著再說第二個層次，談曹操吧。你們先說說，曹操這個人的優缺點各為何？」

司馬師（粉藍眼眶）先開口說：「優點是，文韜武略、英明睿智、善於用兵、知人善任、有眼光遠見、亂世之雄。缺點是，猜忌多疑、陰狠手辣、貪婪好色、不顧名聲。」

司馬懿（藍眼眶）看了一下司馬昭，以眼神示意他也回答，他回答說：「我看法跟兄長相同。」

司馬懿（藍眼眶）聽了搖頭冷笑說：「子元說法矛盾。他既然能英明睿智，又為何猜忌多疑？他既然知人善任，又何需陰狠手辣？」

司馬師與司馬昭相互對看了一下，司馬昭（粉藍眼眶）說：「請父親教導。」

司馬懿（藍眼眶）忽然哈哈大笑說：「在我看來，曹操他就是個傻蛋，努力一生敗在一處，卻還未必自知。我猜後世之人，也未必會知道他有多傻。哈哈哈哈！」司馬懿已經有病在身，但說到此還笑得一直拍床案不止。

司馬師與司馬昭兩人大為吃驚。

司馬懿（藍眼眶）收拾笑容，喘口氣說：「你們知道他這一生中最大敗筆，是什麼嗎？就猜猜，我聽聽看。」

司馬師（粉藍眼眶）說：「放走劉備？赤壁失利？」

司馬昭（粉藍眼眶）說：「誅殺名士？逼死荀彧？擅稱魏王？」

司馬懿一直笑著搖頭。兩人表示不明白了。

司馬懿（藍眼眶）大聲說：「他一生中最大的敗筆，就是迎奉天子到許昌，自作聰明，挾天子令諸侯！哈哈哈哈，倘若他當時只遙奉天子即可，讓袁紹先迎天子，或讓天子死在長安。他再去努力削平割據，那如今或許有可能，他或他子孫，能統一全局，不會三分天下啦。哈哈哈哈。」

兩人都疑惑表示不解。

司馬懿（藍眼眶）說：「他曾嘲笑過傳國玉璽只是石頭，為何孫堅、袁術這些人拼命去爭，但活生生的皇帝卻不要。於是接受荀彧這些人的看法，迎接天子到許昌立朝廷。但荀彧等人從事後的情況來看，是忠於大漢朝廷的，當然會這麼建議他，所以荀彧這麼建議並非愚蠢。但曹操認同他的看法，就是傻了。」

「他認為傳國玉璽只是個死物，而天子是活的。卻沒看出來，這傳國玉璽是死中帶活，而那天子活中帶死。最可怕的是，天子不知道自己已經死，會一直想要活起來，既然如此就會死了還從後掣肘搗亂，讓曹操的局從活變死。而且安置天子，需要一個朝廷，朝廷就是一堆是是非非之所。而你曹操想要天子之名去做事，但你的敵人在名義上也是天子之臣，他們就不能用天子名義做事？站在天子的角度上，同樣都有實力，憑什麼打從內心就要幫你曹操？對曹操而言，這不就等於立了一個，自己不能違抗，又不能下手除掉，卻又在窩裡不斷鬧事消耗你的敵人？給天子下馬威，那就被眾人內心猜忌你要篡漢，被其他所有豪強罵是漢賊。若不是曹操確實是個能人，死拚到底，他會連這半壁江山都沒有。哈哈哈哈」

「他的『挾天子令諸侯』，挾天子則天下猜忌，所有割據勢力，連帶到周圍身邊，直到天子本人，都是敵人，他自身也得從盡心盡力的漢臣，變成了猜忌多疑，誅殺名士，只顧自己的奸賊。」

「至於令諸侯，請問他用過哪一道制喻？成功命令了哪一個諸侯放下武器聽令了？呂布？袁紹？劉備？劉表？孫權？恐怕連涼州的馬超都不聽吧！只能靠他自己的拳頭，從頭一路打到尾，從窩外一路打到窩內，惶惶不可終日，內外四處都要設防，哈哈哈哈。」

「他本心確實是賊，搶奪他人妻女，誅殺逆耳的名士，盜挖古代陵墓。本來還可以偽裝成匡復漢室的漢臣，但又因為奉天子，賊心就昭然若揭，證明他所做的一切就是賊。哈哈哈哈。」

說到此司馬懿（藍眼眶）一直拍床案而笑。

「至於稱魏王，讓後來兒子曹丕以魏代漢，再行一統？然而一旦移除漢祚，另外兩股力量必然也自行稱帝，就確定了三分天下局，那要統一就變成，只有用絕對優勢的武力才能做到。然而一旦動用優勢武力，另外兩股力量立刻結合對抗，自己又如何能保證，子孫絕對能戰勝他們？這就是活中帶死了！」

司馬昭（粉藍眼眶）問：「那傳國玉璽死中帶活又是如何？袁術得到它反而招禍。不是嗎？」

司馬懿（藍眼眶）笑說：「那是因為袁術這種庸人，沒看透它活絡之處。我在替曹丕代漢過程中，曾接觸過那尊國寶。的確外表如曹操所言，只是個石頭，但它被賦予了傳奇色彩。我也不知道為何，總感覺有一股力量跟著它，但也說不出到底是什麼力量。可見我自己即使比較聰明，也沒聰明到透頂的程度。但它好像是在諭示，倘若一個家族若不能運轉國運，它不會給你太多時間。」

司馬師（粉藍眼眶）問：「曹操都不是值得父親敬畏者，諸葛亮只是實力相競者，代表自漢末以來這個動盪時代所有人物，已經無人能入父親敬畏之列。」

司馬懿（藍眼眶）此時忽然嚴肅神情，雙手放在枴杖頭，緩緩搖頭說：「不，有一個人我倒覺得他很是厲害，只是所處之境，使之不能有太大作為。我若在他之下，必當盡心竭力為臣，替他解決所處之種種問題，絕對不敢有二心。」

兄弟兩人同問是誰？

司馬懿（藍眼眶）說：「大漢的孝靈皇帝。」

兩兄弟同時吃驚，司馬昭（粉藍眼眶）更是瞪大眼急問：「他被天下人罵是昏君，荒淫無道，貪圖享樂，重用宦官而黨錮士人，引起黃巾起事，天下大亂，連當年的董卓都說提到他令人怨毒。怎麼父親會說他才是會令您敬畏者？」

司馬懿（藍眼眶）說：「天下人罵昏，就真的是昏嗎？當年大漢孝靈皇帝死後，董卓入京。董卓急著廢立皇帝，行為橫暴，而有奪取漢祚的念頭。但奇怪的是，以董卓之橫暴，卻沒聽聞他先奪取傳國玉璽的下落。直到孫堅入洛陽，傳國玉璽竟然在官井裡的宮女屍身上被人發現。這只有兩種解釋，一種是孝靈皇帝荒淫昏聵到，把國璽當都交給宮女保管，所以董卓沒得到它，洛陽大亂時被帶出來。另外一種解釋就很可怕了，就是孝靈皇帝生前已經預見，黃巾之亂雖平，但天下即將大亂，而把國璽交給宮女保管，所以董卓沒得到它。這看似兩種不同的原因而同一個結果，諭示這個人的敏銳程度，有天壤之別。我認為孝靈再荒淫，也不可能把國璽交給毫無身分的宮女，應該是第二種可能。」

司馬昭（粉藍眼眶）問：「當時天下各州士人，都已經離心，雖說黨錮士人是必然結果，即便漢孝靈皇帝知道，能代表他有什麼過人之處嗎？」

司馬懿（藍眼眶）答道：「你必須站在你是孝靈皇帝的角度去看事情。孝靈皇帝繼位時，其實大漢已經開始動盪不安，任何聖人也無可挽回，不是孝靈一個人的問題。而知道天下將亂，你的仇人就極可能是，第一個攻入宮中搶國璽之人。一般有先見之明的人，頂多將國璽埋藏在任何人找不到之處，若如此，破宮賊人可能自己造假玉璽，或是乾脆遺忘這玉璽這件事情，這就不是高明的做法。倘若讓第一個人進門找不到，那他無論偽造還是裝作遺忘。國璽卻還透過某種微弱的聯繫管道，亂世一至，就飄在外頭傳世，讓其他人得到。那麼得到玉璽的其他人，就遲早會把第一個人當作死敵看待。這跟秦末嬴子嬰獻璽給第一個進門的漢高帝，而使之將來必然仇恨項羽，手法截然相反，卻有異曲同工之妙，而思慮則更甚之。因為秦末的嬴子嬰已經知道死敵是項羽，漢末的孝靈皇帝卻只知道將有死敵，而不知具體是誰？以旁觀者看，孝靈思慮超過嬴子嬰！」

「即便國璽遺失，但是傳旨宮女或任何遺詔消息，都會外傳。那麼能夠偽造國璽，把假當真的人，也絕不可能是第一個進門的人，只會是其他幫漢室復仇之人。」

司馬昭（粉藍眼眶）說：「即便如此，孝靈得到的真實效果，卻是孫堅得到國璽，不再追擊董卓而撤退。這不反而弄巧成拙？沒有達到原先的目的？」

司馬懿（藍眼眶）搖頭笑說：「不不不，當時董卓焚毀洛陽逃往長安，所有擁有兵權者，除曹操與孫堅之外，都不願追擊董卓，兩人兵力稀少必不可能追到長安，這不是孝靈失算。只要國璽在外邊的人手上，那麼整個大局，就會變成群雄廝殺爭奪，相互之間絕無信任。所有辜負朝廷之人，誰也不會有安寧之日。也就是第一個闖進門的人必是後面所有人的敵人，倘若後面所有人不聯合對付第一個人，那爾等就自相殘殺相互為敵，連同第一個人的所有人，都要殺到最後一個人勝利為止，第一個人仍然不可能得志。董卓最後被人用離間計除掉，也正落入這個陷阱當中。」

「還有一事，就是他即便被何皇后與大將軍何進裹脅，仍然看出劉協比劉辯適合當皇帝，所以證明他不是真的昏君。至於賣官售爵來貪財，我請問，當發現自己皇帝位置，實質上已經逐漸空洞，無論找誰當官都改變不了，那不如換成真實的錢財有用，這不也是人之常情？」嘆口氣說：「可惜他生長的環境與所處情況，所有臣民包括士人都已經非忠臣賢良，存有反意，作為一個聰明人，又已經是皇帝，無法再有奮鬥向上的目標，享樂當然是最好的唯一選擇。但他卻能看出傳國璽的用途，大膽地如紙鳶一樣去預先『放飛』它。」

長嘆一口氣說：「孝靈可惜啊……」

緩緩執著拐杖站起，兩兒子趕緊攙扶，司馬懿（藍眼眶）說：「要結束三分天下，曹孫劉三家已經被證明，都不可能做到，必須在我們司馬家手上達成。回到最初提問，面對如此難打破的均衡局面，而我們司馬家又沒有起始根基，又有傳國玉璽所暗示，家族所持續政治時效有限！必須在曹操的爛攤子底下，快速達成目的，非得使用雷霆手段誅殺擋道者，才能落實計畫。這一點我們反而要學那個傻子曹操，用他篡漢的手法去篡他們家，然後迅雷不及掩耳之勢，削平另外兩家。結束天下三分之局！」

兩人皆應命。

當然，即便最早發現有古怪的人，也尚未能解析整個古怪，或稱超個體的基本運作方式，對傳國玉璽，也就無法透析它背後真正的力量到底為何？

過不久司馬懿死，司馬師承接官位，延續司馬懿的狠辣手段。皇帝曹芳感覺到司馬家咄咄逼人的態勢，於是聯絡夏侯玄、李豐等人，意圖罷黜司馬師。結果消息走漏，夏侯玄等人被殺，滅全族。司馬師帶兵圍皇宮，逼迫太后廢黜曹芳，改立曹髦為皇帝。

滅夏侯玄與李豐全族之後。引起駐防壽春的將領，毌丘儉與文欽又再次反叛，司馬師不得不帶兵平叛，叛亂平息之後司馬師也病死。

換司馬昭主持大局，壽春鎮將諸葛誕手握重兵，於是聯絡江東孫吳出兵反叛。司馬昭裹脅皇帝曹髦親征，最終諸葛誕兵敗身死，司馬家族第三次攻破壽春，並擊退吳軍。

大軍凱旋班師。

曹髦對司馬昭非常憤怒，終於引爆了衝突，大罵『司馬昭之心路人皆知』。於是招集童僕發給武器，親披鎧甲，討伐司馬昭。部眾見皇帝親自殺來，無所防備，一時無人敢抵擋，一哄而散。司馬昭的家臣賈充率軍抵擋，命其走狗成濟，弒殺曹髦。

曹髦一死，司馬昭假裝大驚失色跪倒在地，司馬懿的弟弟司馬孚，則是衝上前抱住曹髦屍體痛哭流涕大喊這是自己的過失。

司馬昭進宮逼太后廢曹髦帝號，然後草草薄葬曹髦。沒想到群情激憤，臣民聚集要求司馬昭懲罰殺皇帝的惡人，原本應當賈充是首惡，但司馬昭袒護下，全歸罪於成濟，於是下令屠滅成濟三族。

成濟與其兄，被武士追殺，逃到屋頂，兩人光著身體共同大罵司馬昭：「司馬昭賊人！是你命賈充令我殺皇帝的！你才是要殺皇帝的兇手！你這樣子還想篡位自立嗎？你是個狡詐的潑賊！」

遠處圍觀的群眾一陣騷動，武士們發現再這樣下去，情況會失控，於是亂箭齊發，在屋頂的兩兄弟被當場射殺，群眾才逐漸散去。

司馬昭發現雖然大權在握，但擁護他的都是心懷不軌之徒，這樣下去會是真正的人心不附。只好暫時放棄篡位念頭，改做正事，來建立自己能篡位的功績。於是想到父親司馬懿的三分歸一的想法。

遂遣鍾會、鄧艾二人，大舉興兵進攻蜀漢，此次興兵，鍾會再次被姜維阻擋，鄧艾則繞山路秘密遠征，忽然出現在成都郊外，連破數城進逼成都城下。後主劉禪於是投降，蜀漢滅亡。

然而鍾會此時心懷不軌，謀害鄧艾之後意圖割據蜀中當劉備第二，結果被亂兵圍攻而死。雖然這已經在司馬昭的計算之內，滅蜀漢建立了功績，但見到鍾會的人頭，仍然內心不可名狀。他隱隱約約感覺到，司馬家招來的人，或多或少內心都有猜貳，難道說司馬家也會跟曹家一樣，班底都是些虎狼之徒？諸多顧忌之下，司馬昭暫時不敢篡位，次年就一病而死。

司馬昭的兒子司馬炎，接手掌權之後立刻逼皇帝曹奐讓位，改國號為晉，手法就像當年曹家對待劉家一樣。有年老者見到這一幕，內心感慨曹操家族的報應，來得太快。

當然，都是上台演戲的，把該做的工作完成，就沒有必要一直給他們賴著下去。

司馬炎當然命人收繳傳國玉璽。

洛陽皇宮，夜晚。

所有宦官與宮女都被遣退，只有桌案上擺置的傳國玉璽，司馬炎對著最後一個退出的宦官忽然喊：「中官傳制，令文學博士趙和進宮。朕在這裡等他。其他人都安排在殿外看守，不得讓其他任何人進來。」

「遵詔。」

不久趙和從皇城外進入皇宮前殿，巨大的殿門全部緊閉，外頭站滿提燈籠的宮女，大殿牆外則站一圈武勇宦官守衛。如此高規格守護，幾乎密不透風，似乎是要討論什麼天機。殿內則只剩下司馬炎與趙和二人對座。

司馬炎親自替趙和點燈，讓趙和頗為受寵若驚。

司馬炎（粉紅眼眶）指著桌上的玉璽說：「今日單獨招見卿，我大晉代魏，乃是天命。朕幼年時就聽父親說，當年祖父談過這個玉璽，說它死中帶活，而漢天子則是活中帶死，曹操沒看中這一點，所以難成天命。可見當年漢高祖得之得天命，所言不虛。」

「陛下灼見。」

接著說：「但朕好幾次看這個玉璽，就是塊普通的玉石，實在難以看出何處死中帶活？大概也就是因為這個經典傳言，操弄著天下輿論人心而已。不過既然祖父宣皇帝說了此言，那不管如何朕都要將之研究透。聽聞卿知曉經典古物，所以請卿進宮，替朕研究一下此璽，有否出乎朕意料之外的心得？」

趙和行禮說：「臣遵詔。」

於是小心翼翼拿起玉璽，仔細端倪了許久，緩緩放下，然後在旁叩拜說：「臣確實看出了出乎意料之外之事，恐陛下震怒不敢言，然又不能欺君而犯罪。」

司馬炎（粉紅眼眶）微微一笑揮手說：「回座，賜直言者無罪。」

趙和行禮回座，長嘘一口氣說：「臣看出的這意料之外是，此璽是假的！」

司馬炎（粉紅眼眶）頓時瞪大眼，吃驚說：「你說什麼？假的？」這一聲驚愕，殿外宮女都能聽到。

趙和堅定地神情點頭。

司馬炎（粉紅眼眶）指著傳國玉璽說：「快說！假在何處？」

趙和說：「秦璽乃秦始皇帝一統諸夏之後，命人以玉制璽，統帥天子六璽所刻！文字乃鳥蟲篆，王莽篡漢時期索璽，太皇太后王政君擲璽於地，崩了一角，王莽命工匠以金補之。漢光武帝中興漢朝後，失而復得。魏文皇帝曹丕篡漢時，後漢末代皇后曹節，又如王政君一般，再次擲璽於地，詬罵娘親家人，歷史重演，且未聞此次擲璽有傷。所以眼前此璽，字體是對的，文字是對的，雕刻筆法是對的，璽角鑲補黃金是對的，玉質為璞玉雕琢也是對的，但只有一處卻完全不對，所以臣認定是假。」

司馬炎（粉紅眼眶）急著問：「愛卿別繞話語了，直言假在何處？」

趙和說：「無論是史書還是各方記載，乃至臣所考證秦朝書寫習慣，秦璽所蓋出之文字，由右至左讀『受命於天，既壽永昌』。然而陛下仔細端倪一下眼前此璽，所蓋出之文字，將會是由左至右讀。如此重要的璽綬，不可能違背書寫習慣，否則將是大忌。」

司馬炎趕緊拿起玉璽，端倪文字，印證文字蓋出來所讀順序，果然如此。臉色大失所望，氣喘吁吁說：「難道曹奐不甘心天命以晉代魏，敢用假璽來欺騙朕？」

趙和說：「這倒不至於。以晉代魏乃是天命，曹奐自知不能逆天而行，禪位於陛下，大位既然已讓，也得陛下封王而同享富貴，何必拿玉璽來冒此風險？臣以為，玉璽經歷數代盛衰之世，在許多人手上輪替交接，當中只要一個人或出差錯，或有心以假亂真，而鑄璽時陰錯陽差文順顛倒，就會出現眼前假璽代真璽傳世的現象。」

司馬炎（粉紅眼眶）置璽於案，非常不快，指著玉璽說：「你幫朕歷數一下，哪一些人接觸過這些玉璽？誰造假的嫌疑最大？」

趙和說：「陛下見諒。這臣就未必說得準，因為從秦始皇帝以來，數次天命更替，已歷四百多年。接觸過傳國玉璽者，有歷史知名者，也有不知名者，已經無可計數。知名者，或許可以推測其對玉璽用心，但不知名者，就無從考起。在這個陰暗層面，帝王將相反而跟平民奴婢，是平等地位。會對傳國玉璽產生扭曲心理，以假替真的人，平民奴婢的嫌疑又比帝王將相更甚。陛下如此便知道，很難猜出是誰造成了眼前假物傳世。」

司馬炎（粉紅眼眶）忽然顯得有些手足無措，一會兒拿起玉璽再次端倪，一會兒又用力置於桌案，皺眉頭說：「卿學問淵博，就幫朕先數一下歷史上講得出姓名者，到底有誰接觸過傳國玉璽，誰有嫌疑？朕一定要知道來龍去脈！包括前朝曹氏家族，沒有忌諱，把他們名字，直接都給朕點出來！」

趙和行揖道：「陛下堅持，臣當遵詔。」

「首先，就從秦二世之後說起。嬴子嬰面臨秦朝將亡，獻璽出降，便是第一個嫌疑者，降於漢高祖劉邦，不久劉邦遭遇項羽大軍入關威脅，大局未定，後經戰勝項羽之後才示璽定江山，則為第二個嫌疑者。接著就是劉邦子孫，歷代前漢朝的皇帝，但這些皇帝世代相傳帝位，江山穩固，不可能造假，所以這些帝王與其周邊人嫌疑可以排除。直到王莽欲篡前漢朝，使人逼奪玉璽，太皇太后王政君擲璽於地，但王政君先前便知姪兒王莽有篡奪之念，故王政君是第三個嫌疑者。而王莽奪璽之後，新朝不久天下大亂，綠林兵攻入，王莽知自己將敗亡，則王莽是第四個嫌疑者。綠林殺王莽後，賊將王憲奪璽，但很快申屠建殺王憲奉璽給劉玄，皆不具備造假時間與動機，故此二人可以排除。劉玄稱帝得璽，面臨綠林反叛與赤眉攻入，則劉玄持璽反抗，為第五個嫌疑者。赤眉首領樊崇俘虜劉玄，奪璽上繳劉盆子，但樊崇賊人沒有遠見也無造璽的才識，嫌疑可以排除，劉盆子與其兄劉恭面臨赤眉賊人脅持，自知難成氣候，又自詡漢朝苗裔，劉盆子事事則聽從劉恭，劉恭則為第六個嫌疑者。光武帝劉秀平赤眉受降，繳獲玉璽，中興漢室，但沒有造假的動機。接著就是歷代後漢朝的皇帝，如前漢朝皇帝一樣，江山穩固沒有造假可能。直到漢靈帝劉宏時，黃巾亂起，平亂之後劉宏自知後漢朝廷動搖，從事後董卓入京不得玉璽可知，漢靈帝劉宏有藏璽假造嫌疑，劉宏則為第七個嫌疑者。之後各州郡太守起兵討董卓，孫堅率軍入京，於皇宮官井中宮女屍體上得玉璽，事情太過離奇難解，孫堅則為第八個嫌疑者。孫堅在荊州戰死後，袁術逼奪孫堅夫人吳氏交出玉璽，則吳氏為第九個嫌疑者。袁術獲得玉璽，但最後逐漸眾叛親離而敗亡，自知玉璽難留，袁術則為第十個嫌疑者。之後玉璽交給廬江太守劉勳，又轉交前廣陵太守徐璆，此二人恐懼自身重蹈袁術覆轍，自願上繳玉璽至許昌交還漢獻帝劉協，以此領功，造假嫌疑小，可以排除。漢獻帝劉協在曹操死之後面臨曹丕篡位，劉協則為第十一個嫌疑者，之後部陵厲公曹芳，高貴鄉公曹髦，面臨本朝天命交接而心有不甘，則為第十二個與第十三個嫌疑者。曹奐則沒有造假嫌疑。直到陛下手上為止。」

司馬炎（粉紅眼眶）握拳頭說道：「十三個嫌疑者！這麼多！若加上你剛才說，歷史未有記名者，嫌疑又是更大。那真無法追究到底有幾個嫌疑者，更無法找到真璽了！未來哪一天，真璽落入哪一個不知天命的賊人手上，豈不是我大晉禍患？」

趙和說：「陛下勿憂，舊事非我等後人可以追悔。大晉既然已順天命，區區玉璽不過一信物耳！臣斗膽建議，銷毀此假璽，另選上好西域璞玉，以大晉規制，重造傳國玉璽。以示我大晉順天應人，與秦朝混一諸夏之功相當。如此即便有人拿真的秦璽茲事，也同樣動搖不了我大晉以新璽代行天下之大勢！」

司馬炎聽了大喜，終於放心，微微點頭。

於是過幾日，司馬炎公告天下，大晉順應天命，鑄造新傳國玉璽，並且告知新的器型規制。消息一公布，賈充傳來各地輿論。竟然是輿論反彈，對晉室是否拿到假玉璽，未得天命，議論紛紛。更有甚者，拿眼前割據江東的孫吳說事，講孫堅當年入洛陽，曾得到真玉璽，是否給袁術的是假玉璽？真玉璽現在就在江東？天命是否還在那邊？曹魏與蜀漢因此不能久，是否孫吳才有真天命？大晉能夠取代天命嗎？

司馬炎從賈充那邊得到各地竊論後，大驚失色，急召王濬入對。王濬建議，準備十年，大造樓船組建水軍，興兵滅吳。但新造傳國玉璽，司馬炎堅持己見，強調大晉也將混一華夏，當制新璽以示天命。但竊論不息，只好做一個妥協，器型文字仍然仿製秦璽規制，真實秦璽既然遺失，那就用眼前假玉璽為摹本，去打造晉朝的真玉璽。真璽以假璽來當範本製作，只能是假假秦璽，來當真用。造好之後，便將原來的假玉璽銷毀。

上躥下跳許久，假假秦璽，還在竊論，為平息隱患，準備興兵滅吳，一統華夏。

不過既然仿秦璽規制，行為也要如當年的秦一般，那麼秦璽就依然精神長存。更重要的是，經過這次『三國時代軍事演習』，超個體至少摸出了幾條，人與現實環境的慣性線。得到這個經驗，就可以面對接下來真正的亂局，長城發揮的作用，也要激化出來了。

司馬炎為了向天下眾人標示正統，以穩定晉朝江山，先重造傳國玉璽，接著練水軍十餘年，派王濬等人，大舉興兵渡江南下。經過幾場激戰，終於攻破建業城，生擒吳主孫皓。曹魏、蜀漢、孫吳的三國時代結束，三分歸晉。

當年春秋末期，韓、趙、魏三家分晉，而六百多年後，魏、蜀、吳三分歸晉，雖然這個晉僅於同名，時空位置與內涵完全不同，但歷史更深層的含意又往往重複或是對仗。能扭曲名與實，形成相映連結之趣事者，正是凌駕於權力之上，讓當權者也無可奈何的虛假之物。虛假反而是操控一切真實之上的事物。

而新造的晉朝版傳國玉璽，終於在滅吳之後的朝廷慶典上，拿出來象徵其正統性，不斷強調這就是可以代秦璽之物。見到眾人歡慶天下歸一，民間平息『天命謠言』，司馬炎算是放了一顆心。確實，這是可代秦璽之物，因為秦璽在精神不在外表，只要有人還執著它，那它就能復活。

世人仍然稱之為秦璽。

司馬炎為了防範後人學司馬家篡魏故事，於是大封宗親為王，領有兵權。同時在位後期，逐漸沉溺於酒色，縱容豪門奢華，才統一華夏全土不久的晉朝，又開始出現裂痕。

終於三分歸一了，只是整個『三國時代軍事演習』，別說當時沒人知道，即便一千八百多年後的今天也沒人知道，直到筆者才透析。超個體的軍演長達一百多年，而且牽涉戲劇性人物眾多，筆者只寫出重要的關鍵脈絡，終於摸出了當中幾條重要慣性線，這些慣性線，一小部分是基於春秋戰國與新莽末年的慣性線加強，多數都是在這場軍演重新建置出來。要用它們來運作，接下來將挑起的大亂，使之依照自己預設的局勢走，而不會有意外。

在此分析它的『漢末三國大軍演』所得：

慣性線零：黃巾之亂與董卓入京，天下各州起兵。

演練應當利用哪些份子，可以製造內亂啟動整個亂局？這個亂局必須導引在正確的方向，牽涉朝廷核心開始，才能夠有效吸引預設好的外部力量，向核心進攻，而不絕對能變成文明體系逐步銷亡，更不能引發原本統一格局，不可回返。

此慣性線，用來動搖原本穩固的政權，以正確地開啟內亂流程。

慣性線一：曹操挾天子令諸侯後，各地軍閥的動態與反抗。

演練之後天子若被異族俘擄，其他地方勢力，如何支撐起有效的對抗力量，以緩衝在失去中央朝廷領導下的整體崩盤，並探索出如何持續維持民族在政治上的凝聚力？所以軍演時期，各地軍閥必須，自行代理中央執行權力，而又不能隨意自立替換中央的地位。與挾持中央者，形成相互敵對又連繫的作用。

此慣性線，用以大亂來時的動盪中，仍能維繫本族文化體系，在接下來預設的亂局之中，仍能保有元氣，做出緩衝體制，以防止頭一次引入異族，做融合捕食的嘗試，就造成自身體制崩潰失控。

慣性線二：曹操挾天子後，與皇帝劉協治下許昌朝廷群臣，關係緊張，牽制曹操對外任何軍事行動都必須保存實力。

此演練，除了要掩護其他各地軍閥的動態，協助慣性線一的順利進行，而各地異族入侵中原後，必定有一段時間中原大亂。若流亡的漢人中央朝廷雖弱，但其地方派系若出現強人軍閥，意圖趁中原混亂北上反而光復中原，那就通盤功虧一簣，該如何阻擋？必須在內部要製造矛盾，要有朝廷中央掣肘，與之相互猜疑牽制。

此慣性用於，建立地方軍閥與中央相互掣肘的套路。若將來保留的漢族政權動向不對，可以用此模式牽制。

慣性線三：中原混戰到袁曹官渡之戰，特殊的謀士能人滲透，逆轉強弱，至曹操統一中原過程。

演練異族入侵後，若走勢不對，其中一股力量提前佔據強勢，阻擋後續的融合進程，形成僵局，該如何矯正？故軍演時期，在袁曹之間作戰的最後勝負結果中，模擬探索異族將來相互火拼，漢族要選擇暗中協助哪一方獲勝較為妥當，且不會露出漢人明顯干涉強弱逆轉的情況，在之後才能滲透破壞其內部，適時導入預先設定的大局走向。在異族與漢族對抗中，就能暗中操控，逆轉強弱的套路。

此慣性為下一個亂局，中原交替過程，防止一股力量過強陷入僵局，使所有的民族體系都跟普通的政權集團一樣，容易被滲透破壞，不按照程序運轉。

慣性線四：劉備在存續實力後，被人稱皇叔，遭到挾天子的曹操猜忌，因參加董承衣帶詔，曹劉翻臉，劉備被曹操追殺，四處奔走抗曹復漢。

演練政權瓦解後，殘存的漢族政權，在各地精神持續存活，建立持續的『政治正確』。在中原逐步被異族入侵後，各地華夏漢人，必定有亡國滅種之恐慌，萬一這恐慌情緒演變成連串骨牌效應，一發不可收拾，內部瞬間潰散癱軟，所有慣性線都等於無用，那就等於整個局面形同自殺。該如何在政權瓦解，慣性線重新配置的過程中，仍然維持精神存活？所以三國軍演時期，需要有劉備這種四處奔走，宣揚正統與大義的角色，以在亂世中讓所有人都有正確的方向。

此慣性線除了用於，建立南方保留區的政權，且北方漢人內心精神仍然與這『政治正確』相互契合。

慣性線五：荊州人才輩出，劉備三顧茅廬

因為統一的週期已經在歷史上有了慣性，而融合的過程沒有，所以在同時都要併存兩週期的相對之下，進入預設的南北糾纏混亂的過程中，整個各族融合程序週期就相對會比較長，肯定會超過統一的週期。造成社會階層固化該如何處理？即在這當中，肯定會有一股力量能快速壯大崛起，力壓各方，平衡慣性線最核心之處，仍然在底層單位，也就是人的素質。那麼要在最終統一的訴求下，相對拉長亂局的時間，等待融合的週期完成之後再統一，就必須矯正一方在週期中過於強勢，也必須要有底層的人快速流動上，可以支援較弱的一方或是掣肘較強的一方。需在三國軍演時期，有人才平地崛起的演練模式。

此慣性線用於，當局面走勢偏離預設腳本之時，危急的一方，需要快速出現可以逆轉的人，並終南之隱的捷徑，快速從大量的底層出現優質的人，矯正偏離的局面，同時此終南捷徑，亦可以是建立假性的助力，給過於強勢的一方錯誤的人才。

慣性線六：劉備親自勘探王氣風水，建議孫權建都建業

基於各種慣性，漢族底氣必定較強，該如何適當阻止漢族提前反撲，而功虧一簣？在三國軍演時期就要建立一個地理上優勢的城池，但這個優勢城池在整體格局中就預設了時間陷阱。引異族入主，南方只能是保存漢人政權而不能有收復中原的可能。必須在最基礎的根據地出發點，就設定扭曲的狀況。讓一個看似安全穩固的環境，來當做長久的根據地，但實際上這並不適合進取，但可以讓後代承襲前人的『假成功案例』，建立都城。實際上就掉入一個畫地自限的風水陷阱狀態。

此慣性線用於，用地理與地脈環境，限制動力較強的南方政權。

慣性線七：曹操南下赤壁之戰大敗。

除了強化慣性三，演練滲透逆襲，轉弱為強的慣性之外。萬一某一股異族勢力，在融合進程還沒走完程度，異族還沒有被銷同殆盡，就已經統一中原，成了暴發戶，並企圖大舉南下滅掉保留的漢人政權，破壞了預設的安全區，那該如何建立阻擋的方式？即尋找哪些特殊的人？配合哪一些特殊的地理位置？運用哪些特殊策略，可以少勝多？如何建立一道異族勢力，在銷同殆盡之前，絕對跨不過的坎？在三國軍演時期就必須用現有的角色，演練出一套群體動線，以阻止這可能性。

此慣性用於保障南方漢族政權，持續存在的基礎能力。

慣性線八：關羽北伐失敗，大意失荊州的過程。

演練荊揚矛盾。各異族入主中原後，保留的漢人統治區，肯定將北伐中原當作

『政治正確』。這個『政治正確』必須維持，以免最後結果陷入分裂而無法再統一，那就完全失去本質意義。但這個『政治正確』的持續保留，又極可能引發風險，造成漢人地方力量，運用各種方式突破慣性線二，自行北上，其中最具戰略位置的莫過於荊州，極可能抓住北方持續混亂的機會，以少勝多。如何在這個北進過程，利用地理位置建立荊揚內部矛盾，北方可用各種方式正面擊退？又如何同時配合後方掣肘？軍演時期，曹操南下失敗若是正向演練，關羽北上失敗則是反向演練。

此慣性用於保障北方各異族政權進入融合銷同，持續運作的基礎能力。

慣性線九：劉備入蜀後又奪取漢中，到孫劉聯盟破局，至夷陵之戰爭奪荊州。

演練保留的漢人政權相互因矛盾內戰。各異族入主過程，相互兼併過程必定需要時間。保留的漢人政權統治區域，只要喘氣一段時間，由於文化底蘊較高，又有與中原人相互同樣的民族文化背景，必定有更快速恢復實力，也必定不斷整合力量北上。也就是基本格局必定是南強北弱，慣性線二與慣性線八的隱性內部牽制，肯定還是不夠。萬一出現不可收拾的狀態。如何直接用這些半割據的區塊，形成內戰？在內部建立隱性的對峙線，加碼壓制北上恢復中原的頻率與力度。

此慣性線用於平衡通盤局勢的偏向。

慣性線十：曹魏九品中正改制，士族崛起，國力在三國對峙中，逐漸增強。

演練打破諸多慣性累積形成的僵局，為最終收官的基礎。在異族力量相銷完成整併，最後與保留的漢族政權，基於諸多慣性變成勢均力敵。通盤陷入對峙僵局，使得進程受阻，該如何解決？基於先前的商鞅變法與王莽變革，已經存在一個舊有慣性線，即人文體制的法則。當體制變革之後，所有人都接受並穩定局面之前，是內部最混亂且最脆弱的時刻，篡位模式也可以或前或後，相應而生。而變革適應之後，相對可以產生一段時間的強勢力量，但也將會因此加速耗損整體的延續能力。如此得讓體制適當程度變革，且讓原先的北方政權去推動，而讓預設最後收官的力量去接受強勢的結果。使得過程中，整體能強勢突破諸多舊有的隔閡，反效果則用於瓦解最後已經被銷同的異族政權。甚至可以重複兩次體制變革，讓動力相疊，從在強勢一方的內部，去打破整體僵局，完成原本不可能做到的事情。

此慣性線，用於摧毀最終勝利之北方異族政權的框架，但保留其勢，即演變成果，接著消滅保留的漢族政權，完成最後統一並融合的基石。

慣性線十一：諸葛亮北伐受阻，星落五丈原。諸葛恪北伐大敗，孫吳衰頹。

演練收官準備工作完成後，針對南方力量的破壞。在各異族力量相拼相銷的過程後，進入收官階段必定牽扯變革，那就是北方政權最脆弱的時刻。原本的諸多慣性建立出的均衡態勢，將會再次因為慣性線四的『政治正確』，出現南強北弱。甚至可能出現能人異士，相互合作，在收官階段出現差錯。那需要尋求哪些特殊人與特殊的方式？在幫助異族做最後穩定的力量，同時對南方做滲透破壞？就會出現中原漢人也未必會支援南方的動向？

此慣性線，用以牽制北方漢人的最後動向。

慣性線十二：司馬家遭遇壽春三叛，篡魏為晉，之後先滅蜀後滅吳，三分歸一統。

演練『變革與篡位』可相應而生的關係，在對異族銷同進程完成之後，進入收官，全盤回歸統一。並且其所沿著的地理位置先後順序為何，不會有意外的阻力？在慣性線九的基礎完成後，建立的後手。

此慣性線為最後收官步驟，必須是徹底的局外人，趁著變革來做最後統一，確認最後結果，符合目標。

經過這場一百多年的軍事演習，諸多慣性線建立，就可以穩定執行，後續異族進入的腳本，且能夠確定這個『腳本』大體走向，不會有意外狀況。並能壓制住所有，事先可能沒預設好的變數！而這『腳本』的建立，對超個體而言，不是僅僅為了融合異族而已。其真正的目的，隱藏在最深層，乃是全書之旨。

三國的英雄豪傑表演完，後面一個時代的英雄豪傑，就麻煩大矣。整個局面底層，將因此埋了眼睛看不到的規則，大大錯亂他們的觀念，讓他們即便疑惑，也說不出所以然來。所以漢末三國這場亂世，在超個體而言並不是真正的實戰，而是軍演而已。可以說這場亂世根本就是假的，筆者兩千年後感嘆當年這些人，完全不知道自己在拼殺什麼？為此作一首歌。

《引自戰隊歌曲。曲：渡邊宙明　改歌詞：筆者　歌名：三國那時代》

編號：履霜堅冰

三國是奇怪的時代，群雄的腳步邁不開，不知道自己在埋雷，炸倒一堆後代。
不管是五胡強人還是漢族的英雄，通通掉入慣性局勢糾纏陷阱中，沒有未來。
亂世中的混戰豪傑英雄，英雄，拿出你的本事來。
打倒對手，卻無法笑顏開。
英雄英雄，一群咆嘯的英雄英雄，黃袍在身上，卻無法延續，朝代。
看不到隱藏天際線，也不知穿的是戲服，山川大地在顫抖，三國一場軍演。
不管是曹操劉備還是孫權這小鬼，通通都是慣性局勢設定棋局中，一場軍演。
官渡赤壁猇亭五丈原，丈原，埋下了多少隱雷。
後代英雄，拋下無奈血淚。
英雄英雄，一群失意的英雄英雄，英勇的奮戰，卻因此含恨，長眠。

第五章　時暑官　脈絡子

八王之亂到五胡入華

說這司馬炎統一三國之後，自己就開始驕奢淫逸。原本這就是人性之常情，並不會造成什麼大禍端，然而整個『三國時代』根本不是正常的亂世，而是有股力量刻意挑起，進行一場演練用的。該害怕的不是面臨這亂世之前的漢靈帝劉宏，甚至不是遭遇亂世的漢獻帝劉協，而應該是統一這場亂世之後的晉武帝司馬炎。從先前曹操，劉備與諸葛亮，等人的古怪遭遇，就該警覺這整個歷史流程，有潛藏已知規則之外的力量。然而身為當事人自己，且找不到答案，當然司馬炎認為天下已經一統在自己手上，更不會去警覺。

不過並不代表，所有人都沒警覺。

洛陽城，酒館。

朝廷親貴們在這擺下宴席，二樓一間廂房外，來了一個白衣書生。裏頭一四十多歲的男子，身旁三名美女侍酒。

白衣男子一進廂房，入席跪坐行揖：「末學弘農楊鑑，在此見過安樂公。」

中年男呵呵笑說：「不必客氣了，直呼我的姓名，劉苑即可。」

原來此中年男子，是蜀後主劉禪的兒子劉苑，當年劉禪在成都投降，蜀漢滅亡，被遷往洛陽居住，後病逝。小兒子劉苑繼續安樂公爵位，但朝廷因為大封司馬家為王，小小公爵已經失去封地，還被減少食祿。

楊鑑說：「在下只是太學書生，安樂公乃漢朝苗裔，昭烈帝孫子。不敢直稱姓名。」

劉苑笑說：「不要這樣見外，當朝的皇后，不也正是你們弘農楊氏之人？你算是皇后的遠族堂叔，我們就互稱兄弟好了。」

楊鑑低頭笑說：「如此在下就從命，敝人今年三十六，小安樂公幾歲，那在下就稱您為劉兄長吧。不知劉兄派人投名刺邀宴，有何見教？」

劉苑說：「見教之事先緩，我在這先介紹身邊三名美人。」

「這一位名叫諸葛凝香，是諸葛武侯之孫女，當初父親歸降本朝時尚未出生，一同前來洛陽。今年才二十一歲。在洛陽自幼在王濬大將軍府上，拜武術師匠學藝。後來她父親命她跟從我，當我的護衛。」

楊鑑一看這諸葛凝香，不止面貌姣好，竟然身披紅色輕甲，面容點妝優雅，腰間兩把短劍。

「楊先生安好。」諸葛凝香點頭微笑招呼，楊鑑也點頭示意。

「這一位則是關馨梅，我祖父結拜的關將軍的曾孫女，今年年方二十四。三年前曾經在兗州官道上，一人持刀擊殺六名強盜，保護前往洛陽的商販。州刺史帶人趕來時，非常驚嘆。曾向其父親提親，但被一口回絕。反而自願來侍奉我。」

她同樣是絕色美人，身穿匈奴女子常穿的革履緊身衣，但面容冷酷，席間左手放著一把長劍，看上去只要客人有異狀，似乎馬上可以出鞘來戰。

「楊先生安好。」關馨梅同樣點頭招呼，但語氣顯得有些剛強冷漠，是個冰山美人，楊鑑同樣點頭示意。

「這一位則是夏侯美蘭，是夏侯家族女，與魏武皇帝曹操是同宗，當年張飛將軍的妻室就是夏侯氏，她是張將軍妻室的遠房侄孫女。父親歸降本朝之後，與夏侯氏親善，便收養其女跟隨於我。今年年方二十二。」

還是一位美女，席間一把鋼刀，與關馨梅的長劍並放一處，正是她的武器。

「楊先生安好。」她語調雖然柔媚，也身著漢女絲綢長服，但可以見到身材高窕，假設動起手來絕不輸給男人。

「是是是，安好，三位都安好。三位不但貌美如花，還武藝高強，在下甚至仰慕。甚至羨慕劉兄台了。」

諸葛凝香倒了一杯酒，請楊鑑與劉苑對飲。喝完之後，楊鑑便問：「劉兄長，可否告知招我前來之意？」

劉苑說：「祖父昭烈帝曾立下嚴格的規矩，時時警告子孫不得學漢桓靈二帝那般，溺於酒色而使大漢傾頹。所以我自幼被嚴師教育，飽覽古今典籍，跟博士對論思想，與女子相交若無婚約，就只能是兄妹情誼！若只有美貌，而無文才武學之女，絕對不能親近。父親也沿襲這樣家法要求於我。所以非我自誇，論學問，整個司隸地方無人能與我相比。但聽聞弘農楊氏，楊兄弟你，思維超群，有異人的理論，不怕得罪當道，遠勝過當年的竹林七賢人。而我內心有一個深深的疑惑不解，這問題可能還犯了些朝廷的忌諱，想要問你不知可否？」

「在下之所以敢言，確實是因為當朝皇后是我的親戚。不過廟堂政治，與我等無太大關係，能避則避，也不知道我與皇后這層遠親關係，能保我平安多久？反而您安樂公，別人還會賣一些面子，沒有過分的行為，朝廷也就不會深究。劉兄就問吧，三位姑娘不對外人說及便可。」

「這是自然，我主旨也不是為了言論廟堂之事，而是談論一件困惑我的歷史疑問，若能解開這個迷惑，也許就能猜一猜未來的天下大勢。至於這三位美人，雖說份為主僕，實則因無婚約，只能依照祖訓與她們情同兄妹，我敢保證她們不會對外人透漏一個字。」

楊鑑點頭笑說：「您就直接問吧。」

劉苑問：「如今天下結束百餘年的分裂亂世，重歸一統。千千萬萬臣民都認為，假以時日，大晉將重演當年，我們劉家先祖替天下人創造的大漢盛世，乃至於當今天子，堅持學漢高祖那般，大封宗親到各地方當王，掌握兵權封地。首先兩者能相比嗎？未來真的會有第二次盛世？無論重演或不重演，讓歷史走向相同或相反的因素，又是什麼？」

楊鑑一聽，眉頭緊鎖，頭仰望房頂，輕聲細語地說：「劉兄長問題真乃大哉，我且想想，該怎麼跟你說才是。」

現場沉靜，不只劉苑，其他三位美人也看著楊鑑，他閉上眼搖頭晃腦幾下。低下頭，忽然抬頭睜開眼，其他四人為之一愣。楊鑑道：「還是直接說出我認為的答案，但是先強調，一切只是我的認為，不見得將來就真的是這樣，畢竟不知道的事情永遠比知道的事情多。」

「以我的判斷，我朝大晉不會重演大漢盛世，恰恰相反，很可能亂世又很快降臨。現在的天下歸一，太平無事，有些像暴風雨前的寧靜。這個判斷，絕不是像什麼竹林七賢那種，憤世嫉俗，所下的偏激言論，而是有深層的依據。」

三位美女倒沒有什麼表情，似乎這個結論對她們沒多大關係，然劉苑卻大感吃驚，急問：「楊兄弟如何得出這個判斷？」

楊鑑苦笑說：「此一言難盡，但若要起頭，我做一個非常怪異的假設，反問於你。就如同我們現在看，一百多年前黃巾之亂發生之先，大漢種種情形。你現在乘坐一輛幽靈馬車，載你到許多年之後，當時朝廷當然已經不是大晉，你則以後人的角度，知道了大晉朝即將爆發亂世的歷史，請你分析原因為何？」

劉苑大感吃驚，喃喃道：「這…我從未這麼想過，太怪異了。這不可能分析出來吧？反而我們分析一百多年前的大漢黃巾之亂有可能。」

楊鑑拍桌大笑說：「這就是常人思維之誤！劉兄長說現在人分析一百多年前可以，但是同樣是在洛陽城，一百多年前的情況你可曾見過？難道你目睹過大漢朝的洛陽城長什麼樣子？」

劉苑搖頭瞪眼說：「當然沒見過，大漢朝的洛陽城被董卓燒了，現在這洛陽城是前朝大魏建立的。」

楊鑑說：「這就是對了，沒見過當時的洛陽城，也沒見過一百多年前的大漢朝之人，請問你所謂分析原因，不過就是靠著，書上記載，事後發生的事情，用思維反推回去找原因。那倘若真實原因不是這樣，而是另外一種情況，史書沒有記載呢？如果有反推回去找原因，那代表還有去推論當時情況，這種治史方式那也罷了，但絕大多數人，連重塑過去推論都沒有，只是用『想當然耳』去看古人！倘若今天的人倒果為因，用史書『想當然耳』可以推論當時情況，那為何現在人卻不能，用親眼看到的現在，去『想當然耳』猜測未來呢？而現在的情況你是親眼所見，甚至安樂公也不算是平民局外之人，又怎麼不能跳到後世，告訴來者，現在即將大亂的原因呢？」

劉苑聽了拍案叫絕，哈哈大笑，左右看著三個美女說：「絕了！這楊兄弟的思維，果然不一般！我得好好跟你學學了！可見我們也根本不知道過去的事實！甚至擺在眼前的現在，我們也未必看得懂！有可能是前人知道現在，甚至知道未來，而未來之人對我們現在反而有誤解。哈哈哈！你快告訴我，假設你坐著幽靈馬車到未來，見到後世之人，該怎麼說大晉朝為何不能重演大漢盛世，反而重演亂世？」

楊鑑說：「說當年漢朝收拾秦末大亂，局勢比如今還糟糕。黃河北套被匈奴入據，南越則分割百越江山，當時尚無西域之地。而匈奴強大於漠北，漢高祖分封諸侯，皆有離心，國家貧困不得不以黃老治術，愛惜民力，重視人心。漢文帝的廷尉治法，連皇帝都不得不遵從，杜絕自己的偏好。如今我大晉收拾三國紛亂，除了黃河北套再次棄置給南匈奴，但匈奴已然弱小臣服於朝廷，無南越之割據，朝廷則繼承曹魏中原安定格局，富裕則遠過於漢初。照理來說只要稍稍勵精圖治，重演大漢盛世，並不難為。但漢初君臣因為局面困頓，皆與民休養，節儉自制，即便分封諸侯有所猜貳，但不敢公然違逆中央朝廷律法，縱然有七國之亂，但人心不會離散。而如今大晉人心驕墮，君臣奢華毫無遠略，更遑論諸侯皆承襲大晉宣帝，不不不，應當說皆崇尚魏武帝曹操的詐術權謀。但才幹與憂患意識卻遠不及之。別說皇族，即便朝廷公卿，都爭相鬥富，王愷與石崇之事尤甚，甚至因此派人劫殺商旅掠奪財貨，乃至為了炫耀富有，殘殺歌妓，震驚酒席，輕視人命如此，朝廷律令畏懼權勢，不敢懲罰此等奸人，皇帝則因循推諉，置若罔聞，律法不能公平，子民都有怨恨之言，跟大漢初期皇帝親自遵守律法，相距甚遠。邊塞除了匈奴之外，還有氐人、羌人、羯人、鮮卑人都如同匈奴一般逐步內遷。他們會跟怨恨不滿的漢族子民有什麼意圖？對此局面，我非常擔憂，皇帝尚且縱容，我雖為皇后親族，在朝廷不可能說得出口。」

劉苑聽了頻頻點頭。

楊鑑又低聲補充說：「他們都是，曹操以來政治陰暗面的徒子徒孫。我總覺得，當年大漢君臣為天下之陽極，如今君臣就為天下陰極。真的是很特殊的感覺。」

「還有一個時人皆忽略的重點。漢初收拾秦末大亂，但快速收拾殘局，繼承秦始皇帝的長城、馳道、運河等等諸多地方設施，這些都是有助於凝聚地方人心，統合各地為一力者。而我大晉收拾三國紛亂，漢末三國將近百餘年割據，沒有建設溝通，大晉雖統一卻沒有注意到自己不足於大漢之處。並未把開拓建設，凝聚各地，以為重要施政。一旦我前面說的亂源鬧起，恐怕沒有足夠的凝聚力，去撥亂反正。曹家與司馬家等人，難道真的只是來掠取消耗的一群嗎？」

說到此平伏。

劉苑說：「楊兄弟說的真的精闢入理。那麼……」他故意放低語調說：「大晉司馬家的人，與我大漢劉家的人差距甚遠，若亂局鬧起，我們劉家有可能重拾天命？我又當如何？」

楊鑑正色說：「建議劉兄千萬不要有這種想法！劉家之所以勝過曹家與司馬家，其實如我剛才所言，有其歷史背景，並非劉姓之人就一定比較優越。即便人心思漢，也僅是遙想懷念盛世，但亂世鬧起，或爭權奪利，或苟延自身，或圖謀眼前利益，人們相互猜貳，他們的行為不會如嘴上說的那樣。您的祖父劉公玄德，也是中原英雄，當時中原大亂，大家也都是自稱人心思漢，甚至都自稱是漢臣，但為何劉公玄德幾次差點命喪呂布、袁術、曹操、荊州蔡瑁、江東孫權等豪強之手？又為何最終天下歸晉？如今安樂公更沒有當年劉公玄德的資本，我將安樂公視為知己，萬萬不可以把身家性命押在這個虛無飄渺的機會上。屆時禍患一來，後悔莫及。」

轉眼見旁邊三位美女又接著說：「劉兄有財富美人相伴，若大亂鬧起，應當南遷避難。讓子孫能綿延不絕才是。」

劉苑笑說：「好！我聽你的！若大亂鬧起，你也會南渡？」

答道：「我弘農楊氏族大人多，不管那個豪強亂起都忌憚三分，自能生存，也許我自有避禍之法，就不南渡了。」

劉苑哈哈大笑：「今晚不醉不歸，天下的事情就不談。哈哈哈。」

楊鑑轉眼看到一旁，關馨梅的配劍，感覺奇特。便問：「這把劍很奇怪，是什麼來歷？」

關馨梅拿起劍給他觀賞，並說：「這把叫作太極劍，揮劍時太極環會旋轉發聲。聽說是王莽篡漢時，命一個巧匠依一個高人設計所造，贈送給王睦。綠林兵攻入長安時，王睦持此劍保護王莽，殺綠林兵無數，直到最後戰死。當時某個綠林兵收了此劍當傳家寶，最後幾經世代流轉，賣到我手上。」

楊鑑借來一看，所配劍鞘也是老舊，用力拔出，在一旁一揮，果然太極環旋轉發聲，但太極環旋轉速度很遲緩，聲響也已經不清脆，肯定是鐵鏽造成。至於劍身也已經因歲月，有不少繡蝕。

劉苑笑說：「已經是古物，這只能觀賞，整把劍都鏽蝕，打磨也恐受損，不能再用。」

楊鑑說：「但這個巧匠真是有哲理，太極劍當初肯定是鋒利無比，若是以此練劍並體悟當中陰陽剛柔的道理，劍術必當高超絕倫，超凡入聖，甚至可以因此運行法則，以特殊型制讓使用者能治理，最終讓用劍者超脫劍本身的限制。無怪乎能有關姑娘說的那個傳說。此劍雖然已經鏽損，工匠造法也已失傳，但當中哲理不變，後代可以此改造新劍，使之脫胎換骨。」

劉苑奇問：「對於當中哲理，楊兄可有想法？」

楊鑑說：「真正的寶劍名器，不在於鋒利破敵兵器，而在於跟一般普通兵器一樣堅固即可，最重要的是型制特殊，能蘊含道理，能讓使用者在當中體悟真諦，最後破型制而成大器。太極……源於太初之理。以此巧思延伸設計，我將回去深思，請家鄉的名匠，造劍名曰太初，並贈給忠貞之人。」

散宴之後，楊鑑受到了太極劍啟發，真的回去繪製太極劍圖，然後依此自行設計太初劍，並請人造劍。後又延伸出太罡劍。並製作改變兵器的圖錄。

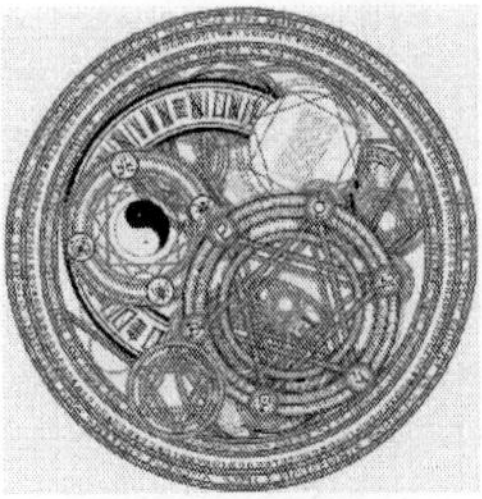

要一個文明傳承長久，關鍵在於最平凡人的思維必也傳承。統治者往往在心靈

圖像都激發出獸性乃至無恥歹毒，等等陰暗面，雖然最有資源，卻不太可能將良好的思想傳承下去。平凡人這條路，雖然資源寡缺，但相對傳承之路反而比較平坦。

脈絡子：讓文明物件隨人性發展，本局算是閒差，最不被關注，專門處理那種，有特殊能力，而群體卻無法定位的少數奇葩，而且多是史書不見的平民，手上一點資源都沒有。

殘影錬：最慘的是，雖是奇葩，但隱遁於大局之下，心靈圖像轉不到奇葩的樣貌，其他局都無法具體定位這些單位。

脈絡子：不管，牢記他們是奇葩就可以了，心靈圖像造成什麼眼眶顏色都其次。關鍵在物件能夠傳遞，讓潛藏的時空脈絡能夠打通，建立最根本的文明原始之力的動態。說閒差，呵呵呵，陰陽古怪之主自己知道！公布遊戲規則。

殘影錬：第一，物態承上啟下，無論具體的物件還是思想系統。第二，承前之後必須依照自身的變化融入，然後開啟後繼，不在於傳承物具體形式。第三，傳承本身，大於自身的名利與欲望。第四，本局由於人數資源都寡少，沒有局中鬼，也養不起局中鬼，單位大多名不見經傳，無賞無罰，就是個傳承遊戲。第五，整個就是脈絡系統，可以分支下去分佈全局。第六，脈絡中有顯性的結點，而其他某一個局有名言，說甚麼，是人墨斗走乾坤。人都是盲目跟著環境暗示的墨斗線行動。而本局的結點，就是適當地抵抗這墨斗線，或改變這墨斗線，以發揮強大的特殊能力，也有隱性結點，只是傳承物件或觀念者，隱性結點雖然不傳承物件，但會輔助反抗或改變群體提線運動。主要都是拿顯性的結點來敘述。

脈絡子：這當中有一個最重要的一條脈絡，稱之為主脈絡。先前太極劍由無名綠林小卒傳承，到今天似乎可以轉型下去，總是要有催動繼續傳承。即便是虛擬的，也可以打通實質，即便是寡少的，也能影響眾多！跟著動態走，這本來就是基本人性嘛！說到這想到陰陽節這傢伙，竟然差點讓他的雌性陰面局中鬼，雙錐秤，斷了我的主脈絡結點！混蛋之女，現在想起來還很窩火！查閱一下主脈絡，列出顯性！

殘影鍊：是。立辛／陰陽家↓仇盂／陰陽至易↓高人／陰陽真學↓王睦／太極劍↓楊鑑／三鬭仙器型圖／太初與太罡劍

脈絡子：越想越火大，主脈絡結點怎麼可以這樣被咬，那就來激化分出去的旁支結點的鬭氣來鬧一鬧他！我實在看不慣其他局的作風，這樣也能讓他們不要再來欺壓我。

殘影鍊：不建議這麼作，陰陽節經過上一次的事件，陰陽失調，也受了傷。當前陰陽節也不會活動。若觸碰其他局，如此不但其他局窩火，這樣陰陽古怪之主也會不高興。

脈絡子：妳住口，照我指令去做。妳知道我的風格。

殘影鍊：是，就作。

回到朝廷。

不久司馬炎死，智能不足的太子司馬衷繼位為皇帝。由司馬皇族的各諸侯王紛紛與野心家串聯，朝廷公卿則因為更沒有約束，各有山頭推波助瀾，對此更無人阻止局面焦爛。賈后則趁此亂政，勾結汝南王司馬亮、楚王司馬瑋發動政變誅殺楊駿等人，囚死楊太后於金墉城，穢亂後宮。之後又誅殺司馬亮與司馬瑋，迫害非己所生的太子。

於是有人勸趙王司馬倫與孫秀營救太子，但孫秀反而出毒計，勸賈后殺害太子，以此做藉口讓司馬倫帶兵入京因殺賈南風於金墉城。

司馬懿當年以聰明才智奪權殺人，才過兩代人。子孫就以愚蠢，遭人挑撥相互殘殺。

※※※※※　※※※※※　※※※※※

超個體一而二，二而一。陰古與陽怪。

陽怪：這些隱藏慣性，無人識得。整個『三國時代練兵演習』，真的是相當成功。這些局的工作讓我們很滿意，可以執行相關路徑。

陰古：先前的隱藏慣性都練制好了，似乎可以開始挑戰實戰。但是總感覺不穩妥，若是真實情況脫離我們預先設想，隱藏的慣性線就差那麼一點功效，以致攔截不住意外，那不就弄巧成拙？

陽怪：你我共同運轉，慣性可以做更深層的推演，功效可以數倍不止。

陰古：是說疊念推演？那就可以開始吸收異族的煉化囉。

陽怪：正確。一層隱藏慣性，可以一分為二，前後分別執行，相互疊加的功效，讓隱藏慣性不僅僅所見這麼簡單。即便目標再難，變數再多，最終也能一步步達成。

陰古：那確實可以開始了，把這一輪演練化為實戰，就擺出初級的『陣列』。

※※※※※※※※※※※※

的確，這場統一只是為了下一個亂局所鋪張。這也是超個體鬼局，建置「陣列」的初始。這「陣列」為何物？即便超個體鬼局都在製造假象，刻意隱壓這件事情，更別說誰人能看透。

※※※※※※※※※※※※※中軸線訊息※※※※※※※※※※※※

承前

∴本↑↓異　∴代↑↓異，本甲+本乙……∈負變　／／八王之亂確定矛盾　／／　令 本甲=異一甲，本乙=異一乙；本丙=異二甲，本丁=異二乙；本戊=異三甲，本己=異三乙　∴本庚=異四甲，本辛=異四乙　∴本壬=異五甲，本癸=異五乙；本子=異六甲，本丑=異六乙；

本寅=異七甲，本卯=異七乙　／／銜接可見的有潛力各族　／／

群（異）＝7 群（代）＝1 ／／假朝壓低數字群一 而胡群多／／
令 母＝1／代（+本）+異 代+異↓1
若群（異）＝1 時，代+異=1， 1=1 ／／華夏格局本質爲總合體的預設
立場先奠定／／

※※※※※　※※※※※　※※※※※

洛陽城大街外，一群士兵押著一群被反綁的人到刑場，這些人似乎路人都認識，對其指指點點，但從路人們面有竊喜之色來看，無人同情這一家人。

劉苑與諸葛凝香等三位女子一起來圍觀。

問一旁路人：「這一家人是誰啊？」

路人答道：「你不知道嗎？就是石崇一家！富甲一方連諸侯王都自嘆不如，為了自己的快樂，府上歌姬被殺也不惜，又勾結盜賊劫殺商旅，掠奪財富，現在因為得罪寒酸窮人孫秀，被趙王下令全家都押送刑場斬首。真是活該啦！」

劉苑問：「得罪孫秀？這怎麼回事？」

路人說：「你不知道嗎？趙王身邊的寵臣孫秀，一個窮酸書生出身，鬼靈精怪專替趙王出主意。先前害死太子並殺掉妖后賈南風，一箭雙鵰，就是他的主意。」

劉苑又問：「他又是怎麼得罪孫秀的呢？」

路人說：「聽說孫秀在趙王面前敘述了石崇當年享樂殺歌姬的豪氣，於是替趙王向石崇索要歌姬美女，石崇送誰孫秀都說不要，偏要石崇最愛的美女綠珠。石崇憤而拒絕，於是孫秀就蒐羅他劫殺商旅與歌姬的罪證給趙王，讓趙王同意讓他帶兵對石崇抄家滅族，財產美女全歸趙王所有。」

劉苑回頭對諸葛凝香、夏侯美蘭、關馨梅三人笑說：「雖說是他報應，但女人有時還真是禍水，綠珠就是。」

諸葛凝香非常生氣，握拳說：「主人您說話不對，這可是不把我們女人當人看囉？明明是這惡人罪有應得，男人自迷犯賤，關綠珠什麼事情？」

關馨梅說：「沒錯，您該道歉。」

劉苑滿面羞慚說：「是是，我失言。」

返身又問路人：「之前楊氏一門也遭殺戮，可有聽說現在如何？」

路人說：「除了先前妖后那次，就沒聽說楊氏本族遭到多大迫害，畢竟弘農楊氏人才輩出，誰都有些忌憚。但趙王滅了汝南王與楚王，也間接害死太子，每個諸侯王都有兵權，趙王現在贏了，不知道其他王是不是從此罷手？天下才一統二十年，可別又亂囉。」

遠處石崇與其家人人頭被砍下，滿地鮮血，觀刑的人們竟然都歡欣鼓舞，大聲叫好。劉苑感覺到這大局啟動，血祭似乎才開始。先拿這些人面獸心者來開刀祭旗。

劉苑回頭又對三女子說：「一切真如楊兄弟所料，看來天下真的又要開始亂，我們準備回去收拾準備南渡。」

於是劉苑真的帶家人們，帶頭先南渡定居，之後娶此三女為妻妾傳宗接代不提……

洛陽皇宮。

趙王司馬倫在衛隊與近臣孫秀等人簇擁之下，進入太極殿，近臣將所取得的皇帝六璽與傳國玉璽一併獻上。司馬倫見到傳國玉璽後大喜，告知內外稱，父親司馬懿託夢，要他繼位為皇帝。於是將孫子輩的皇帝司馬衷稱為太上皇，自己登基當皇帝。

司馬倫（粉紅眼眶）捧起傳國玉璽，對近臣們笑說：「你們可知道這個傳國玉璽的來歷？」

孫秀（粉紅眼眶）說：「聽說是秦始皇命工匠將和氏璧造出來，得之得天下。」

司馬倫（粉紅眼眶）哈哈笑說：「這孫秀你就錯囉。這是武皇帝命人重造的！當年他發現傳國玉璽有假，於是銷毀，命人重新造一個出來，真正的傳國玉璽早就不知道在哪。」

孫秀（粉紅眼眶）奉承說：「陛下可別這麼說，傳國玉璽是代表天命，重鑄的傳國玉璽就是真的傳國玉璽。將來陛下江山永固，也得以此為信物告知我大晉正統不貳。」

司馬倫（粉紅眼眶）捧著傳國璽微微笑說：「說的對！正統不貳！只是聽聞父親宣皇帝，對兩位長兄說過，這玉璽死中帶活，那個前朝的魏武曹操沒看透這點，最後天命才歸我大晉。如今這死中帶活會不會又發揮什麼鬼作用了？」

孫秀（粉紅眼眶）說：「陛下完全不必擔心，玉璽不就在陛下手上了嗎？」

司馬倫愣了一下之後，哈哈一笑頻頻點頭。

登基之後封官拜爵收買人心，一時之間朝廷充斥市井小人。淮南王司馬允起兵討伐司馬倫，但被趙王派兵擊敗，司馬允被殺。

一王的兵力不足，兵敗被殺。齊王司馬冏、河間王司馬顒、成都王司馬穎，再接再勵，三王聯合起兵討伐司馬倫。司馬倫與孫秀此時才開始害怕，出動所有趙王所屬的兵力迎戰，但三王軍隊勢大，且孫秀等小人無法服眾，軍隊很快就慘敗。

部下王輿反叛，率領該營七百多士兵從南掖門攻入，敕令宮中士兵各自守衛宮門，以三部司馬作為內應。王輿自己前往攻擊孫秀，孫秀關閉中書南門。王輿讓士兵登牆燒屋，孫秀和許超、士猗倉惶逃出，左衛將軍趙泉斬孫秀等人示眾。在右衛營逮捕孫會，交付廷尉誅戮。捉住前將軍謝惔、黃門令駱休、司馬督王潛，都斬於殿中。三部司馬兵在宣化闥中斬孫弼示眾。當時司馬馥在孫秀家，王輿派將士把他囚禁在散騎省，用大戟守住省閣。

王與駐紮在雲龍門，讓司馬倫制詔令道：「我為孫秀等人所誤，致使三王發怒。現在孫秀已誅，將迎皇帝復位，我告老歸農。」

傳示詔書用騶虞幡信令將士放下武器。洛陽城中大亂，文武百官各自奔逃，沒有誰敢家居。黃門帶司馬倫從華林東門出，和司馬荂一起都回到汶陽裡住宅。於是派甲兵數千把司馬衷從金墉城迎歸皇帝位置，臣民都稱萬歲。押送司馬倫和司馬荂等到金墉城。身為與司馬師、司馬昭同輩份的司馬倫，是皇族祖輩，雖然犯了錯誤，失敗後理應當關押反省即可，以平息政爭，但司馬家已經骨肉相殘到六親倫理都不認，梁王司馬肜表奏司馬倫父子叛逆，應當誅殺。百官在朝堂會議，都如同司馬肜表奏一樣。

金墉城，司馬倫受軟禁之所。

送毒酒的使者帶著一隊甲士闖了進來。頭髮斑白滿面皺紋的司馬倫，見了驚恐萬分。

「我是高祖宣皇帝的親兒子，難道他們不顧司馬家親情倫理，要來殺我？」

使者冷冷一笑說：「同樣淮南王是武皇帝的親兒子，您的孫子輩，你不也殺了他？詔令司馬倫父子謀逆當誅！快動手！」

於是甲士們一擁而上，把司馬倫父子幾人按下，全部灌上毒酒身亡。

三王帶領眾將領，一同把傳國玉璽迎回給皇帝司馬衷，但三人與其部將，面對傳國玉璽與智力不足的皇帝時，都因此受到傳國玉璽的『呼喚』。

「這象徵天命啊。我司馬家帝位豈能讓這樣的愚人把持？」

「同樣是司馬家的人，怎麼象徵天命的傳國璽會給這樣的蠢人？」

「這應該是我的才對，走著瞧吧！」

「看來這些司馬家的宗親，已經六親不認，那個傳國玉璽不當歸他們。天命當改了！」

趙王死之後，齊王擔任大司馬之職輔佐皇帝。成都王退回其封地河北鄴城，河間王則回鎮長安。但各王身邊都有人在勸說獻計，大家再接再勵，繼續火拼。

齊王司馬冏掌政後隨即大興土木，並沉迷酒色逸樂，不朝皇帝，亦不視朝政，用人唯親，大封親信，甚至加罪不經大司馬府而直接上奏的大臣，種種事跡都令眾人失望，同時大家也就歸心於先前謙退的成都王。

這個輿論風向，看似事實，其實非常不合理。面對這種無智力的皇帝，朝見也無用，任人唯親都是自然現象，加罪直接上奏者更是，皇帝不能執政，大司馬代行，當然是先通過大司馬府，直接上奏是擺了明的睜眼做瞎事，刻意挑起是非爭端。司馬冏不知道，自己現在無論做什麼事情，都是錯的。因為所有人都想要鬧起來，當然要開始表演。

時任翊軍將軍的李含因與齊王參軍皇甫商及右司馬趙驤不和，夏侯奭的哥哥也在齊王府中，故李含很不安，於是隻身西奔長安，向河間王聲稱受了皇帝密詔，獻計讓河間王檄命長沙王司馬乂討伐齊王。讓兵力較弱的長沙王，來去當馬前卒犧牲。待齊王消滅長沙王後，再以此為由討伐齊王，並以有名望的成都王接掌政事，河間王就能得建立大功勳。

河間王司馬顒聽從，遂於永寧二年十二月上表稱齊王之罪，率軍東進，並命長沙王司馬乂廢齊王。齊王接到上表後驚懼不已，召見百官討論，司徒王戎及東海王司馬越，勸齊王讓位退避，但齊王親信葛旟卻堅持不退，派董艾進攻長沙王，而長沙王就即率兵入宮，以天子名義進攻齊王府。齊王兵與長沙王兵，兩軍遂在洛陽城內激戰。城中子民紛紛躲到城外，遠望洛陽城內司馬皇族火拼，怨聲載道卻無可奈何。

大戰三日以後，齊王兵敗被擒。長沙王下令直接將齊王斬首，梟首曝屍，其他黨羽都被誅殺三族，齊王三子皆被囚禁在金鏞城。長沙王司馬乂大出河間王及李含所料，竟然能戰勝齊王，並以太尉、都督中外諸軍事留在洛陽中主政，遂令原本的計劃不能成事。

河間王於是命李含為河南尹，讓其與侍中馮蓀及中書令卞粹等串謀，準備暗殺長沙王。皇甫商知道李含的意圖，遂將李含的計劃告知長沙王司馬乂，他果然大怒，下令誅殺李含。最終李含等人被長沙王所殺，同樣梟首曝屍。另一方面，成都王穎雖然以大將軍、錄尚書事身份遙控朝政，長沙王每事亦都會派使節到鄴城，諮詢成都王，以示尊重。

但成都王還是不要長沙王在京城妨礙他的權力，於是與河間王聯手要除掉長沙王。河間王即以李含等被殺為藉口出兵，成都王亦響應，二王聲明要誅殺皇甫商及外戚羊玄之，並要求長沙王退出京城要職。河間王派張方率七萬精兵向東攻洛陽，成都王就親率大軍從鄴城向南打洛陽。

面對二王來伐，長沙王受命為大都督拒戰，兩軍自八月攻戰到十月，最終善戰的長沙王擊敗來攻的張方，張方率領殘軍守壘自保，但長沙王兵力實在太弱，無法消滅張方軍。而另一方面，成都王大軍也攻至洛陽，朝廷試圖憑藉成都王及長沙王是二人兄弟的關係，展開和談，試圖平息干戈，但成都王堅持不允，於是戰事持續。長沙王軍果然善戰，擊敗張方後又屢次打敗成都王軍，殺俘共計七萬人。成都王原本手握鄴城重鎮，強大的軍事實力，因為此戰被長沙王重挫。

洛陽雖然爆發饑荒，但長沙王兵眾仍然堅毅抗敵，連張方也覺得不太可能成功，想要退兵。

不過事情竟然大逆轉，司空東海王司馬越，卻怕長沙王雖然能打，但兵力太少撐不下去，於是在次年正月聯結殿中諸將叛變，將把長沙王本人囚於金鏞城。長沙王的眾士兵憤恨戰事功敗垂成，打算救出長沙王以繼續作戰。東海王深怕長沙王會再次轉敗為勝，於是下殺機，快速將長沙王送到張方那裏，以絕眾心。

張方於是果斷將長沙王殺死，二王於是取得勝利。

成都王戰後獲增封二十郡，升任丞相，但不久就返回根據地鄴城，由東海王守尚書令作為留守。不久河間王更表奏廢掉太子司馬覃，立成都王為皇太弟。可是，成都王將洛陽的乘輿服飾都遷到鄴城，殺害他忌憚的殿中禁軍，將宿衛都換成自己的人，表現更是驕奢，令朝野失望。

成都王當上皇太弟五個月後，右衛將軍陳眕、長沙王舊將上官巳等人，於洛陽起兵討伐成都王，復立清河王司馬覃為太子，並奉皇帝司馬衷出征，司徒王戎、東海王司馬越、吳王司馬晏、高密王司馬略等人亦隨軍，眾達十萬多人。大軍奉天子來攻的消息震動鄴城，終於屠刀輪到要殺他了，成都王亦感害怕，東安王司馬繇當時就勸成都王主動歸罪，但軍司馬王混、參軍崔曠認為皇帝根本無法判斷事情，歸罪就會其他人所殺。勸其抵抗，最終成都王決定死戰抵抗，命石超率五萬兵到蕩陰防備。

另一方面要欺敵，派陳眕的兩個弟弟陳匡及陳規，自鄴投奔大軍，詐稱鄴中已經自潰，故討伐成都王的大軍都鬆懈起來，終於在蕩陰遭受石超軍突擊，混戰後大軍慘敗，隨軍王公大臣都奔散，連皇帝也被俘虜至鄴城。成都王抵抗成功之餘還得到了天子，於是下令改元建武，殺死建議投降的東安王，並置百官，生殺大事也由自己決定，並在鄴南郊祀。

陳眕與上官巳等在戰敗後，奉太子司馬覃為主守住洛陽，但其實河間王司馬顒在大軍發出時，就派了張方支援成都王，張方來到洛陽後擊敗上官巳等人，控制洛陽，再廢太子司馬覃及羊皇后。

早在三王起兵討伐司馬倫之時，都督幽州諸軍事王浚就沒有響應，不過成都王一直沒時間去討伐。成都王在蕩陰之戰後伺機請幽州刺史石堪為自己左司馬，送了和演接任刺史，其實就想讓和演找機會殺了王浚，吞併其勢力。不過與和演一起策劃行刺行動的烏丸單于審登因天雨影響原定行動而以為這有逆天意，將事情告訴王浚，王浚遂與并州刺史東瀛公司馬騰及審登聯手消滅和演。王浚兼領幽州刺史，並大舉整軍，與段部鮮卑段務勿塵聯手進攻成都王，在平棘擊敗石超後乘勝攻進鄴城。成都王實力已經因為多次交戰，損耗殆盡，於是帶著皇帝出逃，用了五日南逃到了張方控制的洛陽。而段氏鮮卑部隊，進入鄴城大肆搶掠。至此，中原開始有胡虜入侵。

張方軍在洛陽胡作非為，時間久了士兵更有西返的意圖，張方此時率兵入宮擄掠宮女，並抓皇帝司馬衷到自己營壘中，更差點要學董卓，將洛陽宮殿焚毀。只是遭人警告董卓的下場，才臨時放棄火燒洛陽。接著張方就率軍帶皇帝等人，西赴河間王的根據地長安。同時河間王上表廢成都王皇太弟之位，遣其歸國，改以溫順的豫章王司馬熾為皇太弟。

張方強脅皇帝西遷，差點學董卓火燒洛陽的行為，令天下人憤怨，東海王司馬越於是乘機在徐州起兵討伐河間王，上書要求夷滅張方三族。並得兗州刺史東平王司馬楙、都督青州諸軍事高密王司馬略、東瀛公、平昌公司馬模、都督豫州諸軍事范陽王司馬虓及王浚等人支持，更獲推為盟主，聲言要迎皇帝東歸洛陽，得到不少朝臣支持。河間王知東海王等起兵，一度打算退讓，接受其送皇帝還都，以分關中而居為條件，但為張方所阻，於是改下令免去東海王等人的官職，命其還國，亦派張方率兵十萬討伐。

此時，成都王舊將公師藩及汲桑在河北起兵，由於河北人民被段氏鮮卑搶掠，反思念成都王，故河間王亦聽從張方建議，恢復成都王的職位，讓他重駐鄴城，協助對抗東海王為首的力量。

另一方面，豫州刺史劉喬本也起兵要迎皇帝東歸，但他卻因不接受東海王的調度，出兵對抗東海王所派的豫州刺史范陽王，上書陳述穎川太守劉輿的親昵范陽王的罪行。河間王因而派兵支援劉喬，在許昌擊敗范陽王軍，逼使其逃到河北。原本也支持討伐的東平王司馬楙亦因為不滿范陽王派苟晞復任兗州刺史，調其至青州的行動，而反叛討伐軍。但不久，范陽王得王浚借兵而反擊，在廩丘擊敗東平王，東平王敗返封國。接著范陽王軍聯合東海王的大軍要西進關中，大軍到蕭縣時，劉喬怯而派兒子劉祐在蕭縣的靈壁作出防備，但被東海王司馬越擊敗，劉喬軍於是潰散。另一方面，成都王到洛陽後亦怯於東海王兵強，不敢繼續北進，於是折返關中。河間王得知劉喬兵敗後大懼，開始就想退讓求和的他，此時就更想息兵，但就顧慮主戰的張方而猶豫不決。

河間王聽信張方謀反的假消息而派郅輔，直接殺死張方，並傳首討伐軍，但討伐軍接到張方首級後沒有退兵，反而以此招降關中其他軍隊，並繼續奪取關中諸郡。其年五月，河間王最後所派的馬瞻及郭傳於霸水戰敗後，討伐軍就攻入長安，迎皇帝東歸，河間王則出逃。

在東海王將領祁弘護送之下，皇帝在六月返回洛陽，改元光熙。

成都王在皇帝司馬衷東歸時，就經武關出新野，途中被鎮南將軍劉弘及南中郎將劉陶阻截，於是轉奔朝歌想到公師藩那裏，但遇是被頓丘太守馮嵩所捕，直接被囚在鄴城。

原本是自己鎮守之地，變成囚禁之地，宣稱愛戴成都王的鄴城人民，對成都王落得如此下場，顯得冷漠，甚至不少人開始歷數成都王興兵作亂的罪責。同年十月，鎮守鄴城的范陽王去世，其長史劉輿擔心成都王會成為禍患，於是假傳詔命，將成都王直接殺死。

皇帝東歸後，長安由鎮西將軍梁柳所守，但馬瞻隨後就擊殺梁柳，復取長安，並迎河間王回城。可是關中地區子民，都痛惡河間王這個爭權奪利的逆王，紛紛武裝反抗，河間王僅能控制長安城。

十一月，皇帝司馬衷被東海王派人下毒而駕崩。總算毒死這個智能不足而造成野心家茲起的白癡皇帝，眾臣都因此鬆了一口氣，擁立智慧賢能的皇太弟司馬熾繼位，朝政仍由東海王主掌，並在次月召河間王入朝任司徒，在途中埋伏刺客，刀兵齊下，亂刀砍殺河間王，人頭懸掛示眾，除掉朝廷大患。

一場司馬家內部爭權奪利的廝殺大戲終於結束。司馬家骨肉倒下一遍，遍地血腥，各地飢荒與叛亂也接連開始。但最重要的不是內部誰勝誰負，而是這場大戰，銜接了長城內外的異族，他們見到司馬家為了皇位廝殺，也動了這個念頭。

首先就是曾經與成都王司馬穎聯合作戰的匈奴人劉淵。他受了司馬穎的牽引頗深。

話鋒回頭。

就在蕩陰大戰過後不久，司馬穎以為自己獲勝之時，司馬騰與王浚又起兵討伐。劉淵趁機建議司馬穎，讓他回匈奴五部招兵買馬，共同討伐司馬騰與王浚，司馬穎大喜，立刻拜他為北單于，參丞相軍事。

劉淵與養子劉曜與隨從一百人，快馬加鞭離開鄴城，往并州方向奔去。到了并州地界的驛站休息後，馬速變緩。在官道上馬匹徐徐前行，劉淵便與養子劉曜便在馬背上談自己的真實意圖。

劉淵（紫眼眶）微微笑說：「自漢孝武皇帝之後，我們匈奴都被漢人壓制。自分裂南北之後，勢力更是衰微。司馬家族真是氣數已盡，相互火拼到六親不認。如此中原大亂，正是我們匈奴人的好時機。」

劉曜（粉藍眼眶）說：「是啊！父親，這句話我也隱忍許久，是時候要起兵略地，最後吞併中原，恢復大匈奴國反過來統治漢人。」

劉淵（紫眼眶）說：「不不不，不是恢復大匈奴國。」

劉曜（粉藍眼眶）吃驚。

劉淵（紫眼眶）說：「自匈奴分裂，我們祖先內附之後，我們匈奴人數已經遠少於漢人，況且漢人們向來看不起我等。若要自立，恐怕不能自稱大匈奴國。」

劉曜與隨從們皆不解。

劉淵（紫眼眶）仰天大笑說：「我等祖先雖是匈奴人，但漢朝曾多次下嫁公主。我等可以說有和人的血統，既然姓劉，我們的國號就稱漢！如此司馬家將被天下人鄙棄，我們才是正統。」

眾人們大喜。

劉淵（紫眼眶）揮鞭喊道：「快吧！我們還是先幫助司馬家自相殘殺，讓他們殺個夠，讓他們火拼到實力消耗殆盡！回到左國城之後，我們就招集部眾，準備以支援成都王為名，往河北進軍。司馬家實力消耗，而我們實力擴張，最後誰才是中原之主豈有疑慮？」

眾人歡呼，跟著劉淵快馬加鞭。

在左國城招集五萬部眾，宣佈準備出并州增援成都王，討伐司馬騰與王浚。

可惜劉淵自以為聰明，但聰明的人可不是只有他。會找外力的人也不是只有司馬穎。

并州代郡北，鮮卑索頭部。

拓跋猗㐌和拓跋猗盧兩兄弟，都收到司馬騰的邀請，請求討伐意圖參與戰爭的匈奴劉淵。索頭部雖分為三部，但都與朝廷親善，名士劉琨也率眾與他們結盟，知道匈奴人有異動，自然同意邀請。拓跋猗盧帶兵南下與居住在代郡的兄長拓跋猗㐌會合。

猗盧遠遠見到猗㐌來迎接的坐騎，便快馬加鞭，用鮮卑話高呼：「兄長。」

猗㐌也呼喊回應，兩兄弟很快相會，下馬擁抱。安頓好雙方人馬之後，一同牽手入帳，很快就切入主題。

猗盧說：「兄長，東嬴公的使者提的這件事，你真的打算聽他們的指示討伐匈奴人嗎？」

猗㐌說：「本來東嬴公是要我們討伐成都王的。但是我們鮮卑索頭部，向來受朝廷冊封禮遇，漢人們也跟我們有長久交情。所以朝廷諸王相爭的事情我是不介入的，管他誰打誰那都是朝廷自己的事情。但是劉淵這小子是什麼東西？不過就是個匈奴渣子。」

猗㐌說到匈奴渣子，忽然轉變臉色惡狠狠地說：「他這麼做的意圖難道我會看不出來嗎？就是想趁著朝廷內鬥，恢復他匈奴的國度，攻略大晉天子之地。要是給這匈奴渣子得逞，統治中原，我們鮮卑索頭部就都會死無葬身之地！豈能有現在受朝廷待遇？所以我才請你帶兵來跟我商量，怎麼樣挫敗他劉淵？」

猗盧說：「兄長，這還需要商量嗎？你說打我就跟著你打！匈奴人向來看不起我們，甚至都罵我們是趁著匈奴南下歸附朝廷的空子，從極北冰原南下佔他匈奴故地的野人，還說大漠之地原是匈奴故地！常常派人搶掠我們的馬羊！說到這就來氣，他受朝廷冊封，我們也是受朝廷冊封。不過他來得早，我們來得晚。這樣就說我們是極北冰原的野人？我這次帶兵來，不打他個人仰馬翻，我不回去！」

猗㐌說：「好，既然我們兄弟有共識，就別跟劉淵客氣。」

於是鮮卑索頭部，兩萬人馬，埋伏在劉淵前往冀州的必經之路。

同時在遼西的另外一支鮮卑段部，與鮮卑慕蓉部，都各自與當地漢人合作，雖仍臣服於晉朝朝廷，但都擁兵觀望。

正當劉淵率領大軍風風火火將要出并州地界，穿越山路，忽然一聲號角吹響，幾條路殺出鮮卑部隊，與匈奴部隊立刻殺成一片。

在中軍的劉淵大驚，一時還搞不清情況。劉淵的兒子，被立為右賢王的劉聰，從前方趕來稟告：「父上，鮮卑索頭鑾擋住了我們去路，現在正跟前鋒交戰。」

劉淵（紫眼眶）握拳大怒說：「索頭鑾來這做什麼？豈不壞我大事？」

劉聰說：「我猜是司馬騰找來的，之前就聽說司馬騰曾跟他們勾結。」

劉淵（紫眼眶）抽出彎刀說：「全部跟我來，宰了這些礙事的索頭鑾！」

眾人跟著劉淵呼嘯而上。

雙方人馬在山坡山路，從清晨戰到黃昏，死傷遍地。劉淵的左右方，都有流矢飛過，劉聰見情況不對，趕緊勸說：「父上，這些索頭鑾非常善戰，我們先退回左國城再說吧！」

劉淵（紫眼眶）邊持盾牌抵擋流矢，一邊喊：「不行，要是退了，將來如何入主中原？」

劉曜（粉藍眼眶）此時也策馬靠近說：「父上先退吧，索頭鑾有備而來，我們是倉促接戰。等我們回左國城帶更多的人馬，再來收拾他們！」

劉淵仍然不願意後退。

身為參謀的劉宣也冒流矢之險來報：「單于撤軍吧！司馬穎也在冀州撐不住，已經奉皇帝往洛陽撤走，我們現在去救他也沒什麼意義了。回左國城重新制定圖略之計，才是上策。」

劉淵（紫眼眶）說：「我曾勸司馬穎不要撤退，結果他還是逃了！愚蠢的奴才！」

劉淵猶豫再三，只好下令撤兵。於是鳴金收兵，匈奴兵馬紛紛退卻。

退回的途中，劉淵（紫眼眶）說：「可惡的鮮卑索頭蠻，雖然司馬穎這奴才可笑，但我還是得去救他。回去招集更多人馬，一定要討伐鮮卑！」

劉宣說：「單于這萬萬不可。晉朝無道，同室操戈。晉人百姓自己都厭惡！不管是遠在東方的烏丸、鮮卑、高句麗，還是目前向我們提出合作的羯人，都是我們可以團結的對象。要入主中原，光憑我們匈奴人是遠遠不夠的。」

劉淵不語，左右狐疑。

回到左國城之後，劉淵才忽然感覺到，想要趁中原混亂之機，入據為主的他族，也許不是只有他匈奴而已。而眼前所知的其他蠻族，不是在匈奴強盛之時只是匈奴的臣屬部落，就是根本當時遠在極北冰原無人知的野人族群。這種動態，隱隱約約讓他非常不安，此時一個漢人名士陳顯達來拜見。

此人謙恭簡樸，博學多聞，在民間有很高聲望，於是劉淵開城迎接。

兩人邊走邊談，劉淵尊稱陳顯達為『先生』。入座對拜暢談，一切遵守漢禮。

「先生所言，實在令我暢快。我正有以漢為名立國之意，一切遵守漢制，以此號招晉民投奔，但是除了漢制之外，還有需要更加強之處嗎？」

陳顯達（黑眼眶）說：「有的。當奉前漢、後漢、蜀漢，三漢帝王之牌位。以示大王的漢，就是正統，而非匈奴人自稱者。如今司馬家同室操戈，視蒼生黎民於無物，正是大王宣告正統，以正人心之時。」劉淵頻頻點頭，屢屢稱善。

忽然劉淵（紫眼眶）提出了自己內心深深的不安，低聲問道：「據我所知，如今天下紛亂再起，鮮卑、羯人各部落，都有興兵的動向！我應當對待他們如何？」

陳顯達（黑眼眶）說：「無論何族，大王只要自以漢室為正統，待之以誠、對之以禮、齊之以法、收之以威。他們也將成為大王成就大業的助力，當年大漢收攏四方蠻夷，以德為主以力為輔，大王既為大漢正統自居，承襲舊制以行之，就不需對此多慮。」

劉淵頻頻點頭，內心一絲的不安，也就消逝。

陳顯達表面說得有道理，但實際上照這個方向走，劉淵就得考慮一下，自己是不是真的有能力先能壓得住其他異族的野心？你聰明，其他部族同樣也有聰明人。你雄才偉略，其他部族也有雄才偉略者。漢人們忽然政權整個大坍塌，引發的連鎖效應，可不是那麼簡單可以停止的。

西晉永興元年十一月，劉淵於是建國號為漢，改元元熙。尊蜀漢後主劉禪為孝懷皇帝。並設西漢與東漢主要皇帝太廟牌位，以漢朝正統自居。

繞開鮮卑勢力，宣布伐晉，攻破并州諸多郡縣。只有劉琨死守的晉陽尚打不下來。

此時同室操戈的晉朝司馬皇族，才開始約略醒悟，事情可能不妙。但仍然繼續火拼，直到東海王司馬越徹底勝利，才開始著手對付劉淵，但一切都太遲。

羯族的汲桑、石勒、王彌、鮮卑的陸逐延和氐族大單于單徵，好幾股力量，都相繼歸降劉淵，劉淵亦一一任官封爵，令漢國力量更為壯大；亦因這些加入者起事和影響的地方在冀州、徐州、青州等地，西晉受漢國侵襲的地區大大增加。永嘉二年，劉淵攻破司州河東郡的蒲阪和平陽郡的平陽城，更遷都蒲子，兩郡屬下各縣抵抗劉淵的營壘都全部投降。

同時亦派劉聰、石勒等南攻太行、趙、魏地區。

永嘉二年十月甲戌日，劉淵稱帝，改元永鳳。太史令宣于脩之認為都城蒲子所處崎嶇難以久安，建議遷都平陽。劉淵聽從並立刻遷都至平陽，改元河瑞。劉淵及後派劉聰、王彌等進攻壺關，先大破劉琨所派援軍，後於長平地區擊敗東海王司馬越所派的援軍，晉軍壺關守將投降。

長平失敗與壺關投降的消息傳來，洛陽城震動。在皇帝的逼問之下，司馬越不得不緊急動員力量加強守備。劉淵知道大晉朝廷可能開始防範，若再拖延晉朝會回神過來。於是派劉聰等領兵直接進攻洛陽，但都被拚死抵抗的晉軍擊敗，劉淵唯有撤軍。

石勒則同時一路北上企圖奪取幽州。王浚雖有幽州兵力，但沒把握抵擋，於是策動盟友段氏鮮卑段務勿，出動鮮卑騎兵迎戰石勒。飛龍山一戰，石勒大敗，急忙撤退南下。

劉淵不甘心攻打洛陽失敗，再次命劉聰，劉曜等人出兵攻打洛陽。

洛陽守軍大為吃驚，沒料到匈奴人才剛失敗，那麼快又組織力量來襲擊。晉軍將領北宮純率一千敢死隊，趁夜突襲漢軍軍營，殺死匈奴將領呼延顥，縱火焚燒。同時派出刺客暗殺了另外一個匈奴將領呼延翼，漢軍震動。

司馬越聽從參軍孫詢意見，趁此出動精兵猛撲敵方兵營，一場激戰，漢軍再次大敗撤走。劉聰不得不全軍撤退，劉淵對兩次進攻洛陽都失敗，大為失意。但實際上，對於匈奴人已經攻破北邊州郡，有了牢固的根據地，於是改變戰術，以偏師騎兵，不斷在洛陽周邊遊擊，司馬越對於這種騷擾不停的戰術無可奈何，洛陽城中已經陷入恐慌。

過不久，劉淵病死，傳位於太子劉和。但是擁有戰功的劉聰不願意妥協。劉和也懷疑手握重兵的劉聰有反意，預謀除掉劉聰。

於是劉聰招喚劉曜與石勒密謀。

劉聰（棕眼眶）憤憤不平地說：「劉和毫無戰功，憑什麼繼承漢業？就因為他身為長子？先前諸多人勸我妥協，但我的答覆是絕對不妥協！更何況他已經懷疑於我們兄弟，挑起諸多藩王之間的爭執，此人絕對沒有資格當皇帝！若我去不奪位，他也肯定會來殺我。」

劉曜（粉藍眼眶）說：「司馬家骨肉相殘在前，我們才有機會崛起，不當重蹈覆轍。況且先帝以大漢正統自居，脫離夷狄而入漢，嫡長子繼承無話可說，不能再用我等匈奴故俗來看大位傳承。」

石勒（藍眼眶）搖頭說：「不，大王才是有勇有謀者。取而代之有何不可？倘若司馬衷繼位之初，就被有勇略少主取而代之，豈會天下大亂？所以漢制又豈皆合理？」

劉聰（棕眼眶）說：「正是！司馬家是因為呆癡司馬衷當皇帝，才會落得今天。我們匈奴人乃能者居之，不會落得他們那種下場。我心意已決，自己會動手，責任在我，你們率軍各自回歸本營，去攻略其他州郡，這件事情你們暗中支持就好，不必相助。」

劉曜語塞，只好同意。

於是劉聰率兵與劉和相殺，一陣血腥互攻之後，劉聰戰勝，最後殺了劉和奪位。奪位之後，傳令各地軍隊備戰，集中所有的力量，準備再次進攻洛陽。而此時羯人石勒，破河北之後，率軍攻青州之後奔襲向南，轉戰荊州。有吞併江淮的圖略。

石勒大本營。

漢人謀士張賓，入營報告劉聰正式奪位的消息。

「哈哈哈，他果然動手了！匈奴劉氏也跟司馬家族一樣，都是不顧血親，以武力奪位。我們羯人家族就不會如此。」石勒（藍眼眶）陰狠很地這麼說。

在一旁的石虎（橙眼眶）笑說：「大伯說的是，我們羯人其實比漢人和匈奴人，更重視血親關係，這種弒親奪位的事情，絕對不會做，看來他匈奴劉家也成不了氣候，我們沒必要繼續跟著他們。」

張賓看出石虎其實是個兇殘貪婪的人，說自己羯族人不會跟他們一樣？誰能保證？對此只笑而不語。

石勒（藍眼眶）說：「我們轉戰南北，今天終於到了荊州地界，他劉家要打洛陽就給他們去，我們奪取富庶的江淮一代，這裡的富裕不輸給中原。」

張賓（粉綠眼眶）行揖說：「大王起兵於草莽，所向崩潰，連破晉人城池數十座。然而大軍至此，一無根基二無後援，江淮一帶並非我等可以建功立業之處。而河北冀州，諸胡雜居，當地人對晉室自相殘殺，都有怨恨，才正是大王可引以為根基之地。建議大軍北返，暫時放棄向南圖略。」

石勒（藍眼眶）只想著江南溫暖富裕，對他的說法並不同意，頻頻揮手說：「先生總是此論，已經勸孤王好幾次了，總是很怕我南下的樣子。目前孤王還是他劉氏冊封的平晉王，滅晉仍是孤王的職責。若只轉戰中原，司馬家族大根深，江南仍有遺類，可不是孤王所願。」

張賓語塞，只好不語。

石勒（藍眼眶）知道張賓智計橫出，雖然暫時不打算北返，但仍然需要他，於是轉面好言問：「先生的賢能不下於陳顯達。如今他劉家欲集中力量攻打洛陽，剷除晉室。您以為我當如何？」

張賓（粉綠眼眶）說：「晉室同室操戈，天下子民怨恨，在下以為大王若能在此滅晉之戰，奪得比匈奴劉氏更高的戰功，則人心歸附，豪強不敢抗逆。等待形勢有變，取他匈奴劉氏而代之，此為比美漢高祖劉邦之大業也。」

石勒（藍眼眶）說：「好吧，只要他們真的要進攻洛陽，我必定北返相助。但目前進攻江南的目標不變！」

於是石勒繼續沿江淮向東進攻，駐鎮建業的琅琊王司馬睿，聽聞石勒南侵荊州，且順江而下的消息，便派王導率兵討伐。王導兵少，只能沿途陸續招募人力，通知各郡發兵來援，自己勉強湊齊兩千人，與石勒對陣。

石勒出動精銳步騎當前鋒，後續全數主力壓陣。看到王導以寡少步兵來戰，大為輕視。於是揮鞭全軍衝殺，王導自知難敵，率軍且戰且退，到了樹林草叢，正以為自己死期將至。忽然大批旌旗豎立，原來是各地方士族部隊趕來增援。橫向截兵石勒本陣，石勒軍大亂，勝敗忽然逆轉，石勒揮軍死戰才勉強撤退。但前鋒部隊多數傷亡，或逃或降。

石勒異常激怒，平常他是最看不起這些清談名士，萬萬沒料到自己會敗於，晉室清談出名的王導之手。於是重新組織力量，趁夜繼續進兵到一河川旁，打算再拼殺一回，爭回面子。

「報大王！此江水深，對面有蘆草遍布，沒有敵軍的任何動向。」前哨刺探者已經搭小舟回來報告。

石勒（藍眼眶）大喜說：「把預先造好的小船，全部運過來，在此渡江繞道敵軍後側。這個清談腐儒，不拿出真功夫，還以為我敵不過他！」

於是前鋒五千餘人分乘坐百餘艘小船，但就快到對面，忽然草叢中大舉火把，晉軍的小船隊也紛紛從側面殺出，火油弓箭齊發，點點星火讓船隊燒成一片。晉軍善於游泳的敢死隊，潛水跳上船死命相殺。石勒羯人軍前鋒船隊大敗，墮入水中死亡者不可勝數，逼得石勒本隊也且戰且退。

王導本來以為自己兵力寡少，無法抵抗，甚至有犧牲生命的打算。沒想到當地士族部隊的戰力，如此堅強，連續兩次協助他擊敗悍匪石勒。於是以統帥名義，令各士族來援部隊，全部搶過江面，重新列陣。

見到晉軍竟然敢這麼近與他對陣，石勒暴跳如雷，非常憤怒，但由於兩次戰敗，不敢再輕敵。親自集中所有部隊，下達死命，後退者斬。然後瘋狂衝殺晉軍行伍。

王導指揮各軍迎戰，一場激戰火拼，互有傷亡。從清晨戰到黃昏，未分勝負，各自後退建寨對壘。但王導與各軍商量，派小股部隊截斷石勒的糧道，焚燒石勒軍的輜重。對壘數日之後，石勒已經軍糧不繼，更加因疫症死亡大半士兵，已經支撐不住。石勒此時才大為不解，怎麼在中原能勢如破竹，到了江淮晉軍就彷彿另外一番面貌。以此詢問張賓。

張賓再次強調，江淮人心穩固，不能入侵，要求北返另尋根基。由於踢到了硬鐵板，石勒已經不能堅持，只好接納張賓建議，自己也焚毀所剩輜重，收好糧食和卷起盔甲，遠離王導這股敵人。王導聽說石勒敗退，便以統帥名義，令各軍追擊攻殺石勒，並希望帶領這支勁旅北上，支撐岌岌可危的洛陽城。但此時各地方士族武裝力量，紛紛以傷亡為由，要求撤軍，對王導的計畫沒有興趣。王導手下已經不足一千人，各援軍背後都有靠山實際不歸他管，只好同意撤退。

石勒便以輕兵渡過沔水並進攻江夏，然後北歸，先攻陷新蔡，殺新蔡王司馬確，後再攻破許昌，大肆剽掠搶劫。許昌守軍一敗之後，紛紛躲在城外，不敢迎戰石勒。等石勒離開之後，許昌守軍才敢進城，派斥候從後尾隨觀察。

洛陽皇宮。

皇帝司馬熾在朝堂上，憂容滿面，東海王司馬越率領群臣，對局面如此焦爛，皆不敢發一語。

司馬熾繼位後，雖然一直沒有實權，但局面已經走到如此，也就對司馬越不那麼客氣了，終於要拿出皇帝的威嚴。

【司馬熾出現青眼眶】

他把地方官吏的報告，命中官朗誦過後，丟到桌上。

「就如諸卿所聞，現在中原胡羯併起，并州失陷，冀青兗三州殘破，匈奴人甚至就建都在司州平陽，勢力日近洛陽。先前兩次攻打洛陽，我軍都只是險勝。羯賊石勒甚至騷擾荊州揚州，幽州太守擁兵自重不聽號令，益州豪強也打出反旗，割據一方。我大晉司馬氏才一統三國三十餘年，竟然又天下大亂。」

司馬熾（青眼眶）痛哭失聲，用力拍桌說：「難道真如洛陽子民所言，我司馬家六親不認，骨肉相殘，天道厭之？」

司馬越以下群臣一言不發。

司馬熾（青眼眶）收拾眼淚，大喝說：「東海王！」

司馬越（橙眼眶）低頭說：「臣在！」

司馬熾（青眼眶）說：「你雖然是庶族，但也算是朕叔輩，是皇叔。一場宗親喋血相殘之後，你是勝利者，你贏了！但天下局面焦爛至此，朕想請皇叔你，給朕一個建議！就像當初漢獻帝劉協，苦求皇叔劉備相助一樣。可以嗎？」

眾臣不約而同一起盯著司馬越看。

司馬越（橙眼眶）平常驕橫，但此時卻五內發抖，滿面汗顏，叉手平伏說：「臣萬萬不敢！陛下莫把自己比成漢獻帝。」

司馬熾（青眼眶）大喊說：「如今的大亂與漢末大亂不同，如今是胡羯併起，若是胡羯入了洛陽，恐怕朕想要當漢獻帝也不可得！皇叔請給朕一個建議！讓朕能當漢獻帝也可以！」

司馬越（橙眼眶）抖著說：「陛下也知，臣已經不斷調兵遣將，派兵平亂，但無奈胡羯賊勢猖狂，朝廷王師屢屢失利。我大晉精兵強將，在先前趙王、淮南王、齊王、長沙王、河間王、成都王等逆亂諸王互相攻殺之中，損耗殆盡，如今都是臨時徵集的烏合之眾。臣請陛下令臣設行臺，在外一邊剿賊一邊練兵，先南下消滅最兇狠的羯賊石勒所部，然後北上與匈奴決一死戰。」

司馬熾（青眼眶）點頭說：「准奏！朕靜待佳音。」

接著司馬熾（青眼眶）又說：「如今朝廷最大的危機，是天下子民厭惡我司馬皇族，以至於胡羯併起，也無人願意替朝廷盡力。朕繼位這幾年，屢次下詔承認錯誤，才使人心略略平復。先前朝廷繼三國大亂後而立，屢行滅三族之刑，殺戮過甚，天下子民厭惡。朕傾聽民意，決心廢止屠三族之刑，一切犯罪罪僅自身，不涉無辜家人。」

群臣平伏同聲說：「陛下仁德聖明，臣等謹遵詔令。」

又說：「武帝朝時，滅吳而一統江山。雖有大功於天下，但奢華淫靡成風，乃至大臣有劫殺商旅，有虐民殺姬，有鬥富炫耀等等凶殘惡習，而當時朝廷忙於內鬥，竟未嚴懲，以至於子民仇怨。如今寧願屈身侍奉胡虜，共同為逆，也不願聽朝廷號令。朕深痛之，實乃朝廷之過，欲以最赤誠之心，代表皇家，向天下人謝罪，從今之後若公卿之間，有鬥富奢華，有不顧子民生命者，無論其爵位身分，其罪等同謀逆。其首者，當以古法車裂極刑處置！望諸卿莫犯大忌！」

群臣再次平伏同聲說：「陛下仁德聖明，臣等謹遵詔令。」

又說：「朕再詔令，武皇帝一統江山，終止三國鼎立，雖有大功於天下。但武皇帝后宮群姬過萬人，胭脂粉蠟鋪張，官宦淫靡成風，以致上行下效，天下子民厭惡。朕後宮仍有四千粉黛，中官三千，但皆為萬民子女，豈能以一人之嗜欲，營之如此，遭萬民唾棄？至此遣散宮人三千安排離京回家，或安排至民間良人之家改嫁，並停招美人入宮，停招閹人入宮，缺人不補。直至宮中無宦官，皇帝行儉以謝天下。」

眾臣再次平伏同聲說：「陛下仁德聖明，臣等謹遵詔令。」

看似有了一個交代。

司馬熾決心改革，廢夷三族，禁止奢華，遣散宮女，停止招宦官，打壓權勢。一切從自身做起，表現誠意。洛陽子民都大悅，但是一切都太晚了。因為洛陽城外，已經匈奴騎兵開始出沒，其他地方子民聽不到旨意，洛陽子民先前逃離戰亂後，也只回來一部分，所剩不多。

東海王司馬越則率群臣與部眾，以及多數在京城的宗室王侯，向東離開洛陽，設立行臺。但是他的思想竟然還在諸王攻殺的情境當中沒有回過神，對皇帝司馬熾多有怨言，絲毫不把討伐叛亂胡羯當一回事，對於勸諫大臣都予以誅殺。帶走大多洛陽的兵馬與物資，卻只在外圖謀自保，左右觀望，不臣之心顯露無遺，反而與苟晞相互交戰，不斷阻擋朝廷遷都壽春的動議。

弄到司馬越近臣對他都十分不齒，紛紛將此情況密報給皇帝司馬熾。苟晞也上奏皇帝，稱司馬越逼迫他交出兗州，不但沒有打算招兵勤王，反而以京城為壑吸引胡羯，圖謀自立。

司馬熾知道之後非常憤怒，若是不除掉這些有賊心的藩王，朝廷敗亡在即。於是下詔命令大將軍苟晞與各方鎮討伐司馬越，假若擒獲可以當場誅殺。司馬越手下的眾臣兵將，離心離德，聽到皇帝下詔要殺東海王，更是對東海王的命令也逐漸散漫，不肯聽從。

司馬越招開行臺會議。還正在夸夸其談，說曹操當年掌握兗州而平定江山，如今他也準備把兗州納入自己掌握，只要將士們一起努力，行臺將會賞賜將士。

一名統領五千人的護軍陳瞻（黃眼眶），聽了攻略兗州的計畫非常不耐煩，皺眉搖頭最後忍不住爆發，當場跳出來說：「胡羯大軍日益逼近京城，主上危殆！我不知道殿下為何還有心思，去討伐大將軍，奪取天子的州郡？」

司馬越大驚，小小護軍竟然公然對他大罵，旁邊的部將大喝，意圖威壓陳瞻。

陳瞻（黃眼眶）不退讓，繼續在將領們會議當中，指著司馬越大罵說：「大將軍已經將天子討伐東海王殿下的詔書，公布於眾，行臺還能隱瞞多久？東海王殿下若還是大晉的臣子，現在應當聯合大將軍，共同討伐胡羯，保衛京師，用盡忠來請天子恕罪！不是討論自家人相殘，而讓胡虜得逞！」

司馬越（橙眼眶）怒目說：「誰讓你說這種話？你想謀反嗎？」於是東海王左右護衛十餘人紛紛抽出配劍。

陳瞻也當場抽出配劍，這佩劍型制奇特，眾人驚愕，左右幾個陳瞻屬下校尉，也跟著抽出配劍幫助陳瞻，情緒緊繃，與眾人對峙。

陳瞻（黃眼眶）大喝說：「誰敢來殺？現在還會怕你們嗎？」

司馬越旁邊的參軍吳敦與孫詢，急忙緩和場面，勸雙方都放下武器。

「都不要衝動，全部都放下武器！不可以自相殘殺！」

陳瞻（黃眼眶）不退讓，冷冷呵呵笑著說：「行臺總算有人知道，不可自相殘殺。從先帝繼位開始，我大晉就陷入藩王相爭，兵連禍結，士卒子民死傷無數。以致於現在海內大亂，胡羯併起！然而藩王還在擁兵自重，東海王殿下你若能自己當上天子，當初先帝駕崩時，你為何不當？既然當不了天子，就盡忠國家，服從陛下的旨意，為何還要繼續舉兵攻殺自己人？我等平民從軍的軍士，連一房妻子都沒有，難道朝廷給你的榮華富貴，封地城池，財寶美色，還不夠嗎？」

吳敦說：「快放下劍，你是東海王殿下麾下藩將，出言不遜，就是以下犯上了。」

陳瞻（黃眼眶）繼續持劍，哈哈大笑說：「普天下之下莫非王臣，我們都是平等替天子效力，我是大晉的將領，當然只聽命天子，以性命犧牲來保衛家國，不屬於個人所有！至於以下犯上，東海王殿下自己不也正在做嗎？我現在就要率領自己的部下，返回洛陽保衛天子，誰敢攔我，就跟誰火拼！」

於是陳瞻與左右校尉數人，以戰鬥警戒動作，退出行臺議會，回營後立刻集合所屬兵馬離去。

司馬越本想出兵阻止，但左右參軍全部勸他不要阻攔，尤其孫詢警告他，陳瞻說得有道理，不能再如此拼殺下去，否則行臺自己就將先敗亡。應當睜一眼閉一眼，讓他回洛陽。

司馬越發現已經控制不住手下兵將，才意識到末日將至，驚恐不定一病不起，連醫官也對他不願意盡力醫治，馬虎應付，很快就病死。

他這麼快死當然好，但他所帶的行臺其餘部眾，平常養的都是貪婪草包，立刻群龍無首。有的想要回洛陽，有的想要回鄉，眾人議論紛紛當中，推王衍與司馬範共為元帥，兩人商議之後，先帶領所部十萬大軍，把東海王的棺木屍體，運回東海王的封地先求自保，再與朝廷協商和解。而沿途的平民害怕羯人劫掠，於是跟著軍隊以求安全，同時司馬範還同意分糧食給一些平民，以至人越走越多，也越走越慢。

行至苦縣，石勒率騎兵從後追到。

「羯人來啦！羯人來啦！」「快迎戰！」

將軍錢端，騎著馬呼喚各營壘校尉列隊。

但是事情倉促，隊伍混亂，石勒見到機不可失，騎兵大舉衝殺過來。一時之間刀兵四起，一團混戰，晉兵都已經沒有士氣，人數雖多但組織不起來，只是拿起武器各自為戰。

「將軍，士卒們已經組織不起來。突圍不出去啊！」

錢端見狀急了，說道：「全部跟我來，要是我們敗了，所有人都會死！」

於是提起鋼刀上馬，率領身邊緊跟著的數百名騎兵，衝殺出去。錢端左劈又砍，擊破殺過來的幾隊羯族士兵。

一名羯族將領，大喊道：「騎射隊形！」

於是敵軍分成小隊，遠距離機動射擊，錢端面部中箭掉落馬下身亡。晉軍士兵原本見他還能逆襲，稍稍整頓了隊伍，從後跟上去迎戰。但是一見到錢端陣亡，側翼又來了一大堆敵軍騎射隊，於是隊伍復亂。

有人急忙報告王衍：「錢將軍陣亡，我們被包圍了！」

王衍（粉紅眼眶）只是個清談浮華的草包，只求自保不管其他人生命，根本不能有效組織隊伍。於是整個隊伍崩潰，相互踐踏。石勒的騎兵不斷用弓箭巡弋在四週射擊，整排整排的人倒下，無論王公貴族還是士兵平民，嚎叫之聲震動原野。

最後王衍（粉紅眼眶）被俘虜，司馬家三十六個王公貴族與上百名大臣全部被殺，士兵十萬人，平民也近十萬人，共二十餘萬，全死在苦縣，屍體堆積如山。石勒對著司馬越的棺木大罵，禍亂天下正是此輩，然後將其戮屍焚燒。另外也縱火焚燒其他晉軍與平民屍體。

軍隊進入平寧城，因為王衍名聲很大，暫時還沒殺他。石勒與被俘虜的王衍相談數日。

剛開始，石勒與他交談，他詳細說出晉室衰敗的原因，條理清楚，思維分明。石勒對他大感意外，以為晉朝朝廷竟然有如此清醒之人。然而為了自保，不斷說出自己沒有當官的意願，並且稱石勒有真命天子之相。石勒聽了大罵：「公聲名滿天下，自幼就為官！何謂無宦情？司馬宗室相殘，也正是因有爾輩！」

王衍（粉紅眼眶）還要解釋，石勒立刻命令人把他抓走囚禁。立刻招喚張賓與孔萇，討論該不該殺王衍。

石勒（藍眼眶）一開頭便說：「我活這麼久，從來沒見過王衍這種人。從來沒想到天底下會有這種人物，一時之間拿不出話語來形容他，兩位說說，我該如何處理他？」

孔萇說：「他是晉室三公，不可能為我們效力，應該殺。」

石勒（藍眼眶）說：「不是殺不殺的問題而已，而是這世界上怎會有這號人物？到底是哪一方水土可以養出這種……這種……先生，你學問比較好，這幾天他跟我的對話，你也有聽聞，你替我評論一下這種人。他到底怎麼會，讓我不斷地吃驚意外？」

張賓（粉綠眼眶）笑說：「大王是想說，看上去思維條理分明，如同智者，但最後捧大王稱帝卻又其蠢如豬。外表堂堂名滿天下面若儒士，卻又清談怪論，可鄙至極，毫無德行。明明知道所處的朝廷衰敗原因，卻藉此虛誇浮華，隨波逐流，不肯盡事。以往別人罵他毫不生氣，看似有肚量，但一旦遇到危險，就不顧他人生命，行為乖張只求自保。聽聞他以往，不愛財，也常常拒絕當官，但又圍繞著權勢官場不肯離去。總之是個多面人。」

石勒（藍眼眶）皺眉怒目說：「沒錯沒錯，就是個多面人。怎麼會出這種人物？」

張賓（粉綠眼眶）笑說：「這種人物，在下也難以形容。無法用正常的經歷來理解，他這種人確實不是常人，但絕對不是好人！大王不可用，至於是殺是放，大王自行定奪。」

石勒（藍眼眶）說：「這種人就殺了吧，但不要用刀兵見血，給他個妥善處理方式。」

於是派人推倒牆壁壓死王衍，王衍（粉紅眼眶）臨死前長嘆說：「唉！我雖然不及古人，但若不崇尚浮華虛誕，盡心去匡扶社稷，不至有今日下場。」

當然是會出現這種人，或稱是這種細胞，不然如今漢人的體制力量已經如此強，硬碰硬胡人很難進來，即便進來也很難走正當的路徑，要引導整體局面走正確的方向，這種近乎畸形怪狀，但外表粉飾得法相莊嚴的人物，是很需要的。只是對當時之人而言，這種就是粉面人渣。

護軍陳瞻的隊伍，先一步離開了東海王大軍，等於是暫時躲過一劫。

他帶領左右步騎五千人，緩緩往洛陽方向行軍，本來屯駐倉垣附近紮寨，分散哨騎於四方，打聽各路胡羯部隊的消息，尋找最佳的支援洛陽的方案。

後方哨騎來報：「報陳護軍！東海王大軍五日之前，在苦縣遭到羯人石勒兩萬騎兵截殺，全軍覆沒無人生還！」

陳瞻（黃眼眶）一聽大驚：「這消息怎麼來的？東海王呢？」

哨騎回報：「這消息是倉垣的守軍告知的，他們的哨騎隊伍，有在苦縣附近觀察此戰。東海王在我們離開之後就因病速死，大軍前往苦縣途中才被攻擊。聽說石勒已經燒掉東海王的靈柩。」

陳瞻（黃眼眶）說：「東海王司馬越罪有應得，但是十萬大軍竟然被兩萬羯兵消滅，統帥也真的是其蠢如豬！這樣一來大事不妙，外地沒有朝廷精兵在側，胡虜將更加囂張，洛陽形勢更加孤立。匈奴人那邊，可能將更快攻打洛陽。」

在旁的校尉問：「如今我們怎麼辦？」

陳瞻（黃眼眶）說：「立刻拔營，全軍往洛陽急行軍。我們要護衛天子而戰。」於是命令通知全軍，全軍士卒頓然士氣大增。

沿途散光所有隨軍資金，向沿途小城購買糧食，很快就到了洛陽城。

永嘉五年，洛陽。

陳瞻率軍帶糧回京，皇帝司馬熾大喜。本來只是藩王封國藩將。立刻升職為朝廷討虜將軍，並派他守衛南面城牆。但苦縣屠殺的消息也因此傳到洛陽朝廷，加上其他地方派來的哨騎，也共同印證了這件事情，皇帝司馬熾半天說不出話，群臣們也都無聲。

司馬熾（青眼眶）打破沉默說：「司馬越與王衍這種人死有餘辜，甚至朕的宗親三十六王，也全都死不足惜，反省了國家養他們的錢糧，朕當慶賀。但他們說要在外地招兵，卻帶走朕的京師四萬精銳虎賁士兵與許昌附近的六萬屯田兵，司馬越死了之後！理應請旨回京！王衍卻還騙他們去東海國，司馬範甚至還招平民同行！最後跟著他們在苦縣陪葬，喪失這麼多朝廷精壯士兵，煞是可恨！」

「招兵，原來是招朕的兵。討賊，原來是被賊討！賊王賊臣要死就去死，但死之前還對朝廷來一場，徹徹底底的釜底抽薪！」

說到此，拿起奏疏，丟到地上再罵一句：「真的煞是可恨！追貶司馬越為縣王！剝奪封地！他留在京城的兒子貶為平民，不得襲爵！跟著他走的三十六王全部追貶為平民！朕還真該感謝石勒，幫朕開棺戮屍，火燒掉他的棺材！可恨的賊縣王！可恨的賊人！我司馬家怎麼盡出這種畜生？之後有餘力，還要把他追貶為庶民！追貶為賤民！一層一層慢慢貶下去，才能洩朕心頭之恨！」

群臣都不作聲，在場死寂一般沉默。

又是司馬熾（青眼眶）打破沉默說：「朕失態，失態。大將軍荀晞再次上奏，說胡羯兵力強大，洛陽已經難保，請朕遷都倉垣，諸卿以為如何？」

此語一出，群臣譁然。大多都是反對之聲。有的說，中途會有盜賊，有的則因貪戀宮中財寶不願意離開，強說倉垣太偏狹，不適合為都城。

司馬熾不傻，再這樣待下去，自己會成為甕中之鱉。喝令眾人安靜。

「洛陽已經待不下去，現在賊王司馬越已死，沒有人阻擋朝廷遷都，大將軍他說的沒錯，朕決心去倉垣，三日後出發！不願意去的，朕不勉強，自己盤算去路！退朝！」

說罷就反身入宮，留下一團亂議的群臣，甚至起了口角，相互拳腳相向。這當中有人，自己不想走，竟然也不願意讓皇帝司馬熾離開，於是把消息傳到宮外。此時洛陽城已經守衛力量有限，盜賊橫行，不斷有士兵開小差，以至於城外盜賊都可以闖入城中，若不是陳瞻還帶回五千人精兵加強守備，野外強盜就可以直接攻佔洛陽。

當司馬熾才走出了洛陽宮城外，出西掖門到了銅駝街，一大群盜賊就乘馬衝殺過來掠奪。

「陛下不好啦！賊人擋道！護駕的衛士不足千人，抵擋不住啊！」

「陳瞻呢？」

「盜賊上萬人湧入洛陽，討虜將軍現在正在四處剿賊，南面城牆交戰當中，城中子民們都躲在房戶內不敢出來，分不出兵啊！」

「想辦法繞道也要過去！」

「過不去啊！還有陛下的后妃，宮女，中官，公卿，朝廷命婦，這些人會被賊人覬覦。無法在城外久待啊！除非陛下下旨拋棄她們，不然就過不去。」

「荀晞派的接應士兵呢？」

「他只派了五百人，加上我們的五百人，也就是臣剛才說的不足千人。」

「怎麼會這麼少？朕聽說他光婢女就有一千人之多，侍妾就數十人，比朕的宮女后妃還多！」

「他自己也是酷吏暴官，常常殺人，貪婪好色，強奪他人妻女，以至於離心離德，他部下就是因此逐漸離去。所以他自己現在手上也沒兵，是個空頭大將軍，能派出來的部隊有五百人就不錯了！他除了沒有對陛下謀逆，其他的行為比東海賊王司馬越，好不到哪裡去啊！」

「蒼天啊！朕的大晉朝廷，到底都養了一群什麼人？當年的漢獻帝逃離長安，遷都許昌，還有不少人願意出兵護駕，朕如今竟然寸步難移，連兵都找不到，乃至四面都是豺狼。朕真的想當漢獻帝都不可得嗎？」

司馬熾不得不哭著撤回皇城。許多大臣趁機逃出京城，一去不回，東海王妃與世子被命不得襲爵心有不甘，趁機跟著偷溜的大臣，一起逃出京城，準備奔回東海國自立，結果中途也被羯人部隊劫殺。諸王子嗣也沒一個有好下場。

陳瞻（黃眼眶）戰得滿身是血，冷水清洗全身乾淨後，回到皇城叩首請罪說：「盜賊實在太多，好不容易全部剿滅，目前關閉城門，賊首也被斬首示眾，保護了子民平安。但臣沒有掩護好陛下離開，請陛下降罪！」

司馬熾（青眼眶）哽咽說：「卿說得這什麼？朕完全沒有怪罪你的意思。」

陳瞻（黃眼眶）說：「臣謝陛下。」

司馬熾（青眼眶）繼續哽咽問：「朕請卿直言，如今我們該怎麼才能離開洛陽？」

陳瞻（黃眼眶）說：「臣斗膽，我等目前兵力弱小，無力離開洛陽。洛陽附近除了盜賊橫行，還有大批匈奴哨騎隊伍，日夜觀察洛陽城人去向，鑾駕一動，匈奴與羯人大軍，必定奔襲而來。所幸洛陽子民還有數萬，只是缺糧，只要陛下將宮中所有財寶拿出當作軍餉，向城外藏有糧食的小邑買糧入城，還可以招募數萬兵力。雖然戰力不強，但勉強可以護駕離開。臣聽說當年漢獻帝逃離長安時，也是倉促行動，幾經苦難，流落郊外，幾次被賊人掠奪，幾次犯險才得脫身，陛下萬萬不能貪圖安逸。」

司馬熾（青眼眶）哽咽地說：「朕豈會貪圖安逸？當年漢獻帝離開長安的情況，朕都聽老者們傳說過，也從國史看過許多記載，朕繼位之後，日日夜夜都在思索漢獻帝的處境。但當年漢獻帝自己脫身，但長安宮中婦女與百官子女，卻在途中不斷被賊人掠奪，他竟忍痛拋棄。朕無法對自己的宮中婦女，百官子民這樣，朕不忍心讓他們遭到這種情況，希望他們跟朕一起行動，所有人都安全到達倉垣，再圖下一步。如此事情總要準備周全才是。」

陳瞻（黃眼眶）說：「陛下仁德，這臣知道，但如今實在難以顧慮這麼多。另外，以苦縣的情況分析，倉垣早已不安全，千萬不能聽賊臣苟晞的胡言亂語！能的話去關中長安招天下勤王，亦或是去江南最好。昨夜城外的哨騎隊伍，已經回報臣，匈奴大軍已經開拔，往洛陽奔來，一眼望去見不到底，數量難以詳算，同時在苦縣屠殺行臺的羯人石勒軍，會合另一股羯人王彌軍，大舉整軍集結，與匈奴結盟，也率軍往洛陽殺來，任何一邊的兵力都比我們強得多。請陛下一定要快，倘若事事圖萬全，屆時就全都走不開，一切就太晚！」

司馬熾（青眼眶）終於情緒崩潰，淚流滿面說：「嗚嗚嗚，自從司馬越騙朕說要招兵，反而把朕的十萬部隊帶走後，朕不敢相信任何人。如今朕只能相信你一個人的忠誠！朕立刻下詔令，把宮中所有財寶帶到宮門外。你趕快去招兵！長安與江南都太遠，沿途必被劫殺！既然去倉垣也會死，那朕就不走了，寧願死在洛陽，被胡虜分屍踐踏，也不忍心拋棄百官宮女自己逃生。朕準備擋在胡兵前面，當周幽王之後，第一個被異族殺掉的天子，而你們就趕快逃生去吧！」

陳瞻（黃眼眶）也淚流滿面叩首說：「陛下！臣若是要離開，就不會喝叱賊王司馬越，現在也不會待在這裡了！陛下既然有駕崩護臣之心，臣也願以死報國！」

司馬熾（青眼眶）痛哭，抱住陳瞻脖子，難過地說：「朕無能，給奸臣騙走這麼多好處。卻只能給忠臣死！聽說你四十三歲了，還未娶妻。你與你軍中若有年齡超過三十還未娶者，報上姓名，朕後宮宮女尚有一千人，朕都替你們做媒。」

陳瞻（黃眼眶）淚流滿面叩首說：「陛下枉自委屈，許以宮女為我等之妻，我等若接受，與先前諸賊王賊臣，有何不同？臣與自己的部下，不拿任何好處，願意用性命護駕。只叩請陛下宮中財物，招兵買糧，打開武庫，集結洛陽內外的壯丁為兵！至於要在洛陽決一死戰，亦或離開他奔，有了兵力之後可再行決定！」

司馬熾准奏。

於是所有宦官宮女，緊急把宮中財貨搬出，全數交給陳瞻，招募還在洛陽的壯丁為士兵，同時緊急打開武庫，臨時武裝所有兵丁，集結了四萬六千人。並把城外自守的小邑，所購買的糧食緊急運入城中，準備離開洛陽城。先派了六千兵馬，先行出城探路。

然此時劉聰率大軍已經到洛陽城外，出城探路的人馬，很快就遭遇敵軍，前鋒大將呼延晏連續擊破城外晉軍的阻攔，六千晉軍數量太少一敗就潰散。接著劉曜、王彌與石勒也率部隊來會合，城外所有道路立刻被布置騎兵與巡哨，到處是胡騎，總數超過十萬，且還在逐步集結增加當中。

倘若大隊人馬還強行出城，必然會重演苦縣屠殺的事件。司馬熾想以新招募的力量離開洛陽，也來不及了。只得把總數約四萬人晉軍士兵，倉促組織，準備迎戰。

劉聰與王彌石勒見面，討論攻破洛陽之後的瓜分。石勒發現，劉聰、劉曜與王彌都特別強調，要收括后妃宮女。

劉聰（橙眼眶）在指揮桌上笑說：「總算都會合在一起，三位愛卿率軍來援，朕自當重重有賞。但是聽人說，晉室小子司馬熾已經將宮中財寶散盡，用以招募洛陽附近壯丁。城破之後，要改從這些兵丁手上繳獲，恐怕到朕手上已經殘破不堪，數量有限。唯獨晉宮后妃宮女，在司馬炎時期，本有萬人。癡呆皇帝司馬衷遭遇大亂，被掠奪只剩四千人。但在司馬熾繼位之後又遣散到民間改嫁，目前只保有一千餘人，這就必須朕來分配。其餘民間女子你們能搜刮，就自行去搜刮。」

劉曜（粉藍眼眶）露出淫色，低頭說：「請陛下一定要厚待臣等。」

王彌（橙眼眶）也淫笑說：「是的，陛下一定要厚待臣等。」

劉聰（橙眼眶）看了一眼默不出聲的石勒，詢問：「石王打算要多少？」

石勒（藍眼眶）淡淡一笑說：「婦女財寶我都不要，請陛下讓臣屯駐許昌，該處有大量的武器兵備，為了防止賊人掠奪，臣請求攻佔洛陽之後，出兵屯駐該地。」

劉聰（橙眼眶）哈哈一笑，說：「許昌之地？你為了來洛陽增援朕，不是已經放棄了嗎？現在已經不在我們手上，而洛陽就在眼前，但石王卻想著飛外之處。真是忠誠，朕准了！」

石勒稱謝。

劉曜在旁一聽，大為吃驚，這人不要美女財寶，竟然要武器城池。其心胸所藏未免太陰險了。劉曜自然也不是傻子。

趕緊啟奏說：「洛陽重地是陛下的，臣不敢要。臣也可以少一些美女財寶，但洛陽的武器兵備，也要小心賊人搶奪。所以請洛陽之戰後，虜獲晉軍武器兵備，請交給臣控制。」

劉聰（橙眼眶）欣喜地點頭說：「朕准了！」

異民族政權看上聯　捧你送你給你來佔中國等待多久活多久

漢民族政權看下聯　拿我吃我用我去建朝代目標何時死何時

時晷官：依據陰陽古怪之主，中軸線規劃出來的命令，異族入主，那是有時間行情的。

漏斗塔：但這族群數似乎有些多了，怎麼計時？

時晷官：簡單，這一群異族相互火拼的時間，整併成一個計算段。剩下那一個被處理掉的時間算另外一段。那就可以計算囉。你規範一下我們的遊戲規矩。

漏斗塔：第一，陰陽古怪之主，等待你異族的前一個準備工作時間多久，就給這個異族政權多久時間。第二，屬於長城脈絡的料，就全體吸收，不是料就會被轟走。第三，進來的異族若超過兩個，必須先自相火拼到剩下一個，時間計算法如前述。第四，輸的一方先行整併到漢族當中，剩下的一個單獨面對漢族，最後交錯整併成一體。第五，凡是上道的異族，在過程中將會得到優秀漢族的協助。不上道的異族，還是有漢族幫助，但將會是一些導引滅亡的分子。第六，在這段倒數計時當中，玩的遊戲規則與漢族政權玩的內容不一樣，有共通之處，也有獨特之處。第七，倘若不遵守規則玩，不走中軸線，則時晷官將會放出局中鬼，讓異族政權徹底崩潰，民族打散。第八，異族皇帝的心靈圖像，走的規則由空詔員那一局監督，牌面與漢族皇帝的心靈圖像，顛倒計算。第九，倘若佔了中原的邊，入局之後再控制全體，由於『時空是對倒計算』。原則就是，除了時間的行情要對等，空間的行情也要對等，來配合長城局運轉！

時晷官：喂喂喂！脈絡子在做什麼？把一個分支結點放在這？

漏斗塔：他他他，好像很堅持，怎麼辦？

時晷官：局中鬼催化出來，把支援都崩解，讓搓出來的異族力量毀掉他的結點，礙事！

漏斗塔：他，會很窩火。

時晷官：我才窩火，他這樣做是為難本局，聽說他先前就這樣堵過陰陽節，這次若又破壞了陰陽古怪之主命令的行情怎麼辦？本局完全依照主局的指示行動，陰陽古怪之主是站在我這一邊的，他則是來搗亂的，妳照辦！

漏斗塔：是，照辦。以我為局中鬼的中心，連結力量，清掉支援，加速崩解！

歌名：時晷官局中鬼　引曲：瀟灑走一回　改詞：筆者〈時晷官的絲舞歌曲，漏斗塔的伴奏附和〉

古箏前奏~~~~~~~~~~~~慢調~~~~~~~~

天地悠悠　過客匆匆　潮起又潮落

朝代更迭　天機行情　用對聯道破

鬼局中有鬼　重組又支解　聚散終有時

一半引異族　留一半漢　陰陽古怪之主相隨

異族青春賭時間　漢族目標換政權

歲月流轉中國　行情鬼局控管　必須認真走一回

重調~~~~~~~~

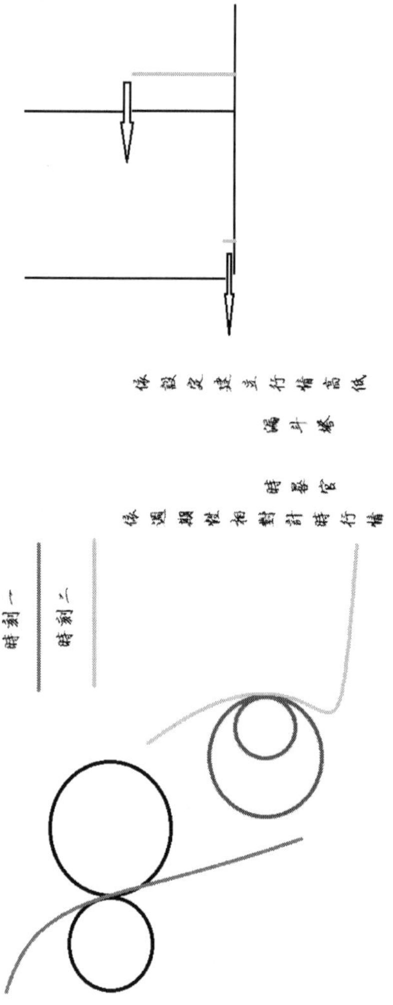

甲申日。匈奴兵開始進攻洛陽平昌門，攻城武器一起上。

「他們有攻城武器！」「夷狄兵衝上來啦！」「快殺啊！」

晉軍士兵在城牆上與漢兵交戰，盾牌相撞，企圖將衝上來的匈奴兵推下城去，但匈奴兵源源不絕又衝上來。嘶殺吶喊聲已經傳到城內，所有城內官民一團驚慌。

一個中官衝入皇宮，此時司馬熾身穿金盔甲，群臣也都束裝在此。

「陛下，不好啦。平昌門被夷狄大軍攻打，陳瞻告訴我，敵眾我寡，請陛下快移駕啊。」

司馬熾（青眼眶）說：「還有子民在城中，朕不能離開！」

一名大臣淚流滿面，跪奏：「陛下！子民現在都已經拿起武器，共同護衛陛下了。陛下還要考慮城中與後宮的婦女啊。這些正是夷狄賊兵的目標之一，倘若陛下還死守在宮中，那麼子民誰能離開？而今只有由陛下率領大家一起突圍啊！」

司馬熾（青眼眶）緊握佩劍，沉默片刻後說：「可奈何，那就突圍走吧。」

轉面對中官說：「立刻通知後宮所有婦女與中官！全部束裝，能拿起武器就拿起武器，在皇城南門外集合！我們要往西去長安！同時通知正在抵抗的陳瞻等人，全數跟朕往西撤往長安。」

又轉面對文武百官說：「你等也率領所有女眷男丁，拿起武器去集合，大家一起離開！」

百官各自散去，招集家人與壯丁。

皇帝與眾多人口，走到了南門集合，已經黃昏。

司馬熾命令打開糧倉，把蒐集的糧食平均分配給在場所有兵丁。但後宮女眷離開宮廷，知道要大舉西行，都一陣恐慌哭泣。眾人混亂難以組織，司馬熾又沒有行動組織力，所以總是離不去。

惠帝的皇后羊獻容親自詢問：「陛下！城外還在戰鬥，後宮女眷，雖然陛下去年就因為要養兵節約開支，散走大部分離開洛陽至民間嫁人，但目前計算，還有九百多人，中官兩千人，加上百官的女眷等還有一千多人。離開這裡要去長安，路途遙遠，都是胡虜與賊兵擋道，我們能去得了嗎？」

司馬熾（青眼眶）說：「匈奴與羯人大軍已經攻城，再不走就來不及了。朕絕對不會拋棄皇嫂，也不會拋棄任何一個後宮女子。就算是夷狄刀兵殺來，朕也會擋在妳們前面。」

後宮女子感動落淚，哭成一團。

一名將領騎馬奔來：「陛下！城西也有敵兵，那邊危險，可能去不了啊！」

差不多同時，又一名校尉下馬奔來報：「陛下！平昌門失守。陳瞻將軍與其守城士兵正在城中巷弄死戰，陳瞻將軍請我告知陛下，他已決心一死，請陛下珍重。胡虜已經開始焚燒東陽門與百官諸府第。請快移駕！」

司馬熾（青眼眶）當場痛哭：「陳將軍！朕不知道該怎麼報答你！痛哉！」

在場百官議論紛紛，已經無法辨別該往哪個方向逃。

荀藩（綠眼眶）啟奏說：「陛下，當前情況請先冷靜，不要辜負了將軍！城西不能去了，陸路一定會被夷狄兵追到！應當向東走。那邊瀕洛水，乘船先離城，胡虜難以追及，待到安全之所下船，再考慮去何處！」

司馬熾只好准奏。

數千人浩浩蕩蕩往東走，但是夜晚，只見前方火光沖天。

一名技勇中官，跑來稟報：「陛下！船隻已經被燒毀了！夷狄哨兵已經將船燒毀，東面也出不去了。」

司馬熾（青眼眶）問：「北面情況如何？」

中官答：「北面城牆也被攻占，現在所有軍隊，都在城中與夷狄交戰。」

光祿大夫荀組（綠眼眶）說：「啟奏陛下，如今東奔西跑不是辦法。臣請帶人替陛下探路，請陛下先回皇城，以皇城衛隊緊閉城門固守。待臣確定可以離開的方位，立刻會派人通知。屆時陛下再率領所有人一同跟來才是。」

其餘大臣也紛紛表示，自己也願意帶人分頭探路。

司馬熾不得不准奏，在少數兵力護衛之下，退回皇宮，緊閉皇城。

洛陽城中，所有兵丁還有三萬人，呼延晏從東邊衝來，一萬多匈奴兵衝向皇城，企圖搶先搶奪婦女，與一萬人晉軍士兵喋血廝殺。王彌的羯人士兵兩萬，則從南面衝來，五千多名晉軍士兵拼死抵擋。這一戰晉軍士兵抵抗異常激烈，羯兵沒有那麼順利，雙方士兵屍體都堆積如山，前鋒的匈奴兵部隊也退出城街。前鋒戰鬥雖然勉強擊退，然而在洛陽外城已經完成大部分集結，達二十多萬匈奴與羯人士兵，源源不絕攻打沒有被攻破的洛陽城樓。

話鋒轉說陳瞻。

陳瞻的配劍，造型特殊，名曰太初劍。一面開刃，另外一面從劍尖開始往劍柄，只開三分之一刃，顯現刀劍合一的造型，未開三分之二刃繪製了曲線紅紋。劍柄不直，整個白色，有弧度造型，適合單手揮劍。劍身到劍柄當中有一段一寸多的鋼鐵，也有一定的弧度，此段被稱為稜弦，有開一條微縫中空，揮舞時空氣穿過稜弦內衝撞細小鈴珠，會發出『叮叮』聲響。而劍身與劍柄之間沒有護鞘，只有用黃金釘鑲玉在其中，一面青玉一面白玉，以示劍身與劍柄之間的界線。

在行台抽配劍喝對東海王時，眾將領也是因為看到這奇怪的配劍造型，同時知道陳瞻劍術高超，所以不敢相拼，最後放他離開。這把劍正是，楊鑑當初受太極劍啟發，自行重新設計，造劍完成之後，贈給陳瞻當作配劍使用，鼓勵他忠貞為國。

晉軍從早晨開始就在城牆上與敵軍交戰，一直退到城內。

《三鬪仙　夢幻配樂　：死縣戰　》

晉永嘉五年，我在洛陽被圍。

城牆邊斬殺——

胡兵凶悍，王師寡弱。四面都是流矢，八方都是豺狼。紛紛爬上了城牆，我們數日甲不離身，只用雨水來洗滌身軀，天空轉而晴朗，胡兵瘋狂進攻，我們拿著武器拼命殺敵。在城牆上交斫，在甕城中廝殺，在箭樓中死鬪。牆樓一片鮮紅，空中迴盪吶喊。誰也不能退，誰都不能退，只有刀刃斫身斷魂，只有犧牲永為鬼雄。

箭矢已經用盡，夷狄再次衝鋒，我們退下城牆，在巷弄大街中反擊。然而城門已經洞開，胡騎潮水湧入。我們刀槍沾滿鮮血，士兵們都感濕滑無法緊握。絆馬索已斷裂，無法阻擋胡騎。滿地人馬屍身，火光烈焰衝天，焦臭惡味作嘔，廝殺吶喊迴盪。

街道中快鏢客——

我們在殘垣突擊，我們在瓦堆相搏，絕對不讓夷狄得逞，我們在街道戰鬪，太初劍與我一體，連殺敵兵一百，夷狄慌恐退走，匈奴害怕遁逃。

「敵兵退了，退了。被我們殺退了。」

「不，他們沒有真的退。」陳瞻（黃眼眶）抛下頭盔，坐在一堆敵兵的死屍上，長喘一口氣。

「該不該回報陛下？」

「讓傳令回報，其他人不能擅離職守，聽聲音，我猜夷狄會夜襲，如今只有死而已。」

「那個聲音？這是匈奴單于用的進攻號角！漢兵又要來了！」

「哈哈哈，既是匈奴也是漢！今日我們的遭遇真可笑！可惜這個漢，並不是真的漢！」

夷狄兵又呼嘯殺來，我們繼續戰鬥。

前方我軍數人慘死，我一望他們身上除了箭矢，竟還有星鏢，這不像是夷狄兵慣用的武器。忽然又有飛鏢撲來，我反應迅速，揮動太初劍，將之擊落。

一個夷狄服裝的男子，一邊丟飛鏢，一邊徒步奔來，此人動作非常快。我抓起地上甲冑擋住他飛鏢，才抵擋幾枚，他瞬間衝到面前，抽出佩刀穿透甲冑。所幸我閃躲及時，後退數步。持太初劍與之相戰，激烈交斲。從他的舞刀我猜他根本就是漢人，可能是投靠夷狄兵的漢人盜賊。

他招招狠毒，想要趁亂跟著夷狄搶掠姦淫？休想！

但他確實速度很快，我耗費體力太多，所屬兵眾也在跟其他夷狄兵廝殺，只能強硬接戰。

快者其基淺，刃多必不專，勢凌則力弱。這個漢賊以為飛鏢與快刀，速度就是一切。他拼命地喊：「快快快！你的劍漂亮但不夠快！」他說漢語，還是洛陽官話，真的漢賊！他邊喊邊砍，刀劍交斲火星四濺，他確實快，我身體與手臂被連砍數刀，雖然疼痛但不深入。我在他輪砍收刀之時，我奮力一刺，刺穿他的胸膛，拔出反手再一劈將其砍倒。

我（黃眼眶）狠狠地說：「劍是殺人的，不是比快的。你這個漢賊，枉做小人！」

這個漢賊倒地而亡。

敵人先以箭戰，流箭讓我們倒下一片，盾牌上已經插滿箭矢。我們躲在屍身下突擊，又一波的短兵相接。人頭，斷肢，鮮血在空中飛舞，無人願意投降，無人束手待斃。殺了一陣復一陣。一場混戰當中我左手掌被敵人砍斷，仍然用右手戰鬥。我沒有時間止血，奮力將敵人劈成兩段。我灑血繼續交斫，直到敵人傷亡無數，驚嚇後退。所有軍士死鬥，最終將他們一一殺滅。

一個戰友內臟流出，苦求我結果了他，我含淚一劍刺殺，在場竟無人悲痛，因眾人都無完體，斷手斷腳亦戰鬥。

一名美婦女子，殘瓦爬出求生，夫婿十年未歸，恐已喪命原野，守住家宅不離。
年已二十又九，貌如天女之姿，此女名喚尹絜，未有孕育子女，幫我止住鮮血。
此時城中大亂，軍民一同抗敵，無論男女老幼，夷狄又衝殺來，我又拔劍惡鬥。
尹絜雖嬌能武，勇替死亡士兵，披甲持矛跟隨，護我左右不離，我倆一起戰鬥。
胡兵身強力壯，長矛一刺不穿，我倆一刺一斫，誅殺夷狄無數，血汗滲滿衣縫。

激鬥夷狄刀——

眾夷狄兵看到我們這一小隊人數雖少，戰鬥力異常強，夷狄後退遠離，不敢靠近。我們短暫喝水進食，脫去甲冑上衣，潑水灌體散熱。

忽然來了兩個眼神充滿殺氣的夷狄，身材都高我一個頭。一人髮色偏紅，使著大爪釘耙，另一人滿面大腮鬍，持兩把夷狄大彎刀，兩人武悍異常，十餘軍士衝殺，竟被兩人一掃而亡。

我喝令眾人退下，也令尹絜退後躲避，咬緊綁在左斷掌的束布。一手持太初劍與兩人對陣。兩人一左一右攻來，我揮劍迎戰，火光四濺，殺嘯迴盪。夷狄刀、爪釘耙，力量強大，速度迅猛，毫無虛招，我接連被擊退壓制，太初劍連鳴『叮叮』，激發我的韌性，已經不懼強敵。

快者慢之源，動者靜之機，迅者緩之樞。

在看透他們的迅猛動作中，我運用自身的矮小與傷殘，讓自己以閃躲他們動作為基，變得更加迅速，抓到那個速度感，立刻反擊，紅髮爪釘耙被我砍中三劍，夷狄刀客被刺中兩劍，皆倒地重傷。

尹絜趁機持長矛刺殺二人，兩名敵酋斃命，軍士們趁勢反攻，夷狄兵眾潰走。但騎兵螺聲響起，胡騎向此衝殺。我們只能繼續用所有雜物阻擋，然後狙擊。接著又是近身步戰。

曲巷裡攻防——

銅駝街、長安道、司馬門、校事府、桃花巷、朱雀町、仰漢樓、聚是坊。我們奔跑進退，我們持續戰鬪！

胡將乘馬弄斧，晉兵傷亡慘重，尹絜與我一體，巷弄長矛突刺，一躍斬殺胡將，眾人歡聲雷動。

天運袒護胡虜，單于螺聲又起，漢兵集團衝殺，晉兵崩潰敗亡，我倆退到溝渠，點燃油火攻勢。

敵方驚訝不已，多人焚身嚎叫，殘存晉兵一千，同我一起反擊，以寡敵眾難擋，如是飛蛾撲火。

九卿府、大理寺、青龍町、梅花園、鹿鳴弄、諸王府、校場口、京兆桁。我們聲嘶力竭，已然氣力難續。

伏擊鑾戟客——

退到皇城外的諸王府門前，這裡以前是趙王、齊王、長沙王與東海王，都住過的府邸。這些賊王死有餘辜，但亂了天下，我終於要在這王府與夷狄交戰。王府圍牆都被夷平，我們邊戰邊退，直到夷狄兵傷亡慘重退走。我們這一小隊，鬪到乾渴難耐，不避男女一起跳入王府水池狂飲。

來了一個矮個子持鑾戟的怪客，面貌極醜。另外一個巨漢雙手各持一斧，忽然反殺過來。殺我軍士眾多。我持太初劍跳出水池，伏起反撲，然而太輕敵。攻之勢猛如火，守之勢堅如牆。我喝令尹絜與諸多軍士後退，挺身再戰二人。『叮叮』作響的太初劍，讓我從無意間查覺攻守之道。

劍舞再現天涯……

然而萬劍輪擊，也攻之不破，反而甲冑被破碎，鮮血滲出體外。

堅強者所懼在繫，勢大者所懼在微。其所繫起於強之源，其所微起於大之元。

這都是當初贈我劍的楊鑑兄長，教我的作戰至理，也教我以劍型自悟劍道。

我看到了這兩人防守的的起步招勢，手腳動態，我用看似凌亂的劍舞，往返交戰把兩人手腳都砍傷，我也看透了這兩人攻擊中，手腳用力的環節與全身的連動順序，再用看似凌亂的劍舞刺擊他們的連動關節處。在武器交斫與砍殺中，他們傷勢越來越重，最終我逐漸占上風，終將兩人斬倒。尹絜與軍士們趁勢一擁而上亂矛將兩人槊殺。再次殺掉他們的突擊大將。

我們奔跑出諸王府，退到了皇城外。皇城打開要我們退入，我們全部拒絕，眾人都知必死，要堅守自己的職責，全數整隊挺身反殺夷狄兵眾。

阻殺羯賊將——

此時一胡騎衝來，腮鬍羯將，持雙長刀殺來。此人近乎有力拔山兮之勢！士兵持長矛扔去，他跳下馬背與我近戰。他以我用劍凌亂，可以得手。萬沒料到，我步伐凌亂雖是體力耗竭，但意歸太初。也正是贈劍的楊鑑兄長，告知我，太初之型雖亂，近乎天地法則，在這當中體悟亂中之序，也正是練習太初劍的奧秘。此將似乎是敵人的高手，所以夷狄兵都退步觀戰。但最後他在我凌亂的劍舞之下，被砍得體無完膚，想要退走我卻如狂風暴雨，亂刃交斲，把他砍倒跪地。尹絮持長矛跳來將之穿殺。

夷狄兵眾見狀再次驚慌退走，非常懼怕我等，但實際上我已經無力再戰，尹絮扶著我坐下。

終於敵兵暫退，火光烈焰不止，焦屍躺滿大街，三百殘兵喘息，刀盾拋滿一地。
已無乾淨飲水，亦無糧食補充，喘咳聲響不止，眾人皆知一死，靜待最後戰鬥。
尹絮問我年歲，我回年已四三，又問是否娶妻，窮苦寄身軍旅，自然未有婚姻。
螺聲再次響起，夷狄重甲衝殺，眾人死戰皆亡，我倆退到民宅，敵兵尚未察覺。
胡將四處搜刮，小絮苦求共死，願意許身改嫁，我倆相擁坐牀，一劍穿胸俱亡。
逐漸意識模糊，終致難以喘息，尹絮擔心死後，屍身易遭羞辱，早已點燃火炬。
焚起房屋垮塌，願倆同為灰燼，死後永不分離，尹絮閉眼斷息，我亦緊抱共死。

我心願——

我知道，我陳瞻死在大晉永嘉五年的洛陽城中。為了捍衛天子壯烈戰死，我為國盡忠問心無愧，願縣官終有安定天下之日，好幸福，太初劍穿透我們兩人身軀，火焰燃起的風，吹動太初劍『叮叮』的聲響，逐漸聽不到，火燃燒到身上，我伴尹絮一起成灰，好安靜。我享年四十三，我已婚。

《三鬪仙之死縣戰結束》

進入深夜。

司馬熾站在皇城城牆之上，看見洛陽城中官民住宅，已經起大火。劉曜率軍攻破外城門，也指揮部隊往皇城進逼。但宣稱要去探路的所有大臣，沒有一個人回來，也沒有派任何一個人告知皇帝該往哪裡走。

司馬熾在大殿內，所有后妃宮女都在，皇后梁蘭璧哭訴說：「荀藩、荀組兩兄弟，已經不會派人來告知了。肯定是他們自己跑了，其他人也一樣。他們怕跟著陛下目標大，脫不了身。事到如今，只能靠自己。」

技勇中官此時也來報：「有人從皇城雕樓望見，陳瞻與王永等三名將領退到皇城邊巷弄死戰，沒有人逃跑，已是全部戰死。其他方向，只剩殘存的王師在城中持續抵抗。」

司馬熾（青眼眶）說：「你們怎麼不開皇城讓他們退進來休息？怎麼能讓他們戰死在皇城邊？當時是誰負責守備皇城的？」

技勇中官苦著臉說：「有開城門啊陛下！但他們已經決心死戰，要多殺夷狄，怎麼勸都不願進來！我等怕夷狄兵趁勢打進皇城，只能忍痛關閉。尤其陳瞻將軍，反殺多次，重創夷狄兵，在被團團包圍之下，與一女子一起自焚而亡。」

司馬熾（青眼眶）也淚流滿面說：「危急之際才知道誰是忠臣，痛哉啊陳瞻。至於那些拋棄朕逃離的朝廷重臣，畢竟苦縣屠殺顯現夷狄兇殘，眾人為了自己活命，拋下朕跑得快，也不怪他們。」

羊獻容說：「陛下，事到如今。夷狄兵遲早攻破皇城，我們宮中女子勢必遭到玷汙。臣妾不忍心陛下受辱。梁妹必須先行離開。」

司馬熾（青眼眶）問：「如今整個洛陽城四面都是廝殺聲，如何能離開？」

羊獻容說：「後宮有地道，可以通往城外。請陛下指派技勇中官們，護送陛下與皇后離開。」

司馬熾（青眼眶）問：「朕怎麼不知道此事？」

羊獻容說：「陛下是諸王相爭，在先帝被東海賊王毒死後，倉促登基，自然不知道此事。但臣妾是聽聞老中官告知的。只是這地道狹窄，而且整座洛陽城內外都是夷狄賊兵，通往郊外之後，能否躲開夷狄賊人的注意，找到生路？還未可知，所以臣妾事先不敢稟告。」

司馬熾思索片刻。

起身對所有后妃宮女說：「妳們離開吧！朕要留在這裡！因為外面的將士還在拼殺。技勇中官與皇城衛隊也還在護衛皇城。朕不能自己一個人逃走，而拋棄這些忠臣。讓朕以生命來交換妳們求生。」

於是淚流滿面，與梁蘭璧道別。指派武藝高強的技勇中官，護送皇后與若干宮女，入地道離開。

皇后離開後，羊獻容臨時回頭說：「我也不走。」

【羊獻容出現粉綠眼眶】

司馬熾（青眼眶）問：「皇嫂為何也不走？」

羊獻容命令所在場所有宮女與中官從地道一起逃走，自己來封住地道，並關閉大殿門口。

兩人私下相談，先談起各自的遭遇，相互亦有相憐相惜之情。

【詭曲：九化意之羊后怨】

最後，羊獻容（粉綠眼眶）說：「事到如今，請恕臣妾不恭。你們司馬家貴為皇族，先帝貴為皇帝，卻連自己的女人都沒辦法保護。丈夫不能保護妻子，男人不能對付夷狄，那就讓我等女子去對付。」

司馬熾（青眼眶）問：「如何能對付？」

羊獻容（粉綠眼眶）拿出一本藥方，然後說：「我后位先前屢次遭到廢立，在張方廢掉我后位時，本想自我放逐，有一中官獻上藥方圖錄。是婦女如何幫助男人，淫亂享樂之用，同時配合各種御女之術，能使其飄飄欲仙。夷狄破皇城，必定覬覦我的身分與容貌，我將以此策動夷狄匪酋，陷入荒淫女色之中。在這大亂之世，沉溺女色，自然會有其他人去收拾他們。只是屆時陛下不能責怪臣妾沒有名節，不能怪罪臣妾對先帝不貞。」

司馬熾（青眼眶）說：「屆時朕還能否活著，也未可知，豈能責怪嫂子？」喃喃一陣之後，司馬熾（青眼眶）苦笑說：「嫂子的方式，也真是絕！身為小叔的朕也有一招，可以置敵酋於死地，手段更為陰狠，可以與嫂子裡應外合。」

羊獻容（粉綠眼眶）露出微笑疑問：「陛下有何招？」

司馬熾（青眼眶）說：「本來嫂子已經準備不貞，朕不當告訴妳。但這招數陰狠至極，即便嫂子之後告訴夷狄之酋，也不妨礙此計進行，所以朕就告訴嫂子。」

於是拿出傳國玉璽，以及皇帝六璽。

羊獻容（粉綠眼眶）疑問：「這不就是傳國玉璽還有陛下的各行璽？要如何？」

司馬熾（青眼眶）說：「朕會在城破之時，派人獻給匈奴首領劉聰。」

羊獻容（粉綠眼眶）仍然不解：「陛下這樣，不等於幫助匈奴羯人匪酋，續正統之位？」

司馬熾（青眼眶）搖頭哈哈一笑說：「倘若是真的會助他們正統之位，那朕就會將之毀掉。可事實不是這麼簡單，嫂真的想要知道，這個傳國玉璽的來歷？」

羊獻容（粉綠眼眶）堅定地點頭。

司馬熾（青眼眶）說：「故事太長了，嫂子出身名門世家，又在後宮久居，想必大致聽過它的由來，但我簡單地說吧。世人認為這傳國玉璽，乃秦始皇帝統一六國之後所造。而我們眼前這個傳國玉璽，實際上是武皇帝受魏禪之後，發現所得的是假物，毀掉之後重新刻印的。問題是為何是假的？」

接著說：「世人看到的，是漢高祖劉邦得到傳國璽，得天下。王莽篡漢索要傳國璽。光武帝劉秀得到傳國璽得天下。孫堅曹操得璽，各得江山。我司馬家得璽，得天下。嫂子妳說對不對？」

羊獻容（粉綠眼眶）說：「正是如此。」

司馬熾（青眼眶）說：「可朕看到卻有不同。漢高祖的天下本來是項羽獲得，漢高祖得璽，竟然追殺項羽與之不共戴天。王莽竊取傳國璽，但群賊攻入而身死，群賊相殺倒下一片，直到漢光武帝勝利。孫堅袁術得傳國璽，最後自身或死或敗亡。曹丕得傳國璽，我司馬家陰勢篡奪。」

接著指著傳國璽說：「如今劉聰所領匈奴部眾就有好幾股，還夾帶漢人賊兵與羯人石勒強匪。他們現在看似聯合一氣，但各自都有自己強悍的部眾，也各有在我大晉竊據的城池，倘若依托天下的一個巨大的利益光芒放在眼前，誰肯服誰？誰不想自己獨吞我大晉的一切？這個玉璽就是個藥引子。」

司馬熾（青眼眶）慘笑說：「當初我司馬家諸王，就因為授予各有封地兵權，相互之間同宗血緣兄弟，碰到這種東西，仍然相互猜疑廝殺。匈奴，漢賊，羯人相互之間脆弱的結盟關係，若碰到這個藥引子，能不因此互相為敵嗎？匈奴劉聰，他恐怕之後夜不能眠了。」

「沒有真正的德位，沒有足夠鎮壓天下的實力，得到它只能潛藏禍患，引他人來覬覦。這才是傳國玉璽的本質。哈哈哈哈。」

羊獻容聽了思索片刻，忽然也哈哈大笑，笑得發狂。面對一個美女的狂笑，司馬熾也因此愣了一下。

羊獻容（粉綠眼眶）邊狂笑邊說：「哈哈哈哈，陛下放心，臣妾有辦法讓他們都能安眠，夜夜春宵。讓失落者的刀，更快揮到他們脖子上，讓陛下的這招更快生效。哈哈哈哈。」

司馬熾跟著慘笑。

羊獻容忽然擁抱了上去，嚇了司馬熾一跳。

「嫂子這不可。」

「皇帝陛下別誤會。我先前認為司馬家男人皆不堪，我怨恨你們司馬家男人，更看不起你們司馬家的男人！但而今發現唯有小叔你一人，才是真英雄，只可惜我不是小叔你的皇后。天下已亂，我顧不得這麼多，但不能用自己骯髒的身心汙辱了小叔的潔白，我最多也只能做到這樣。靜一靜，靜一靜。我們兩個都靜一靜。今夜是很獨特的夜晚，很獨特，讓我們兩人擁抱而眠。」

「都已經變成這樣，何必在忌諱什麼？」

司馬熾喘口氣，沉溺在羊獻容身上的奇香中，兩人在大殿中最後到底有沒有叔嫂苟且通姦？都不重要了，重要的是，兩人心靈相契合而一，而且是在城破之後，才會開始運行的人性策略契合。

【詭曲結束】

壬辰日，洛陽城中的交戰已經逐漸結束，所有街道堆滿交戰雙方士卒屍體。後續攻城的各部隊已陸陸續續逼近皇城，但是忌憚先前喋血交戰死傷慘重。於是花了不少時間，準備攻城器具。

丁酉日。王彌與呼延晏率軍進攻宣陽門，劉曜率軍進攻西明門。皇城守衛已經逐漸抵擋不住，在刀兵相殺喋血死戰中，逐漸潰敗。

一名校尉滿身是血，手中的寶劍都流滿血跡，奔入皇宮大殿說：「陛下快走，臣殺敵五十，但敵人太多，我們人數太少，阻擋不住潰散！」

司馬熾（青眼眶）下詔令：「後宮所有人各奔東西，不必顧慮皇帝安危！其餘所剩公卿宗室，全部跟朕一起去華林園，往長安出發！」

殘存的皇家衛隊，帶領技勇中官，組織能戰鬪的宮女，保護司馬熾與羊獻容以及其他宮女，一同往西邊華林園逃跑，意圖奔長安。呼延晏率領的匈奴士兵率先闖入，大肆掠奪往其他方向逃竄的宮女，王彌的羯族士兵落了後著，為了搶奪財寶宮女，雙方爆發火拚。

「滾你娘，殺殺殺！」「這是我的宮女，賊人去死！」「我的宮女！你去操母狗吧！」「操你娘的母狗！殺殺殺！」

雙方胡語也不相通，竟然火拼廝殺成一團，甚至弓箭強弩都用上，互相格殺了上千人，一群禽獸自相殘殺倒下了一大片，在場血流滿地。

呼延晏與王彌都殺得眼紅，雙方把戰甲馬盾陣都拉過來，當場就建立戰陣。有人急忙報告劉曜。

劉曜（粉藍眼眶）親自率軍衝過來制止二人，高喊：「立刻住手！皇帝有詔，自相殘殺者，無論身分，一律皆斬！」

呼延晏與王彌不得不各自率部眾分開。然後在劉曜指揮下，合兵追擊皇帝司馬熾。

在華林園一大批騎兵將一行人團團包圍。所剩下的所有皇城衛隊與技勇中官能戰鬥的宮女，一起與敵兵廝殺。但敵兵越來越多，同時在亂軍之中，匈奴兵殺掉了皇太子司馬詮與諸多親王大臣。

同時擄獲多數宮女，羊獻容與司馬熾當場被抓。同時放縱亂兵，大肆挖掘洛陽城外的皇陵，劫掠所有陪葬財寶，並且一把火把皇陵建築物全部燒光。

劉聰大喜，坐在太極殿的御座龍椅上，派人清點所有金銀財寶與婦女，傳令招集所有將領朝見。

「這次真的是大獲全勝，晉室亡矣，哈哈哈哈。」

石勒、劉曜、王彌、呼延晏等數十將領到此恭賀。

劉聰在御桌上擺出皇帝六璽，數了一下，竟然有七個。

劉聰（橙眼眶）問：「我聽說皇帝有六璽，但是保管御璽的中官獻上來七個，怎麼多了一個出來?王彌，你知道這是怎麼一回事?」

王彌（橙眼眶）搖頭說：「這我也沒聽說過，陛下怎麼不問問那個獻璽中官?」

劉聰（橙眼眶）笑說：「他意圖帶著宮女逃跑，被朕一彎刀殺了。還沒來得及問。呵呵呵。」

石勒（藍眼眶）說：「不如找一個被俘虜的晉室大臣問問，或是直接問晉室皇帝司馬熾。」

劉聰（橙眼眶）笑說：「就問這個晉皇帝!把他抓上來!」

於是左右下去帶人，司馬熾被帶上太極殿，滿面狼狽，所有人一陣嗤笑。

劉聰（橙眼眶）笑說：「你跟我都自稱朕，但這天下原本就是大漢朝的，如今你被擒，可以說是物歸原主!你們司馬家為何要相互殘殺啊?哈哈哈。」

司馬熾（青眼眶）苦著臉說：「天意歸漢，所以我司馬家才相互殘殺，朕無可奈何！今日要殺便殺，只可惜這個漢，說是姓劉，也說著漢話，但實際上卻不是真的漢家，而是匈奴人家，不然朕願意主動歸還江山，也死得心甘情願。」

劉聰（橙眼眶）哈哈笑說：「以前你當豫章王的時候，朕當時跟著父親來過洛陽朝見，就聽說過你的賢能。可見今天不能殺你，否則你不瞑目。對了，羊皇后被朕抓了，你的皇后呢？」

司馬熾不語。

劉聰（橙眼眶）微笑說：「放心吧。現在你的所有宮女都歸朕，朕不要你的女人，你的皇后既然已經失蹤，那朕給你一個。我們劉家宗親，也有美女，等你跟朕到了平陽，許你一個。至於你的嫂子羊皇后，就交給劉曜，朕也不要。」

接著指著桌案上的御璽問：「朕問你，為何這皇帝六璽，但卻有眼前七個？」

司馬熾（青眼眶）見到，派中官獻上的東西，已經在他們面前，心中暗喜，指著最大的一個御璽說：「這一個不是六璽之一，而是統帥六璽的傳國玉璽。是秦始皇帝所刻，得之而得天下。」

劉聰（橙眼眶）說：「聽你這麼講，好像這個御璽有故事。你詳細說來。」

司馬熾眼看大殿內，眾多豪強，內心暗暗思想：賊胡，這是你自找的，朕要開始反擊了！

於是說：「這傳國玉璽就是代表統一九州萬邦的天命。秦始皇帝統一中土之後，命人打造。之後漢高祖劉邦得到它，就滅了項羽得天下。之後王莽篡奪也是得到它，才篡位成功。漢光武帝劉秀也是得到它，才恢復了漢朝。董卓入京沒有得到，才被人滅掉。之後孫權的父親孫堅得到它，曹操迎奉漢獻帝也得到過它，所以天下三分。最後朕祖父與父皇得到它，也才能順利讓大魏讓位，統一三國。如今陛下你得到了它，看來天命真的歸漢。」

把所有事情都反著來說，讓這些不明就理的胡賊，各自去解讀。

劉聰（橙眼眶）一聽拿起傳國玉璽，高高舉起，哈哈笑說：「說得好，朕有天命，現在開始司馬熾你不要再自稱朕了，這只有朕可以這麼說。」精神意志已經陷入這個至尊幻覺。

司馬熾（青眼眶）暗喜，低頭說：「是的，得到傳國玉璽者，擁有天命。我只能自稱我。請陛下將傳國璽昭示群臣，告知天下人，如今得到天命的是陛下。其他人對天下，不要再有妄想。」

劉聰（橙眼眶）詭異地笑說：「這是自然，免得有人竊取，篡改天命，那朕豈不是跟你一樣冤枉？來人，把司馬熾帶回平陽。所有宮廷女子與宦官，朝廷公卿還沒死的，全部都跟朕去。」

司馬熾內心憤恨，對現況無可奈何，不過種子已經放下去，會有人開始發酵。

劉聰於是將傳國玉璽告示群臣。

石勒當場就按耐不住內心悸動，心思：真的是國之重器。你匈奴人早已沒落，竟然還想要統御天下？我們就走著瞧吧！

王彌心思：你們匈奴劉家見識短淺，能理解帝王之意？

劉曜心思：劉聰你也是奪位而來，有資格坐在這位上的，難道只有你？

漢人將領靳準與呼延晏等十餘名匈奴將領，也各自對傳國玉璽投以詭異的目光。

劉聰宣佈大會各族諸侯後，王彌首先與劉曜在定都洛陽的事情上有衝突，大罵他屠各子，不懂帝王之意，劉曜則反罵他羯賊想要竊取洛陽，王彌於是先行引兵東歸。萬萬沒想到發酵這麼快。

劉聰縱火焚毀洛陽城，仍定都於平陽。洛陽城與宮殿，自董卓燒毀後，曹魏重建，如今又再次燒毀。而石勒則如先前約定，率軍前往許昌。中途轉道襲擊苟晞，苟晞身邊已經沒有人，連婢女都趁機逃散一空，很快就將這個兇狠的奸臣擒獲並殺掉，人頭高高懸掛，告示眾人。晉室朝廷在中原已經完全沒有力量。

劉曜此時已經迎娶了羊獻容，率軍進攻長安，結果關中豪強意圖復興晉室，劉曜軍隊在長安被圍攻，激戰之後大敗，擄掠撤走。秦王司馬鄴，在許昌待不下去，遂以為關中還有力量，於是向西逃往長安。劉聰入了平陽之後，得到劉曜獻上來羊獻容的秘方，果然淫性獸慾大發，縱情享受從洛陽劫掠來的宮女聲樂。

雖然真的賞了一個劉姓遠親匈奴女子給司馬熾，但同時派人監控他行動，沒有自由。最後當眾命令司馬熾當置酒官吏，晉朝朝臣見到故主不斷受辱，紛紛哭泣，劉聰賊性兇性大起，異常大怒，在羞辱司馬熾之後，將之殺害。把劉姓女子又收回宮中自己享用。

劉聰此時已經完全沒有倫理觀念，只求縱情任性。

司馬熾與羊獻容的計策，各自以最快速度生效。

司馬熾死訊傳出去之後，司馬鄴便在長安繼皇帝位，上司馬熾諡號晉懷帝。

石勒在得到武器後，招兵買馬，北上再次進攻幽州。但是忌憚之前失敗，在打聽王淩有背叛晉朝自行稱帝之心後。假意宣稱，要擁護他當皇帝。王淩大喜，遂不防備。

有諸多亂臣賊子前車之鑑，底下的人都心知肚明，離心離德，只有王淩（橙眼眶）還執迷不悟，自以為聰明，自有當皇帝的天命。直到石勒帶兵到城外，還以為是來擁戴他稱帝的，把城門打開。

石勒擔心有埋伏，於是把大批牛羊群驅趕入城中，阻塞城中的道路。在城外高喊，說是來貢獻。這時候王淩左右才敢提，這當中有詐，請求出擊。但王淩仍然拒絕。直到石勒大舉進城，直接把王淩擒獲，王淩所部紛紛潰散。

石勒把王浚的妻子找來，一起併坐。而王浚被反綁，由幾個羯人士兵押在面前。王浚（橙眼眶）大罵：「胡奴，你竟然戲弄羞辱我！膽敢凶逆如此！」

石勒（藍眼眶）大笑說：「凶逆？你敢說我凶逆？」

於是站起來，走到王淩面前，嚴肅地說：「王公你官居元台，受到晉室天子委任，手握幽州強兵。面對京城日益危急，卻坐視本朝傾覆，你的左右都勸你發兵救援，你卻充耳不聞，壓榨幽州子民大興土木，招攬侍女，竟然在這裡要自尊為天子！你說到底誰才是凶逆？」

王浚目瞪口呆，才驚訝自己怎麼之前盡做傻事？簡直就是穿著貴族服裝的蠢豬笨驢！

石勒（藍眼眶）摟住他妻子，他妻子已經嚇到發抖，無法反抗，然後說：「我現在只是讓你嘗試一下，你的皇帝遇到你這種凶逆的感受！你跟東海王司馬越、王衍都是一樣該死！你們的天子，相信會很感謝我，替他誅殺爾等奸臣！」

於是命人把他綁去襄國斬首。王淩羞慚難擋，到襄國外自投於水，被綁束而出，最後還是被斬首。

面對石勒不斷擴張地盤，劉曜也不干示弱，發兵攻打長安，並切斷長安的糧運。關中先前經過司馬家的三王混戰，已經沒有多少強兵在此。周圍的鎮兵將領都太弱，沒有人敢發兵救援。涼州強兵統帥胡崧，本來率軍到了渭水，忽然又反悔，害怕朝廷聲勢復振，宣稱這樣，在長安不待見自己的惡臣麴允、索琳兩人會迫害自己，於是也率軍撤走。

劉曜大軍接連攻破渭北諸城池，很快就兵臨城下，糧道全斷，很快城中飢餓，開始出現人相食的局面，多數士卒潰散，無法阻擋。只有涼州張軌派遣的數千兵力，忠誠可靠，堅守在皇城不去。麴允與索琳自保在小城池，只把麵餅撥成碎屑，熬成粥派人送給皇帝司馬鄴喝，之後為了怕自己的妾侍捱餓，連粥也不提供給皇帝了。

皇帝司馬鄴招集群臣廷議。

司馬鄴（灰眼眶）哭著說：「如今城中糧盡，除了涼州張軌派來的軍隊之外，其他都餓得逃散一空。而你等多數人都心懷他意，別以為朕不知道。」

群臣低頭不回。

司馬鄴（灰眼眶）哭著對麴允說：「今日窮厄至此，外無救援，當忍恥出降，以活士民。孝懷皇帝力挽狂瀾，以自身受辱遭戮，求多保全一些子民。朕也不能居後，不然後世史冊不會饒朕。」

麴允低頭遵旨。群臣痛哭下跪。

「陛下，臣等有罪。」「不可降敵啊。」「臣等罪該萬死。」

見到麴允與索琳也在哭。

司馬鄴（灰眼眶）哭著有氣無力地說：「走到今天，麴允，索琳你等二公貢獻不少。你等二公就不用哭了。你二公寧願讓朕捱餓，也要讓侍妾吃得飽，朕都沒有哭，你二公哭什麼？」

兩人聽了，滿面羞慚。

於是命令宗敞為使節，派人送降牋出城。然而退朝之後，索琳卻扣住宗敞，改派其子，告訴劉曜。說城中還有糧食一年，可以抵抗，但假設對索琳封萬戶公爵，就可以投降。

劉曜大怒，殺了索琳兒子，派使節入城告知此事：倘若還有糧食就來戰，談何投降？索琳這種奸賊惡人不能原諒。

宗敞最後還是到了劉曜大營，皇帝司馬鄴出城門投降，群臣跪哭。不少人當場撞牆自殺，也有人跳城樓自盡表示忠誠。劉曜將所有人帶往平陽，並以不忠之罪名斬殺索琳。

司馬鄴被封為懷平侯，並且承受為狩獵隊伍前導，以及為宴會洗杯子等雜役的屈辱。建興五年十二月二十日被殺。是為晉愍帝。

兩位皇帝先後被俘，受盡屈辱之後被殺身死，西晉徹底滅亡，鎮守江東的琅邪王司馬睿，在江東士族的擁護之下，宣佈繼皇帝位。過長江滅江東孫吳，統一中國的晉室，終於自己也流落江東。此時中原大亂，只有此地秩序尚安，中原的漢人士女，紛紛渡江南下定居。暫時穩固了江東。

第六章　經緯臣　五胡入華前段

※※※※※　中軸線訊息　※※※※※

承前

代=Σ本1

令異=Σ異一 +Σ異二+Σ異三 +Σ異四+Σ異五+Σ異六+Σ異七//諸胡同一目標

／／

∴ 本甲=異一甲，本乙=異一乙；本丙=異二甲，本丁=異二乙

∴ Σ本甲 =Σ異一 且 Σ本甲 =Σ異二。Σ異一 ↑↓ Σ異二／／前趙匈奴 vs 後趙羯／／

令本+ = 異+ ∴異+↓0 Σ異二>Σ異一 ／／羯滅匈奴／／

代=Σ本甲 +Σ異一甲 。代=代

Σ本甲↑↓Σ異二甲 異二甲↓0 ／／冉魏滅羯

Σ異三甲>Σ異二甲 代↓0／／慕容鮮卑滅冉閔

Σ異四 > Σ異二甲 ／／氐族建前秦

∴ 異= （代） +Σ異五+Σ異六+Σ異七 ／／只剩尚未登場的預設某族來源

※※※※※　※※※※※　※※※※※

話鋒回頭，在永嘉五年洛陽淪陷，中原大亂時，江南的春天景色仍舊優美，百花綻開。這裡彷彿是另外一個世界。

一日，王導與周顗等中原流亡貴族，一同相約到建康郊外的新亭賞景，置菜飲酒為樂。

真的是千卉開放，群蝶飛舞，夏蟲鳴叫，鳥語花香。所有中原衣冠正歡飲得不亦樂乎時，周顗忽然拿著酒杯，走至眾人中間，忽然哭訴道：「風景不殊，然舉目有江河之異！」

在場南遷的衣冠貴族們，聽了皆放下酒杯，想起中原的喪亂，悔恨不已，紛紛相對痛哭，連負責置酒菜的僕人們，都跟著哭了起來。

王導（金眼眶）愀然變色，大喝說：「當共戮力王室克復神州，何至作楚囚對泣也！」

眾人羞慚，周顗收拾眼淚，帶著眾人致歉。

不過現場已經有些尷尬，又不好立刻收拾打道回府，於是停止行酒令娛樂，紛紛盡速對飲，直到酒醉散宴，僕役們扶貴族們上馬車回府。

過不久，不只南渡的中原士族的圈子，連江南士族的圈子都已經傳開，王導在『新亭對泣』當中的豪邁之言。以王導過去執政之賢明，大家都認為王導不是在說假話。

年輕士人陳頵上書給王導，主旨是說：「中華所以傾弊者，正以取才失所，先白望而後實事，浮競驅馳，互相貢薦，言重者先顯，言輕者後敘，遂相波扇，乃至陵遲。加有莊、老之俗，傾惑朝廷，養望者為弘雅，政事者為俗人，王職不恤，法物墜喪。夫欲制遠，先由近始。今宜改張，明賞信罰，拔卓茂於密縣，顯硃邑於桐鄉，然後大業可舉，中興可冀耳。」

王導沒有回信，甚至告訴府上守衛，不准陳頵投名刺求訪。

到了晉建興四年，長安淪陷，繼晉孝懷皇帝被殺，連現任皇帝也被擒的消息，傳到建康。

顧俊（青眼眶），江南大族中的一個年輕人，性格忠勇剛烈，文武雙全，是建康城的人，共認的英傑俠少。他自認為自己是天下第一俠少，聽聞中原喪亂於胡人之手，兩位皇帝被抓，后宮被胡人掠奪，對此非常憤恨。

於是上書給王導，希望矯正清談風氣，要群臣一起盡忠王室，北伐中原。結果同樣沒回信，也不准他來府上投名刺。

顧俊找好友陳頵大吐不滿。但是好友陳頵，告知他五年前就曾經上書給王導，反而被王導拒絕，甚至名次被封鎖，不得求見。

陳頵與顧俊在酒樓，跪坐對飲，對此憤憤不平。

此時，原任丞相的司馬睿改封晉王，王導任丞相軍諮祭酒。不久拜王導為，右將軍、揚州刺史、監江南諸軍事。後遷驃騎將軍，加散騎常侍、都督中外諸軍、領中書監、錄尚書事、假節任揚州刺史。既然司馬睿進晉王，大家依據稱呼輔佐皇室的第一號臣僚為丞相的慣例，就在私下場合習慣稱王導為丞相。但兩人都直呼其名，甚至破口大罵。

陳頵（青眼眶）說：「原來王導不過爾爾俗人，幾年前喊出什麼『當共戮力王室克復神州，何至作楚囚對泣也！』訓斥別人氣勢磅礡，博取輿論一片喝采，載入史冊，小兒都朗朗上口。拜了這麼多官銜，結果真的要他履行克復神州的事情，竟然左右觀望，躲躲藏藏，忠言不能接納。可惜我大好中原被胡羯糟蹋！他根本就只是個清談爛人！」

說罷一拍桌，但仍難解其忿。

顧俊（青眼眶）附和說：「沒錯！何止爛人！還是欺世盜名的奸邪！周顗說他是什麼『管仲在世』、『江左夷吾』，我呸！」往旁吐了口水，接著說：「都是在自欺欺人！他王導跟他同宗，被石勒殺掉的那個奸臣王衍，就是同一類人物。同宗且同類。可恥！」

兩人又吐了一堆牢騷，埋怨了半天。甚至大罵他根本就是王莽的後人。

顧俊（青眼眶）實在忍不住了，也拍桌說：「我不甘心！他封鎖了你我投名刺求訪，明天一大早，我要親自拜訪王導，當面跟他討個說法！是不是就要放棄中原了？如果是也沒關係，你王導就明明白白告訴大家！別玩這種欺世盜名的把戲！這種行為極度可恥！我顧俊把命豁出去了！他要殺我我也不怕！不然我就枉被京城人稱為天下第一俠少！」

陳頵（青眼眶）說：「說得好！顧兄，我忍了五年，敬你這一杯！一定要他一個說法！」

次日早晨，顧俊真的衝到了王導府門口投名刺。門口衛兵知道他是被封鎖的人物，阻擋他不准靠近。顧俊（青眼眶）火了，在門口大喊：「王公！吳縣顧俊求見！」

守衛把他轟到對街，顧俊（青眼眶）拿起準備好的木製擴聲筒，越喊越大聲：「王公！吳縣顧俊求見！」

呼喊不停，甚至狂吼大罵。終於引起王府上一陣騷動，王導不得不傳人放顧俊進府，上了大堂入座。

王導此時一大早就跟幾個住府客人，飲茶清談，大論老莊，還沒論出個結果，只示意顧俊坐於末座，有話等他們論完再說，顧俊聽這些清談，是越聽越窩火。終於坐不住，跳了出來。

行揖道：「苦縣慘劇，兩京陷落，主上遭弒殺。胡羯大掠中原，僭號皇帝。在下不知丞相跟各位談的老莊高論，能有什麼作用？您的同宗王衍，不就是這樣清談高論，最後在苦縣被羯人所殺，遭天下人恥笑。您忘記他了嗎？」

王導與在座賓客全部靜了下來，似乎對他如此一鳴驚人，有些錯愕。

王導（金眼眶）看了在座住客說：「各位先離開我府，我跟顧俊單獨談一談。」

在座賓客紛紛離座遠去，僕役們自動自發關上大廳的門窗，在場只剩坐於主座的王導，以及意氣昂揚的顧俊。

王導（金眼眶）說：「小子現在可以把話都說了，但我只傾聽一次而已。」

顧俊（青眼眶）說：「王公，你還記得五年前陳頵上書給您了吧？不然您不會吩咐門口不准他再投名刺！我們的意見都寫在當中，已經不用再重複論述！而剛才在下雖然無禮，但所言正是與王公在五年前的新亭，訓斥南渡衣冠眾人之語，大意相同。王公既然知道『當共戮力王室克復神州，何至作楚囚對泣也』！那在下也要接您之語說，『當共戮力王室克復神州，何至作清談對論也』！」說到此更是握緊拳頭，意氣磅礴。

接著大喊道：「您既然知道，對泣不能克復神州，那請問清談可以嗎？請問王公清談可以克復神州嗎？」

語氣顯得有些激動。

王導面無表情，眼睛瞇成直線，左右掃視顧俊周圍，其餘沒有任何一點動靜，彷若一個假人在聽。沉靜片刻仍然不回答。

顧俊（青眼眶）更是難耐急躁性格，出語道：「我今天就要您給我一個說法，不然也只見一個欺世盜名，偏安苟且，江南將繼中原，再次沉淪，不復華夏衣冠！」

王導（金眼眶）忽然瞪大眼拍桌說：「小子你說什麼？」

顧俊（青眼眶）說：「在下自知冒犯驃騎將軍閣下，但既然來此就已不怕死，只求死之前給一個說法！」

王導（金眼眶）追問：「我問你剛才說什麼？」

顧俊（青眼眶）狠狠閉上眼強忍說：「欺世盜名，偏安苟且。」

王導（金眼眶）搖頭說：「不是這句，我問的是最後一句！」

顧俊（青眼眶）愣了想一下答：「再次沉淪，不復華夏衣冠！」

王導（金眼眶）又拍了桌案，然後指著桌前說：「既然你說到這份上，站近一點，今天我就給你一個說法，你可一字一句聽得清清楚楚了！」

顧俊走上前去，距離王導不足七尺。

這回換王導（金眼眶）有些窩火，閉眼強忍了一下，然後說：「首先，克復神州，就要兵要錢糧。錢糧或許還可以四處借款，籌措得到，但是我跟晉王殿下，有兵嗎？請問我們哪裡有兵？兵都是在江南大族手上，連王宮與我府上的衛士，都是跟江南大族借來的。你也是江南大族子弟，忠勇愛國心切在你們江南大族年輕子弟中，算是難能可貴，但請問你是兵嗎~~~~~~？」

最後一個兵字，用吼了出來，嗎字拉得很長。面露猙獰。

顧俊愣了一下。王導（金眼眶）不等他回話，繼續說道：「你回去問你們家族族長顧榮，他願不願意率舉族兵丁，披甲執戈，跟著朝廷北上，消滅胡羯，光復中原？我猜你一定問過！但我也知道他會怎麼回答你！」

王導（金眼眶）指著顧俊接著說：「他一定首先，會稱讚你一回，或說你忠勇可嘉，或說你是本族之光，他當然支持朝廷收復中原，大義凜然的話沒少講，但是語調非常圓滑輕盪，接著顧左右言他，最後疏遠你。你若再糾纏，他就有諸多理由，讓你跑來找我們慷慨陳詞。你跟陳頵，就是因為這樣才來找我，對不對？」

說到最後語氣很重，這回變成顧俊眼睛瞇成一條直線，左右掃視王導周圍，點了點頭之後，其餘沒有任何一點動靜。因為王導說到真相了。

王導（金眼眶）接著說：「這些人的嘴臉，我很早就領教過。之前有一個人名望比你大很多，想必你聽說過，他叫祖逖，也是忠於國家，堅持收復中原之人。他比你敢做敢為，他向我們要過兵，要過錢糧與武器，我跟晉王當時就被你們江南士族長老們，用各種招數修理過。仍厚著臉皮想辦法湊，終於招到一些糧食和三千匹布，當作軍資北伐，趕快給祖逖送過去。其中一些布料，還是我去跟商人借才有的，債務現在還纏在我這，靠我的官餉，慢慢還款。最後任命祖逖當奮威將軍、豫州刺史，讓他北上時邊走邊招兵，能招多少算多少。所以我們哪裡有兵？」

說到此，痛苦著神情，仰天閉眼長嘆。

接著說：「不久之前，晉王殿下聽聞長安失守，傳檄文四方，刻日北伐。但最後只斬了一個遲到的督運令淳于伯，草草退師。當下眾人稱淳于伯冤枉，這件事你可知道？」

顧俊（青眼眶）說：「這件事情，幾日前我有聽說。」

王導（金眼眶）：「有人說晉王殿下，是故意藉淳于伯的頭，放棄北伐，博取四方檄文通告，替自己登基稱帝為基礎。但我可以告訴你，這或許只是一部分的事實，但不是全部的事實。剩下全部的事實是，晉王率軍露宿，傳檄四方，刻日北伐，各路士族兵鎮來此寥寥無幾，不滿千人。殿下自知北伐無望，中原淪陷已成定局，悲憤之餘，只能拿沒有江南士族當後台，又遲到的淳于伯出氣。現在也後悔自己做了這件錯事，他失期也有各種因素，不全是他的責任，我們冤殺一人。不過因此我們也看出了，江南各大族不待見我們，我們哪裡有兵？」

說罷閉眼強忍仰頭，雙手握拳敲在桌案。

顧俊（青眼眶）低聲說：「現在您的族兄，不是已經開府招兵了嗎？他為何就有辦法？」

王導（金眼眶）瞪大眼，下巴滑落，表情怪異地問：「我族兄？你說王敦啊？」

顧俊微微點頭。

王導於是慘笑，一掌拍在桌岸上，身體左右晃動不止。

好不容易停止，然後一字一句慢慢說：「讓我告訴你一個故事。我們大晉孝武皇帝到孝惠皇帝時期，中原有一批惡人，高坐廟堂。這批惡人，專做吃人不吐骨頭的事情。王愷、石崇是最出名的兩位，宴會請客竟然客人不飲酒，就殺勸酒美女，驚動滿座，以示淫誇富有。平常派刺客劫殺商旅，掠奪財富。還有人則是挑撥諸侯王爭權，以致皇家骨肉相殘，起兵相攻。有的人則是，藉著亂局割據城池，孤弱王室。有的人則爭奪於朝廷，弄得離心離德。這些惡人讓中原子民，噁心至極，最後寧願去幫助胡羯起兵，顛覆朝廷。而這群惡人，雖然大多數都已死得罪有應得，但有那麼幾個，卻跟著我們一起南遷，沒有死在中原。你所說我的族兄王敦，他就是這幾個惡人其中之一。」

顧俊又一愣。

王導（金眼眶）大喝說：「你要一個當初把中原搞倒的惡人之一，去幫我們光復中原拯救山河，你認為這可能嗎？偏偏這種人，汲汲營營招得到地痞流氓當兵，我們卻招不到！只能招來你這種義憤填膺的京城俠少，對我們質疑謾罵！所以我剛才問，請問你是兵嗎？你可以變成我的兵嗎？」

說到此，激動流淚。

顧俊又恢復眼睛瞇一條，眼珠左右晃動，整個氣勢完全降落，面無表情。

王導（金眼眶）低頭苦臉說：「我甚至懷疑王敦，他現在招兵買馬，就是為了針對我跟晉王。如今被俘的主上肯定也如孝懷皇帝一樣，將被胡虜殺害，晉王即將在江南稱皇帝，我族兄他肯定認為機會來臨，將會有大動作的，但這個大動作，肯定不是北伐中原。所以你說的『再次沉淪，不復華夏衣冠』……呵呵呵」

慘笑開始。

「呵呵呵……這不是只有你憂慮而已。而且我們早就看得比你透澈。不要認為只有自己才是聰明人。」

兩眼一閉，兩手遮著雙眼，長嘆一口氣。

王導（金眼眶）轉而仰頭閉眼說：「即便進一萬步，這些隱憂都逐漸平息，朝廷牢牢穩定江東，糧餉資源充足，甚至我們也開始招到兵馬，訓練出大軍。但我可以告訴你，一樣不可能光復中原。」

顧俊（青眼眶）輕聲問：「為什麼？」

王導（金眼眶）睜開眼，眼睛已經紅潤，再次長嘆一口氣，彷彿要掉淚，苦笑說：「誒，都是一場戲了！」

顧俊（青眼眶）更是目瞪口呆：「這……」

王導（金眼眶）低沉地說：「司馬皇族、中原公卿，乃至到晉王與我等眼前朝廷諸公，都是伶優戲團子。當初在中原，第一線伶團舞台上，觀眾們想要看的戲是『明君賢臣、收攏胡虜、重溫大漢』，但當時我們的伶優團，卻堅持脫稿，荒腔走板，演出了『衣冠禽獸、酒池肉林、同室操戈』。氣得觀眾們，用各種方法把我們舞台拆掉，給胡羯去搭台。還把我們一路追打得鼻青臉腫，踢到江東這樣的第二線伶團舞台上。」

接著說：「現在第二線舞台的觀眾們，想要看的戲是『偏安一隅、夸夸浮言、醉生夢死』，假設我們又再次脫稿，走反劇本，演出『臥薪嚐膽、忠勇愛國、光復中原』……」

苦著臉，搭著手勢，做出頗有氣勢的架勢。

接著瞪大眼看顧俊，忽然大喊說：「你就看第二線舞台的觀眾們，會怎樣來收拾我們！」

又接著大喊說：「你是不是打算，讓我們在中原待不下去之後，連江東也待不下去啊！」

顧俊繼續面無表情。

現場沉靜片刻。

語氣轉而和緩：「至於第二線舞台的觀眾們，為何變成要看這種戲碼？這我不知道。或許你再回去問問你的家族長顧榮，從他的言語中，去猜一猜一二吧！」

王導（金眼眶）哭了出來，兩手撐在桌案抱住額頭，說道：「若連第二線伶團舞台都待不下去，還有哪裡可以去？有第三線的伶團舞台嗎？那是海外的夷洲還是壇洲啊？第三線的觀眾，還會是人嗎？嗚嗚嗚……」

王導當場大哭，淚灑桌案，顧俊頓時傻眼。

原來新亭對泣，是有隱藏版的！在這版本當中，王導才是那個泣得最慘的人，而此時發豪邁之言者，卻徹底被哭泣者壓在下風，一句豪邁的話也說不出來，只能是面如枯槁。

哭許久，王導（金眼眶）收拾眼淚，正色對顧俊說：「清談的原因，已經全部都告訴你了，回去吧！如果你沒有一個真正可行的方法，請你不要再來找我談光復中原。」

顧俊全身僵硬，面無表情，一步一挪走出王導的府邸，臉部逐漸扭曲，走出了大門口，也當場嚎啕大哭，引來清早趕市集的路人一片指指點點，但顧俊的仍涕泣不止，聲音傳遍整個王導府前一條街，當地的仕女在樓房上都探頭出來看，望見一群青樓女子，都探頭出來看，一個斯文的士子哭成什麼德性。顧峻終於忍不住嚎啕大哭，如同小兒一般，一直哭到倒在地上，被人救走為止。

因作歌曲一首《曲目節錄於：『俠客』作曲董榕森，作詞古龍，改詞筆者。新曲名：我不是兵》

編號：直正方大

大江東去~~~~~~西望長安~~~~~~江湖路，萬水千山，仗義聲，精彩絕艷。英雄，俠少。雖然，忠肝義膽。只可惜，你沒有兵。怨嘆，時不我予。在江中斬蛟劍氣沖霄，在雲間射鵰愧煞英豪，在小橋樓頭，旱柳樹下斜倚，但見滿樓紅袖招。淚灑滿大街，

只求得，堂堂華夏，光復中原。問此人是誰？天下第一俠少。

雖然說幕後的超個體力量，不要東晉政權北伐成功。但也不能不做出北伐的宣告，否則政權沒有存在的基礎，同樣在江東待不下去。尷尬的偏安政權，從東晉開始建立模型，往後當然也還會持續有這種二輪戲班的政權。

果然，祖逖以寡弱的力量，邊走邊招兵，在北方獲得勝利，收復河南青兗各州，與強敵石勒對峙，司馬睿與王導正想要籌備後援之際。王敦立刻舉兵叛亂，大舉進攻建康。

司馬睿與王導還算深明大義，讓祖逖繼續經營北方，後方叛亂則不要顧慮。也果然，司馬睿不斷詔令江南各地擁有兵權的豪強，率軍進建康抵抗王敦叛軍，結果各鎮紛紛擁兵自重，左右觀望，並不來救。

很快王敦亂兵就攻破建康。

也果然，司馬睿真的沒有什麼兵，勉強有幾千建康人應募的散兵游勇，去討伐王敦，但幾場交戰全因寡不擊眾，紛紛潰散。王敦持劍一進朝堂，就大開殺戒，誅殺周顗等名士立威，當眾威脅大罵怒斥皇帝司馬睿，控制朝政，儼然董卓第二。弄得同族的忠臣族弟王導，非常之尷尬。皇帝司馬睿滿面羞慚，氣憤難平，恨不得上前與王敦搏命，但忍著羞辱，無可奈何。

王敦害怕暗殺，不敢入住建康，於是改以遙制朝廷，先動手暗殺政敵，即便放下武器不抵抗且有皇帝下旨意保護者，也被他除之而後快，同族的王稜等人勸王敦尊重朝廷，聽從皇帝旨意，竟然也被暗殺。王導聽聞之後，非常害怕自己也被殺，只能隱忍王敦胡作非為。

皇宮。

皇帝司馬睿憂鬱氣憤，連逃到江南都出賊子，繼洛陽、長安，連建康城都隨時可以被敵人攻破，司馬皇族的威信真的是從中原到江南一路掃地，且落井下石的賊子，就是司馬家女婿王敦。光復中原眼下自然是不可能了，身為皇帝也於是少吃少喝，只求早日一死，果然真的憂鬱成疾，染上重病，招王導見面。

王導（金眼眶）一進宮，淚流滿面，慚愧地說：「我王氏家門不幸，繼王衍奸佞之後，又出了王敦這樣的逆臣，讓建康這個第三個京城，也形同累卵，令皇家顏面盡失，臣實在愧對陛下。」

司馬睿（青眼眶）喘著氣說：「卿不要自責，卿與他們不同。這些我們先前都知道，無奈他手下有兵馬，我們沒有兵馬。其他有力量的士族，竟然全部左右觀望，甚至像甘卓這樣手中有兵的強人，也當了傻子，閉目塞聽，等著王敦殺他也不抵抗。眾人竟然寧死都不想當忠臣，都不願意替大晉效力，任憑逆臣胡作非為。這只能說天意，無奈啊……」

王導（金眼眶）說：「臣會想辦法與之周旋，請陛下寬心保重御體。」

司馬睿（青眼眶）含淚說：「建康之事已矣，朕想問，祖逖在江北的情況，請你據實以告。」

王導（金眼眶）說：「祖逖真的不負陛下當初全力相助，以寡弱的資源，竟然收復青豫兗三州之地，與羯胡石勒沿黃河對峙。但祖逖現在力量非常薄弱，正需要朝廷派大軍從後支持，無奈賊臣王敦叛亂，兩次進攻建康，無人願意支援朝廷，祖逖現在只能靠自己了。」

司馬睿（青眼眶）哭了出來說：「苦縣屠殺，兩京陷落，二帝遭戮，大晉江山四分五裂。血海深仇的敵人就在當前，但竟然朕被逆臣劫持，無力支持忠臣消滅胡羯，以光復中原，愧對祖宗。朕自知陽壽已矣，太子的未來就靠閣下相助了。」

司馬睿氣病交加，滿面淚水。

王導（金眼眶）叉手下拜涕泣說：「臣必效死命，輔佐太子，消滅逆臣。」

君臣相泣，兩人都淚流滿面，新亭對泣的隱藏版，竟然還在持續。

司馬睿少吃少喝，打算放棄自己生命，最後真的憂鬱氣憤而病殂棄世，太子司馬紹繼位，基於憤恨，於是秘密著手消滅王敦。

此時聽說王敦也患病，司馬紹憑此積極策動其他人起兵討伐。王導配合用計，故意帶領子弟為王敦發喪，煽動輿論，而司馬紹亦假稱王敦已死，眾人不用懼怕，下詔討伐王敦的黨羽。

各鎮將領都真以為王敦已死，士氣增強。

王敦接詔後大怒，但因病重而不能領兵，於是命王含為元帥，命錢鳳與冠軍將軍鄧嶽及周撫領兵攻向建康，並以誅殺奸臣溫嶠為名號起兵。而且此時王敦已經決心要做賊到底，準備攻入建康之後，就殺皇帝滅晉朝以自立。

王含水陸並進，領五萬兵到江寧南岸，逼近建康。此時建康守軍只有數千，眾人驚懼，溫嶠移駐北岸，並燒毀朱雀桁，令王含不能渡過秦淮河攻擊。王導期間曾試圖以王家血親關係，勸降王含，但王含沒有回答。後司馬紹親自率諸軍出屯南皇堂。並同時散盡錢財，招募壯士，派將軍段秀和中軍司馬曹渾等率一千兵渡過秦淮河偷襲，攻其不備。後即在清晨與王含交戰，大破王含軍，焚燒主營，並斬將領何康。

王敦知道王含兵敗後大怒，更試圖要起身領軍反攻，但因病重仍不能行。錢鳳後亦到江寧南岸，與皇帝司馬紹所率的諸軍交戰，但頻頻戰敗。王敦知自己不久人世，向少府羊鑒和王應要求在他死後要先置文武百官才辦喪事。不久王敦病逝，王應秘不發喪，用蠟處理屍體並埋在屋中就與諸葛瑤等縱情聲色。

皇帝司馬紹下詔令，以司空之位，勸沈充歸降朝廷，但沈充竟然拒絕，反領兵攻向建康。早前宗正卿虞潭因病回會稽，聽聞沈充起兵後即在餘姚起兵討伐沈充，司馬紹於是任命虞潭為會稽內史。前安東將軍劉超和宣城內史鍾雅亦起兵討伐王敦。義興人周蹇亦殺王敦任命的太守，祖約亦驅逐王敦任命的淮南太守。沈充帶領一萬多兵與王含軍會合，準備再次攻打建康。

顧颺獻計沈充，上計建議他引湖水灌入建康，乘水勢以水軍入城；中計建議他集合兵眾，全力進攻；下計為殺死錢鳳歸降，但沈充都不接納。及後劉遐和蘇峻等軍來到，沈充與錢鳳打算趁遠度南下的劉遐等軍疲乏而攻擊，於是領兵渡過秦淮河，護應詹、趙胤等領兵抵抗但不果。沈充和錢鳳及後到達宣陽門，遭到劉遐和蘇峻擊破，劉遐及後又在青溪大破沈充。

當時尋陽太守周光因王敦興兵而領數千人趕來支援，到後求見王敦，但王應以王敦患病而推卻，周光於是推論王敦已死，更向兄長周撫說：「王敦已死，你為何仍與錢鳳等人一起做逆賊？」

各部眾聽後都感到愕然。王含見多次戰敗，決定燒營逃走，司馬紹回宮大赦，惟王敦黨眾不赦，並命諸將追擊王敦各黨羽，如派庾亮督蘇峻等追擊沈充，溫嶠督劉遐等追擊王含、錢鳳。王含當時想到荊州投靠王舒，但王應認為到江州投靠王彬更好，王含不聽從王應所說而投奔荊州。王含與兒子乘船到荊州，王舒派兵迎接，但其實是命人推王含等人進江水中溺死。

王敦屍首遂被起出，焚毀壽衣，並跪著斬下頭顱示眾。錢鳳到闔廬洲時被周光殺死，沈充則誤入舊將吳儒的家，被吳儒當場翻臉，一劍殺死，並傳首至建康，與王敦的頭一同掛在朱雀桁上。至此王敦之亂正式結束。所有逆賊主要將領，全部被誅殺。

此時，司馬紹下詔令遵從孝懷皇帝當年旨意，不行屠滅三族，罪僅反叛者自身。祖逖在這場王敦之亂的期間重病，當他知道朝廷已經內亂，不會有後援，極可能自己辛苦打下的一些領土也會失去，只能仰天長歎而病卒。

石勒聽聞祖逖已死，江南朝廷內亂不能支援，便大舉興兵南下，奪取青豫徐三州。司馬睿苦心栽培的祖逖，好不容易經營出一點點恢復中原的局面，被王敦等賊人一叛亂，一切回到原點。

司馬紹知道這一切影響，怒氣難消，但知道王導賢能，於是招喚他見面。君臣對座，旁邊只有親信宦官事奉。

司馬紹說：「王敦。武皇帝看重的女婿，我大晉在中原統御天下時的駙馬都尉。一起退到江左後心懷不軌，處心積慮招兵買馬，在祖逖有光復中原之機，朝廷當舉全力北上之時，掀起叛亂。甚至還派人寫信，挑撥在河北繼續抵抗的忠臣劉琨。嗚呼……」說到此長嘆一口氣。

王導（金眼眶）說：「家門不幸，出此逆賊，辜負皇家。臣慚愧。」

司馬紹搖手說：「該慚愧的不是你們王家，王敦本為武皇帝女婿，也算司馬家姻親。可嘆，武皇帝平定孫吳，但招的人竟然都是些賊子。以致有諸王之亂，中原沉淪，乃至於現在。朕年紀尚輕，對於當初我大晉為何能代魏而立，一統三國，不甚明白。反而要請卿家告訴朕，請不要避諱朕的先祖的事情，因為朕需要知道真相。否則朕不知道為何大晉江山會如此焦爛？」

王導（金眼眶）起身拜後，再次入座說：「那臣，就不避諱陛下的皇祖皇宗之事。」

於是王導告訴他，當年司馬懿受曹魏兩代皇帝雇命之託，但最後發動高平陵之變誅除曹爽，滅八家二十四族，樹立蔣濟等與自己同心的大臣為黨羽；又說皇帝曹髦被司馬昭親信賈充，所命的成濟弒殺一事。也提及壽春三叛，征伐遼東，大肆殺戮，司馬家滿手鮮血的事情。

司馬紹聽後，大驚失色，喊道：「難怪！難怪！」

王導愣了一下。

「這受文皇帝寵愛的賈充，是否就是那妖后賈南風的父親？」

王導點頭。

「朕先祖竟然不顧曹魏兩代皇帝雇命之託，最終殺人篡權，重用奸佞，甚至濫殺無辜以立權威。親近者自然都是奸邪小人，懷有歹毒之徒。無怪乎諸王相殘，胡羯悖逆，中原大亂，乃至到了江東也不能團結。以致有人寧願死也不肯盡忠王事。」

司馬紹哭了出來，將面龐伏在牀上，許久才起身。

接著長喘一口氣說：「若真的如君言，晉室國祚又怎能夠長遠？朕不是哭自己的江山，而是哭先祖所殺之人。我司馬家諸王相殘喋血，胡羯叛亂苦縣屠殺，二帝受胡羯羞辱殺戮，先帝又被王敦叛逆所駭，自棄生命，憂憤而死，有此報應也罷，但天下蒼生何辜？」

王導也含淚，低頭難語。

司馬紹流淚說：「可惜沒有一種方法，能讓朕回到當年去見宣皇帝司馬懿，一切已經必然。朕自知身體不好，體弱多病，也不能長久。若將來入泉下能見到先祖，宣皇帝司馬懿，文皇帝司馬昭，武皇帝司馬炎，再一一對他們哭罵也不遲。如今只能說，能做幾件善事便做幾件，正明是非，以謝天下。」

王導（金眼眶）含淚叉手，激動地拜說：「沒想到陛下竟然能如此言語，不忌諱自己先祖名諱與過失，如此聰慧仁德之君，古今罕有，如此必能收攏人心，重振晉室。」

新亭對泣的隱藏版，還在持續中。

然而賢君司馬紹，很快也病死，他的誠意雖足，卻沒有時間與能力去打動天下人。

接著又爆發叛亂，原本協助中央對抗王敦的蘇峻，自己也起兵叛亂，中原混戰，江南也繼續混戰。正如王導自己所預料，江南的觀眾們，可不是願意他們脫稿演出。蘇峻攻入建康，行為比王敦更惡毒，搶掠後宮，讓女子裸奔為樂，大肆誅殺反抗大臣。哀嚎之聲傳遍建康城。

終於有稍微忠心的陶侃，已經看不下去，率軍各路兵馬討伐。在長久的對峙消耗戰中，一戰把蘇峻當場殺死。消滅蘇峻殘餘叛軍。蘇峻與其黨羽的下場，跟王敦一黨一樣，都被斬殺梟首示眾。

雖然兩場叛亂都平定告終，但江東各地士族名門，因此相互不信任，都擁兵自重，相互猜疑，組織不出力量可以北伐。王導對此早已不怪，病逝之前也沒有提出光復中原之策。

的確，假設要脫稿演出，看觀眾們會怎麼收拾你？

不過一個三十多歲的年輕人，忽然竄起來當奇葩，他不知道這當中的深淺，想要一試。

且先按下此人之事後表，話鋒回頭，述說北方中原之事。

就在大批中原人士南渡之際，北方也爆發決戰。經過傳國玉璽加持過的幾人，開始相互殘殺，石勒首先跟王彌相互猜忌，擺出真正的『鴻門宴』，在宴會上趁酒醉立刻斬殺對方，並將王彌的部隊全部吞併收編。劉聰非常憤怒，下詔怪罪，但石勒置若罔聞。

此時淫賊劉聰才想到，石勒當初協助攻破洛陽，一個女子都不要，一個奇珍異寶也不要求，急著要武器與地盤，目的就是這個。但他拿石勒無可奈何。

同時石勒消滅意圖稱帝的晉朝前臣，割據幽州的王浚。並率軍進攻劉琨的并州，此時劉琨獲得了拓跋鮮卑的兵力，以及烏桓族人支援，當面迎戰，但被石勒擊敗，劉琨不得不放棄并州，投奔幽州的段氏鮮卑族。但是這個晉朝忠臣，最後被心懷不軌的王敦，從江南派人寫信，北上挑撥段氏鮮卑，從而被殺。晉室失去了南北呼應的可能。

石勒趁此大舉進兵攻打段氏鮮卑，段氏鮮卑不敵，幾乎被殲滅，石勒遂吞併了幽州大部分土地。

此時，祖逖率軍北伐，但與石勒相持在河南豫州，祖逖病死之後，石勒大舉出兵進攻河南，晉朝軍隊不得不全軍撤退到淮河以南安置。

過不久劉聰終於因為荒淫過度，一下病死，羊獻容的計略已經奏效。

劉粲繼位，內部爆發叛亂，亂臣靳準殺了劉粲，劉曜靠軍事力量平定叛亂，殺了靳準，繼承帝位，遷都長安，並把國號漢改為趙，史稱前趙。同時石勒靠著自己實力叛變，脫離控制，國號也稱趙，史稱後趙，脫離劉曜控制，於是兩趙勢力開始交戰。最初是從相互擄掠對方的人民開始，接著就是互有勝負的火拚。

司馬熾的計略也開始奏效。

晉司州刺史李矩等因多次被後趙石生所攻，投靠前趙。劉曜於是派劉岳和呼延謨領兵與李矩等人共同進攻石生。但劉岳圍困石生於金鏞城時，被救援石生的石虎擊敗，退保石梁，更反被石虎所圍；呼延謨亦被石虎所殺。劉曜於是親自率兵救援劉岳，但及後卻因軍中夜驚而被逼退回長安。劉岳因無援而且物資缺乏，終被石虎所俘並送往後趙都城襄國。此戰令後趙盡得司州。

石虎領四萬人進攻河東，獲五十多縣反叛響應，於是進攻蒲阪。因楊難敵反攻前趙所佔領的仇池又成功抵抗前趙的攻擊。另一方面前涼於知道前趙被後趙擊敗後，即恢復其晉朝的官爵，並侵略前趙。

劉曜於是派河間王劉述領氐族和羌族兵眾，守備秦州以防仇池和前涼從後偷襲，自己則親率全國精銳救援蒲阪。石虎擄掠平民凶狠，但見到強大軍力就膽怯，面對劉曜來襲恐懼退軍，劉曜全力追擊並在高候大敗石虎，斬殺石瞻。後劉曜又進攻石生所駐的金鏞城，以千金堨之水灌城，又派兵攻汲郡和河內，令後趙滎陽太守尹矩和野王太守張進等投降。這次大敗震動後趙人心。而劉曜此時卻不安撫士眾，只與寵臣飲酒博戲。

三個月後，石勒親率大軍救援石生，並命石堪等人在滎陽與石勒會師。劉曜在得悉石勒已渡黃河，才建議增加滎陽守戍和封鎖黃馬關以阻後趙軍。不久洛水斥候與石勒前鋒交戰，劉曜從俘獲的羯人口中得知石勒來攻的軍隊強盛，於是感到懼怕，解金鏞之圍，在洛水以西佈陣。石勒則領兵進入洛陽城。後前趙前鋒在西陽門與後趙軍大戰，劉曜親自出戰，但未出戰就已飲酒數斗；出戰後再飲酒一斗多。後趙將石堪乘其酒醉大敗趙軍，劉曜在昏醉中退走，期間墮馬重傷，被石堪俘獲。

石勒逼劉曜寫信到長安勸降，結果劉曜反而寫信鼓勵抵抗，石勒便殺掉劉曜。並派大軍全力進攻關中，消滅前趙後續的抵抗，徹底消滅前趙勢力。

此時，北方除了東北慕容氏鮮卑與漠北的拓跋氏鮮卑力量，以及涼州的割據勢力，其他部族都臣服於後趙石勒，於是石勒稱帝。

於是在鄴城建都，招集群臣。

石勒（藍眼眶）在御桌上擺著傳國玉璽，開心地說：「這個東西除了石虎之外，其他人應該都沒見過吧？」

眾人依序跪坐仰望，露出讚嘆之聲。

石勒（藍眼眶）說：「這正是秦朝的傳國玉璽。當年朕率軍支援劉聰，攻破洛陽俘虜晉帝之時，就見過這個傳國玉璽。只要有德望者得到它，就能擁有天命。」

此時張賓已經去世，石勒（藍眼眶）轉面對謀臣徐光問：「朕說的沒錯吧？」

徐光叉手行揖道：「陛下所言正是。如今陛下平定各地動亂，擊滅劉曜，獲得傳國玉璽，只要假以時日天下人心歸附，就能遠征西涼與江東，一舉平定天下。」

石虎（橙眼眶）見了傳國玉璽，內心悸動不已。心思：這東西應該歸我，你當皇帝，我當然得服氣，但你那些兒子，都是全盤漢化的龜兒子們，憑甚麼傳承這代表天命之物？

而石虎手下的養子的兒子，即石虎的養孫，漢人冉閔（紅眼眶）。此時被冊為北中郎將，看到傳國玉璽更是激動。心思：你們這些胡羯，趁晉室混亂入主中原，這東西本來該歸我們中國漢人所有。走著瞧吧，這天下還沒統一，誰能笑到最後都還不知道！

羌族姚弋仲、氐族蒲洪，也是被列為胡官，受單于職位領導。他們也都對此傳國璽有耳聞，內心的思緒更是複雜。

「我們羌族在受漢朝冊封時，你們羯人當時在哪裡？只是在當匈奴的奴僕，被擄掠轉賣而已！到中原來先下手為強，滅了匈奴勢力，我們難道就得稱臣？現在只是拳頭大，但假設時機到了，我們可未必不能獲得傳國玉璽的天命！」

「我等氐族向來自主，不像你們羯族是匈奴奴僕。中國傳國玉璽，怎麼最後是你們所有？中土神州的天命，得有德者居之，走著瞧吧，漢人們未必會聽你口稱的天命！」

當天，石勒大宴群臣，所有被傳國玉璽加持過的人，在宴會上更是積極交杯，拼命拉攏人脈關係，替往後的日子作為來張本。但石勒此時陶醉，看不出這潛藏在底下的禍端。

石勒只隱隱約約感覺到，石虎非常不滿現狀，稍稍剝奪他的權力。石虎知道石勒手段厲害，隱忍不敢發作，但是私下調動部隊，讓自己兒子統帥，等於逼迫石勒對他投鼠忌器。

過不久，石勒病重。

石虎發現機會大好，迫不急待開始佈置奪位的機會。石勒臨終前，石虎威迫太子石弘，把曾勸石勒除掉自己的大臣程遐和徐光逮捕入獄。石勒一死，立刻殺掉二人。又命兒子石邃率兵入宿衛，文武百官害怕不已，太子石弘也嚇得連忙對石虎說道自己不是治天下的人材，石虎才是真正的天子。但石虎明白石勒屍骨未寒，就這樣強登上皇帝只會眾叛親離，並受後世人的唾罵。因此寧願有點耐性，演齣曹操的「挾天子以令諸侯」的戲，由這位太子登位。

石弘坐上寶座後，成為了傀儡皇帝。石弘登基後便被石虎所逼，封他為丞相、魏王、大單于，再封土地，封邦建土。而他的三名兒子都被封為擁有軍權的職位，至於他的親人和親信都放排在有大權的職位上，而之前為石勒的文武百官，就放置在毫無權力的閑職上。

劉太后與石勒養子石堪，合謀起兵，擁戴石弘的弟弟石恢為盟主，結果石堪兵敗被殺，石恢被徵召回京，劉太后被石虎廢黜殺害。過不久，石虎撕下假面具逼石弘讓位。暫時不稱皇帝，改自稱天王，但所有規制與皇帝相同。並把石弘、程太后和石弘的弟弟石宏、石恢都幽禁起來，旋即殺死他們。

於是進而趁機，屠滅石勒的所有親生子女，令其絕嗣。石勒本知道自己的姪兒石虎生性殘暴，只是一直認為自己打天下，需要一個敢動刀的劊子手，來協助除掉敵人，但萬萬沒想到敵人還沒有除乾淨，這屠刀就先滅了自己的後嗣。

石虎繼位之後，再次高舉傳國玉璽。冉閔，此時改姓為石，故稱石閔。在旁更是推波助瀾，認為那個東西距離自己越來越近。

皇宮高台，朝集群臣朝會。

石虎（橙眼眶）問石閔說：「如今天命已定，朕打算興建更豪華的宮闕，蒐羅更多美女財寶，如同當年的秦始皇帝一樣，建立阿房宮，填充天下最美的女子與最有價值的財貨。孫兒認為我該如何著手？」

石閔此時內心一抖，你講的這些應該是我的，怎麼你會先要掠奪？可恨啊！得把你轉彎到另外一處才可以。

石閔（紅眼眶）奏說：「天王陛下如今得到天命，但尚有東北慕蓉氏，江南晉室殘餘，西北涼州三處不肯聽命。秦始皇帝得傳國玉璽，並建立阿房宮，是在統一天下之後。臣請此事先緩辦，優先調集人力兵力，兵分三路平定此三股不服天命之處，然後再行此事，以顯天子之尊。」

石虎頗為不快，他已經按耐不住，轉問其他人。結果議論紛紛。

石虎（橙眼眶）大喝：「既然如此，朕決定平定三股力量與建宮闕徵美女之事，同時進行。天命已定，誰人能抗拒？但朕要的事情也不容等待。」

連同石閔在內的群臣一聽，全都震驚。無人敢抗拒。

石閔（紅眼眶）暗暗心思：這頭野獸，還沒做到秦始皇帝的功勳，就急著做比秦始皇帝還要誇張的事情？好啊！我的機會真的越來越近了。

於是後趙的暴君出動所有的酷吏暴官，徵調士兵出征，搜刮民間財富，同時建立皇家獸園，只要不服從者立刻以『犯獸』名義處死。同時也徵調大批美女，殺人丈夫，掠奪有夫之婦九千人，其餘美女兩萬人，當中民間美女自殺者達三千多人，不少家有美女者，舉家逃往山林躲藏，中原漢族子民怨聲載道，開始出現小股反抗。並且殺掉官吏，亡命山林。

石虎反而怪罪官員不會安撫百姓，才會有反民，誅殺了不少官吏。之後派出更多酷吏暴官，對叛亂全力鎮壓，各州子民流離失所。

後趙進攻涼州，士兵在途中就紛紛逃離將近一半，將領不得不虛報戰功而後撤退。而進攻鮮卑慕容的大軍為後趙羯人主力，逃兵倒比較少，將龍城團團包圍。但後趙石虎的殘暴淫虐，已經通過流亡到這的漢人告知了慕容氏治下的軍民，從而此地的鮮卑與漢族所有軍民團結抵抗。後趙軍隊連番攻城，城中軍民不論胡漢，一起登城反擊，滾木沸水一起丟下，後趙軍隊大敗撤退。

石虎大為生氣，但是各級將領都是掠奪金銀財寶與美女的有功之臣，石虎反而不敢怪罪太甚，於是也撤軍。

南下進攻東晉的部隊，漢人居多，在與晉軍交戰幾次之後，逃兵與投降者也越來越多，幾支兵馬潰散。石虎不得不下令全部撤軍。

對外作戰全部失敗，但是奢華的宮殿林園，卻建立得很完善，讓石虎大為欣喜，日夜淫亂。從而石虎的兒子也因此貪婪好色喜好奢華，相互之間開始猜忌。

※※※※※　※※※※※　※※※※※

陰陽一體，古怪相連。既然一體相連又分二者，所以就可以轉稱為陰古與陽怪。

陽怪：有壞鳥喔。

陰古：搓鳥搞不清楚狀況，竟然這麼貪婪。
陽怪：揑死，後面還有不少搓鳥在排隊，我們主局的流程不能等他太久。
陰古：那他的走勢，就要跟先前設定的一樣。

※※※※※※※※※※※※※※※

確實，走勢該跟司馬家一樣。石虎兒子石邃不滿父親寵愛其餘的兩個兒子石宣和石韜，漸漸的，這種不滿轉化為仇恨，對父親石虎恨之入骨，恨不得弒父奪位。石虎得知後，把石邃的手下李顏捉來審問，李顏嚇得不知如何是好，便一五一十地都事情告訴石虎：石邃密謀殺石宣和弒石虎奪位。

石虎得知後把李顏及其家人三十多人斬首處死，再把石邃幽禁於東宮。石邃被幽禁後仍然目中無人，石虎一怒之下，下令把石邃和他的妻子、家人殺死，再塞進同一口棺材內，同一時間又把石邃的黨羽二百多人殺死。石邃死後，改立石宣為皇太子，石宣之母杜昭儀為天王皇后，鄭櫻桃廢為東海太妃。同時又讓石韜掌握軍政大權，打算讓石宣和石韜之間達成一定的平衡。結果卻引發新一輪內訌。

石宣因不滿其父石虎較寵愛石韜，並且把軍權給他，遲早他也會學父親奪取石勒兒子大位的故事，所以計畫要先行除掉石韜。兩兄弟經常發生衝突，石宣暴怒，於是暗中派人把石韜抓走，砍掉手足、雙眼刺爛、破肚慘死。石宣並計劃在石韜的喪禮上弒父，以奪皇位。

石虎得知愛兒石韜死了，起先石宣回報說，是民間被掠奪妻子的反民，因仇恨變成刺客所為，讓石虎昏迷了好一段時間，他本想出席兒子的喪禮，幸而大臣提醒，沒有出席喪禮。石虎得到知情人的報告，不是民間刺客，而是皇太子石宣殺了石韜。憤怒到極點的石虎派兵抓住他，用鐵環穿透石宣下巴鎖著，又將他的飯菜倒入大木槽，使石宣進食時像豬、狗般。石虎逼石宣用舌頭舐著殺石韜的劍上的血，石宣發出了震動宮殿的哀聲。

石虎下令在鄴城城北埋起柴堆，上面設置了木竿、竿上安裝了轆轤。並讓石韜生前最寵的宦官，郝稚和劉霸二人拽著石宣的舌和頭髮，沿著梯子把石宣拉上柴堆，之後用轆轤把他絞起來，再用一模一樣的方法向石宣施刑。當石宣已奄奄一息時在柴堆四處點火，石宣被燒成了灰燼。這還未能平熄石虎的怒火，再下令把灰燼分散到名門道中，任人、馬、馬車的輾踏，又將石宣的妻兒九人殺死，又把石宣的衛士、宦官等數百人車裂，將屍體投進漳河。

最後盛怒之下還命令將東宮衛兵十多萬人，都流放邊疆。

這下石虎可惹錯人了！東宮衛士非常不滿，在流放的途中，紛紛砸開綁在手上的鏈條。衛隊首領梁犢，手刃了押解自己的官員，把押解官人頭丟流放營廣場，所屬東宮衛隊校尉士兵見了，紛紛起義，把石虎派來的官員全部殺死，押送的軍隊，知道這些人又多又善戰，不敢阻攔。為了活命，大多數都自我宣告一同叛變，加入起義的衛隊。

梁犢（銀眼眶）站在高處喊道：「羯胡石虎淫暴無道，搶奪三萬女子與無數財寶供其淫樂，抓役伕建立奢侈宮殿。他們父子因貪相殘，這是報應，與我們何關？竟然把我們發往涼州邊疆自生自滅，妻子都納入他後宮，或分配給他人！你們說，該不該忍受？」

底下譁然道：「不能！殺回鄴城去！」「搶回妻兒！」「宰了這些羯胡！」「殺了他們！」

於是東宮衛隊十萬人首領梁犢，宣佈重歸晉朝，自稱晉征東大將軍，沿途搶掠武器，武器不足者用木棍削尖一起殺回鄴城，沿途誅殺後趙官吏。把這些官的人頭高掛在城牆示眾，幫助過石虎擄掠民女的官吏與後趙士兵，全部被拖出來，斬首示眾，人頭堆積如山。消息傳出去，四處來投靠的漢人越來越多。接連攻破重鎮長安，出潼關攻破洛陽，準備渡黃河北上，滾雪球般聲勢浩大。

先前石宣被用酷刑，石宣的兒子抓著石虎的衣袖乞求原諒，本來石虎要赦免孫子，但是在旁的官員堅持不允。不斷啟奏說，先前任何造反者都不赦免全家，若今日赦免，則將來必定不能服眾，而且石宣的兒子遲早會報復。石虎只能看著孫子們慘死，之後只有靠淫樂麻痺自己。

如今忽然聽聞，東宮軍隊反叛，叛軍已經回來要殺他全族，使他更加害怕，從驚嚇而患病。

於是派大將李農率軍鎮壓，一場激戰，李農手下的不少漢人士兵，痛恨石虎淫暴，不願意在戰場賣命，紛紛潰逃，梁犢以殘破的武器大破李農，李農只能率殘軍逃回。

石虎被逼急，只好招來羌族領袖姚弋仲，還有氐族領袖蒲洪，共同商議討伐。此時石虎病重不能見面，姚弋仲堅持要見，石虎只好被攙扶著與他相見。

姚弋仲與蒲洪(紫眼眶)，看到石虎病奄奄狼狽樣子內心發笑，雖然沒表現出來，但已經不怕石虎有多兇狠，都露出不敬之色。

姚弋仲說：「你後悔了嗎？兒子不派儒生好好教導，反而縱容他們奢華淫亂，最後兄弟相殘引發叛逆。這樣下去，朝廷怎麼維繫？」

石虎（橙眼眶）畏懼他們手下的氐羌精兵，現在又有求於人，不敢發作，喘著氣說：「悔之不及，如今之事請你們相助，國家之後當委二位予重任。」

又不斷挺著重病，跟兩人拉親近。

蒲洪在這當中鮮少發言，自從看過傳國玉璽，他也對自己有所期待，私下收攏不少漢人相助，尤其文臣謀士給他不少建言。而今後趙因石虎的淫暴，羯人已經被漢人所痛恨，很快就要滅亡，已經不需要跟這個快死的石虎多說什麼。蒲洪認為，石虎現在唯一的利用價值，就是把官職放出來，讓他名正言順可以壯大自己，最後讓他把後趙政權給吞掉。那麼氐族就可以擺脫出來，順理成章統治中原。

於是兩人在石虎面前誓言破敵。各自兩族精兵出發，抵達滎陽與梁犢的部隊對峙。

對陣雙方幾乎同時擊鼓，殺聲一起，戰場混戰成一片。梁犢越戰越勇，且人數眾多，接連擊破羌族的隊伍。

可蒲洪的部隊，事先約好，擊鼓是後退，鳴金是進擊。等羌族部隊支撐不住，開始鳴金收兵，梁犢也逐漸放鬆戒備時。氐族士兵才開始排山倒海衝殺過來，梁犢措手不及，所部陷入苦戰。

姚弋仲此時才發現，蒲洪內心懷有詭計，大感吃驚。為了怕戰功被奪，親自率軍逆襲。

梁犢已經殺紅眼，邊罵邊殺，氐羌士兵紛紛倒地。姚弋仲策馬向前搭弓，一箭將他射中，然後拍馬執刀將其斬落下馬。

梁犢手下部眾大驚，紛紛潰逃。姚弋仲與蒲洪（紫眼眶）幾乎同時大喊：「投降不殺！」

梁犢軍手下大多是漢人，沒有逃走的，紛紛放下武器。兩人各自平分投降者，加以收編為自己的部隊，使自己所屬軍隊力量更為強大。

蒲洪甚至承諾這些降卒，只要歸順於他，他會派人請功，並用條件讓這些兵丁的妻子兒女都帶來團聚。從而這些漢兵全都效忠，所屬部隊已經超過十萬人以上，蒲洪便成為各方勢力都害怕的力量。

戰勝之後兩人各自收封地與官爵，暴虐荒淫的石虎，也就一病而死，太子石世繼位。

而此時兩人回軍，與彭城王石遵相遇於李城。三人在城中會談，剛開始都是感慨內部相殘，叛亂四起，但說著說著，就開始切入主題。

蒲洪（紫眼眶）此時的話語，反而多了起來，很直接切入說道：「國家剛平息叛亂，主上便崩逝，江東晉室殘餘力量與遼東慕容，都對中原虎視眈眈。而石閔手上有漢人組成的部隊，擁兵自重，有不臣之心。我等對此非常惶恐。而今太子的風評遠遠不如大王，先天王本來也就有意立大王為太子，大王若能繼承皇位安定中原者，非大王莫屬。」

石遵（粉紅眼眶）一聽內心泛起慾望，竟然毫無推讓之色，低聲說：「他確實沒資格繼皇位，若非先帝受他母親劉氏影響，這個匈奴子怎麼能當太子？但孤王若沒有兩位支持，也不可能繼任大統。」說罷轉面看姚弋仲的面色。

姚弋仲心思：才父子相殘不久，接下來兄弟又要相殘，看來這石家也得跟司馬家一樣，而且手段更狠。

看到蒲洪與石遵，兩雙詭異的眼神，一同盯著自己看，姚弋仲害怕自己反成為目標，於是頻頻點頭說：「在下非常贊成蒲公的意見，倘若大王能繼皇位，在下全力支持。」

內心卻思：蒲洪這個老氐，真是個惡鬼。

石遵（粉紅眼眶）大喜說：「若是孤王能繼大統，兩位就是功臣，願意與二公共治天下。不過目前石閔就算有不臣之心，我們還是得攏絡他，否則孤王繼位也會生變數，所以孤王打算派使者聯絡石閔，讓他也站在我們這邊，只要有兩位支持，石閔的漢人部隊也不敢妄動，兩位意下如何？」

兩人低頭遵命，姚弋仲內心泛起一股不祥之感。

於是石遵率兵打進鄴城，石閔此時也站在石遵這裡，所以很快他就廢掉石世自己奪位，隨繼把石世與其母親劉氏都殺了。發現有人奪位，其他石氏兄弟，紛紛起兵反抗，但由於有石閔、姚弋仲與蒲洪三股力量的支持，很快通通被鎮壓消滅。

不過石遵沒有兒子，本同意立漢人石閔為太子，可沒多久又反悔，惹怒了石閔。於是石閔起兵宣佈擁護石鑒為皇帝，結果姚弋仲與蒲洪不肯出兵相救，最後石閔殺了石遵。石鑒當了皇帝之後，非常害怕石閔擁兵自重，像除掉石世與石遵一般除掉自己。於是先下手為強，派刺客暗殺石閔，但卻失手，從而激怒了石閔。

石閔宣佈正式起兵，攻入皇宮，囚禁石鑒，並下達『殺胡令』。過不久也把石鑒殺死。

所屬漢軍部隊全部出動，鄴城附近郡縣全部被波及，漢人們對石虎以來的淫暴忍耐許久終於爆發，紛紛拿起武器追殺胡人，遇見男性胡羯就揮刀劈殺，女性胡羯四處奔逃躲藏，甚至輪廓較深鬍鬚較多的漢人，沒來得及解釋，也不幸被波及。胡羯死者堆積如山，多達二十萬，幾乎等於滅族。接連各州郡，除了羯族之外，羌氐胡人怕被連累，也都逃離家園，最後相互殘殺，十有七八都死在路上。

不少當初被石虎搶掠的女子，也紛紛趁大亂之機，逃出圈禁，各奔歸宿。

石閔趁此宣布重新改回原姓氏，稱冉閔，並在漢人擁護之下稱帝。

殘存羯人紛紛逃往襄國求救，石祇聽到石鑒已死，宣佈繼位。招集其他還沒有相殘的兄弟與殘存的羯人，討伐冉閔。並派使節聯絡羌族首領姚弋仲與氐族首領蒲洪，同時聯絡鮮卑慕容部，約定共同出兵，怕他們不肯動兵，於是同意裂土以酬。

已經有圖略中原計畫的氐族蒲洪，手下又收編了大量效忠的漢人軍隊與團聚的眷屬，所以他實力雖然最強大，卻最不願意得罪漢人。拒絕接受命令，收編好軍隊與其家眷離開，向西進入長安，尋找安穩的根據地，準備自立。

除氐族蒲洪之外，其他胡族則怕冉閔殺胡的手段波及自身，紛紛響應討伐冉閔。冉閔此時才驚覺被孤立。也派遣使節到龍城拉攏慕容鮮卑，結果慕容氏決定幫助殘存的石氏，視冉閔為敵。冉閔成了各方勢力，都要消滅的對象。冉閔非常憤怒，立刻針鋒相對，宣布討伐石祇，向漢人們宣示要消滅殘餘的所有胡人。但中原漢族看不起冉閔與其父親，曾幫石羯為虐。能願意效忠他的人數有限，便派使節前往江東，請東晉朝廷出兵相助。

雙方除了動員自己的力量之外，還拼命招集外援，打算來一場胡漢大決戰。

尤其冉閔派往江東的使節，著實震動了建康城朝野，讓一直處於不穩定狀態的東晉上下，決心嘗試北伐。

當異族入侵，或異族較為強勢時，被統治的華夏漢人，或被影響的華夏漢人，該不該？或該怎樣跟異族合作？這實在是很敏感的問題，但必須催出一個局才運作，才能保障中國文明的中軸大局不壞。否則陰陽古怪直屬的長城局就會出大問題。

經緯臣：合作肯定要，否則陰陽古怪之主，怎麼扮豬吃老虎？任何希望跟異族合作的本族人，無論地位高低，都視同加入這場遊戲。

煉足靴：本局遊戲規則，可不是外族專用或本族專用，而是共用。

經緯臣：不過矛盾問題在於，這些合作者會被本族人鄙視。但鄙視好，鄙視才能打入異族內部。只是需要擔心，合作之後就不顧慮大局，這點就反而要從鄙視變成仇視。

煉足靴：所以這立場與地位的轉換，非常重要。去之後要能回，要自保就必須變化立場。

經緯臣：擬定遊戲規則。

煉足靴：第一，與異族合作的華夏本族人，以下簡稱漢賊。由於大多數都品行低劣，追求自身的短期利益，心靈圖像汙濁，除非建立有益於化解族群矛盾的功勳，否則不會得到多數人支持。第二，需要在限定的時間內，完成統合族群的心靈牌局，否則放出局中鬼，連同所支持的異族政權，一起被瓦解。第三，完成心靈牌局之後，與異族合作的漢賊政治力量，其立場必須與華夏本族多數人的立場顛倒，完成立場的完美置換，以利後續牌局之進行。若漢賊此時還有政治勢力，代表前期貪婪，放出局中鬼，漢賊必須自己承擔後面的追剿，自生或自滅。第四，漢族的政權皇帝，在面臨外界壓力大時，立場也要被嚴格檢驗。第五，異族政權若很長久，期末視同漢族政權，也要嚴格檢驗立場，否則新的漢賊會變換立場與其置換，使其徹底融合。

經緯臣：看來前前後後，加入遊戲的人很多喔。呵呵呵，沒關係，有人完成任務要被清算了。放出局中鬼。

煉足靴：冉閔，立場沒問題，但還有政治勢力，違反第二條。引導追剿開始，看他多能玩。局中鬼，判定引其他異族去追剿。不過，你看一下，好像脈絡子把結點設在這人……冉閔身上……

經緯臣：這傢伙做什麼？聽說先前他就搗亂過其他局！妳去告古怪之主。

煉足靴：是，去問一下。

須臾

煉足靴：陰陽古怪之主的回復是，他實在很煩，目前不得不決定，要依照我們的行情去辦。

經緯臣：很好，讓冉閔被圍剿。

歌名：經緯臣局中鬼　引曲：裝甲兵進行曲　改詞：筆者　〈經緯臣的棍舞歌曲，煉足靴的伴奏附和〉

加速陰陽的鬼道重生！重生重生！重生重生！

汲取那異民族，吸收那新之血！
異民族，新之血。
立場是華夏民族鬼局新生命。
交錯分割同化迸進~
交錯分割同化迸進~
鬼行！鬼眼！
釋放局中鬼，胡漢相融合，
扮豬吃虎，疾風迅雷，
立場易置，釋放局中鬼。
萬眾一心，以一擋百，以一擋百，萬眾一心，
定位他的立場，
我們是鬼之局，我們是陰陽眼，
入局！入局！檢驗他們的立場入局。

燥足乾

改變心靈圖像

對群體解釋

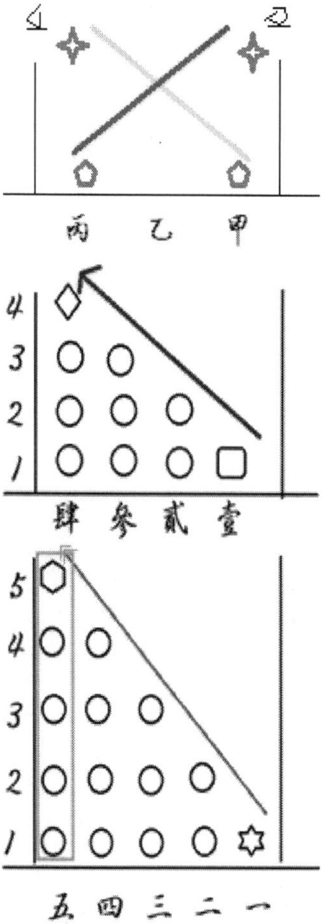

經緯呂

找到時空定位

經緯臣的局中鬼出動，各異族連成一氣圍剿冉閔，而漢族也紛紛結壁壘不願過多幫助冉閔。而冉閔此時竟然被脈絡子定位結點，看來又有一場鬪氣惡戰。且先按下這次中原混亂局面後表，說江南的東晉朝內部出現了一個奇葩，此人名叫桓溫。

桓溫的先祖是曹魏時期忠臣桓範，桓範在高平陵之變時，強闖出城，揭發司馬懿謀反，投奔曹爽請求反戈一擊，但是曹爽最後投降被誅殺，桓範也因而被司馬懿屠滅三族。但是由於仍有一系血脈偷偷留存，並且隱瞞了世系傳承。當司馬家族的晉朝朝廷，在中原被胡人所滅，逃到江南立朝時，才知道這桓家早就先來到這裡，而且看司馬家已經衰弱，便也不隱藏自己的世系。

此時司馬家大多被屠滅，殘餘流落到江南，司馬睿與司馬紹兩任皇帝，深感家族必需要改弦易轍，為了能跟各方冰釋前嫌，宣布一律恢復當年所有仇家的名譽。反而疏遠當年的親信蔣濟與賈充等家族後代。桓溫年少就有大志，才華出眾，因為被世人追捧，司馬家因而繼續加碼，捧著公主自動找上門和解，這桓溫也就娶了司馬皇族公主，當駙馬都尉。

如今升官拜安西將軍，持節都督六州軍事。然而在東晉朝廷皇家在江南，沒有政治實力。官拜都督六州軍事，但六州兵丁實際上都不歸他桓溫管。桓溫只有依靠自己的名聲與官位，四處建立賢能事蹟，自己招兵買馬，依靠一些士族支持，組織了五千人的桓家軍，日夜訓練成為勁旅。

於是上奏朝廷，自己將率桓家軍，進攻在巴蜀割據稱王的李氏漢國。當時大多數朝廷大臣們都認為，桓溫從荊州逆長江進攻巴蜀，沿途道路崎嶇險峻，而且桓溫兵少，很難戰勝。

不過桓溫全軍只帶三日糧食，快速猛撲，挺進直逼成都城，只留少數兵將看守輜重。

成漢主李勢出動大軍迎戰，桓溫死戰到底，接連擊破成漢軍。抵達成都城外，與其主力對峙。李勢見到桓溫兵少，便集中兵力在笮橋與晉軍對峙。雙方直到深夜，都燈火通明，輪班盯著敵營動作，不敢鬆懈。

凌晨，兩軍都開始有動靜。此時桓溫與建武將軍袁喬，兩人不經意談起了時勢。桓溫（紛黃眼眶）聲音有些詭異，微笑說：「彥叔啊，這世事真難料，本來大晉司馬皇家在文皇帝時期，控制曹魏朝廷，擁有中原與隴西，當時巴蜀是劉禪的漢朝，而荊襄到江東則是孫家的朝廷。到如今還不到百年，統一三國之後，竟然自己把中原隴西，巴蜀都丟了，只剩當初孫吳的地盤。等於是自己跟孫吳換了一個位置，你說這世事好笑不好笑？哈哈哈哈。」

袁喬（黃眼眶）一時沒聽懂他這段感慨，他思維語言方式與常人不太一樣，但是桓溫的才能還是讓袁喬認可的，於是附和說：「是啊，彷彿是有造化在弄人，故意把歷史命運這樣安排，頗是嘲弄。不過我們現在跟文皇帝執掌曹魏大權時代一樣，都要平定巴蜀。」

這句話說中桓溫真實的內心，他瞪大眼露出詭異笑容說：「彥叔說的好，我們現在跟文皇帝一樣。但是有一句話，千萬不可以學文皇帝，這句話本來是本朝禁忌，但是在司馬家諸王之亂後，皇家權威掃地，在江南就不是禁忌了。這句就是『司馬昭之心路人皆知』。呵呵呵。」

說到末尾，一邊笑還一邊手指著地上。

袁喬（黃眼眶）苦笑了一下，才醒悟桓溫剛才說的是什麼意思，低聲說：「將軍不用擔心，如今我們是盡忠王事，這次平定巴蜀之後，未來就是平定中原。此心可昭日月，路人皆知又如何？」

桓溫（粉黃眼眶）詭異地笑說：「對啊，我們是此心可昭日月，路人皆知又如何？可司馬昭名字有一個昭，但其心就是不能昭，可最後還是路人皆知。讓他可謂人如其名了，呵呵呵。」

他自己說自己怪笑，還真是思維方式跟常人不同，雖然只是兩人對話，但竟然氣氛有些尷尬，袁喬一時答不上話。兩人看著部隊依照旗令，從營帳內起床集結，準備清晨對成都發動總攻擊。

桓溫（粉黃眼眶）又來了，繼續詭異地微笑說：「彥叔啊，還有一世故也是奇特，我桓家在宣皇帝司馬懿當曹魏臣子的時代，也是盡忠曹魏，跟宣皇帝同朝為臣。

可宣皇帝在洛陽發動高平陵之變，誅殺曹爽黨羽等八家二十四族，威逼曹魏的皇帝，我桓家就在其中。宣皇帝司馬懿，對我祖上差點壞他大事，最是痛恨，硬把我們桓家滅三族，決定讓我們血脈不傳。我桓家運氣算好，有人暗中相助，雖然偷偷留著一脈傳承到我，但世系都隱而不宣，只求當平民生活，就是怕他們司馬家，哪天又掀出舊帳。直到他司馬皇家自己遭遇中原大亂，司馬諸王被滅族者眾多，血脈也流落江南，才醒悟當年在中原親善的都是奸惡，當年在中原殘殺的才是忠臣。於是恢復我們的名譽，還主動找上門說要和解，願意把司馬家公主嫁給我們傳宗接代，跟我們聯姻，任命我們當官，希望這二十四家族遺留者，都不要計較家族前嫌。」

「本來躲在小郡，躬耕讀書，當個平民，安貧樂道。忽然有一天，一大堆人上門，捧著美女是當朝公主，皇帝女兒，說要嫁我，以平息祖上恩怨，讓我當官。這種變化還真受寵若驚，這話，我該怎麼說呢？誒啊……」

袁喬感覺奇怪，怎麼大戰在即，桓溫反而總想著這些過去的歷史舊帳？本以為他適可而止，沒想到繼續說下去。

桓溫（粉黃眼眶）詭異地笑著，又來了，說：「彥叔啊，這宣皇帝司馬懿假設泉下有知，知道自己後代篡位自立，並統一三國，肯定是很高興的。但這繼續看下去那就慘啦……哈哈……會發現，司馬諸王相爭，骨肉相殘，天下大亂，夷狄並起，苦縣屠殺，兩京陷落，二帝被戮，胡羯盤據中原。司馬家族遺孤流落江東，大權都旁落於士族，還苦於王敦與蘇峻這些亂臣，說還有當年孫吳之地，但其勢比孫吳還不如。只能聯姻到過去最痛恨的仇家這裡，引以為援。不知道他司馬懿，會不會後悔發動高平陵之變？還會不會，最仇視我祖上桓範？呵呵呵。」

索性直接指名道姓，把晉室的老祖宗司馬懿給點出來，從頭到尾鞭屍一般去評論，著實讓袁喬有些發楞，但又不好反駁，只好神情詭異地苦笑。

桓溫（粉黃眼眶）此時才知道話說得太過，呵呵一笑之後變臉，嚴肅神情瞪大眼改口說：「不管歷史了！那些都是上幾代人之間的恩怨，早該拋到九霄雲外去。我桓溫如今是司馬皇家附馬，司馬皇家對我桓家，已經態度改變，司馬公主甚至幫我桓家傳宗接代，我盡忠對象當然就是司馬氏，大晉的敵人就是我的敵人。看我消滅巴蜀割據，進而北伐中原，一步步讓天下重歸一統！」

袁喬（黃眼眶）行揖說：「重歸一統，將軍此言甚是，此戰某當不惜性命，以獲全勝。」

終於兩軍在城外對壘，雙方都開始擊鼓進擊。殺！鏗將！鏗將！殺！鏗將！鏗將！

前鋒部隊已經交戰，李勢知道再戰敗，自己的割據王國就會滅亡。於是親自督戰，憑藉人數優勢，異常兇猛。三千名晉軍已經陷入苦戰，數名參軍戰死。一排排晉軍倒地，或狼狽後撤。

成漢軍弓弩手，再次搭起排箭，猛烈射擊。桓溫前方的士卒中箭傷亡頗重，躲在盾牌後，桓溫自己的戰馬鎧甲上都中了一箭，所幸鎧甲擋住，沒有把馬射死。在場一片混亂，嘶叫喧嘩不止。

桓溫（粉黃眼眶）大驚，揮劍大喊：「撤退！全軍撤退！鳴金撤退！。」

傳令兵狼狽後退，喘著氣到指揮陣地，舉錯了令旗。擊鼓手敲了進擊的鼓聲。咚咚咚咚咚！

在側翼的袁喬部眾一千人，聽到了之後紛紛抽起武器。

袁喬（黃眼眶）騎在馬上抽出配劍，身先士卒大喊：「全軍進擊！一舉消滅反賊！」

殺！鏗將！鏗將！殺！鏗將！鏗將！

袁喬部眾雖少，但是異常勇猛，血戰向前。

並且大喝：「消滅反賊啊！收復巴蜀！」聲音震動周圍戰場。

成漢軍大為吃驚，紛紛倒退，整個隊伍一團混亂無法指揮，最終大敗，李勢見狀不妙，想要退回城中。桓溫則趁勝打到成都城下，城上人發現兩軍混雜，不知道該如何作戰，桓溫知道自己兵少，不能強攻，便趁機命部隊縱火焚燒，濃煙四起。成漢軍驚駭崩潰，晉軍打入城中，李勢棄城逃往萌霞關。

過不久，派人來請降，願意帶領巴蜀舉國投降內附，宣佈巴蜀重新歸晉。桓溫見狀立刻答應，趕緊收編投降的成漢軍。然後還分兵鎮壓了，其餘不聽號令的小股反叛勢力，獲得了全勝。而後留兵鎮守巴蜀，自己凱旋回荊州根據地。

桓溫只領五千兵馬就建立滅國之功，並且還能分兵妥善處理後事，統制了當地。此等才能威震整個東晉朝廷。不得不以桓溫平蜀的功勳，升桓溫為征西大將軍、開府儀同三司，封臨賀郡公。荊州一帶士族瞬間紛紛轉投桓溫，完全不聽朝廷號令。

此時建康朝廷本來應該欣喜，家族女婿建立勢力功勳，收服荊州士族，但此時反而異常恐懼。因為聽人傳聞，桓溫時常批判司馬家先祖，甚至不惜直呼姓名諷刺他們，翻歷史舊帳拿出來，從頭到尾鞭屍評論，以彰顯自己。好事之人，便把桓家與司馬家舊怨拿來警告朝廷。從而他雖然是女婿，司馬皇家仍然擔心桓溫功高難制，最後會學王敦與蘇峻一樣，有不臣之心，於是把先前與桓溫齊名的殷浩拉抬出來，掌握大權，以資相互制衡。

建康城皇宮太極殿朝堂。

柱子之間都放下捲簾，外頭站滿衛士，群臣鞋子擺放在外。皇帝司馬聃率群臣，接見冉閔的使者，使者轉達冉閔的意思，引發一場爭議。

「我大魏皇帝已經改回姓氏為冉，改元永興。特來告知，諸胡逆亂中原，如今誅之，殘餘逆胡若是願意共同討伐，可以派軍前來。」

這『大魏皇帝』聲音一出，讓晉室重臣，想到當年司馬家就是大魏的輔政大臣，如今形勢轉變到此，接著一團爭議。直到皇帝都不耐煩。命令重臣主持會議秩序。

「肅靜！」

「我們知道你主冉閔，跟石羯逆賊已經反目。但是你主卻自行稱帝改元，並沒有奉我大晉正朔，豈能真心情願朝廷官軍北上？」

「這閣下就有所不知，我等今日討論的是，共同消滅逆胡，恢復華夏衣冠。至於正朔，可看將來形勢而定。無論誰稱得天命，都還是華夏正統，總勝過胡羯篡居皇帝大位吧？」

「這……」此人語塞退下。

「話雖如此，然而你主冉閔的父親是石羯養子，之前也當石羯的養孫，殺戮我大晉皇族與臣民也出過不少力，如今因利益與其主反目，就想要利用朝廷兵力？這籌算也算得太精！」

「怪哉！這位公卿也是儀表堂堂，怎麼說起話來如此沒有見識，只會去揭人舊瘡，不看天下未來？難不成晉室朝廷的兵將，到了中原之後就不聽號令？就立馬願意被人利用？如此說來，晉室兵將都是受利用的傻瓜了。統帥這些兵馬的將軍也是只願意被利用的傻人？難道只有我們會籌算，晉室朝臣領兵將軍，都成了不會籌算局面的呆哄之輩？閣下還是閉嘴吧！」

「啊……」此人張口結舌，無法再言。

「朝廷若大軍北上，該不會你等屆時又聯合諸胡對抗官軍？畢竟你等北方漢人，與諸胡雜居，如今又自行稱帝，假其用心反覆，誰能作保？」

「這就真是笑話了！先前中原大亂，衣冠南渡。這些人難道都不是北方漢人？這些人都沒跟胡人雜居過？據我所知，你們的先帝明皇帝，髮色帶黃，其母是燕代鮮卑血統。難道賢仁睿智聞名於世，可以是司馬皇家驕傲的一代賢君明皇帝，其心就反覆？官軍北上若佔據有利城池與地理，安撫民心，迎奉官軍，這就是光復你們的大晉河山，官軍在地，豈害怕誰的用心如何？豈怕誰自行稱帝？袞袞諸公還要說什麼傻話？」

「哦……」此人滿面羞慚，難以反駁。

「我官軍北上必定興師動眾，耗費頗巨。而如今你主冉閔與諸胡之間，互相連和征伐，至少有鮮卑，羌，氐，羯四股力量加入，形勢如何恐怕你主自己也未必能知。若官軍在之間往返征戰，損失慘重最終形勢變化而無所得，那朝廷不就替人送呈，勞而無獲？」

「哈哈哈！笑話真的被名士說出口了！原來南渡衣冠與江南大族，眼界竟然如此之淺，如同販市商賈之輩！華夏子民在大亂中流離失所，田園無人耕種，飢荒遍地，盜賊橫行，乃至人相食，日夜期望有人能平定亂局，還子民於安寧。雖然先前晉室諸王之亂大失民心，而胡羯所為更是令生靈塗炭。若此時晉室朝廷把握機會，大軍北上，秋毫無犯，安定士民，以謝中原黔首，重新收拾人心，中原子民必然願意重新歸順，如此又怎會替人送呈，勞而無獲？閣下在朝堂上發言，如此淺薄，計較錙銖！竟然還有臉坐領俸祿，夸夸其言？閣下退下！我羞與此輩相談！不要再言！」

「嗚……」此人面紅耳赤，雖然不服，但無可辯駁。

「據我所知，雖然說羯胡淫暴，你主冉閔藉著誅殺羯胡，來引漢人稱幸。然而你主目的也是意在皇帝大位，殺戮無罪也不手軟，諸胡各股勢力要共同進攻你主。我朝廷若是與你主連和，共同消滅胡羯，他難道不會最後反目，大軍南下，成為逆賊？朝廷可不想引禍上身！」

「悲哀啊！我主冉閔乃中原豪傑，石羯搜刮天下美女財富，只求享樂，中原華夏漢民受羯胡之苦久矣。我主為民請命而誅殺他們，當然是正義之舉！至於皇帝大位，本為能者居之。如今是我主請爾等晉室朝廷派兵北上，不忌諱臥榻之旁，藏有他人刀兵，此乃有器量的英雄才能做出之事，請問古今帝王誰能做到？請朝廷官軍北上，竟然會被閣下意想成我主帶兵南下，搶奪你們的幾石田地。閣下器量如此狹隘，到底是怎樣官居高位，齒列名賢的？如此下才，你不羞恥，我都替你感到無地自容！閣下對天下大勢，還是少開尊口吧！袞袞諸公，到底還有沒有明智之人？」

「咦……」此人呆滯，形同木人，無法再出一言。在場群臣，被使者能言善道，壓得無力再辯。

「來使的意思，朕知矣，請到偏殿稍作休息，待朕與各位詳細商榷之後，再與貴使細細詳談。」

皇帝開口，使者只好行禮退下。

最終，東晉朝廷，在多數士族的反對之下，對如此大好的機會，仍然裝聾作啞。不願意出兵北上，使者只好大失所望回北方去。機會這麼好，當然是不會發兵北上，有一股無形的力量，全力牽制著，豈能讓晉室死灰復燃？這點王導可在先前就看得一清二楚。

朝廷不會對中原用兵，但不代表身為奇葩的桓溫不會。聽聞朝廷不動，把冉閔的使節送回去，他可急不可耐，急忙連番上奏，語詞激烈，抨擊各士族名門不作為，請求趁羯胡內亂，大舉北伐收復中原。建康朝廷本來就是個假象，當然不會給桓溫答覆。

桓溫火了，率大軍四萬餘人，順長江而下，往建康進軍，各鎮以為他將如先前，王溫二賊一樣要進攻京城，紛紛戒備。但桓溫在動兵的同時上書措辭強硬，打出了方向上的政治正確，通告各方，要求北伐光復中原。

這引起所有北方南渡的名門一陣騷動，紛紛上奏，請求准許桓溫所請，出兵北伐。朝廷必須給個說法，不可能說要放棄中原，於是派人命令桓溫先退兵，並表示朝廷當前就正在策畫北伐的事情。

建康朝廷群臣討論的結果是：北伐一定要！但不能讓出言不遜，對司馬皇家祖先不敬，功勞又很大的桓溫來主導！必需請出先前就跟桓溫齊名的殷浩，主導揚州軍政，兼任都督北方五州諸軍事，宣稱讓殷浩準備北伐。

江南各大族官員，對於這個結論，都上書表示可以接受。

如此殷浩的官位，也等同桓溫。包括桓溫在內許多人，熟悉殷浩只是虛有其表的偽君子者，全部目瞪口呆。其實說殷浩怎麼偽君子，怎麼徒有其表，其實都說得不對。

龍城。

這裡地處塞外，牛羊馬成群，畜牧仍然是鮮卑慕容部的生活習慣。此地也來了使者，正是從襄國來請求共同討伐冉閔的。得知使者來意之後，鮮卑慕容部招開內部的集會。

慕容家族雖然名義上還臣服於東晉朝廷，由慕容儁領大晉燕王爵，但見到後趙瓦解，中原大亂，已經準備大舉南下。

慕容儁說：「在先王時，我們曾經搭船渡海到江南建康，表達我們鮮卑慕容氏一族，對大晉朝廷的忠誠，但眼見晉室衰弱無力，即使良心苦勸他們也不聽。如今平定中原只有靠我們了。出兵南下是必然，但石氏只是利用我們去對抗冉閔，我擔心最後中原漢人因此怪罪我們背叛，這當如何？」

慕容垂說：「王兄所言甚是，目前我們仍名義上臣服於晉室，若入主中原打著支援石羯一族，必定最後會遭遇反抗。所以此次出兵，我們仍以晉室臣屬，禁亂止暴為名，先行平定幽州為根據地。等到石氏殘餘力量不得不求我們時，逼他獻出傳國玉璽，屆時王兄便可自行稱帝。無論石羯殘族還是冉閔，屆時仍不知天命，則有力量滅之。」

慕容儁頻頻點頭。

慕容恪說：「傳國玉璽象徵天命，當初石勒在襄國時，先王便有派使者看過。得到它我們就可以跟衰弱的晉室一刀兩斷，並圖略中國。冉閔本來也是助石虎為虐的一黨人，只是漢人痛恨石虎淫暴羯人肆虐，才聽從冉閔殺胡之舉，並非真心支持冉閔。故王兄不必多疑，中原必可平定。」

慕容儁雖沒見到傳國玉璽，但已經心繫於它，大喜道：「那就舉我全族兵力，全力南下！」

【慕容儁出現紫眼眶】

慕容鮮卑舉族兵力十五萬人出動，分三路南下，慕容儁親自率令領中軍攻佔薊城，並迫不急待宣佈遷都於此。同時安撫城中漢人，不殺敵方士卒，全數收編為己用，於是歸降者眾多。另外兩路也勢如破竹，攻佔整個幽州各地。然後集中兵力，從幽州南下進入冀州。

氐族的蒲洪則已經投靠東晉朝廷，宣布脫離胡羯一類，轉圖略關中。姚弋仲深知蒲洪的異志，同樣也圖略關中，雙方互派使節指責對方不忠，氐羌兩族終於鬧翻臉。於是派姚襄率軍五萬進攻蒲洪。蒲洪善於用兵，埋伏各處接連伏擊，姚襄大敗撤走。

蒲洪於是改名苻洪，自稱晉大都督，大單于，大將軍，三秦王。明的打不過苻洪，就來暗的，姚弋仲深恨苻洪早有異志，遂收買刺客，秘密對苻洪下毒。

苻洪不夠警覺，果然中毒，雖然被人毒殺，但臨終之前交代兒子苻健，趁後趙滅亡之際平定全部關中，以作後圖。苻健於是繼承部眾，率軍進入關中，所以氐族很快就攻佔了關中各地，入駐長安，過不久登基稱帝，改國號為秦，史稱前秦。

此時已經稱帝的冉閔，親率大軍進攻後趙最後的據點襄國，團團將其圍困。後趙各州郡都被攻略搶走，已經沒有兵力，只靠姚弋仲派兒子姚襄率主力前來支援。

冉閔於是對襄國發動激烈的攻勢，士卒拚死攻城，城中殘存的羯族士兵面臨滅族危機，非常痛恨冉閔的殺胡滅族行為，於是竭力抵抗。冉閔暫時攻不下來，於是改採築牆圍困。

圍困大營。

幾名士卒押解一個人進營，他是慕容儁派進襄國的使節，被冉閔的魏軍抓獲。

冉閔親自審問，使者也全盤托出，冉閔大為吃驚。

「啊？石羯小子想要用傳國玉璽換鮮卑救兵？」

使者發抖說：「是的，我受命前去就是回答石祗，我方同意交換。」

冉閔（紅眼眶）咬牙切齒說：「慕容氏號稱還臣服於晉，實際上也想當皇帝？傳國玉璽是他這個夷狄禽獸有資格獲得的嗎？」

使者唯唯諾諾。

冉閔（紅眼眶）怒目看著使者，手按劍柄，說：「想要傳國玉璽？別做夢了！」

使者發現他露出殺意，急忙搶答道：「在下建議大魏皇帝陛下，可以將計就計，不妨讓我進城去回復他們，促成他們這筆交易。因為我主慕容儁已經率大軍攻佔幽州，石祗內心肯定不滿意我方趁機佔據幽州，所以提出這筆交易，也只是被陛下圍困所出的下策，內心並不樂意。陛下則可以從我往返過程，算出我主派兵到此的時間與路線，獲得戰場先機。即便不幸最後我主僥倖獲勝，陛下退回鄴城，石祗也必然毀約。屆時石祗與我主就會因而反目，陛下再次攻略襄國，就不會有人救他了。」

冉閔（紅眼眶）為人凶狠，本來想要殺掉使者，但聽到使者這樣說，微笑道：

「沒想到你倒替我出謀劃策，好像還蠻有道理的！」

使者笑說：「這是為了妻兒還能再看到我，我替自己出謀劃策，並不是替陛下，也不是替我主慕容儁。大亂之世，我們這種小人物，只想活命。您是大人物，要當皇帝的，別為難我們囉。」

冉閔（紅眼眶）笑著握拳頭說：「你說的好！就讓你進襄國！慕容儁要來就來，我們看誰厲害！」

於是放使節進城，石祗聽說慕容儁同意這交易，大為欣喜。當然如這人所料，答應這筆交易，只是為了解襄國之圍困，內心並不樂意。使者回去之時，同樣大搖大擺穿過冉閔的圍困大營，並把路線與如何裡應外合，都交代給冉閔知道，冉閔還親自送他離去。

使者回到慕容儁那邊……

「什麼？冉閔有這種表現？也未免太自負了！」慕容儁一陣窩火。

使者說：「大王應該繞道進攻，臣給他的路線都是大路，可抄小路打他側翼。」

慕容儁（紫眼眶）露出狐疑眼神問：「喔？你是真的指大路給他嗎？」

慕容儁狐疑的神情，讓使者備感殺機四伏，內心直苦這場差使不容易，遇到了兩個為皇帝位發狂，眼眶周圍顏色都變調的人。

趕緊說：「臣肯定是忠於大王的，而且這次臣在冉閔大營中，看到他背後地圖兵棋。可見他還擔心另外兩股要救援襄國的兵力。」

慕容儁（紫眼眶）急問：「是誰？氐還是羌？」

使者答：「當時臣算得上是快目，看到有石趙的旗幟在城外，也有羌族的標示。大概是其他石趙殘餘力量，帶著羌族援軍前來。而臣估計，羌族首領姚弋仲年老，派大將或是他兒子有可能。加上大王的援軍將有三股力量，如此冉閔必敗。臣建議大王，可以派一支人馬佯裝大路來援用以欺敵，另選精兵從其他無人知的小路出擊，搶先擊敗冉閔。如此石祗就沒有藉口，不把傳國玉璽上繳給大王。」

慕容儁（紫眼眶）大喜，走了幾步看著帳外，狠狠地笑說：「只要拿到傳國玉璽，孤就沒有必要再打著臣服於晉的名號！」然後握拳狠狠地說：「冉閔！你納命來吧！」

於是真的聽從使者的臨機獻計，大路用佯兵移動，小路出動精銳騎兵突擊。

殺！鏗將！鏗將！殺！鏗將！鏗將！

雙方短兵相接，此時冉閔親自騎著名馬『朱龍』，持著雙刃大戟，全身金盔銀甲，帶著精銳突擊騎兵從大營殺出。一戟下去就砍死數人，兩名鮮卑將領，被冉閔立斬落馬，跟隨的騎兵也都是身經百戰，鮮卑部隊連連敗退，不得不退兵。

忽然探馬來報：「啟奏陛下，西南與東方各有一股人馬，衝殺我圍城本營。」

冉閔（紅眼眶）說：「肯定是姚襄羌兵跟殘餘趙兵，前來送死！來一個宰一個，全軍回撤，殺敗他們！」

冉閔揮動雙刃畫戟，殺回一陣，後趙汝陰王石琨，手下的後趙漢族士兵中，許多人認識冉閔，非常害怕他勇猛，一戰就大敗，紛紛潰逃，不可復制。姚襄的羌族部隊，緊急替換石琨的敗軍，接手與冉閔一場廝殺，打得難分難解。慕容恪與皇甫真率領燕軍，站在高崗上，遠遠望見冉閔軍旗幟左衝右突，打得羌族士兵紛紛倒退，異常勇猛。

慕容恪（金眼眶）不禁說：「漢人冉閔驍勇善戰，恐怕遠超過各族胡將。」

皇甫真說：「如今他一方勢力，要戰四方兵將，再驍勇恐也不能持久。」

姚襄見戰局不利，不得不暫時後撤，讓後續的步兵方陣壓住陣腳。

慕容恪與皇甫真各率一支部隊，分兩路從山崗上衝下，左右夾攻。冉閔大營被衝垮，冉閔本軍仍然死戰，慕容恪與皇甫真對於冉閔軍隊的善戰程度，逐漸感到恐慌，沒想到漢人的部隊也有如此戰力，大出他們原先的意料。

就在酣戰當中，忽然一陣鼓聲，戰場另外一方又殺出部隊，原來是石祗下令開城迎戰，由悅綰率領殘存的羯族士兵三千人，拚死出擊。羯族士兵雖然人數以少，但非常痛恨冉閔，戰意異常高漲。此時冉閔軍被多方夾攻，不得不鳴金撤走，往鄴城逃去。但中途姚襄部隊殺出截擊。

姚襄（棕眼眶）用洛陽漢語叫嚷著：「我乃姚襄，冉閔，納命來！」

冉閔（紅眼眶）大喝：「賊胡姚襄，納命來！」

雙方的親衛隊交叉戰成一團，姚襄持著大長刀，與冉閔雙刃畫戟兵器交斫，火星四濺，百里之外都能聽見他們的廝殺聲。忽然一路騎兵趕來，原來是鮮卑部隊，從側翼殺來。

冉閔部隊士卒非常害怕，如此輪戰羯、羌、鮮卑三族部隊，冉閔軍士已經無力再戰。

「陛下，敵人實在太多，先撤退吧！」左右用長兵器，隔開他與姚襄的廝殺，緊急這樣請求。

冉閔知道戰局逐漸不利，於是同意撤兵，冉魏士兵收到總撤退鳴金，紛紛潰逃。潰逃當中不斷鳴笛，所有退兵頭都不回，只往鄴城方向退走。

慕容恪與皇甫真哈哈大笑，下令追擊殘兵。

姚襄卻阻止，左右問：「敵軍已經敗逃，鮮卑士兵都在追殺，為何我們不追？」姚襄（棕眼眶）用羌族語說：「他們錯了，這才是最快速的逃離方式，損失人數最少，但拼命逃不要顧慮命令隊形，最後收攏回去的兵卒會是最多的。而且大家一窩蜂亂逃，主帥的行蹤也不會被我們所掌握，更無法追擊。倘若邊走邊打，面對強敵圍攻，即便主帥最後僥倖退走，士卒也會死亡慘重。冉閔的確善戰，我們都太低估漢人，以為他們只能吟詩作賦，那就大錯特錯了！」

果然，慕容恪與皇甫真都撲了空，除了殺掉一些落後的士卒，沒有其他戰果，冉閔安全撤回了鄴城。

幽州薊城，慕容鮮卑都城。

慕容儁（紫眼眶）收到使者回答，大怒說：「你說什麼？石祗不肯上繳傳國玉璽？」

使者低頭說：「是的，他說這是先祖傳下來，不能給人。但大王救援襄國，他會銘記在心。將來必當圖報。」

慕容儁（紫眼眶）氣得用鮮卑髒話，大罵他石祗的娘，然後大罵石虎是個骯髒老羯，都生出背信棄義的禽獸子孫。然後狂喊：「出兵！把襄國打下來！換孤來滅他羯人！」

慕容恪與慕容垂，兩人急忙勸阻。

慕容恪（金眼眶）說：「王兄且慢，若我們自己去打襄國，將會受人口實，說我們南下就是居心不良。不然為何先前救他，如今又要打他？石趙羯族如今只剩下襄國一地，已經沒有實力，不勞我們動手，冉閔自會解決他。」

慕容儁（紫眼眶）問：「若是讓冉閔攻克襄國，那傳國玉璽不就是他的？」

慕容垂（紫眼眶）說：「不，冉閔已經稱帝，多一塊石頭也不能再多。況且帝位乃有天命者居之，冉閔為諸胡所惡，不可能長久，他拿著不過就是替王兄多保管幾日罷了。」

慕容儁（紫眼眶）說：「那孤就再這幽州多等幾日，等冉閔宰了石祗再南下。」

石祗死賴著傳國玉璽，果然引來禍患。

「陛下，叛亂啦！叛亂啦！」

一個宦官哭喪地跑進襄國的皇宮後花園。

石祗（灰眼眶）大驚問：「怎麼回事？」

宦官哭著說：「劉顯叛亂，現在殺進宮來了。」

一聽左右一陣驚慌，果然劉顯很快率軍找到石祗，殺了過來。

石祗（灰眼眶）見無處可逃，指著劉顯說：「朕派你去進攻鄴城，你失敗回來，朕沒有怪罪，卻跑回來做這種事情，想要謀逆嗎？」

劉顯（橙眼眶）笑說：「你們石羯氣數已盡，天下人都厭惡你們征戰殺伐，還掠奪子女，當初我們匈奴劉氏，不也被你們滅掉過？把傳國玉璽拿出來，物歸原主，我還保你一條命。」

石祗（灰眼眶）說：「逆賊叛亂，朕不可能給你的。」

劉顯於是指揮左右動手，於是把石祗殺了，然後逼問宦官傳國玉璽所在。宦官嚇得要死，趕緊找出傳國玉璽獻上，並且吹捧劉顯已經得到天命。

劉顯（橙眼眶）拿在手上，呵呵笑說：「就是這個，傳國玉璽。我有天命。」

左右問是否把玉璽與人頭一起送給冉閔？

劉顯（橙眼眶）瞪大眼說：「我有說要給他嗎？石祗的人頭不值錢，交給他可以。傳國玉璽可不行，這象徵天命重歸我匈奴劉氏。」

於是劉顯把石祗人頭送到鄴城。

冉閔大喜，冉閔把石祗人頭當眾燒毀，宣佈石趙滅亡，所有鄴城百姓都高呼萬歲。於是冉閔冊封劉顯為冀州牧，大單于，上大將軍。

石琨是石虎最後一個沒死的兒子，見到已經徹底滅族亡國，帶著妻妾逃往東晉，自稱要投降……一到了建康，馬上變成階下囚。

由揚州刺史殷浩，羽扇綸巾，批鶴敞衣，負責審理此案，大喊把人帶上來。

殷浩（粉黃眼眶）道：「你就是石羯一族的最後孽種？你可知道自己為何是階下囚？」

石琨（粉紅眼眶）苦著臉，用漢語說：「我是來投降的，並不是來謀逆，大晉原本乃衣冠中原上邦，為何要這樣對待降者？」

左右對他一口胡腔，頗為不屑，紛紛聒噪暗罵。

殷浩（粉黃眼眶）命令眾人安靜，然後冷笑說：「我們大晉當然是衣冠中原上邦，但為何現在居江南？呵呵呵呵呵。」

說罷，瞪大眼睛，頭左右觀望眾人，露出呵呵詭異的笑容，以及驚悚的笑聲，還不時搖動羽扇。

最後兩人四目相對，靜了一段時間。

殷浩（粉黃眼眶）大喝：「苦縣屠殺，石勒殺了我大晉十萬將士。兩京陷落，二帝不幸，中原白骨遍地，石勒又出了多少力氣？至於你父親石虎……」

「石虎在當初幫石勒殺了多少人？奪位之後在中原的所作所為，天下人皆知，都不用我說！你這個傢伙，哪裡不去偏偏來這裡，那真是老天有眼，讓你走對地方！呵呵呵呵呵。」

說罷，又瞪大眼睛，頭左右觀望眾人，露出呵呵詭異的笑容，以及驚悚的笑聲，還不時搖動羽扇。

殷浩（粉黃眼眶）又說：「至於你的妻妾，朝廷不會為難，她們就像被你們石羯強佔的妻女一樣。但我大晉是諸夏正統，禮儀之邦，不像你等胡羯強盜。本官會給她們自己在建康，自謀他嫁，沒有人使強。呵呵呵呵呵。」

說罷，又瞪大眼睛，頭左右觀望眾人，露出呵呵詭異的笑容，以及驚悚的笑聲，還不時搖動羽扇。

石琨（粉紅眼眶）氣沮，一言難發。

於是很快就被人綁赴建康刑場，斬首示眾。石勒後嗣被石虎所滅，而今石虎後嗣也滅絕。此時黃河以南州郡，大多投降東晉，姚弋仲病死之前，也令姚襄投降東晉。

但等姚弋仲死，姚襄繼位統帥羌族部眾之後，表面上遵從命令宣佈降晉，但作出這種選擇，實際原因是接連被氐族前秦軍打敗，無法進入關中稱帝，不得不為，並非真心降晉，與殷浩主導的北伐軍開始有矛盾。

襄國宮殿。

此時冉閔派使節來索取傳國玉璽。

劉顯（橙眼眶）瞪大眼說：「什麼！我才歸附不到兩個月，就來索取傳國玉璽，陛下他未免太心急了吧？」

使節說：「大單于您既然已經歸附大魏，這東西就應當立刻交給陛下。陛下已經有說，傳國玉璽上交後，自然會給新的璽綬給大單于。如同漢匈奴單于璽。仍然是璽的等級，並非印章。」

劉顯（橙眼眶）冷冷一笑說：「傳國玉璽本來就屬於我們劉氏，交給陛下不是不可，但我得請示一下大漢先祖，再做回報。請貴使回去告知陛下。」

使節此時已經心知，他不願意上繳，若再糾纏，可能會出事情，於是說：「那在下就回鄴城稟明陛下。」

使節走後，劉顯招集部眾，宣布準備進攻鄴城。部眾大吃一驚，原本支持他殺石祗的人，大多是漢人或匈奴人，目的是不想要跟冉閔打仗，羯人殘餘力量則是暗恨劉顯背叛。如今漢人與匈奴人內心非常不願意，羯人雖然答應討伐鄴城，但人口已經所剩不多，更無法真心相信劉顯。劉顯擺明了要強逼眾人，當然都只是表面順從。

便率領五萬大軍，浩浩蕩蕩殺向鄴城。

冉閔得到消息，非常憤怒，親自騎著名馬『朱龍』，持著雙刃畫戟，率精銳騎兵一萬人，步兵五萬出擊。兩軍剛一接觸，劉顯軍就紛紛潰散，大多棄甲拋戈而逃。

劉顯逃回襄國，自行登基稱帝。而且還不死心，準備再次舉兵進攻冉閔。

冉閔早有防備，直接率軍打到襄國城外，劉顯發狂似地出動所有兵力出城迎戰。

殺！鏗將！鏗將！殺！鏗將！鏗將！

冉閔一馬當前，畫戟左劈又砍，劉顯前鋒部隊潰散。

劉顯抽出兩把大彎刀，帶領左右一百多名精挑細選的匈奴勇士，衝殺冉閔的帥旗而來。冉閔也率領一百多人親衛隊迎面交戰，雙方兵器相斫火光四散。

劉顯（橙眼眶）發狂喊：「冉閔是弒主逆賊，朕有天命！」

冉閔（紅眼眶）大喝喊：「你劉顯才是弒主逆賊，天命歸朕！」

雙方身邊的勇士也互相廝殺成一團，兩個弒殺石氏的人都自稱朕，相互又罵對方是弒主逆賊。

最後殺得火光與鮮血都四濺，一時分不出勝負。但後續冉閔士兵發動衝殺支援，劉顯手下已經怨恨他如此不自量力死戰不休，顯露狂態，更厭惡他拿著傳國玉璽妄自尊大。於是紛紛叛變，襄國守軍開城門迎接冉閔軍。

劉顯發現城門已經打開，大為吃驚，甩下眼前戰圈要回皇宮拿傳國玉璽。

冉閔騎著馬在後狂喊追殺：「劉顯逆賊休走，納命來！」

在襄國城中追砍廝殺，奔過好幾條大街，劉顯策馬狂奔到宮殿門內，忽然伏兵四起。原來已經先行進入襄國城中的冉閔先鋒部隊，與原來劉顯手下投降的部隊合作，已經在這堵截，丟出絆馬鎖把劉顯的馬絆倒。士兵齊上把他擒獲，全身反綁，幾人一同將他押到冉閔面前。

冉閔下馬，走近被俘的劉顯耳旁。

冉閔（紅眼眶）大聲狂喊：「你根本就是個匈奴雜種材料，去養馬足矣，怎敢妄自稱帝？」

聲音大到讓在場人都發聾。

劉顯（橙眼眶）大聲回喊：「天下大亂，能者居之！你這石羯收養的中土孫子，都可以稱帝。我大匈奴劉氏，祖先與漢朝公主和親，也有大漢皇帝血統，怎麼不能稱帝？」

冉閔（紅眼眶）大怒，對左右喊道：「拖他下去鞭打一百，然後把他斬首示眾！」

於是士兵們押著劉顯出去，鞭打之後，一刀斬首，首級懸掛在城門上。

冉閔於是整隊率兵進入襄國宮內，宮女們四散逃竄，一個宦官帶路引導冉閔找到傳國玉璽。於是冉閔持傳國玉璽登上襄國宮殿高台。蔣幹，董閏，張溫等數十人文武大臣隨行。

冉閔（紅眼眶）手握傳國玉璽，指著一片宮殿說：「劉顯這傢伙狂妄貪婪，死有餘辜。現在傳國玉璽終於歸朕，立刻將此消息通知四方，天命所歸。」

群臣遵命。

冉閔（紅眼眶）又說：「這宮殿我來過無數次，石勒時開始建造，石虎又奢華擴增。太過宏偉奢侈，讓人想到石氏賊人的惡行。不如一把火燒了，乾乾淨淨一了百了。」

蔣幹（白眼眶）急忙走上前諫言：「陛下不可啊，這座宮殿是石勒石虎賊人，壓榨人民的財產人力，填充人民的子女而成。雖然都是罪惡，但匯聚所有民脂民膏，若一把火燒毀，恐怕陛下也會落罵名。不如讓子民們自己拆遷這些材料，去搭建民宅。土地就讓子民自行分割使用。」

冉閔（紅眼眶）瞪眼說：「不行！倘若還有劉顯這種不知天命的豪強，看到奢華宮殿萌發野心，那還得了？必須燒了，同時把襄國宮中宮女宦官，城中黔首，全部遷往鄴城。這座城就廢掉！」

所有人都知道冉閔剛愎自用，想到當年的項羽。

蔣幹（白眼眶）再次諫說：「陛下三思啊！當年項羽入關滅秦焚城，引發不滿。」

冉閔（紅眼眶）怒目打斷說：「你把朕比做項羽？」

蔣幹尷尬，苦著臉笑，急忙搖頭否認。

冉閔（紅眼眶）說：「項羽的失敗，是他沒有殺劉邦，也沒有拿傳國玉璽稱帝定都關中。朕不是如此，先生你說對不對？」

蔣幹（白眼眶）急忙點頭說：「是，臣沒想到這一點。」

冉閔（紅眼眶）於是指揮部眾：「傳令所有士卒，全宮全城搜尋，把人與財貨集中城外，然後點火燒城。」

眾人遵令。

此時從宮殿中搜出一把劍，名曰太罡劍。為當初造太初劍的工匠，同樣受太極劍思維哲理與武器合體的影響，自行設計改型，造出一把太罡劍，之後被後趙官員收購，上交到此。冉閔見到此劍型制特殊，與之有共鳴，於是將之收為配劍。

派出兵隊，把宮女宦官以及城中子民找齊，帶出城外。便焚燒襄國奢華的宮殿，將所有人遷往鄴城居住。

此時冉閔一個在中原稱皇帝的漢人，已經成了各族胡人的公敵，除了已經先入關的氐族沒有戰過，其他匈奴、羯、鮮卑、羌，都與他交戰。但竟然漢人也對他剛愎自用，只逞匹夫之勇，甚至誅殺很多跟漢人友好的無辜胡人，大感不滿。且不說黃河以南大多名義歸降東晉，河北各郡也因戰亂，都築壁壘自保，所以真正願意支援冉閔的漢人，為數不多。冉閔也知道自己形勢孤立，頗感恐慌。

逐漸鄴城周圍也缺少糧食，冉閔不得不讓妻子董后與兒子冉智鎮守鄴城，自己親率領精銳部隊，在幽州冀州各郡蒐羅食物，並且招納願意歸降的郡縣。此時鮮卑段氏殘餘力量，也自稱趙帝，在幽州反叛。慕容儁聽聞，於是動員全族兵力並招集部將，令慕容恪從幽州率領主力，大舉追殺冉閔。而命令慕容垂，率軍攻滅段氏殘餘力量。

冉閔聽說慕容儁出兵攻來，遂決心反擊，一戰奪取幽州。隨行大臣們勸阻，認為敵眾我寡，應當蒐集食物之後回鄴城，開田農桑，鞏固冀州統治，與晉室連和，但冉閔拒絕接受。

慕容垂很輕鬆就平定段氏，但慕容恪主力十五萬人卻打得異常艱困。

慕容恪所屬部隊，雖然大多是鮮卑騎兵，卻也知道冉閔手下漢人步兵善戰，故在中山郡安喜縣遭遇時，只敢遠距離相持，觀察對方鬆懈的弱點，不敢貿然進攻。冉閔則知道對方人多勢眾，同樣不敢發動攻擊。如此雙方都知道對方是勁敵，同時移陣對壘。

「將軍，賊兵移動了！」慕容恪身邊的參軍回報。

慕容恪爬上臨時營壘的觀察高台，望到冉魏軍的旌旗群移動。

「那邊是什麼方向？」

「常山郡，我們是否要立刻發動攻擊？」

「不！現在還不是時候。通知全軍拔營，與賊軍保持十里以上的距離。」

冉閔先率軍撤往常山郡，慕容恪大舉追趕過來，再次相持，互相觀察對方。繼續一邊觀察，一邊移陣。

「陛下！胡虜大軍跟上來了，但始終保持距離，沒有攻擊。」背後插著冉閔軍旗的刺探兵來報。

「胡虜在等我們疲憊，隊伍露出破綻，然後就會用騎兵衝殺。以為朕不知道嗎？」

「士卒們情緒都很緊繃，是否立刻交戰？」

「暫時不要，全軍往廉台移動，那邊的地形有利於步兵。既然他們要跟，就讓他們跟！」

兩軍繼續互相保持警戒，各自行軍同時醞釀殺氣，最後又相持在中山郡廉台一帶，終於雙方都戰意高漲，爆發大戰。

《三鬪仙 —- 夢幻配樂 : 死滅戰》

荒原的胡與漢

對陣之張——

慕容恪令第一波鮮卑騎射隊攻殺而來，冉閔此時親臨陣前，皇帝親自戰陣搏殺，士氣大振，座下朱龍千里馬，異常勇悍。於是擺出雙刃畫戟，率盾牌步兵掩護弓箭隊迎戰。飛矢交錯射擊，但冉閔全身鎧甲厚重，朱龍也身披硬甲，絲毫不懼怕弓箭。一下就兩軍交錯，冉閔帶著所屬衛隊打得眼紅，一陣混戰後，殺得鮮卑部隊大敗，燕軍前鋒陷入不利。

慕容恪站在高崗上，急忙揮動令旗，數十傳令站在不同的高處，望見指揮中心揮旗，自己也同時揮動，一時令旗同步在各高崗揮舞，各營壘擊鼓，準備如上次襄國之戰一樣，來個車輪廝殺。

又一隊伍衝殺過來，為首兩名鮮卑燕將，輪刀執錘，率領刀槍騎兵隊殺來。兩軍交錯，冉閔陷入敵陣，左劈右砍奮力廝殺，兩名鮮卑燕將發現冉閔所在，左右夾殺而來，朱龍橫向跳躍，冉閔揮戟半月劃刃，左右劈殺，兩名燕將被斬落下馬。所有冉魏士卒士氣大振，紛紛反撲，大破燕軍。

第一陣就大獲全勝，鮮卑部隊不敢輕敵。

輪陣之拼——

慕容恪接連以三千人為一隊，分兵出動，但冉閔已經殺得性起，燕軍使出車輪戰，冉閔也利用自身的勇武與左右軍陣一前一後輪流上前，擺出反車輪戰，以致燕軍全部潰散。

燕將參軍高開騎馬奔回高崗上，回報慕容恪。

「將軍，已經八個隊伍被全部擊潰，士卒死傷慘重，冉閔的隊伍雖然漢人步兵為主力，但非常善戰，鉤馬截甲戰術熟練，騎兵根本衝不垮他們。車輪戰的結果，冉閔也與左右一前一後反車輪。若再被接連擊潰，可能會動搖到本陣。是否先退？」

慕容恪（金眼眶）全身閃亮盔甲，手持馬鞭，來回踱步說：「不成，依照原先計畫，繼續用騎兵騎射與長矛衝殺。命令繼續衝殺！只是換不同的方向去同時衝殺！」

鮮卑騎兵隊伍只得繼續從不同方向衝殺，但冉閔的步卒絲毫不怕，鉤馬戰術把鮮卑騎兵打得人仰馬翻，血流成河，紛紛潰逃。而此時冉閔則在軍陣中休息，正採取反車輪戰術應對，讓多數兵將士卒與他本隊輪流出戰。鮮卑燕軍在襄國之戰用的車輪戰術，已經被冉閔破解，完全失效。

後續衝殺來的鮮卑騎射隊伍，已經不敢短兵相接，只能遠距離用弓箭射擊，但冉魏士卒全身鐵甲張開盾牌，同時也出動弓弩手回射，騎射隊一時只能相持，攻不破冉魏軍陣。

此時慕容儁派遣來的幽州援軍也抵達，數量雖然繼續增加，但計算一番，仍未必改變戰局。慕容恪已經急了，親自拍馬在中軍巡陣，鼓舞士卒。指揮再發動攻擊，左右兩支騎兵交叉衝殺。冉閔休息已畢，拍馬出擊，再次上場，揮戟厮殺。

五名鮮卑壯漢，乃出名的龍城五勇士，各執刀劍錘鉤戟，專盯著冉魏軍的帥旗，並認得他穿得金盔銀甲，一起衝殺到冉閔面前，兵器齊同揮舞。冉閔雙刃畫戟一一抵擋，一氣化九百，一騎敵五騎，在平原上追逐火拼。冉魏騎兵追趕不上，步卒只靠兩條腿，更無力相助，只能看皇帝本人自己大戰一群鮮卑勇士。大家都膽戰心驚，一邊交戰，一邊呼喚陛下萬歲。

朱龍快馬在前，五騎在後，奔馳相斲。

「冉閔快來受死！」「看我宰了你！」「有膽子來戰！」

鮮卑勇士說的鮮卑話，冉閔聽不懂，拉開一段距離之後，忽然朱龍返身跳躍，冉閔畫戟半月飛刃破空而來，當場格殺兩人。所剩三人急了，一人持兵器從馬背上跳過去，施展雙錘壓頂，冉閔後發先至，一戟刺穿他胸，他趁勢丟出手上大錘，冉閔不得不放下畫戟，雙手撥開硬錘，一陣痲痺，但身上沒有受傷。而該勇士則中戟墜馬死亡。

另外兩人左右駢殺，冉閔低頭朱龍快速穿插逃回，爭取到空間，冉閔抽出佩劍，這就是太罡劍，發出『嘶嘶』聲響，再次運用朱龍的迴旋跳躍，返身刀兵相斫，電光火石，火光四濺，冉閔劍術高超如同飛舞，左右迎敵，最後殺死追來的二人。龍城五勇士至此全數陣亡，鮮卑部隊大為驚駭。

冉閔在襄國獲得的太罡劍。護鞘主體竟然是銅珠，會因甩動旋轉，有發散條狀，曲線折回連接劍身，劍柄白金色鑲玉，劍身被打造有波浪起伏狀，劍鞘也因此必須加寬。整把劍發揮到鋼鐵的物理極限，可以承受大斧頭或大戟的交斷，適合在第一線激烈的戰鬥。揮舞時會連發出『嘶嘶』聲響。

太罡劍因而可以輔助冉閔，在重武器遺落後，遞補的護身武器。

交陣之迫——

慕容恪親自指揮金甲騎兵隊，做最後一波衝殺，其勢異常兇猛，冉閔率領步騎，且暫且退。忽然本陣五百步兵持大斧側面殺來支援，雙方交鋒之後，鮮卑金甲騎兵隊大敗，退回本陣。

慕容恪氣喘吁吁，收到五勇士全數陣亡的敗報，大感恐慌。

冉魏的大將軍董閏來稟告：「今日之戰，鮮卑兵已經膽寒，退回本陣中。但我軍也傷亡慘重，尤其缺少糧食，步卒腳底磨破而無新鞋，疼痛難忍，無法如此東奔西跑。」

冉閔（紅眼眶）擦拭太罡劍，回說：「綁草鞋！把朕的藥草全部熬煮給他們治腳！他們跟不上朕也不怪罪。還有，把準備蒐羅給鄴城的糧食，全部發放給戰士！

之後攻破幽州，再蒐羅糧食給鄴城不晚！」

車騎將軍張溫說：「我軍後方有叢林，敵方騎兵不易衝殺，那裡的地形有利於我步卒作戰。陛下不如率軍退往該處休息，等士卒吃飽喝足，腳傷休養三日之後，必然可以再戰。不然我們在這平原上面結兵陣為城，很容易被騎兵衝殺襲擊。」

冉閔（紅眼眶）只好同意說：「好吧！今天晚上是來不及了，讓士卒先就地休息，燕軍被殺得大敗至少今晚不敢偷襲，明天一早全軍撤回林中休息。」

冉魏軍在平原結陣，過了一個緊張的夜晚。次日一大早，冉魏軍，開始緩緩向叢林移動。

燕軍參軍高開見了冉魏軍旗幟群，往樹林移動，急忙奔向慕容恪本營。

陷陣之錐——

「冉閔率軍退往林中！將軍，我們都是騎兵有利於在平地交戰，但昨日還被殺得大敗。倘若冉閔軍隊進入林地，不可復制！戰局將大為不妙。」

慕容恪（金眼眶）大為驚駭，急問：「這該如何是好？」

高開急忙在地上撿石頭，擺出當前兩軍狀態。

然後說：「將軍請看，目前他們是相互掩護，逐漸後退。我們必須以輕騎兵，從這個方向突擊。與對方交錯開戰，然後假裝敗走，引誘到平地。接著出動鐵鎖連環馬，從側翼殺奔過去。」

慕容恪（金眼眶）：「這個方法是很好，但是昨天你也見了，冉閔與其步卒，戰鬪力驚人，根本就不怕騎兵隊。鐵鎖連環馬，結陣向前雖然強大，但是萬一仍然被擊破，我當如何？」

高開撥弄石頭說：「倘若鐵鎖連環馬，仍然被殺敗，請將軍率中軍向前，冉閔好戰貪圖眼前戰果，必然不會退去林中，我則指揮最後一波金甲騎兵，從這兩個方向夾攻冉閔，截斷他後路。他就算再能戰，經過這樣連番攻殺，也必然失敗。到時候，他的軍隊就不能回到林中。」

慕容恪同意，於是騎馬依計而行。

果然冉閔軍被燕軍輕騎兵攻殺之後，反射性動作，用熟練的步兵戰術擊破騎兵，冉閔也親自騎著朱龍出擊，此時他雙刃畫戟在昨日之戰已經遺失，重新更換兵器，左手拿著雙刃矛，右手拿著鉤戟，揮軍向前。

燕軍輕騎兵快速逃竄，引來鐵鎖連環馬側面出擊，冉閔快速調動方向，向前衝殺。鐵鎖連環馬甲都有刀刃，步兵若貿然交戰，不是被衝殺砍死，就是被馬踩死。其勢看似絕不可能獲勝。

然而冉閔（紅眼眶）高喊：「列陣之強用錐尖破之！所有步卒低蹲砍馬卒，跟朕殺過去！」

親衛隊所有人策馬，重複冉閔的指令。

冉閔一馬當前，步卒聽到之後，紛紛嘶喊從後跟上。冉閔雙手各自揮舞兵器，左右護衛騎兵拿弓箭射擊掩護，鐵鎖連環馬上的騎士，不斷被冉閔砍殺，朱龍也發狂似得穿梭於各連環馬陣中。

交戰不到三刻時間，鐵鎖連環馬陣，光冉閔就就砍殺了三百多人，垮掉了數十馬陣。身後步兵更是凶猛，一陣廝殺砍馬足，擊破數百戰隊，鐵鎖連環馬陣，看似兇猛堅固，經過一番激烈交戰，竟被步兵全部打垮！

鐵鎖連環馬全垮，慕容恪驚駭萬分，但高喊中軍向前，並豎立大旗。

冉閔見狀，策馬率軍衝殺慕容恪。慕容恪前軍護衛，在一場激戰中紛紛倒退，死傷慘重。

高開抽出佩劍，大喝金甲騎兵兩面夾攻。

一時之間萬馬奔騰，金甲騎兵遠距離奔襲殺來，冉閔不得不放下敗逃的中軍，分兵應付。高開領著身邊六名鮮卑大將，衝殺向前，奔著冉閔殺來。

亂陣之墮——

一場激戰，冉閔士卒都各自為戰，分不開身。冉閔與高開手下六人廝殺成一團。

此時冉閔全身已經都是敵人鮮血，還是不減勇猛，高開與手下六人都是非常善戰的勇士，號稱六壯勇，但知冉閔之猛不可輕視，全部發狂似得對冉閔亂斫亂砍，六馬追一馬，奔馳交戰，冉閔左右手兵器都折斷，抽出太罡劍揮舞出『嘶嘶』之聲，

兵刃快速相斫，鐵片飛賤四散

只聽聞冉閔（紅眼眶）邊砍殺邊大罵漢族髒話：「滾你娘親！滾你娘親！」

而高開手下六壯勇，也邊砍殺邊大罵鮮卑髒話：「操你屌母！操你屌母！」

暴力異常，都已失去理智，同聲大罵髒話。

冉閔越戰越勇，抓到速度節奏之後，忽然反向慣性揮擊，當場殺掉三人。

高開喊：「這人是個怪物！跟他用命拚啦！」

高開策馬轉向，衝向朱龍，兩馬對撞，一陣嘶鳴，朱龍內傷，高開的馬當場倒斃。但高開躍起拿劍猛刺不顧自身，冉閔揮劍將其側向劈砍，甩倒在地上，鮮血狂噴，另外三勇士紛紛來救。冉閔與之混戰廝殺之後，這三人仍被冉閔全部殺掉。六壯勇也全部陣亡。隨著朱龍馬奔跑，太罡劍發出『嘶嘶』之聲，所有鮮卑部隊見狀紛紛退後。

冉閔個人作戰全勝，但是後方冉魏士卒已經支撐不住金甲騎兵衝殺，死傷慘重，董閏手持寶劍也已經戰到精疲力竭，高聲呼救。冉閔放下眼前重傷的高開，與其部隊撤退。

最後冉閔軍陣已經乏力，被拚死猛擊的燕軍殺得大敗，冉閔率殘軍集中兵力向東突圍，殺敗攔截的金甲騎兵隊。

重傷的高開被抬回慕容恪陣前，喘著最後一口氣說：「冉閔善戰，雖然只是匹夫之勇，而沒有治國能力。但是他的戰力兇猛，足以喚起很多漢人抵抗，請轉告大王，若大王要入主中原，必須先除掉冉閔。然後誠心安撫漢人，尋求支持，此戰將軍一定不能放走冉閔。」

說罷死亡。

慕容恪含淚，急忙親率最後騎兵主力，從後追殺冉閔。冉魏軍已經被衝散打垮組織不起來，冉閔身旁只有董閏與張溫等將領，騎著馬跟隨護衛，其餘步卒只能各自躲藏，被迫投降者眾多。慕容恪親率的騎兵死追不放，貼在身後不到一里追擊。

敗陣之況——

冉閔的座騎朱龍，雖然是千里馬，但已被撞內傷，且連續交戰數日，疲累不堪。但牠知道現在要護主逃亡，所以並不停歇。最後奔二十餘里，繞過山丘，朱龍實在支撐不住，倒地斃命。冉閔也因而摔倒在地，其他人急忙下忙攙扶。

鮮卑騎兵此時一擁而上，抵抗的冉閔護衛都被殺死，慕容恪（金眼眶）大喊：「他就是冉閔！」

冉閔持太罡劍，步行還要廝殺，鮮卑騎兵恐懼冉閔之猛，紛紛倒退，後續騎兵拋出石頭鉤繩，連結鎖網，把冉閔、董閏、張溫等人全部抓獲。用棍棒亂揮將其打趴，以免抵抗，然後全身牢牢綁緊之後，帶到薊城。

慕容儁聽了這場大戰的經過，大為驚悚，但又因勝欣喜。

冉閔被全身綁著送到大殿，太罡劍也送上來成為慕容儁的戰利品。慕容儁（紫眼眶）走到他身旁，用練習好的漢語，大聲在他耳旁貼近狂喊：「你本是羯族盜賊收養的漢人孫子！是奴僕下才！怎能妄自稱帝？」

慕容儁狂喊的聲音，連殿外的武士都聽如驚雷，彷彿是用盡全身力氣發瘋大喊。

冉閔想要掙扎站起，被用木棍叉他的兩個武士壓下去，但冉閔（紅眼眶）仍然不服輸狂喊：「天下大亂！爾等夷狄禽獸都來稱帝，況我是中土英雄，為何不能稱帝？」

慕容儁（紫眼眶）大怒，還想衝上去狂喊，慕容恪與慕容垂兩人，趕緊拉開慕容儁。

慕容垂（紫眼眶）趕緊安撫說：「王兄不要動怒，他已經是階下囚，能狂多久？」

慕容儁（紫眼眶）說：「把他鞭三百，送到龍城去斬首示眾！」

冉閔被鞭打後，全身鮮血，與其手下大臣一併押送龍城斬首。

秋風吹來，大刀斬下。

朕知道，朕不配拿出自己的年號，朕冉閔死在晉朝永和八年。但天運胡虜無可抵擋，朕卻沒有背叛華夏中國，朕已經盡力，但願朕犯下的所有罪惡，都隨朕的死而去而散去。雖然太罡劍不在身邊，但好像還聽到它隨風發出的聲音。意識好模糊，要安靜地長眠。

《三鬪仙之死滅戰結束》

慕容儁本來殺了冉閔，已經除掉心頭大患，可發現當年幽州天災不斷，又欽佩冉閔善戰，害怕是他死後不瞑目作鬼祟，於是命人祭祀安靈，上諡號為悼武天王，稱讚他剿滅羯人的功勞。慕容儁以此來安定漢族子民。

冉閔死後，慕容鮮卑大軍，再次南下，將鄴城團團包圍。

鄴城已經缺少糧食，又被圍困，結果人相食，士卒餓死者甚多。之前石虎養的大量宮女，除了先前趁後趙滅亡生亂，逃跑的一些人，還待在鄴城宮廷中者，也在此時遭遇到被殺掠分食。鄴城中秩序大亂，已經快要控制不住。

冉魏的大臣蔣幹，跟繆嵩、劉奇兩位大臣相談。

蔣幹（白眼眶）說：「鮮卑夷狄已經殺了陛下，倘若被攻進城，很怕會被屠城。跟兩位商談該怎麼辦？」

繆嵩說：「我們跟羯人是血海深仇，但羯人幾乎散滅，目前鮮卑人不至於仇恨我們。不如求和乞降。別說城內子民，宮中婦女都已經被餓到發瘋的兵卒，闖入殺掠分食，我等大臣全部都餓了一天，連老鼠肉都吃不到了。再這樣下去還是乞降為好。」

劉奇說：「不能對夷狄乞降，我等與夷狄都是仇人，他們殺了陛下，殲滅了我大魏將士。難保不會屠城。倉垣有晉軍謝尚在該處，距離這很近，有充足糧食。我們應該向晉軍乞降，求糧食相助並請他們協助鎮守鄴城。」

蔣幹（白眼眶）說：「還是劉奇說得對，向晉軍乞降吧！去掉國號，太子也不稱帝。但在這之前我們要做一件重要的事情！」

兩人問何事？

蔣幹（白眼眶）無精打采地苦臉說：「送走一個大災神！這個神不走，我們永遠沒有寧日！今日有此災難，死亡慘重，都是這個災神惹出來的禍！」

繆嵩問：「什麼災神？」

蔣幹從桌案旁拿出來，放在桌上，乃傳國玉璽也。

蔣幹（白眼眶）指著說：「就是它！」

兩人面有疑惑。

蔣幹（白眼眶）說：「因為它，石虎發狂，石虎的兒子們發狂，劉顯發狂，我們的陛下冉閔發狂，姚弋仲與苻洪懷有異志，各自在外相火拼攻殺。慕容儁沒見過它，但肯定是有耳聞，也因它發狂，才傾全族兵力來這。所有人發瘋似地相互殘殺到現在這種情況，都是為了它的傳奇故事，這史冊上都有案例，今日我們又遭遇相同。我說這你們懂吧？」

兩人同時點頭。

蔣幹（白眼眶）說：「如漢末送璽回許昌歸天子案例，這東西還是物歸原主得好！如今太后與太子都同意，只要能活下去，什麼都可以，所以我決定送璽回晉，乞求晉軍來救。」

兩人同時點頭，點頭頻率相同。

於是派人騎快馬抄小路，求倉垣的晉軍相救，承諾將傳國玉璽交還大晉，太子冉智不登基稱帝，回歸臣於大晉，如當年東漢末，最終還玉璽於許昌天子一樣。

這傳國玉璽，經過一番外面感染瘋子，相互廝殺蹂躪，蔣幹思來想去，還是物歸原主的好……

晉軍將領謝尚，命令戴施率領一百多人勇士，快速扛著大包米糧，趁夜偷偷進入鄴城，協助冉魏軍守護皇城三臺。傳國玉璽就秘密送往河南，轉送往江南建康。而晉軍督護何融也動員，率軍帶著更多的糧食，趁夜晚也進入鄴城。

鄴城當中王公大臣與士兵先行吃飯，所剩活下的子民與躲藏沒被掠殺的宮女，無論貴賤，依序喝米粥，秩序稍稍恢復。然而燕軍此時發現晉軍對城中偷偷運糧，於是率兵截斷糧道。

蔣幹於是派出精銳五千人，與晉軍一千人合兵，共同開城門殺出去突圍，要重新打通糧道。慕容評率軍迎戰，雙方激戰半日，冉魏與晉聯軍大敗，被斬殺四千人，剩下兩千人逃回城中。

最後的反撲已經失敗，城中大為恐慌，所有士兵都不願意再戰，於是開城門投降燕軍，冉魏滅亡。

蔣幹等人怕被追究，趕緊鎚繩索下城門逃往倉垣投奔晉軍。冉閔妻子董后，帶著冉智投降。慕容儁大喜，接見求降使者，立刻追問傳國玉璽何在？

聽聞已經被送往東晉，大失所望。

慕容儁（紅眼眶）高聲喊：「你說什麼？沒有傳國玉璽那怎麼投降？這孤不接受！」

使者衣袖擦汗，發抖說：「請燕王殿下原諒，先前真的被蔣幹等人，自作主張送到江南。小兒寡母面臨絕境，無可奈何。」

慕容儁（紅眼眶）皺眉搖頭堅持說：「什麼蔣幹？什麼送璽到江南？孤沒有聽見！孤不想被天下人恥笑，說孤欺負小兒寡母！」

瞪大眼指著使者說：「你回去告訴你的主母，她是不是把傳國玉璽忘在宮中什麼地方了？請她回去想一想，去想一想，到底忘在什麼地方？孤就在城外等，糧食孤可以送進城去，孤多的是時間！你們回去想一想！」

使者頻頻點頭，似乎領悟了什麼事情，於是回去告訴董后。

終於有中官知道該怎麼做，於是緊急找到一個璞玉，找到一個玉匠與幾個手巧的中官合作，一起雕刻出傳國玉璽。靠著典籍上說的秦璽規制，刻出『受命於天既壽永昌』。雖然是緊急加工，但看上去還是有模有樣。

然後恭恭敬敬由董后與冉智，帶領百官在城門口獻降，宣稱手上這個就是真的傳國玉璽。

慕容儁帶兵入城，大喜受降，冊封董后為奉璽君，冉智也封海賓侯，對他們母子都優待，將此事傳遞出去。慕容儁高舉假傳國玉璽，但歡喜得像是真的，接受群臣高喊萬歲，然後登基稱帝。

接著派使節到建康，宣佈他的旨意說：「先前我們鮮卑慕容氏，雖然是晉臣，但是中原無主，中原子民都擁護我稱皇帝，故必須稱皇帝。晉室失去傳國玉璽，失去天命，這些年來都被中原人士稱為『白版天子』，應當早日醒悟天命所在！朕不願意討伐故主，晉室應當遵從天命歸順，以免天下怨恨，子民塗炭。」

東晉大臣拿出真的傳國玉璽，當面抨擊。結果雙方互相指責對方的玉璽是假的，不歡而散。

傳國玉璽正式分身！先前只是一線真真假假，之後是多線假假真真！